中国出版业体制改革与发展研究

王关义 等著

中央编译出版社
Central Compilation & Translation Press

图书在版编目（CIP）数据

中国出版业体制改革与发展研究／王关义
等著 . —北京：中央编译出版社，2017.9
ISBN 978-7-5117-3346-7

Ⅰ.①中… Ⅱ.①王… Ⅲ.①出版工作-体制改革-研究-中国 Ⅳ.①G239.2

中国版本图书馆 CIP 数据核字（2017）第 161113 号

中国出版业体制改革与发展研究

出 版 人：	葛海彦
出版统筹：	贾宇琰
责任编辑：	王丽芳
责任印制：	尹　珺
出版发行：	中央编译出版社
地　　址：	北京西城区车公庄大街乙 5 号鸿儒大厦 B 座（100044）
电　　话：	（010）52612345（总编室）　（010）52612349（编辑室）
	（010）52612316（发行部）　（010）52612346（馆配部）
传　　真：	（010）66515838
经　　销：	全国新华书店
印　　刷：	北京佳信达欣艺术印刷有限公司
开　　本：	787 毫米×1092 毫米　1/16
字　　数：	430 千字
印　　张：	28.5
版　　次：	2017 年 9 月第 1 版
印　　次：	2017 年 9 月第 1 次印刷
定　　价：	86.00 元

网　　址：www.cctphome.com　　邮　　箱：cctp@cctphome.com
新浪微博：@中央编译出版社　　微　　信：中央编译出版社（ID：cctphome）
淘宝店铺：中央编译出版社直销店（http://shop108367160.taobao.com）　（010）55626985

本社常年法律顾问：北京市吴栾赵阎律师事务所律师　闫军　梁勤
凡有印装质量问题，本社负责调换。电话：（010）55626985

目 录

绪 论 ·· 1

第一部分 中国出版业体制改革研究

出版领域的"双轨制"应该尽早结束 ··· 53
从新制度经济学角度看我国出版业体制改革的动力及特征 ·········· 59
大学出版社体制改革的难点与思路 ··· 68
对中国出版业体制改革的思考 ·· 75
论我国出版产业发展中的信用制度创新 ···································· 82
试析我国出版产业现状与体制创新 ·· 87
中国出版社绩效考核评价指标体系探讨 ···································· 94
中国出版业改革思路探析 ·· 102
出版社企业化将无法回避 ·· 107
多元利益角逐下的出版社改革 ·· 111
对体制转换与出版强国建设的宏观思考 ···································· 117
我国出版业供给侧改革思路 ··· 129

第二部分 中国出版业转型研究

中国出版业战略转型及产业素质升级的思路 ····························· 139
我国出版业计划色彩依然浓厚、财税扶持政策不配套 ················ 148

面临转型　迎接挑战 …………………………………………… 154

转型环境下出版资源的重构与管理 …………………………… 165

我国出版业市场化转型分析与思考 …………………………… 173

国际化背景下的中国出版业改革思路 ………………………… 182

日本出版业发展现状及特点 …………………………………… 189

我国出版业国际化转型现状、问题与对策 …………………… 195

运用波特的集群"钻石"模型浅析中国出版业国际竞争力 … 203

我国出版业国际化转型的几种模式 …………………………… 211

第三部分　中国出版产业发展研究

数字技术环境中出版产业素质升级对策 ……………………… 219

图书退货的原因及对策 ………………………………………… 226

中国出版业发展：现状趋势与变革 …………………………… 234

我国书报刊印刷业"拐点期"的发展趋势与对策 …………… 244

构建出版管理学的探讨 ………………………………………… 255

诚信何以缺失？ ………………………………………………… 264

经济危机环境中我国出版业逆势上扬的原因及对策 ………… 269

着力提高文化软实力是国家发展的重大战略 ………………… 278

传统出版与新兴出版融合发展机制探讨 ……………………… 279

原地待命还是突破前进？ ……………………………………… 286

中国文化创意产业商业模式创新的路径选择 ………………… 290

以 IT 吸收促进数字出版服务创新能力提升 ………………… 298

出版企业品牌塑造的支点选择 ………………………………… 306

网络书店可挖掘潜在读者 ……………………………………… 312

第四部分　中国出版企业资本运营与绩效研究

推动传统出版与新兴出版融合发展的财税政策研究 …………… 317

出版集团上市面临的内生矛盾探析 …………………………… 326

出版传媒类上市公司融资结构与经营绩效关系研究 …………… 335

出版上市公司股权结构与绩效关系实证分析 …………………… 344

从股市表现看上市出版企业存在的问题与对策 ………………… 351

第五部分　中国出版行业人才培养研究

论我国高等教育体制转型与发展支点的选择 …………………… 363

人才供求状况对高校人才培养的启示 …………………………… 372

关于构建高校教学质量保障体系与实施系统的思考 …………… 381

关于高校内涵发展构筑教育质量大堤的思考 …………………… 391

我国行业特色类高校人才培养思路探析 ………………………… 400

中国印刷业发展的人才瓶颈及相关思考 ………………………… 407

本科招生、培养、就业联动机制研究 …………………………… 412

参考文献 …………………………………………………………… 419

后　记 ……………………………………………………………… 425

附　录 ……………………………………………………………… 441

绪　论

文化产业是朝阳产业，出版业是文化产业的核心部分。体制机制改革是牵引中国出版业发展的"火车头"，改革开放39年以来，与社会主义市场经济体制改革的总体目标相一致，我国出版管理体制也进行了一系列重大改革，社会主义市场经济体制建立并逐步得以完善，改革不仅确立了新闻出版业管理主体、市场主体、服务主体各自的边界，也促进了政府职能、体制机制和发展方式的转变，进而形成了支持改革发展的政策机制，出版单位的发展潜能得到有效释放和激发。

通过多年持续不断的改革和转型，中国出版业逐步摆脱了传统计划经济条件下的发展模式，无论是经营性出版单位转企改制还是出版事业单位内部的机制改革，都取得了根本性转换。总体上来看，中国出版业正在经历由成长期向成熟期的转型跨越，发展动力也逐渐从投资驱动转向技术驱动和消费需求市场拉动，发展方式逐步从数量规模型走向质量效益型，出版物市场已从总体上的"短缺状态"转向"短缺"与"过剩"状况并存，出版物品种日益丰富，出书品种和出版码洋持续增长，以出版业为核心的文化产业对GDP增长的贡献率以及对国民经济增长的促进作用日益明显。

伴随着我国经济发展新常态阶段的到来，中国出版业在体制机制变革中正在实现战略转型和升级。经营性图书、音像、电子出版社转制工作基本完成，组建了一批出版传媒集团和报业、期刊、发行集团。转制后的出版企业成为市场主体，竞争能力显著增强，投融资渠道不断拓宽，跨媒体、跨行业、跨地区、跨国界和跨所有制的并购重组取得突破性进展，社会资本进入新闻出版的领域和规模不断扩大，以公有制为主体、多种所有制共同发展的格局正在形成，新闻出版业在互联网技术的推动下和其他产业的融合以及传统出版与新兴出版业态的融合进一步加强。

一、党和国家发展战略重心的重大调整：以文化建设为中心

（一）文化是启动人类社会文明进程的钥匙

文化是一个民族的精神和灵魂，是国家发展、民族振兴的强大力量，文化具有巨大的辐射力和影响力。一个强大的国家，一定具有强大的文化，一个国家的核心竞争力和软实力，归根到底取决于这个国家的文化影响力和国民素质。正基于此，习近平总书记指出："要坚持走中国特色社会主义文化发展道路，弘扬社会主义先进文化，推动社会主义文化大发展大繁荣，不断丰富人民精神世界，增强人民精神力量，努力建设社会主义文化强国。"

在人类历史发展的长河中，文化始终是启动人类社会文明进程的发动机，是增强民族凝聚力、向心力和内生动力的重要元素。文化使人类告别野蛮与愚昧，塑造了民族、国家、社会的骨骼，带来高度发达的物质文明和精神文明，从游牧文明到农耕文明，从农业文明到工业文明，从工业文明到现代信息社会和现代文明，文化始终是启动人类文明并促使其不断攀升的钥匙和云梯。

赋予劳动力更高的文化素养，赋予生产资料更多的文化元素，赋予生产工具更强的文化塑造功能，赋予产品更多的文化内涵，所有这些都是人类社会文明进程提升所必需的。中华民族的伟大复兴，离不开中华文化的伟大复兴，民族的复兴一定要以民族文化的复兴为支撑，没有民族文化的复兴，民族的复兴是难以想象的。习近平总书记指出："一个

国家、一个民族的强盛,总是以文化兴盛为支撑的,中华民族伟大复兴需要以中华文化发展繁荣为条件。"五千年的中华文化,应该生生不息、代代相传。中国社会的文明和进步既要体现为物质财富的丰富和进步,也要体现为文化繁荣和进步。全面建成小康社会,不仅需要强大的物质基础,更需要高度的精神文明,因此,在经济社会发展顶层设计中,要始终重视发展文化和文化产业,真正使"文化"融入经济社会发展的全过程。

(二) 文化是推动经济增长的引擎

从文化与经济的关系看,世界范围内的经济发展经历了从产品经济到服务经济再到文化产业经济逐步提升的过程,文化产业的巨大经济潜力已被许多发达国家所认同。美国和欧盟等发达经济体的文化产业已发展成为支柱产业,其增加值也远远超过了其他产业,增长率普遍高于经济总量的增长率,俄罗斯、巴西等新兴市场经济体的文化产业正朝着支柱产业的方向发展,其增加值所占比重也在迅速提升。文化产业在全球的快速发展和融合,既推动经济发展、创造就业机会、增加出口收益,也促进社会包容和文化多样性,促进人类文明的进程。

文化是催生新产业、新创意、新业态的牵引机,在经济发展新常态的背景下,文化产业已成为助推经济结构转型升级的重要引擎。当今社会,文化软实力已成为国家间竞争战略中的重要因素。随着科学技术的进步,人类发展进入了信息社会时代,经济发展越来越多地依赖于文化竞争力和科技竞争力,信息技术的突飞猛进,文化已渗入经济社会的方方面面。文化具有经济与政治双重功能,文化产业不仅是经济的输出和市场的占领,也是文化精神、价值观的输出和意识形态的交互融合和较量,文化产品在生产和经营过程具有意识形态和产业"双重属性",文化产业是兼有文化属性和经济属性的产业形态,由此表现出相应的社会效益和经济效益,在文化体制改革和文化产业发展中,要正确处理意识形态属性和产业属性、社会效益和经济效益的关系,《中共中央关于制定国民经济和社会发展第十三个五年规划的建议》指出:"推动物质文明和精神文明协调发展。坚持两手抓、两手都要硬，坚持社会主义先进文化前进方向，坚持把社会效益放在首位，社会效益和经济效益相统一，加快文化改革发展，加强社会主义精神文明建设，建设社会主义文化强国。"随着经济发展进入新常态，我国经济发展方式正从规模速度型的粗放增长转向质量效益型的集约增长，在这种宏观背景下，如何拓展文化产业发展的维度空间，让文化产业成为经济转型升级的新引擎，成为文化产业发展过程所面临的重大课题。

（三）文化产业：拉动经济发展的"火车头"

文化产业的概念，是30多年前由联合国教科文组织正式提出的，它是指按照工业标准生产、再生产、储存、分配文化产品和文化服务。文化产业本质上是文化生产及再生产过程。一般来说，文化产业可分为三个类别：一是生产与销售文化产品的产业；二是文化服务产业；三是具有较高文化附加值的产业。在现实生活中，如美国所说的版权产业，欧盟所说的内容产业，英国所说的创意产业，日本所说的感性产业等都是不同国家对文化产业的不同称谓，但不论这种称谓如何差异，文化产业与经济的融合，文化产业与社会建设的深度融合是当前及未来世界范围发展的大趋势。

就我国的实际情况来看，根据国家统计局的定义，文化产业是指为社会公众提供文化产品和文化相关产品的生产活动的集合。2004年，国家统计局制定发布的《文化及相关产业分类》（2012年进行了修订）。国家统计局《文化及相关产业分类（2012）》把文化产业分为两大部分、十个大类，两大部分分别是"文化产品的生产"和"文化相关产品的生产"，十个大类包括新闻出版发行服务、广播电视电影服务、文化艺术服务、文化信息传输服务、文化创意和设计服务等方面。具体分类（见表1）。

文化产业属于知识密集型新兴产业，它主要有以下特征：

（1）**文化产业具有高知识性特征**。文化产品一般是以文化、创意理念为核心，是人的知识、智慧和灵感在特定行业的物化表现。文化产业与信息技术、互联网技术、传播技术和自动化技术等的广泛应用密切相关，呈现出高知识性、智能化的特征。

表1 国家统计局文化及相关产业分类（2012）

两大部分	十个大类
文化产品的生产	新闻出版发行服务 广播电视电影服务 文化艺术服务 文化信息传输服务 文化休闲娱乐服务
文化相关产品的生产	文化产品生产的辅助生产 文化用品的生产 文化专用设备的生产

（2）**文化产业具有强融合性特征**。文化产业作为一种新兴的产业业态，它是经济、文化、技术等相互融合的产物，具有高度的融合性、较强的渗透性和辐射力。

（3）**文化产业具有高附加值特征**。文化产业处于技术创新和研发等产业价值链的高端环节，是一种高附加值的产业。另一方面，科技是文化产业发展的催化剂，"文化+科技"会拓展文化产业的发展空间。

近年来，各国发展的实践证明，文化产业是拉动国民经济发展的"火车头"，是促进经济社会转型升级的重要力量。文化产业本质上属于"内容产业"，文化产业发展也离不开国民经济体系支撑，文化与经济的联姻，使得经济在文化的基因中裂变，文化在经济的承载下绽放，其构建形成的产业，以文化为魂，能够更好地融入社会、链接市场、亲和大众，并因经济效益与社会效益的兼容性而充满生命力。党的十七届五中全会提出，要推动文化产业大发展大繁荣，发展成为国民经济的支柱性产业，中华文化影响持续扩大。这一奋斗目标的确立，充分体现了党站在新的历史制高点上，审时度势，高瞻远瞩，不仅确定了文化产业的发展方向和发展目标，而且进一步为文化产业的发展提出了具体要求和路线图，"十三五"规划纲要也提出"推进文化业态创新，大力发展创意文化产业，促进文化与科技、信息、金融等产业融合发展，推动文化企业兼并重组"的具体要求。当前，我国的经济发展进入了新常态，客观上需要培育出经济发展的新增长点和新动力，而文化产业作为新兴朝阳产业，已经成为我国重要经济增长点。文化产业具有消耗少、污染低、附加值高、渗透性强等特点，可以促进一、二、三产业的整合与提升，有利于推动经济转型升级。随着经济发展和人民生活水平的提高，人们对文化消费的愿望和能力不断增强，对文化产品和服务的需求日益扩大，文化产业越来越成为支柱性、先导性、引领性的产业形态。

（四）建设社会主义文化强国，已上升为国家重大战略

1. 我国文化产业尽管发展迅猛，但与经济方面所处的国际地位很不相称

18世纪和19世纪之交的法国大革命和英国工业革命以后，西方在经济上和政治上发生重大变化，自那时起，中国很快就落后了，随着时间的推移，中国同西欧和美国的差距越拉越大，以致一直受到东西方列强的侵略和奴役，处于半殖民地、半封建社会长达一百多年。1949年新中国成立之后，尤其是1978年党的十一届三中全会之后，中国经济保持了持续的长达30多年的高速增长。国家统计局发布数据显示，自2009年我国超越日本成为世界第二大经济体以来，国内生产总值稳居世界第二位，占世界经济总量的比重逐年上升。据国际货币基金组织的测算，2015年，我国GDP占世界的比重为15.5%，比2012年提高4个百分点。同时，与美国的差距明显缩小，2015年我国的GDP达67.7万亿元人民币，将近11万亿美元。GDP相当于美国的63.4%，比2012年提高11个百分点。人均GDP达8000美元左右，一些东部沿海地区的城市已经超过10000美元，甚至超过15000美元。2016年年底，中国国内生产总值（GDP）总量达到744127亿元，比上年增长6.7%，中国经济增速重回全球第一，人均GDP由1952年的119元增加到2016年的5.35万元，外汇储备已接近4万亿美元，这一数字已是全球第二大外汇储备国日本的两倍，人民币作为全球支付货币的位置不断提升。中国模式、中国道路得到越来越多国家的关注和认同，中

国对世界的影响迅速扩大。约书亚·科兰兹克在《魅力攻势：看中国的软实力是如何改变世界》中写道："中国已经急剧地在世界很多地方改变了它的危险形象，变得亲善。在亚洲某些地区，中国可能已经成为突出的大国。中国可能会在全球的其他地方，如中亚或非洲，形成中国影响圈。"

（1）**从文化产业的发展历程来看，我国文化产业起步晚，但发展速度快**。若从2004年算起，经过10年发展，文化产业已经初步形成了门类齐全的体系，成为国民经济新的增长点，文化产业占GDP的比重也在稳步上升，这在产业发展史上是个奇迹。2004年，全国文化产业法人单位31.8万户，从业人员873万人，资产总额1.8万亿元，主营收入为1.6万亿元，增加值3440亿元，占GDP的比重为2.15%。到了2013年，10年间，全国文化产业领域法人单位增加了近2倍，从业人员增加了1倍，资产总额增加了4.6倍，主营收入增加了4.1倍，增加值增加了4.8倍。2010年以前，文化产业增加值年均增量在千亿元上下，2010年以后年份的年均增量超过了2000亿元。"十二五"期间，我国文化产业快速增长：2011年文化产业增加值13479亿元，同比增长21.96%，2012年为18071亿元，同比增长16.5%，2013年为21351亿元，同比增长11.1%，2014为24017亿元，同比增长12.1%，高于同期GDP增长的7.4%，占GDP的比重也提高到3.77%，这表明文化产业在拉动经济增长中贡献突出，在推动经济转型升级中发挥越来越重要的作用。2016年，根据对全国规模以上文化及相关产业5万家企业调查，2016年，上述企业实现营业收入80314亿元，比上年增长7.5%。整个"十二五"期间，我国文化产业增加值占GDP的比重从2.75%增加到3.82%，增速均高于同期GDP的增速。无论从增量还是占比来看，文化产业在国民经济中的地位正逐年攀升，国家"十三五"规划纲要中明确提出了要实现"文化产业成为国民经济的支柱性产业"的目标。通过对全国各省、自治区、直辖市的国民经济和社会发展第十三个五年规划纲要研究发现，23个省、自治区、直辖市都提出推动文化产业发展成为国民经济支柱性产业或2020年文化产业增加值占地区生产总值比重达5%的目标。无论从文化产业自身地位的确立，还是现有文化产业发展模式的转型升级，都确定了文化产业已成为助推中国经济发展的重要引擎。文化产业以完整的产业体系和庞大的消费支撑，借助科技和互联网不断提升实力，已成为推动我国文化产业增长的强劲力量，在国民经济发展中的地位已经举足轻重。

一般地，一个产业要成为国民经济支柱性产业，首先要达到一定规模，公认的标准是该产业应占国民经济总量（GDP）的5%以上。我国文化产业增加值占GDP的比重，2004年为2.15%，2015年，全国文化及相关产业增加值27235亿元，占GDP的比重为3.97%。到2020年，我国GDP约为111万亿元，据此推算，我国文化产业的增加值必须超过5.5万亿元，占GDP的比重才能达到5%，才能成为名符其实的支柱性产业。因此，未来文化产业发展的空间巨大。"十三五"的5年内需增加1.03个百分点，年均0.21个百分点。

从实际情况来看，目前，我国总体上还未达到5%这一数量上的标准，但也有多个省份迈过了这一"门槛"：北京文化产业增加值占GDP比重已超过13%，上海2015年文化创意产业增加值占GDP的比重达到12%左右，京沪两地远远领先于全国其他省份，其他一些东部和中部地区近年来也表现突出：浙江2013年达到这一目标，文化产业增加值达1880.4亿元，占

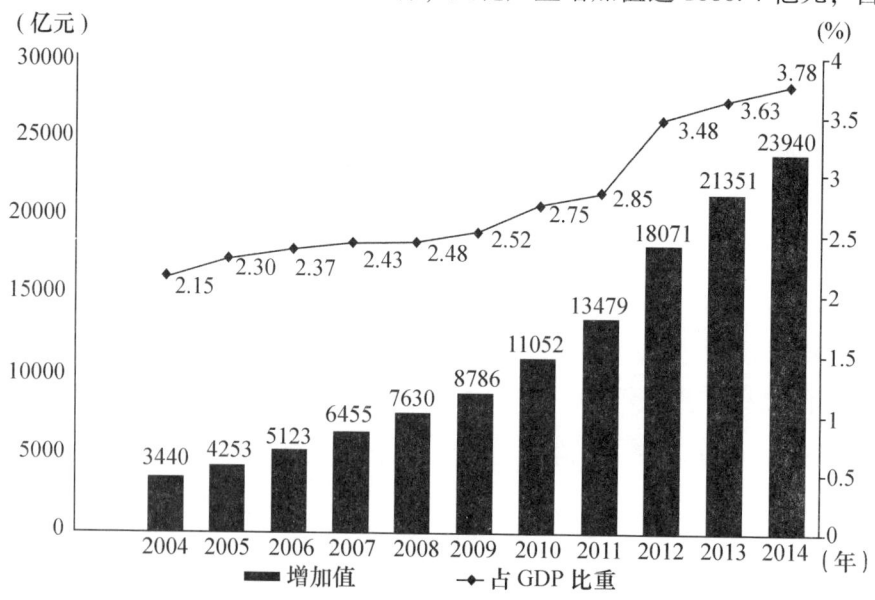

图1　中国文化及相关产业增加值占GDP的比重

全省生产总值比重为5%；福建2013年文化产业增加值为1180亿元，这一比重达5.4%；江苏2014年达5%；湖南2015年文化和创意产业增速达13.2%，占GDP比重约5.9%。

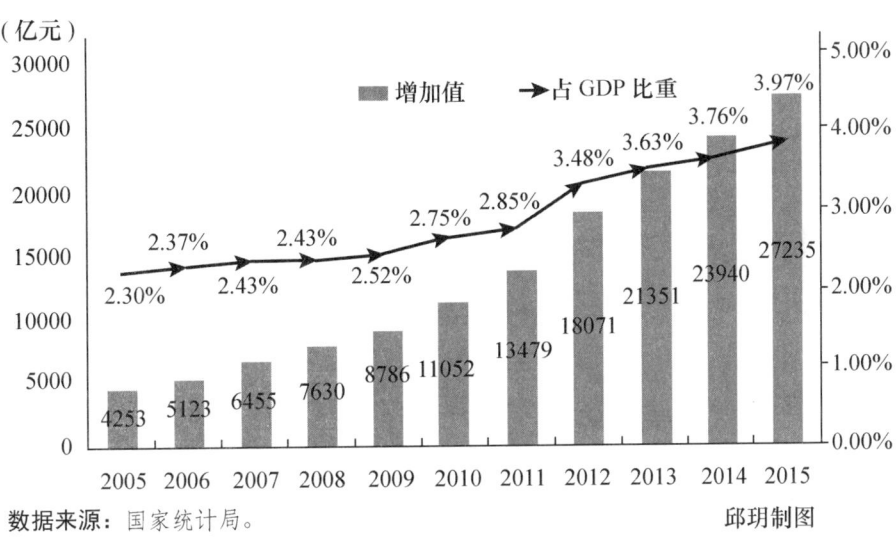

图2　2004—2015年我国文化产业增加值及占GDP比重

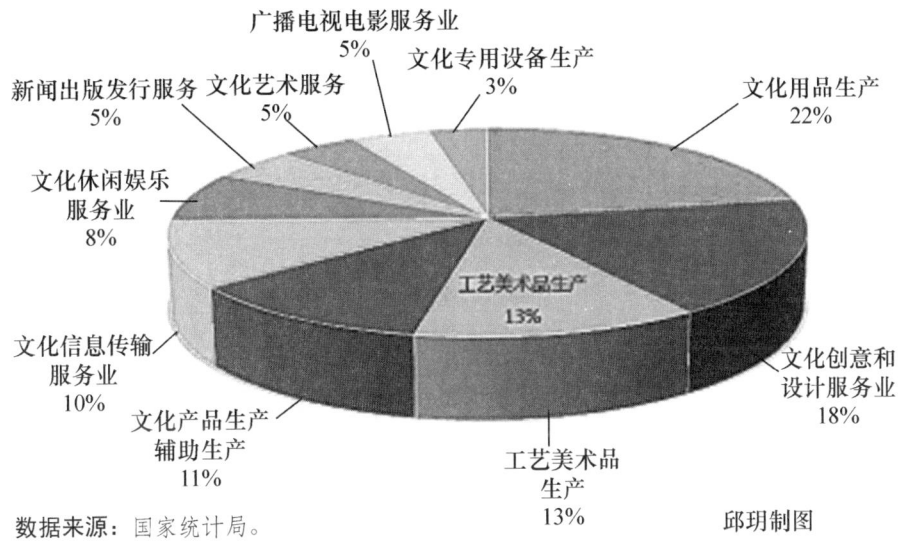

图3　2015年文化产业增加值行业构成

从全国主要区域的发展情况来看，北京市自 2005 年启动文化创意产业以来，文化创意产业已经成为首都经济增长中的第二大支柱产业，当前，北京市正围绕"政治中心、文化中心、国际交往中心、科技创新中心"的定位加快发展文化产业。相关数据显示，从 2005 年至 2013 年，北京市文化创意产业增加值增长了 257%，占 GDP 的比重由 9.7% 升到 12.3%，2014 年为 13.1%，2015 年达 13.4%，到 2020 年预计达到 15%。2014 年，全国文化产业增加值中，北京占比达到 12%，2004 年以来年均增速达到 17.3%。上海这一比重达 12%，浙江达 7%，江苏省在 2014 年达到了 5% 的目标。北京阅读季领导小组办公室发布《2015—2016 年度北京市全民阅读综合评估报告》显示：2015—2016 年度北京市综合阅读率为 92.24%，人均纸质图书阅读量为 10.88 本，数字阅读率为 83.57%，纸质阅读率为 79.72%，所有这些指标北京都要高于全国水平。上海文化创意产业 2013 年增加值达到 2406.7 亿元，同比增长 9.1%，占 GDP 的比重为 11.5%。据中国社会科学院文化研究中心发布的《文化蓝皮书：中国文化产业发展报告（2015—2016）》，截至 2013 年年末，广东文化产业从业人员数量达到 374 万人，在全国排第一，占据全国 17.54% 的比重，2015 年年底，广东文化及相关产业增加值占全国文化产业增加值比重超过 1/7，连续 13 年位居全国各省区市首位，2015 年，深圳文化创意产业增加值实现 1757 亿元，占全市 GDP10.1%。

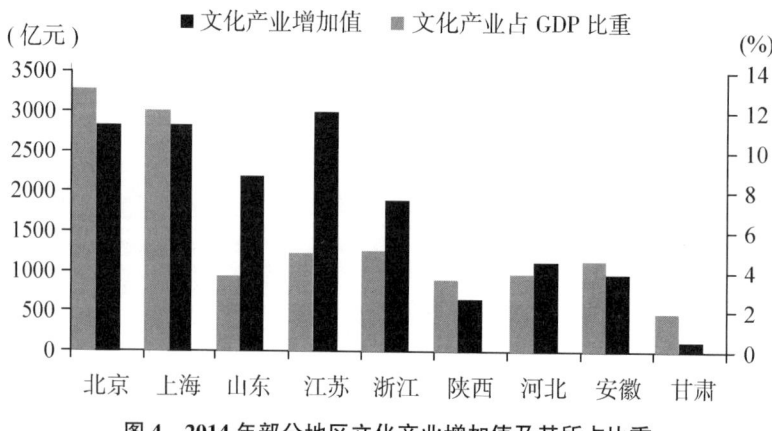

图 4 2014 年部分地区文化产业增加值及其所占比重

再以杭州市为例,最新数据表明:2015 年,杭州文创产业实现增加值 2232.14 亿元,同比增长 20.4%,占 GDP 比重超过 15%。

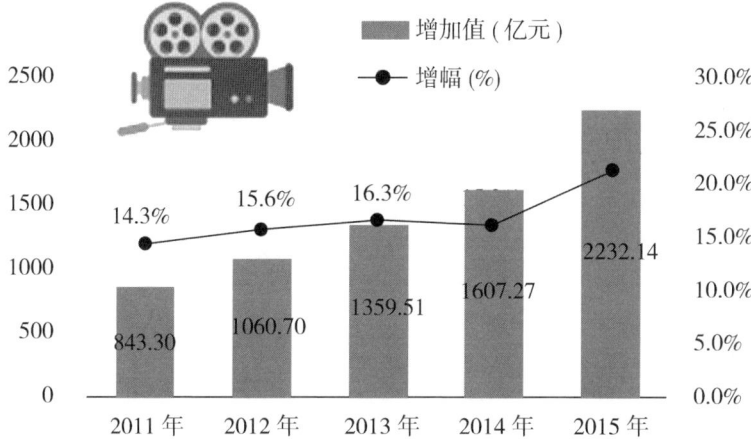

图 5　2011—2015 年杭州市文化产业增加值及增速（制图：陈恒）

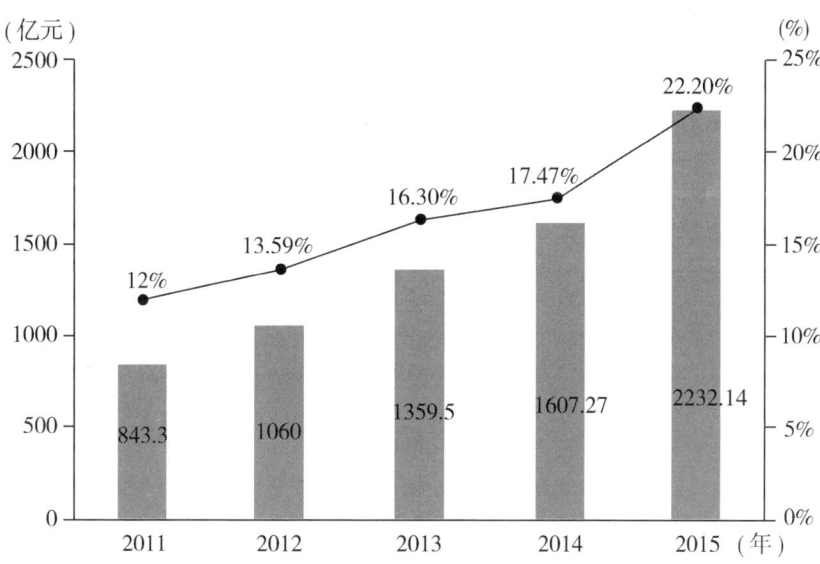

图 6　杭州市文化创意产业增加值及占 GDP 比重

（2）从国际范围比较来看，我国文化产业总体发展滞后。从国际范围来看，文化产业已发展成为新兴的朝阳产业。世界知识产权组织的数据显示，2013年全球文化产业增加值占GDP的比重已达5.26%的平均值，约3/4的经济体在4.0%—6.5%，美国、日本、韩国等国家近年来这一比重已超过10%。在文化消费方面，2012年，美国、日本等国居民文化娱乐消费比重达5%左右，是仅次于饮食、住房、交通的第四大消费支出。主要发达国家文化产业产值占GDP的份额分别是：美国31%、日本20%、欧洲国家10%—15%、韩国15%，相比之下，我国文化消费还有很大的发展空间。在西方国家，文化产品不仅是其重要的经济产业和国力支撑，更成为他们输出价值观的工具。日本制定的《文化产业国家战略》则更加直白地说："文化产业不仅直接关系到我国的经济利益，更关系到我国的外交利益。"2014年，美国前总统奥巴马把创意产业、创意经济提升到国家创新竞争力的战略高度，宣布每年6月18日为国家创客日。在我国，近年来，我国居民人均文化消费逐年增长，文化消费占消费支出的比重整体呈逐年提高趋势，但绝对水平依然较低，远远低于10%—12%的发达国家一般水平，文化产业发展历史短，发展水平不高，规模不大，占GDP的比重还不足5%，因此，大力发展文化产业必须成为国家战略给予足够的重视。

现实情况是：我国在经济层面已稳居世界第二，已成为名副其实的经济大国，国际影响力显著增强，与经济方面形成的影响力相比，我国文化领域在全球的影响力确实不如经济方面的影响力显著却是不争的事实，文化方面的影响力远远滞后于经济方面，在文化领域很难与经济大国的地位相匹配。因此，必须加大文化领域的国际影响力，大力发展包括出版业在内的文化产业，推动文化"走出去"（出版业实施的走出去战略）、在全球范围内兴办孔子学院等都是扩大华夏文明影响力、繁荣中华文化的重大举措。

2. 大力发展文化产业既是历史经验的总结，也是站在国际视野做出的正确抉择

大力发展文化产业不仅是经济社会发展的必然趋势，也是当前我国经济转型和保增长的战略选择，必须站在国家发展战略和中华民族伟大复兴的高度审视发展文化产业的意义。

在我国经济进入新常态的大背景下，经济转型和产业升级已经被提升到国家战略层面，这意味着我国的生产性服务业将得到快速发展，而生产性服务业最前沿的就是文化产业。"十三五"规划纲要提出，"十三五"期间要实现"公共文化服务体系基本建成，文化产业成为国民经济支柱性产业"的目标，2016年政府工作报告指出要"深化文化体制改革，推动文化产业创新发展，繁荣文化市场，加强文化市场管理"。伴随着经济的蓬勃发展，必将促进信息和文化产品的需求，不同层次消费需求的释放，必将使市场竞争逐渐转向质量型、差异化为主的竞争，也必然要求文化生产企业进一步提高资源配置效率，由内生性要求引导文化产业升级。国际经验表明，当人均GDP达到3000美元以上时，文化消费将会出现跳跃式的"井喷"，并且保持长期的增长势头。统计数据显示，1980年，按汇率法计算，中国人均GDP为220美元，属于极低收入组，在世界188个国家中位居第175位。2001年，中国人均GDP达到1000美元，进入下中等收入组，在世界207个国家或地区中位居141位。2010年，中国人均GDP达到4240美元，进入上中等收入组，在215个国家或地区中位居120位。2014年，中国人均GDP达到7593美元，在世界213个国家和地区排名第96位，全国已有8个地区人均GDP进入10000美元（位居世界第88位）。2015年，我国的GDP达67.7万亿元人民币，将近11万亿美元，人均GDP达8000美元左右，进入中等收入国家行列。一些东部沿海地区的城市已经超过10000美元，甚至超过15000美元。按照这一发展趋势，中国将在2020—2023年期间跨越"中等收入陷阱"，进入高收入国家行列。这就意味着，我国的消费结构将从解决温饱，转变到更多关注精神层面、文化层面需求的新阶段，城乡居民文化需求急剧增长，消费结构将不断升级，文化消费的比重将大幅增加，这为文化产业创造了良好发展机遇。

关于发展文化产业的思想，我国于"十五"时期正式提出。2000年《中共中央关于制定国民经济和社会发展第十个五年计划的建议》中第一次提出发展文化产业的意见，拉开了我国文化产业发展的序幕。2003年，中央启动了文化体制的改革，2009年7月国家颁布《文化产业振兴规划》，标志着我国文化产业上升为国家战略性产业。2011年10月18日中国共产党第十七届中央委员会第六次全体会议通过的《中共中央关于深化文化体制改革 推动社会主义文化大发展大繁荣若干重大问题的决定》提出要努力建设社会主义文化强国，促使"文化产业成为国民经济支柱性产业，整体实力和国际竞争力显著增强，公有制为主体、多种所有制共同发展的文化产业格局全面形成"，并提出了建设文化强国的口号；2015年4月，国家新闻出版广电总局、财政部联合印发了《关于推动传统出版和新兴出版融合发展的指导意见》，鼓励传统出版和新兴出版的深度融合；2015年9月，中办、国办印发的《关于推动国有文化企业把社会效益放在首位、实现社会效益和经济效益相统一的指导意见》提出，以建立有文化特色的现代企业制度为重点，建立健全确保国有文化企业把社会效益放在首位、实现社会效益和经济效益相统一的体制机制，打造一批具有核心竞争力的骨干文化企业，推动社会主义文化大发展大繁荣。这一系列纲领性文件的出台，表明党和国家把发展文化产业，提高国家文化软实力上升到了国家战略的高度，也标志着党和国家战略重心逐步转向以文化建设为中心的新阶段。

3. 推动文化产业成为国民经济支柱性产业宏伟目标的提出，使文化产业发展上升为国家战略

文化产业作为新兴业态和朝阳产业，是未来我国经济转型发展的主要阵地。党的十七届六中全会提出了文化大繁荣、大发展的伟大号召，推动文化产业成为国民经济支柱性产业，为新闻出版业发展提供了难得的历史机遇。党的十八大、十八届三中全会对文化改革发展做出了新的重大战略部署，特别是将"文化产业成为国民经济支柱性产业"列入2020年全面建成小康社会的指标体系，明确了文化产业的发展目标。2014年以来，国家密集出台了系列支持政策,为文化产业发展注入了新的强大动力。2014年2月中央全面深化改革领导小组第二次会议审议通过了《深化文化体制改革实施方案》,新一轮文化体制改革开始进入全面实施阶段。2014年3月,文化部、财政部和中国人民银行共同出台了《关于深入推进文化金融合作的意见》,明确文化与金融合作已成为我国文化产业持续快速健康发展的重要动力,2014年、2015年,中央文化产业发展专项资金支持新闻出版转型升级项目总额超过13亿元。中央先后出台了一系列深化文化体制改革的政策举措,从《关于印发文化体制改革中经营性文化事业单位转制为企业和进一步支持文化企业发展两个规定的通知》到《关于金融支持文化产业振兴和发展繁荣的指导意见》,从《关于大力支持小微文化企业发展的实施意见》到《关于推动国有文化企业把社会效益放在首位、实现社会效益和经济效益相统一的指导意见》,以建立有文化特色的现代企业制度为重点,以落实和完善文化经济政策、强化国有文化资产监管为保障,建立健全确保国有文化企业把社会效益放在首位、实现社会效益和经济效益相统一的体制机制,打造一批具有核心竞争力的骨干文化企业,推动社会主义文化大发展大繁荣。随着我国人均收入的增长、中等收入人群的崛起,个性化消费将出现爆发式增长,文化体制改革和文化企业发展有了更广阔的政策空间,使得文化企业的成长性具有无限的"想象空间"。

2014年10月,国家新闻出版广电总局印发《深化新闻出版体制改革实施方案》,要求出版业转换思想,转换思维方式,用新观念推动出版金融合作,推动出版产业发展。要在促进出版产业投融资体系在新常态下实现持续发展,按照建设社会主义文化强国的要求,努力推动文化产业成为国民经济支柱性产业,而出版业又是构成文化产业的主体部分,已经进入关键的转型和变革时期。

以产业的形式推动文化加快发展,是文化发展的必然要求,也是世界各国的普遍做法。文化产业是文化建设的重要方面,是国民经济的有机组成部分。《中共中央关于制定国民经济和社会发展第十三个五年规划的建议》在文化建设方面一个很重要的目标要求就是:"文化产业成为国民经济支柱性产业。"充分反映了以习近平同志为总书记的党中央对文化建设的高度重视和对社会主义文化发展规律的深刻把握,反映了全面建成小康社会、保持经济持续健康发展对发展文化产业的迫切需求。在社会主义市场经济条件下搞文化建设,必须遵循市场经济规律和文化发展规律,重视发挥市场在文化资源配置中的积极作用,调动各方面参与文化建设的积极性,丰富文化产品创作生产的形式和载体,拓宽文化产品传播消费的渠道和空间,更好地满足人民群众多方面、多层次、多样化的精神文化需求。可以说,没有文化产业的发展,我国社会主义文化就不可能真正繁荣,文化引领风尚、教育人民、服务社会、推动发展的作用就不可能充分发挥出来。

综观新中国成立60多年的发展历程,不难发现,党和国家的战略重心是结合所面对的现实和主要矛盾处于不断调整之中,可谓与时俱进。总体上来看,先后经历了三次大的调整和转变,即:

以政治建设为中心的社会主义国家政权建设和巩固时期(1949—1977),标志性的事件有"三反"、"五反"运动、反右、"中印自卫反击战"、"中苏珍宝岛"事件和"文化大革命",这一时期的战略重点是巩固新生的共和国政权。

以经济建设为中心的社会主义国民经济复苏和发展时期(1978—2011),标志性事件有对外开放,对内搞活,先后实施农村联产承包责任制、城市经济体制改革、社会主义市场经济体制建立、现代企业制度等,这一时期的战略重点是解放和发展生产力,彻底解决民生问题。

以文化建设为中心、文化与经济协调发展的社会主义国家经济社会和文化全面繁荣和兴旺时期(2011年开始),标志性的事件是党中央明确提出推动文化大繁荣大发展的伟大号召,并在全球范围内兴办孔子学院,扩大中华文化的影响力。这一时期的战略重点是与国家经济方面形成的世界大国相匹配推动文化大国和文化强国建设。因此,目前,国家正处于"以文化建设为中心"重大战略转型调整期,文化与政治、文化与经济等如何实现协调发展是发展中面临的重大问题。

4. 我国文化产业发展的特点

经过十多年的发展，我国文化产业已经初步形成了门类齐全的体系，文化内容生产、文化传播渠道和文化生产服务等方面不断发展壮大，文化产业主体部分的经营实力大为增强。如果从 2003 年算起，只用了 8 年时间，文化产业增加值就突破了万亿元大关，成为国民经济新的增长点，这在产业发展史上是个奇迹。2010 年是个分水岭，以前年份文化产业增加值的年均增量在千亿元上下，但以后年份的年均增量超过了两千亿元。从文化产业增加值占国民经济的比重来看，也在稳步上升。据统计，我国文化产业 2004 年实现增加值 3340 亿元，占 GDP 的 2.15%，2013 年实现增加值 21351 亿元，占 GDP 的比重为 3.63%，2014 年，文化产业占国民经济比重达到 3.77% 左右，其增长速度明显高于同期国内生产总值增长速度。从 2004 年到 2010 年，我国文化产业增加值从 3440 亿元增加到 11052 亿元，年均增长率为 23.6%。截至 2011 年年底，全国文化产业法人单位增加值为 13479 亿元，比 2010 年增长 21.96%，国有文化企业已成为国有经济的一支新生力量。2013 年，我国文化产业增加值为 21351 亿元，首次超过两万亿元，占 GDP 的比值为 3.63%。以北京市为例，从业人员达到 161 万多人，文化产业机构 17 万家，文化产业增加值达到 2400 多亿元，文化产业在 GDP 中占比达到 13.1%，仅次于金融业。目前，全国共有 91.8 万家文化产业法人单位。我国文化产业增加值站上第一个万亿元台阶用了 8 年时间，站上第二个万亿元台阶只用了 3 年时间，文化体制改革激发了产业的

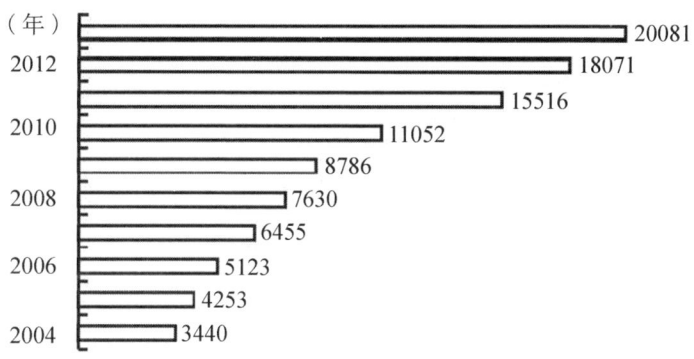

图 7　2004—2012 年中国文化产业增加值变化情况（图片来源：新华社）

活力。在许多行业增速都在放缓时，文化产业的发展增速却依然能达两位数，高于GDP增速，"跑赢"了其他行业，体现出文化产业作为新兴行业发展的潜力和活力，体现了人民群众对文化生活的渴望，也表明文化产业在国民经济发展中的地位已经举足轻重。

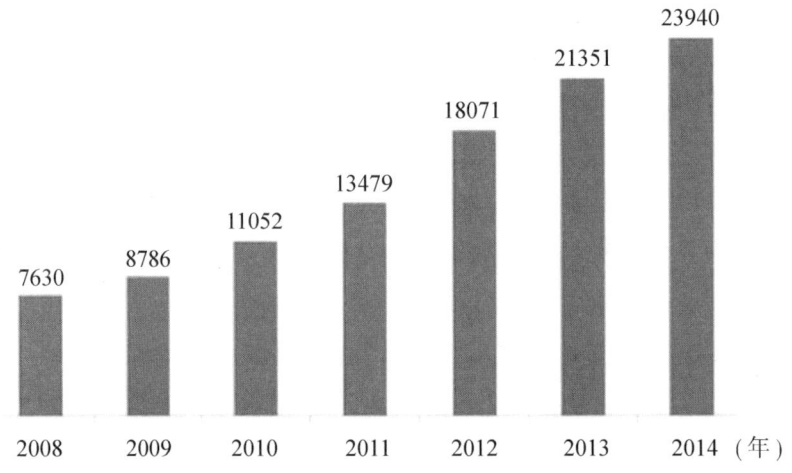

图8　2008—2014年我国文化及相关产业增加值走势

图9　2015年我国文化及相关产业增加值及其增长情况

总结近年来我国文化产业的发展，呈现出如下几个特点：

（1）**政策推动效应显著**。我国文化产业的发展很大程度上是依靠政府行政手段推动，文化经济政策体系和法规体系初步形成并实施，为文化产业的发展营造了公平健康的发展环境，也为文化产业发展注入了"强心剂"。从《国务院关于推进文化创意和设计服务与相关产业融合发展的若干意见》到《国务院关于加快发展对外文化贸易的意见》，对文化产业进行了顶层设计。从《关于大力支持小微文化企业发展的实施意见》到《关于推动特色文化产业发展的指导意见》，相继出台的一系列扶持政策为文化产业发展营造良好的政策环境。在加大对社会效益突出的文化项目扶持力度，加快完善和实施有利于文化企业兼并重组、完善加强知识产权保护、文化科技创新、文化走出去等的政策措施，更好地引导文化产业发展，进一步健全文化法规体系，提高文化领域依法管理水平，为文化产业健康发展提供有力法治保障。

（2）**以培育骨干文化企业为龙头**。文化企业是文化产业的主体，加快文化产业发展，核心是要培育一批有实力、有竞争力的骨干文化企业。近年来，党和政府在推进国有经营性文化单位转企改制基础上，加快公司制、股份制改造，完善现代企业制度，加强对国有重点文化企业的扶持，鼓励符合条件的国有文化企业上市融资，加快培育一批核心竞争力强的国有或国有控股大型文化企业或企业集团，使之成为发展产业和繁荣市场的主导力量。在国家许可范围内，引导社会资本以多种形式投资文化产业，参与国有文化单位转企改制，参与重大文化产业项目实施和文化产业园区建设，调动社会资本投资文化产业的积极性。国家鼓励各类文化企业以资本为纽带进行联合重组，推动出版、发行、影视、演艺集团交叉持股或进行跨地区跨行业跨所有制并购重组，大大提高文化产业的规模化、集约化和专业化水平。

（3）**在打造市场主体方面取得实质性突破**。"十二五"时期新闻出版业在国家产业政策扶持下，成功组建了130多家出版传媒集团。其中，中国出版集团、中国教育出版传媒集团、凤凰出版传媒集团、中南出版传媒集团4家单位已进入全球出版企业收入50强行列，全国资产总额超过100

亿元的集团有 16 家（出版集团 11 家，发行集团 3 家，报业集团 2 家），有 52 家出版、印刷、发行以及新媒体企业在境内外成功上市。统计表明，截至 2014 年年底，全国建有城乡阅报栏（屏）9 万个，建成农家书屋 60 万家（覆盖了全国具备基本条件的行政村），全国城乡有 8 亿人次参加了各类全民阅读活动，国民综合阅读率从 2010 年的 77.1% 提高到 2014 年的 78.6%。

（4）**文化市场体系日趋完善**。现代文化市场体系是文化产业发展的必要条件。近年来，党和政府在培育多方面多层次文化产品和要素市场，提高文化资源配置的质量和效率，加强文化产品市场建设，积极发展图书报刊、电子音像、动漫游戏等传统文化产品市场，建设以网络为载体的新兴文化产品市场，培育大众性文化消费市场，打造综合性、专项性、区域性文化产品和服务交易平台等方面出台了一系列文件和政策，积极发展连锁经营、物流配送、电子商务等现代流通组织，加快建设一批大型现代文化流通企业和若干文化产品物流基地，拓展文化产品和服务传播消费的渠道和空间。加强了文化生产要素市场建设，有序发展文化产权、版权、人才、技术、信息等要素市场，建立健全文化资产评估体系和文化产权交易体系，发展以版权交易为核心的各类文化资产交易市场。积极推进文化资本市场建设，促进金融资本、社会资本与文化资源有效对接，着力解决文化企业融资难的问题。加强了文化行业组织和中介机构建设，积极发展版权代理、文化经纪、评估鉴定、技术交易、推介咨询、投资保险、担保拍卖等各类文化市场服务机构，健全行业规范，完善行业管理，为各类文化市场主体提供全方位服务，为文化产业健康发展营造良好市场环境。

二、新闻出版业：国家文化产业的重心

众所周知，一方面，出版活动是一种文化传承和传播活动。随着经济全球化进程的加快和科学技术的飞速发展，以新闻出版业为代表的文化产业已成为当今知识经济的重要组成部分，在经济社会发展中发挥着极其

重要的作用。另一方面，出版业还是一个重要的产业门类，在我国文化产业的构成类别中，新闻出版业是文化产业的重要组成部分，新闻出版业作为国家文化软实力的重要方面，在传播中华文明、增强综合国力等方面的重要作用更加突出。

大力发展出版业是提高我国文化软实力和国际传播力的需要。毋庸置疑，我国的文化发展从总体上讲与我国的综合国力和国际地位是不相称的。在联合国教科文组织评选的世界上最有影响力的100本书中，中国没有一本入选。中央已明确提出，要利用高新技术和先进手段提高我国文化的软实力和传播能力，满足人民群众多层次、多方位的文化需求，提高我国的影响力和竞争力。在2014年8月中央全面深化改革领导小组第四次会议审议通过的《关于推动传统媒体和新兴媒体融合发展的指导意见》指引下，2015年4月新闻出版广电总局财政部联合出台了《关于推动传统出版和新兴出版融合发展的指导意见》，为进一步推进新闻出版业的转型升级，推进传统出版与新兴出版融合发展指明了实施路径和重点方向，标志着新闻出版业数字化转型升级、融合发展已从统一思想认识步入实质性建设的新发展阶段。

从我国的实际情况来看，改革开放39年以来，作为文化产业主要构成部分的新闻出版业得到了迅猛发展。据统计，2011年我国新闻出版业产值超过1.5万亿元，全年出版图书36.9万种，期刊9849种，报纸1928种，已形成比较完整的出版产业体系。到2012年年底，除少数保留公益性出版单位外，中央各部门各单位、地方、高校出版社都已转企改制，上千家非时政类报刊出版单位转制和注册为企业法人，文化体制改革走向纵深，在此基础上，组建了100多家报刊集团和出版传媒企业集团，我国出版业管理体制机制改革取得了全面进展，出版单位企业化、企业管理科学化、出版企业集团化、出版市场国际化、出版载体数字化、民营国有联合化、出版边界模糊化的趋势越来越明显，出版企业面临更加复杂的生存环境和竞争越来越激烈的市场环境。2013年，全国新闻出版业产值超过1.8万亿元，较2012年增加1611.1亿元，增长9.7%，利润总额1440.2亿元，较

2012年增加122.8亿元,增长9.3%,出版业产值占据了文化产业产值的70%以上。

中国新闻出版研究院发布的《2013年中国版权产业的经济贡献调研报告》显示,2013年,中国版权产业对国民经济的贡献率已达7.27%,创造了42725.93亿元的行业增加值,较2012年度增长20%。同时提供了1643.81万个城镇就业岗位,较2012年度增长32%,我国版权行业增加值和就业人数增长速度较快。2014年,全国新闻出版业持续保持强劲的增长势头,营业收入达到19967.1亿元,较2013年增长9.4%,利润总额1563.7亿元,增长8.6%。全国共出版图书44.8万种,总印数80多亿册;出版报纸1912种,总印数463.9亿份,定价总金额443.7亿元,报纸出版实现营业收入697.8亿元,利润总额76.4亿元;全国共出版期刊9966种,总印数31.0亿册,定价总金额249.4亿元,期刊出版实现营业收入212.0亿元,利润总额27.1亿元;全国共出版音像制品15355种,出版数量3.3亿盒(张),发行数量3.6亿盒(张),发行总金额20.1亿元,音像制品出版实现营业收入29.2亿元,利润总额4.1亿元;全国共出版电子出版物11823种,出版数量3.5亿张,电子出版物出版实现营业收入10.9亿元,利润总额1.8亿元;数字出版实现营业收入3387.7亿元,较2013年增加847.4亿元,增长33.4%,占全行业营业收入的17.0%,总体经济规模超过出版物发行,跃居行业第二;全国新华书店系统和出版社自办发行单位实现出版物总销售额2415.5亿元,全国共有出版物发行网点17.0万处,出版物发行实现营业收入3023.8亿元,利润总额254.9亿元;全年输出出版物版权8733种,较2013年增加289种,增长3.4%;全国版权输出品种与引进品种比例由2013年的1∶1.7提高至1∶1.6,出版物已进入世界上190多个国家和地区,报刊发行覆盖80多个国家和地区,已形成比较完整的出版产业体系,初步奠定了出版大国的地位,但与发达国家相比,我国出版业的发展水平还有不小差距。

目前,中国年出版图书数量、图书出版品种、出版总量、日报发行量均位居世界第一,电子出版物、网络学术出版物总量位居世界第二,成为名副其实的出版大国，出版业成为我国文化产业的主力军，成为国民经济中一个重要的产业。可以说出版业已发展成为文化产业的重中之重，新闻出版业对文化强国建设作用凸显。

图10　"十二五"期间中国新闻出版业成就

表1　2015年新闻出版产业发展与产业结构

产业类别	营业收入			
	金额(亿元)	增长速度	比重	比重变动
图书出版	822.55	3.96	3.8	-0.16
期刊出版	200.99	-5.21	0.93	-0.13
报纸出版	626.15	-10.27	2.89	-0.6
音像制品出版	26.25	-10.13	0.12	-0.03
电子出版物出版	12.41	13.96	0.06	0.01
数字出版	4403.85	30	20.34	3.37
印刷复制	12245.52	4.3	56.55	-2.25
出版物发行	3234.02	6.95	14.96	-0.21
出版物进出口	84.2	13.22	0.39	0.02

表2 2007—2014年中国出书品种与总印数情况

	种数	较上年增长	印数	较上年增长
2007	233971		640809	
2008	248283	6.12%	629331	−1.79%
2009	275668	11.03%	693570	10.21%
2010	301719	9.45%	703675	1.46%
2011	328387	8.84%	717051	1.90%
2012	369523	12.53%	770518	7.46%
2013	414005	12.04%	792464	2.85%
2014	444427	7.35%	831048	4.87%

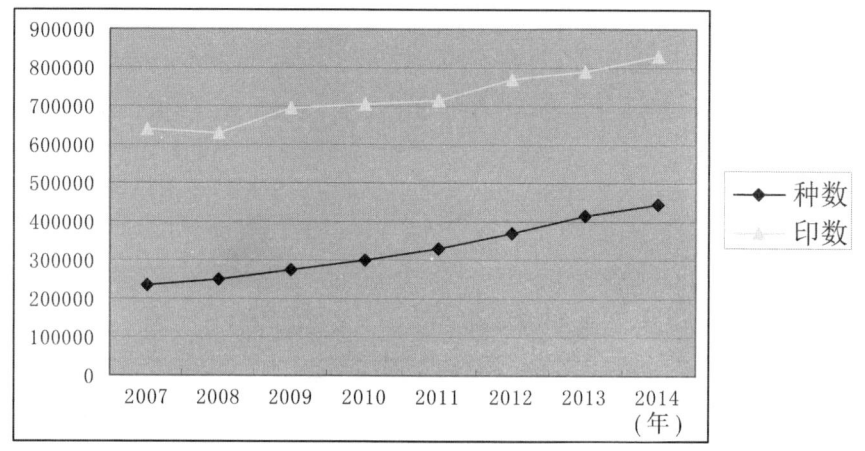

图11 2008—2014年中国出书品种与总印数变化情况

（一）从发展现状来看，中国已成为名副其实的世界出版大国

1. 中国出版产业规模巨大

从历史发展的视角看，美国出版史专家约翰·曼曾统计过，1455年以前，整个欧洲出版的图书约为3万种，册数很少，装在一辆马车里就能拉走，而同期中国累计出版的图书约为4万种，比欧洲多出整整1/3，出版册数更令西方望尘莫及。追根溯源，造纸术和印刷术的发明，使中国人能用更低的成本和更快的速度出版图书，出版业的发达也让中华民族长期领

先于世界其他民族。据学者郑也夫研究,到1600年,西方拥有的图书是125万种,中国拥有的图书是1.4万种,前者是后者的89倍。而到了1900年,西方的图书种类达到1125万种,中国的图书种类则是12.6万种,同样是89倍。经过新中国成立以来68年的发展,中国出版业取得了历史性突破。

改革开放初期,我国年出版1.4万种图书,2014年猛增至44.84万种,环顾世界,近几年美国年出书大约有20万种,俄罗斯12万种,日本8万种。从目前发展现状来看,我国已发展成为名副其实的世界出版大国。"十一五"时期累计生产图书135.8万种338亿册,稳居世界之首。目前,中国新闻出版业发展方式转变基本到位,新兴业态蓬勃发展,数字出版等战略性新兴产业领域的发展达到世界先进水平。"十二五"时期,我国新闻出版产业规模持续增长,新闻出版业在转型升级、融合发展方面亦取得了较大突破,对文化产业贡献日益增大,产业实力得到进一步壮大。相关研究显示,2012年新闻出版业总产出达到1.65万亿元,较2011年增长13.6%;2013年,全国出版、印刷和发行服务实现营业收入18246.4亿元,较2012年增加1611.1亿元,增长9.7%;利润总额1440.2亿元,较2012年增加122.8亿元,增长9.3%;2014年,全国出版、印刷和发行服务业的营业收入为19967.1亿元,较2013年增长9.4%,利润总额1563.7亿元,增长8.6%。2014年,全国共出版图书44.8万种,图书出版实现营业收入791.2亿元,较上年增长2.7%,数字出版实现营业收入3387.7亿元,较2013年增长33.4%,增长速度在新闻出版各产业类别中名列第一,2015年全国图书零售市场同比增长12.8%,实体书店零售市场继2014年实现3.26%的增长之后,2015年继续保持增长,同比增长0.3%,实体书店渠道新书品种数在2015年为19.7万。中国新闻出版强国的战略目标是:到2020年,新闻出版业总产值占当年全国GDP的5%左右,基本实现人均消费图书6册、期刊3.2册;数字媒体等新兴产业的发展达到世界先进水平。新闻出版产业主要经济指标平稳增长,产业规模继续扩大,反映出在经济发展进入新常态、经济下行压力加大的情况下,新闻出版业依然保持健康发展的势头。

(1) **图书出版绝对量大**。数据显示,2015年,全国出版、印刷和发行服务实现营业收入21655.9亿元,较2014年增加1688.8亿元,增长8.5%,新闻出版产业保持较快增长势头;2015年,全国共出版图书、期刊、报纸、音像制品和电子出版物550.6亿册(份、盒、张)。在图书方面,截至2015年年底,全国共有出版社584家(包括副牌社33家),出版图书475768种,总印数86.62亿册(张),总印张743.19亿印张,定价总金额1476.09亿元,与上年相比,均有所增长;在期刊方面,全国共出版期刊10014种,总印数28.78亿册,总印张167.78亿印张,定价总金额242.97亿元,与上年相比,种数略有增长,其他数据均有所下降;在报纸方面,全国共出版报纸1906种,总印数430.09亿份,总印张1554.93亿印张,定价总金额434.25亿元,与上年相比,均有所下降。2015年,全国共出版录音制品9860种,出版数量2.34亿盒(张),共出版录像制品5512种、6000万盒(张),全国共有出版物发行网点163650处。其中新华书店及其发行网点8918处,出版社自办发行网点425处。整个"十二五"期间,全国出版物发行网点数量变动不大。"十一五"期末(2010年)为16.8万处,"十二五"期末(2015年)为16.4万处,减少了2.5%,整体数量长期维持在16万处和17万处之间。全国共输出版权10471种,较2014年增长1.7%;引进版权16467种,降低1.4%,版权输出品种与引进品种比例为1∶1.6。全国累计出口图书、报纸、期刊、音像制品、电子出版物和数字出版物10485.6万美元,增长4.4%。特别值得关注的是,其中数字出版物出口2366.9万美元,增长12.7%,占全部出口金额的22.6%,提高1.7个百分点。从品种数来看,"十二五"期间,全国出版图书品种数大幅增长,全国出版图书品种数由2010年的328387种增加到475768种,5年增加了近15万种,增长了44.9%,图书出版营业收入由2010年的561.9亿元增长到2015年的822.6亿元,增长了46.4%。

中国的两家出版集团跻身世界前10强,分别是凤凰出版传媒集团和中南出版传媒集团。

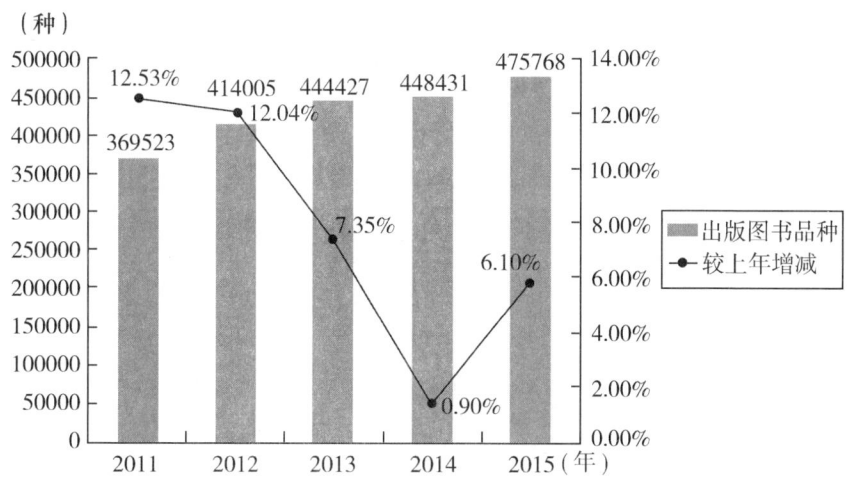

图12　2011—2015年出版图书品种数对比

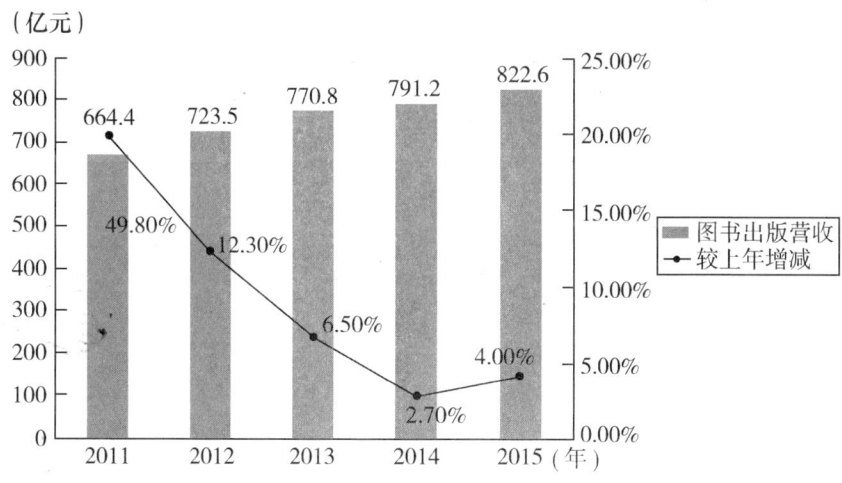

图13　2011—2015年图书出版营收对比

2. 代表新兴出版业态的数字出版和融合发展成效初显

2014年4月,国家新闻出版广电总局与财政部联合发布《关于推动新闻出版业数字化转型升级的指导意见》,提出用三年时间支持一批新闻出版企业、实施一批转型升级项目,带动和加快新闻出版业整体转型升级步伐。此外,继 2013 年评选出首批 70 家传统出版数字化转型示范单位后,总局于 2015 年 7 月又公布第二批 100 家转型示范单位,转型示范单位已达到 170 家,以此带动整个行业转型升级、融合发展。《2015 年数字阅读白皮书》显示,2015 年,中国数字阅读用户规模达到 2.96 亿,通过手机进行阅读的用户占到 52.2%,是电脑阅读用户的两倍。在用户方面,目前,中国数字阅读用户中 16 岁至 45 岁的用户超过九成,呈现高学历、中等收入、普通职员的基本特征。中国互联网信息中心(CNNIC)发布的第 37 次《中国互联网络发展状况统计报告》显示,截至 2015 年 12 月,中国网民规模达 6.88 亿,全年共计新增网民 3951 万人,互联网普及率为 50.3%,较 2014 年底提升了 2.4 个百分点。中国手机网民规模达 6.20 亿,较 2013 年年底增加 6303 万人,网民中使用手机上网人群占比由 2014 年的 85.8% 提升至 90.1%。从总体经济规模来看,数字出版在新闻出版各产业类别中的地位也在提升。"十二五"前三年,数字出版一直排位第三(前两名分别为印刷复制和出版物发行),2014 年,数字出版总体经济规模为 3387.7 亿元,超过出版物发行的 3023.8 亿元,跃居行业第二。从数字出版营业收入的增速来看,每年的增速都超过了 30%,在新闻出版各产业类别中位居

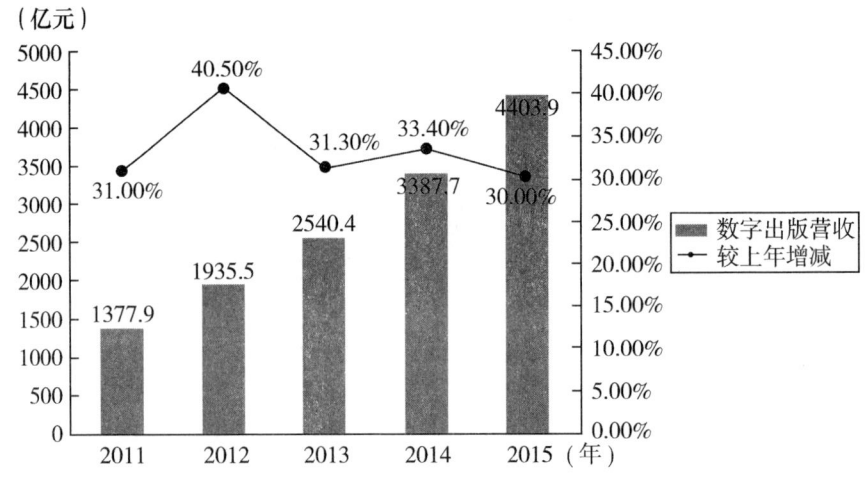

图 15　2011—2015 年数字出版营收对比

第一，可谓是超速发展。包括出版集团、报业集团，以及图书、报纸、期刊出版单位在内的传统出版数字化转型升级示范单位，在内容聚集、技术应用、产品创新，以及探索数字化商业模式等方面为产业发展做出表率，带动整个行业转型升级、融合发展取得实质性进展。

3. 新闻出版"走出去"取得明显成效

2014年，图书、报纸、期刊、音像制品、电子出版物和数字出版物等实物产品出口首次突破1亿美元大关，2倍于"十二五"确定的出口目标。除传统的纸质图书版权外，以期刊数据库、电子出版物、网络游戏为代表的数字产品海外销售收入从2010年的2.3亿美元增长到2014年的近20亿美元，比"十二五"目标超额完成近10亿美元。出版单位主动走出国门参与国际竞争的意识不断增强，国际竞争力显著提升，实现了从政府助推到企业发力的转变。对于企业自身来说，走出去也越来越成为其发展的需要。2014年5月，江苏凤凰出版传媒集团下属子公司江苏凤凰教育出版社有限公司以8500万美元收购美国出版国际有限公司，这是中国出版企业迄今为止最大的一次跨国并购，通过收购凤凰传媒获得了国际性的童书资产和销售渠道，快速打入国际主流出版市场，有力地提升了其国际竞争力。一年之后凤凰出版传媒集团长驱直入2015年世界出版企业50强排名十强之列。

4. 中国图书版权输出数量屡创新高

一大批中国出版机构纷纷参与到国际版权贸易中来，不少中国出版机构都建立起了稳定的版权输出客户群，版权输出项目也由单本图书输出向成系列、成规模、有特色方向发展。数据显示，经过10多年的努力，版权贸易大幅升级，贸易逆差大幅缩小，目前中国图书引进输出比例已从2010年的3∶1到2014年的1.6∶1。贸易结构不断优化，输出的产品形态从过去单一的图书、期刊版权拓展到报纸、音像电子、数字版权等多种形态。版权输出的区域结构、内容结构、语种结构、形态结构不断升级，一大批中国主题内容，特别是反映当代中国价值观、中国梦、中国道路、中国模式和中国优秀传统文化的出版物进入国际市场。版权贸易不断升级，输出形式也更加多元。

(二) 立足现状：中国出版业与世界发达国家相比差距巨大

中国虽然已经成为世界出版大国，但是距离出版强国的目标还有很长的路要走，中国远未攀上世界出版业的高山之巅，中国出版业的核心技术实力和管理水平仍将长期屈居发达国家之后。不仅从综合实力方面看如此，即便从出版业方面来看现实依然如此。

1. 国外发达国家文化产业发展情况

出版业是一个国家或地区文化创意产业的重要组成部分，据最新统计资料显示，文化产业已经占到全球生产总值的7%，约为1.3万亿美元，以创意为核心的文化产业一直是世界贸易中最有活力的产业之一。世界主要国家的情况是：

（1）**美国**：确立了文化产业强国的战略，作为世界文化产业强国，美国的文化娱乐消费占家庭消费30%左右，近年来文化产业产值占GDP的18%—25%左右。美国政府认为，文化产业与钢铁、汽车等其他关系民生的产业部门没有区别，因此应为文化企业的经济活动提供一个公平合理、充分竞争的舞台。良好的政策支持同样保证了良好的市场，鼓励投资，注重创新，资助非营利性文化产业发展。美国投融资机制体制健全、主体多元、方式多样，文化产业人才培养体系较为完善，许多大专院校开设了文化产业相关的学科专业。2009年美国文化产业共创造产值2784亿美元。另据美国出版商协会发布的数据表明，美国图书出版产业2014年整体销售同比增长4.6%。其中K-12教材板块增幅最大，为9.9%；专业出版领域销售增长4.6%；大众出版领域销售增长4.2%。大众出版仍然是最大板块，2014年总收益为154.3亿美元。2014年，全美图书总销量增长3.7%，达27亿册，其中大众板块增长4.1%（包含宗教出版），达24.2亿册。电子书整体销售增长3.8%，达33.7亿美元，电子书销售并不包含订阅服务模式的销售。

（2）**日本**：日本是世界文化产业第二强国，其文化产业规模已超过了本国具有国际竞争力的电子产业和汽车产业。政府从战略高度关注文化产业。21世纪以来，由于日本以制造业为主体的经济迟迟未能走出低迷，日本经济政策制定者将目光投向文化产业。2007年5月，日本政府出台《日本文化产业战略》，在国内以政策引导和扶持的方式，鼓励企业在文化产业方面的创新和走出去，同时从知识产权保护、文化产业国际标准、创新人才培养等方面为文化产业保驾护航。日本是最大的动画制作和输出国，游戏产业也在全球占三分之一左右市场份额。随着动漫、游戏产业在海外市场的成功，其衍生品市场带来了更大的经济效益。日本文化产业发展所取得的巨大成果得益于高效合理的政府推进型发展模式，政府给出了强有力的战略和政策指导，健全和完善了法律法规体系，打造了适合中介组织发展的环境，奠定了以发挥市场机制配置文化资源的基础，并通过宏观的经济计划和产业政策实现管理职能的转变以及融资渠道多元化和宣传渠道的特色化。

（3）**英国**：英国将文化产业称作"创意产业"，也是第一个利用公共政策推动文化创意产业发展的国家。1997年5月，英国政府为调整产业结构和解决就业问题，提出把创意产业作为振兴英国经济的重要手段，优先发展文化创意产业，经过10多年的发展，包含出版业在内的创意产业已成长为英国仅次于金融服务的第二大产业。创意产业年平均产值约600亿英镑，超过任何一种传统制造业创造的产值，英国发达、多元化的创意产业已发展成为支柱产业，实现了由以制造业为主的"世界工厂"向以文化产业为主的"世界创意中心"的成功转型。在英国，中小型企业是创意产业发展的生力军，2009年创意产业中规模在1—10人的企业占94%，11—49人的企业占4%，200人以上的只占1%。

（4）**德国**：德国是图书之国，拥有2000多家出版社，每年出版发行约9.5万种新书，书店年销售额达百亿欧元，可谓是超级出版大国。2007

年德国图书市场实现了大约96亿欧元（约合132亿美元）的销售额，占本国文化产业总销售额10%左右，同年还向海外转让了9000多种图书许可证。近年来，德国文化产业蓬勃发展，成为推动经济增长最强劲的产业之一。以会展为媒介促进文化产业发展是德国的一大特色，德国作为会展大国，形形色色的书展促进了出版业的兴盛和繁荣。一年一度的法兰克福书展被誉为"出版界的奥林匹克大会"，每年吸引了全球100多个国家和地区、7000多家出版商和书商、30多万个新品种参加，已成为世界最大和最重要的图书贸易展销会，被称作"世界文化的风向标"。法兰克福国际图书展是世界最大的书展，为世界各国的出版商、代理商和经销商提供了一个洽谈版权贸易、出版业务和展书订书的平台，100多个国家和地区的业内人士前来参展。

德国人是酷爱读书的民族。德国人口总数约为8100万，平均每1万人即拥有一个书店以及1.7个图书馆，是全世界人均书店密度最高的国家。最新统计数据显示，德国有将近8000家书店，其中包括6000家正规书店和近2000家图书亭，还有许多书店和咖啡厅结合的读书场所，书店工作人员不断增加，达到31000名。无论是市中心的大型图书商店，还是车站附近的小型书报亭，都能让顾客随时走进选购图书。德国的书店有全国图书网络，可以通过全国联网系统为顾客订购所需的图书。许多德国书店都设有专门的桌椅，供顾客坐下阅读和摘抄。德国有1.4万个图书馆，这些图书馆往往建在市中心交通最便捷的位置，供市民在此阅读和学习，甚至可以查阅中世纪的资料。德国许多公立图书馆是免费的，有些图书馆的缴费会员只需缴纳10欧元到30欧元的年费，就可随时进出借阅图书。

（5）**韩国**：1998年韩国政府提出"文化立国"战略以来，政府进行了大力扶持，无论在法律上还是政府机构做出的调整，都切实为文化产业服务。韩国在注重国内市场的同时，还积极拓展国际市场，韩国文化产业已呈爆发式生长态势，韩国文化风靡全球。其中影视产品是韩国文化产业的一大支柱,大量韩剧出口并形成强大的海外影响力,播出渠道的市场化,国家的金融扶持为其提供了良好的环境。与中国不同的是,近年来不仅国内市场持续增长,出口规模也迅速扩大,每年出口规模达到10亿美元。

2. 我国文化产业发展迅猛,但距离目标的差距依然巨大

我国文化产业占GDP的比重从2010年的2.75%升至2014年的3.76%,不仅与全球7%的比重差距巨大,而且与成为国民经济支柱性产业的宏伟目标差距巨大。根据发达国家的经验,人均GDP达到3000美元时,文化消费将有较大增长;人均GDP达到5000美元时,文化消费将出现爆发性增长。而我国早在2012年人均GDP就超过了6000美元,2014年达到7380美元,2015年人均GDP达8000美元左右,一些东部沿海地区的城市已经超过10000美元,甚至超过15000美元,这充分表明文化消费市场潜力尤为巨大,据测算,当前我国文化消费潜在规模近5万亿元,而实际文化消费量仅约2万亿元,文化产品供给和需求存在3万亿元左右的文化消费缺口。在人均GDP同等水平下,我国文化消费规模也仅为发达国家的1/3左右。研究资料显示,在世界发达国家,文化创意产业已经成为支柱型产业之一。英国创意产业年平均产值已经超过任何一种传统制造业创造的产值,美国的文化产业产值近年来已经占到GDP的18%—25%,日本的文化产业规模也已超过了其电子产业和汽车产业。而中国目前文化产业的比重只3.5%—4%。这表明文化消费拥有巨大的发展空间,也说明我国居民潜在的文化消费需求并未得到有效满足。

从历史角度看,尽管我国文化产业发展迅猛,但与国外发达国家相比也还存在不少问题和瓶颈制约,例如产业规模不够大、文化投资少、结构不够合理、发展不够均衡、资源使用效率不高、创新力不足等。出口对于文化产业的拉动作用还很微弱,出口规模小。2014年核心文化产品出口额为220.4亿美元,相当于1353.87亿元人民币,这与我国贸易大国地位极不相称。

三、从国际比较角度看，中国依然不是世界出版强国，出版业发展中面临不少问题

（一）国民阅读率不高，阅读习惯和氛围不浓，人均书籍消费水平较低

从出版业总量来看，我国已位居世界前列，但人均出版物消费和人均印刷品占有量却相对落后。调查结果显示：1999年，全国国民图书阅读率为60.4%，是此前历年来的最高值，此后一路下行，2005年跌至谷底——42.2%。2006年，中宣部、中央文明办、新闻出版总署等11个部委面向全社会发出开展全民阅读活动的倡议，图书阅读率开始逐年回升，2015年，我国成年国民包括书报刊和数字出版物在内的各种媒介的综合阅读率为79.6%，还有很多人没有阅读。我国18—70周岁成年国民人均纸质图书阅读量从1999年的4.35本到2015年的4.58本，是有所增长的，即使将纸质图书和人均3.26本的电子书阅读量相加，也只有7.84本而不足8本，而以色列、匈牙利等国人均年读书超过70本，日本50本，俄罗斯40多本。与这些国家相比，阅读习惯尚不浓厚，都还存在一定差距。

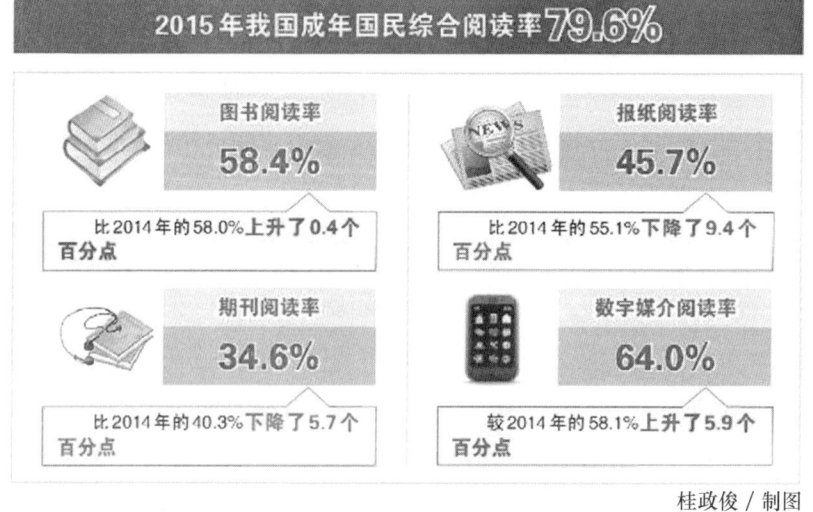

桂政俊／制图

图15　2015年我国成年国民综合阅读率情况

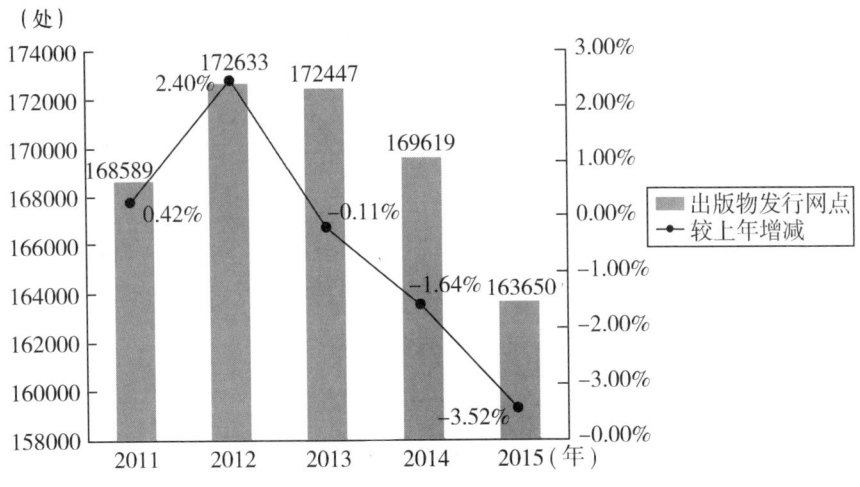

图16　2011—2015年全国出版物发行网点数量对比

（二）图书库存积压严重，生产与读者需求脱节严重

目前，我国有500多家出版社，每年出版的图书超过47万种，出版的图书品种数位居全球第一，是美国的一倍还多，但库存积压严重。从2005年到2013年，全国出版的图书品种数从22.25万增至44万，增幅接近100%；在同一个时间区段，全国新华书店系统、出版社自办发行单位纯销售册（张、份、盒）数，增长的幅度却不到4%，也就是说，100%的品种增长，只带动不到4%的销量增加，如此悬殊的生产销售比，势必一路推高库存。据相关媒体报道，目前我国出版机构的库存码洋居然超实际销售码洋150亿元以上，实际差距比统计更惊人。存销比（库存码洋与销售额的比例）从账面的1.23∶1拉大到1.77∶1，此即意味着每一元销售额的实现，都要以近2元的库存额为代价。我国出版物存在高库存的风险，从库存数值来看，2014年已经突破了千亿元大关，高库存显然是个不太好的信号，严重制约了出版业的健康发展。根据国家新闻出版广电总局规划发展司编写的《新闻出版统计资料手册（2015年）》中的数据，2014年全国新华书店系统、出版社自办发行单位纯销售为777.99亿元，年末出版物库存为1010.11亿元。另据2011—2015年5年间的《新闻出版统计资料手

册》有关数据,"十二五"期间我国新华书店系统、出版社自办发行系统出版物库存数量年均增长率为5.2%,出版物库存金额年均增长率为8.0%,其中2013年增速最高,达14.55%,2014年最低,为4.74%,库存金额的年均增长速度超过了库存数量年均增长速度。也就是说,即使年末库存数量没有增加,而库存金额却照样连年增加(详见表3)。

表3 "十二五"期间我国新华书店、出版社自办发行系统出版物年末累积库存情况

指标/年份	2011年	2012年	2013年	2014年	2015年	年平均值
数量(亿册/张/份/盒)	55.86	56.00	65.19	66.4	67.83	—
与上年的增长率(%)	5.40	0.20	16.40	1.80	2.20	5.20
金额(亿元)	804.05	841.88	964.40	1010.11	1082.44	—
与上年的增长率(%)	9.00	4.70	14.60	4.70	7.20	8.00

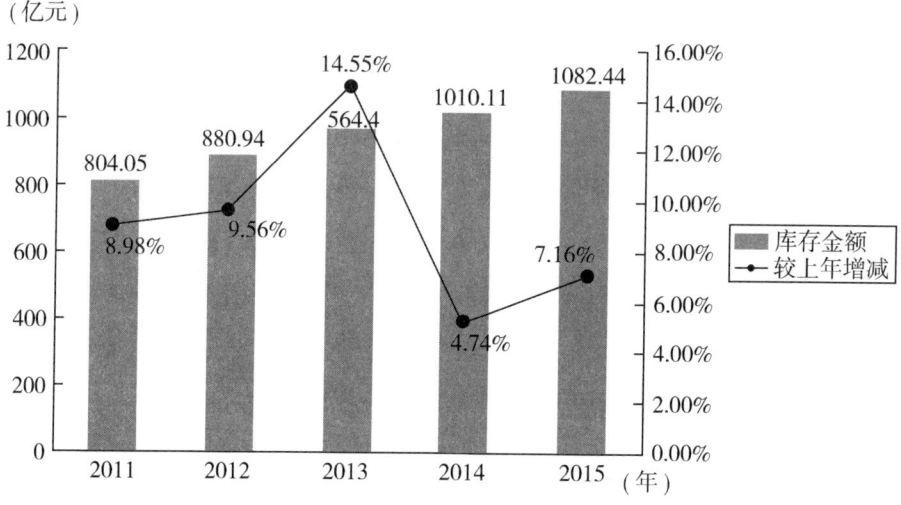

图17 2011—2015年全国新华书店系统、出版社自办发行单位年末库存对比

巨大的库存意味着更多图书只能在仓库中蒙尘,"死书"越滚越多,相当数量的新书尤其是学术专著类图书,还没有机会上架亮相,就被送进仓库成了压库书。甚至有媒体提醒:长此以往,就会逼近产业坍塌的红

线,有媒体也发出"第一出版大国也是第一库存大国"的惊叹。过高库存量,可以毁掉一个行业。日本资深出版人小林一博所著的《出版大崩溃》,记录了1997—2003年间日本出版业的崩盘历程,其中一个重要症状就是高库存、高退货:图书退货率平均在50%左右,高的可达90%;而仓库里堆积如山的无效库存,令日本出版人叹惜"死书累累"。

我国出版物库存走高的原因是多方面的。客观上分析,经过改革开放近40年的快速发展,特别是出版体制改革以来,出版生产力得到极大解放和发展,出版物供给能力不断增强,不管是品种还是印数都大幅度增长,改革开放初期所呈现出的短缺经济形态下所出现的需求旺盛但供给严重不足、出版物供不应求的状况得到彻底的扭转。数据显示,1978年,我国出版图书只有1.5万种,总印数37.7亿册(张),到了2015年我国出版图书47.6万种,较1978年增长3073.3%;总印数86.6亿册(张),增长129.7%。而具有支付能力的出版需求虽也在快速增长,但增长幅度明显小于供给的增长速度,导致出版物从过去的卖方市场转变为买方市场,从"书荒"变成为"书海",出现了出版物库存逐年累积攀高的状况。从表现形态来看,现阶段我国出版物存在过剩,本质上是低水平的过剩,除市场机制作用外,还源于一些非正常因素的影响。其中十分突出的问题就是一方面社会对出版物的有效需求的严重不足,同时出版物生产过程中也存在着大量的无效低端供给。2015年我国出版新版图书26.1万种,平均每天约出版新书715种之多。这些中的大多为导向正确、读者欢迎的图书,其中不乏精品力作,但也有些图书,由于生产者市场意识不强、创新能力差,急功近利、粗制滥造,盲目跟风,可以说是制造了废品。因此,只能陈于架上,乏人问津或被退货入库。

(三) 出版管理体制机制科学化水平不高

长期以来,我国传统出版产业以劳动密集型制造为主,依托劳动力成本低的比较优势实现快速发展,并推动经济总量快速增长。与此同时,由于沉淀成本、规模经济和既得利益的作用,传统出版业发展具有较强的路径依赖。随着我国经济规模的扩大和资源要素成本的提高,如果任由产业结构定型在较低层次，就会严重制约出版产业素质的提升和质量效益提高，出版业就会丧失国际竞争优势。因此，当前急需打破路径依赖，加快传统出版业的转型升级。

四、转型升级：中国迈向世界出版强国的必由之路

从理论层面分析，所谓"转型"，是指事物的结构形态、运转方式和人们观念等方面根本性转变的过程。从发展的历程来看，自1978年开始，我国经济发展迅速，出版企业的内、外部生存环境发生了显著变化，出版单位在走向市场化的进程中，既获得了快速发展，也面临着信息技术高速发展、新兴媒体对图书市场的冲击。目前，科技已交融渗透到新闻出版创作、生产、传播、消费的各个层面和关键环节，在改造提升传统新闻出版业的同时，还催生了一大批新的媒介形态和媒介应用，有力地推动了新闻出版业的转型升级，成为新闻出版业发展的核心支撑和重要引擎。随着图书品种的增多，读者在市场上有更多的选择，出版社之间对市场的争夺加剧。2014年4月，国家新闻出版广电总局与财政部联合发布《关于推动新闻出版业数字化转型升级的指导意见》，提出用三年时间支持一批新闻出版企业、实施一批转型升级项目，带动和加快新闻出版业整体转型升级步伐。面对国内外经济环境的深刻复杂变化，在增长、转型和媒介高度融合的背景下，我国出版业的转型升级表现为多元化、融合化等多种趋势。发展模式由数量扩张型向质量效益型转变，发展动力由资源驱动型向创新驱动型转变，具体而言，中国新闻出版业的转型表现在如下方面：

（一）从传统的计划经济体制向市场经济体制转型

1949年新中国成立之后，我国长期实行高度集中的计划经济管理体制，出版业也不例外，属于上层建筑和意识形态，更是实行严格的计划经济体制，强调政治属性，忽视其经济和产业属性，出版单位的设立、资金的来源、人员的招聘、书号、刊号、出版物的发行等完全按照上级主管部门下达的指令和计划办事，出版单位没有任何自主权。改革开放以来，伴

随着宏观经济管理体制的改革，出版业逐步摆脱了传统的计划管理体制，逐步向市场化方向转型。体制改革使坐吃"皇粮"的出版单位转变成面向市场的企业，事业人变成了企业人，从此走上一条全新的经营道路，出版业逐渐突破束缚文化生产力发展的制度性障碍，充分发挥市场在文化资源配置中的基础性作用，确立出版市场主体，健全出版市场体系，完善出版产业政策，使整个出版管理体制与社会主义市场经济体制相适应。

（二）传统的出版事业逐步转向出版产业

长期以来，我国出版单位大都采取事业体制，属于意识形态领域，国家对出版业实行事业单位管理或事业化单位企业化管理。改革开放以来，中国出版业逐步改变了原来国有事业单位的体制格局，开始了市场化和产业化改革的进程。自2003年起，出版管理体制改革坚持一手抓公益性出版事业、一手抓经营性出版产业，把出版单位区分为公益性和经营性两种类型，推动经营性出版事业单位转制为企业，建立现代企业制度，使其成为真正的出版市场竞争主体。一批经营性出版单位转企改制成为出版物市场主体，变成了谋求利润最大化和社会效益相结合的企业。通过改革，市场竞争环境、投融资环境、财政税收环境、国际合作环境极大改善。据统计，截至目前，全国共核销事业编制29万多个，全国共注销经营性文化事业单位6900多家。全国承担改革任务的580多家出版社、3000多家新华书店、38家党报党刊发行单位，已经全部完成转企改制；全国2103家承担改革任务的文化系统国有文艺院团（不含保留事业体制院团），已有2100家完成和基本完成转企改制、撤销或划转任务，占总数的99.86%；地方1177家首批非时政类报刊出版单位中，1147家已完成和基本完成转企改制，占总数的97.5%；中央和地方的应转企改制的重点新闻网站已于2012年年底完成全部改革任务。经过多年的改革实践和探索，在出版发行、文艺表演以及电影制作、发行和放映等重点领域，除个别单位继续保留事业体制外，绝大多数都已作为经营性文化单位转制为企业，中国出版业生存和发展的市场环境发生了巨大变化，市场化程度不断提高。

(三) 出版业态更加多元化发展,传统出版逐渐向数字出版转型

科技进步特别是信息网络技术的迅猛发展,为新闻出版业发展提供了重要支撑,信息技术在全球的广泛使用,对社会经济发展产生巨大的影响。在出版业,信息技术已渗透到各个领域:编辑方面有计算机选题管理和发稿系统,校对方面有专门的校对软件,发行方面有数据库交换技术,成本核算有 ERP 系统,日常管理有 OA 系统。另外,出版单位也正在利用互联网技术发挥着信息查询、网上图书销售等作用。2014 年 8 月 18 日,中央全面深化改革领导小组第四次会议审议通过了《关于推动传统媒体和新兴媒体融合发展的指导意见》,提出将制订"互联网+"行动计划,推动移动互联网、云计算、大数据、物联网等与现代制造业结合等要求,出版业的转型呈现出如下特点:

1. 传统出版增长趋于缓慢

据统计,2013 年,全国传统出版物的情况是:图书出版 41.40 万种,较 2012 年增长 12.04%,图书总印数 79.25 亿册,增长 2.85%;期刊总印数 32.7 亿册,较 2012 年减少 2.3%;报纸总印数 482.4 亿份,较 2012 年增长 0.03%;2014 年全国传统出版物的情况是:图书出版 44.44 万种,较 2013 年增长 7.35%,图书总印数 83.10 亿册,增长 4.87%;期刊总印数 31.0 亿册,较 2013 年减少 5.4%;报纸总印数 463.9 亿份,较 2013 年减少 3.8%。如上变化表明,近年来,传统出版增速呈现出逐渐下降的态势,传统出版业已经从高速增长进入中高速增长阶段。

2. 实体书店生存愈益困难,网络书店发展迅猛

近年来,随着网络等新媒体技术的出现,网上阅读和网上书店发展迅速,实体书店受到巨大的挤压,一批实体书店纷纷倒闭,与此相反,网络书店却异军突起,发展迅猛。从长远发展趋势研判,随着国内受教育人群的增长和民众对于文化知识消费需求的提高,传统图书市场仍然会有持续增长的空间;另外,在图书零售市场上,图书购买需求也依靠内容供给拉动,一些热点话题带动的超级畅销书会极大刺激图书消费量的扩容。

3. 数字出版发展成为新的出版业态且增长势头迅猛

从出版业漫长的发展历程不难看到,技术往往是出版业发展的重要牵引力量,伴随着技术尤其是数字技术和互联网技术的发展,数字内容市场需求日益旺盛,数字出版产业规模持续扩大,数字出版逐渐形成包括电子图书、数字报纸、数字期刊、数字音乐、原创网络文学、网络游戏、数据库、手机出版等众多产品在内的较为完备的数字出版产品体系。面对数字化、互联网所带来的影响,有研究资料显示,截至2015年12月,我国网民规模达6.88亿,互联网普及率为50.3%。工信部公布数据显示,截至2015年9月,我国的移动用户规模已接近13亿,使用手机上网的用户已突破9亿,用手机看书、看报、看视频已成为人们进行内容消费的习惯。中国互联网络信息中心（CNNIC）发布的第38次《中国互联网络发展状况统计报告》显示,截至2016年6月,我国网民规模达到7.10亿,互联网普及率为51.7%,我国手机网民规模达6.56亿。在互联网和互联网思维的深刻影响下,全球数字出版产业发展势头依然迅猛,传统出版转型升级步伐进一步加快。我国国民的消费理念、消费意愿、消费习惯、消费渠道日益多样化,为数字出版的内容生产、技术应用、产品开发、运营模式提供了源源不断的创新动力,互联网时代,数字化已成为驱动出版产业持续变革、发展的强大动力。表现为：一方面,传统出版增长缓慢,传统出版在降速,尽管还存在持续增长的巨大空间,但竞争和洗牌会趋向剧烈。另一方面,数字出版异军突起,发展迅猛。近年来,西方新闻出版业数字化进程不断加快,大型出版传媒集团数字出版比重不断提升,在国内,2010年后,随着移动互联网和移动数字终端技术发展取得突破,出版业数字化掀起了新一轮高潮。据中国新闻出版研究院《2013—2014年中国数字出版产业年度报告》显示,从发展动态来看,2006年,我国数字出版产业收入为213亿元,2014年增长到3387亿元,比2013年整体收入增长了33.36%,在新闻出版营业收入中所占比重由2010年的8.5%增加到2014年的17%,成为我国新闻出版业所有门类中增速最快的领域,数字出版8年间增加15倍。中国新闻出版研究院发布的《2015—2016中国数字出版产业年度报告》显示,2011年,我国数字出版产业营业收入为1377亿元,占当年新闻出版业营业收入的9.5%；2013年，数字出版产业整体收入为2540.35亿元，比2012年增长了31.25%，数字出版总产值超过纸质出版产值；2015年，我国数字出版继续保持高速增长，数字出版实现营业收入4403.9亿元，较2014年增加1016.2亿元，增长30.0%，占全行业营业收入的20.3%，数字出版产业收入占新闻出版产业收入的总比由2014年的17.1%提升至20.5%，提高3.4个百分点；对全行业营业收入增长贡献率达60.2%。整个"十二五"期间，我国数字出版产业收入年均增长率达32%，数字出版在新闻出版产业总收入占比超过20%，增长速度与增长贡献率在新闻出版各产业类别中均位居第一，已成为产业发展的主要增长极。"十二五"期间，总局和财政部先后印发《关于推动新闻出版业数字化转型升级的指导意见》和《关于推动传统出版与新兴出版融合发展的指导意见》，将与数字出版相关的项目列入文化产业发展专项资金支持重点，统计资料显示，全国现有的14家国家级数字出版基地中，有11家在"十二五"期间建成挂牌，数字出版"井喷"式发展的背后，是数字阅读渐渐成为很多人习惯的客观现实，数字阅读已经被大众所接受，2014年数字阅读率达到58.1%，首次超过纸质阅读，传统出版物正从纸质载体迅速向数字化载体转移，通过手机、PAD、电脑等阅读成为人们日益习惯的阅读方式。截至2015年年底，全国共批准设立国家级数字出版基地14家，分别

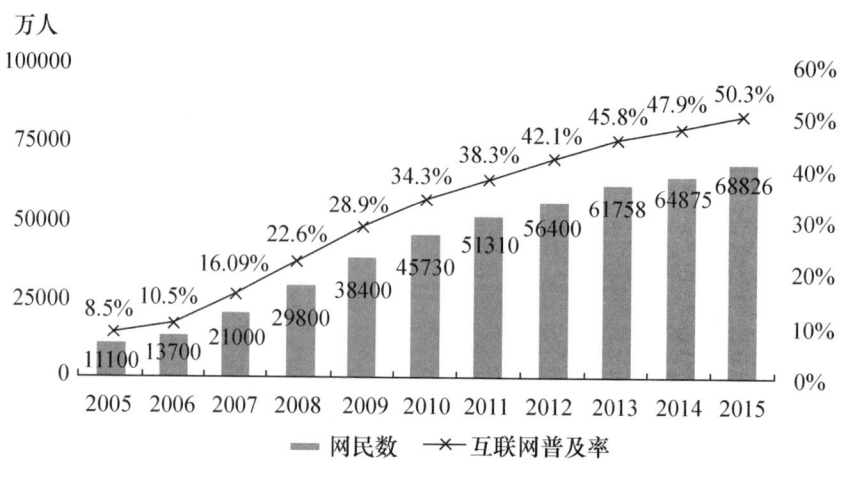

图19 中国网民规模和互联网普及率

分布在华东、华南、西南、西北、华中、华北六大区域。初步形成以东部沿海为带动，长三角流域为核心，华北、中南、西北、西南为辐射的综合布局。数字出版业的产业化程度日益提升，数字出版作为我国新闻出版业的战略发展重点和产业转型升级、融合发展的重要支撑的地位和作用日益凸显。

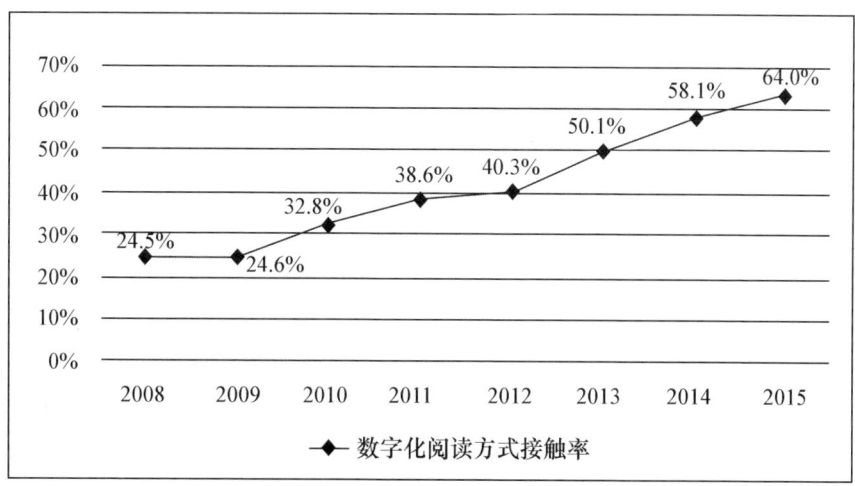

图20　国民数字化阅读方式接触率

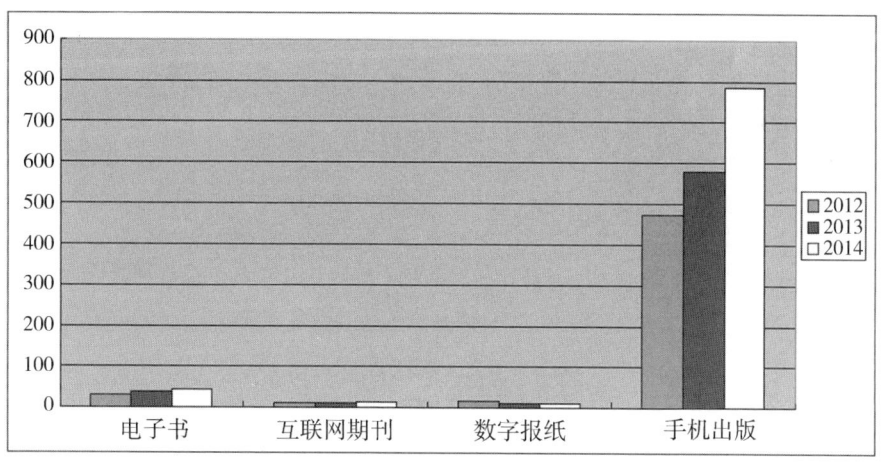

图21　2012—2014年部分数字媒体收入变动情况

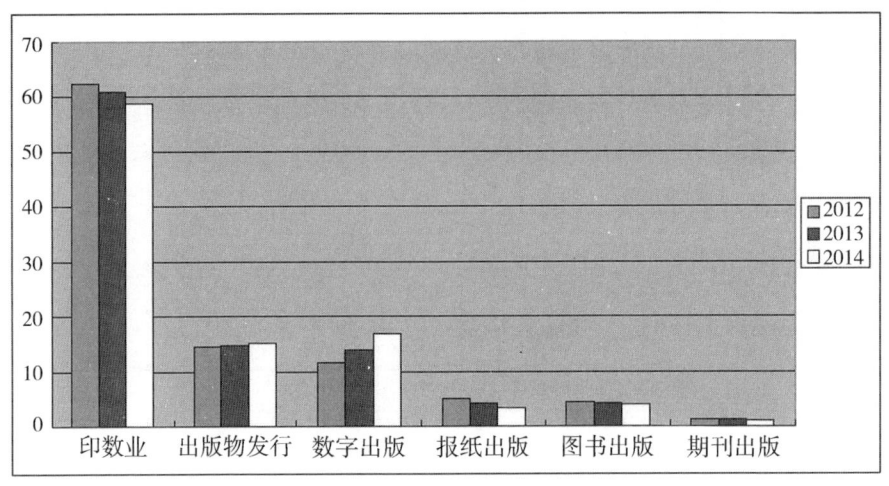

图 22　各类出版发展变动情况

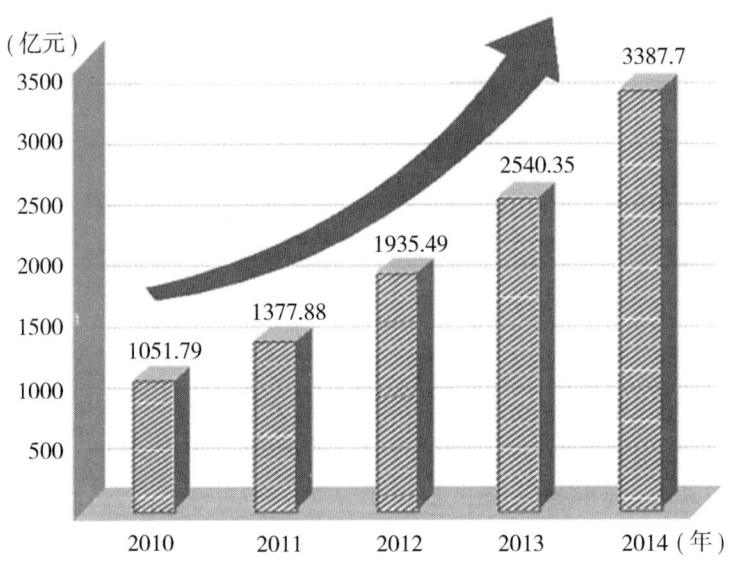

图 23　2010—2014 年数字出版发展变动情况

从全球范围的发展状况来看，到 2020 年，电子书将占图书收入的一半以上。主要出版大国的情况是：在英国，2015 年图书行业总收入中的 20% 来自数字业务，杂志行业的这一比例为 16%、报纸行业为 14%。到 2020 年，数字业务在三大行业中的比例将分别增至 63%、32% 和 26%。在美国，2015 年图书行业的数字化比例为 41%、杂志为 24%、报纸为 17%，到

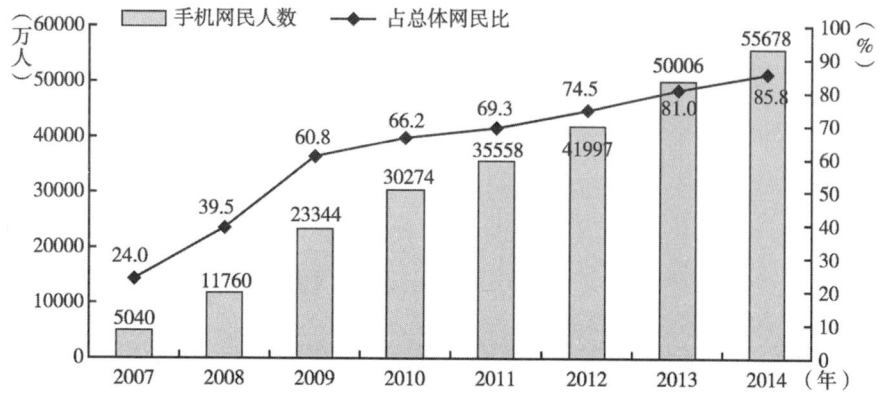

图 24　2010—2014 年中国收集网民人数及占总体网民人数比

2020 年三大行业的数字化比例将分别达到 63%、47% 和 24%。从全球范围看，2015 年图书行业收入中的 17% 来自数字业务，杂志行业为 14%、报纸行业为 8%。到 2020 年，三大行业中数字业务占总收入的比重将分别升至 35%、31% 和 15%（具体见图 26、图 27）。

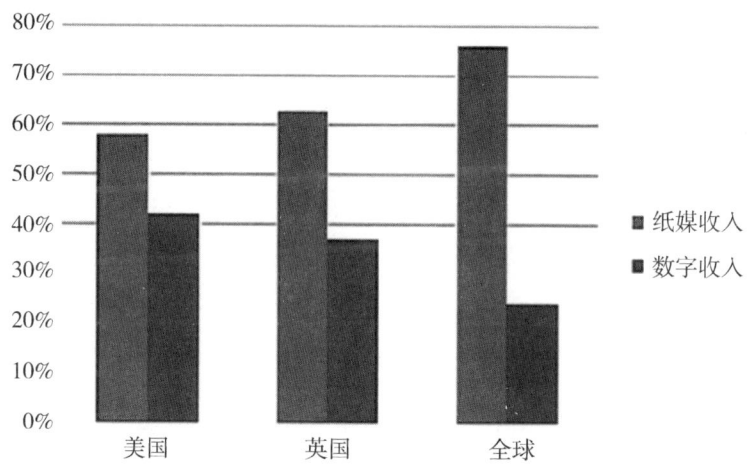

图 25　2020 年纸媒收入和数字收入在整体收入中所占比例

（四）出版业向资本化、集团化转型

在整个出版业转企改制进行到深水区，整个出版产业形成了以集团化和股权改制为中心的新一轮改革，目前几乎所有的省份都自行建立了

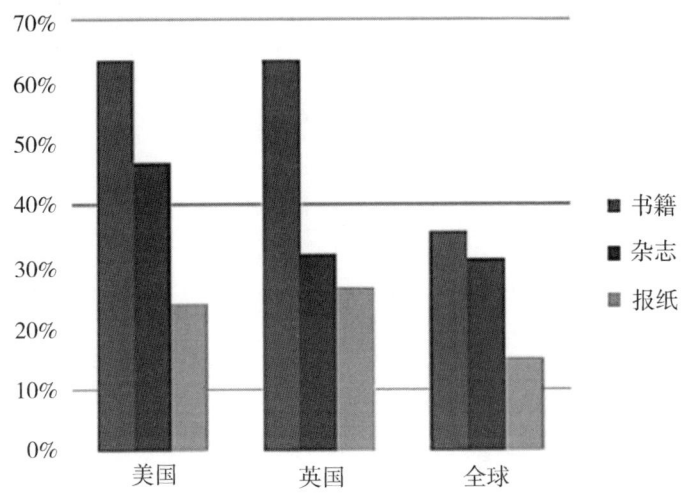

图26 2020年书籍、杂志、报纸三大行业的数字化比例

出版集团和发行集团,出版企业已进入依托市场配置资源大发展大跨越阶段。以资本化、集团化和品牌塑造为核心的产业价值链构建,是出版产业规模化和快速发展的规律,不少集团还通过股份制改造上市进入资本市场融资发展,出版企业的经济规模和实力有所增长。相关统计表明,2014年国内共发生169起文化传媒行业并购,涉及资本约1605亿元,几乎每隔一天就发生一起文化传媒公司并购,既有国内的并购,又有国外的收购;既有业外传统企业转型的需求,又有互联网企业扩张的冲动;既有民营企业与国有企业的联姻,又有民营企业的"自由恋爱"。当前,出版业发展混合经济面临良好的机遇。新闻出版上市公司以及非出版环节的股份制出版企业正在酝酿实行股权激励试点。不少出版企业正在通过各种方式加强与金融机构的战略合作,服务出版业的金融体系正在形成,出版企业利用金融工具拓展文化金融新业态取得了一定成效,出版传媒企业上市融资的步伐在进一步加快,规模进一步扩大,出版集团纷纷投资建立新媒体平台,并购新媒体公司,与新媒体公司进行战略合作,实现协同发展。

（五）出版业向国际化转型

在全球经济一体化，出版业面临着国外强势媒体的竞争和挑战。随着对外开放程度的增大，出版物市场的不同环节将受到不同程度的国外媒体集团的冲击。国际化的生产方式加剧了对文化资源配置的争夺，由于历史和现实客观情况等多方面的原因，中国出版业走出国门参与国际竞争起步较晚，参与国际竞争的能力还比较弱，但伴随着全球范围内文化产业的快速发展，中国出版业走出国门融入全球出版业的步伐正在加快，国内出版市场与国际出版市场呈现出加速融合的态势。目前，加快重组，推动融合发展，培育具有国际竞争力的大型出版传媒集团，构建现代出版传媒体系是当务之急。党的十八大以来，中国出版业不断积累经验，"走出去"的步伐日益加快，利用国际书展平台，积极参与国际市场竞争，已成为出版业今后发展的一大着力点。目前，中国参加的国际重要书展遍布五大洲30多个综合性和专业性书展。国内出版商参与国际书展的积极性进一步提高，出版企业与国际出版商合作更加务实，更好地学习国际出版的先进经验，快速提升我国出版企业的综合实力。中国出版企业在国际业界的地位和实力排名不断提高。统计资料表明，2003年至2013年，我国文化产品进出口从60.9亿美元攀升至274.1亿美元，年均增长16.2%；文化服务进出口从10.5亿美元增长到95.6亿美元，年均增长24.7%。以"走出去"为契机，版权输出持续增长。据国家新闻出版广电总局的统计，"十二五"时期，我国已成功打开190多个国家和地区的出版物市场。出版物版权贸易逆差大大缩小，图书版权输出和引进品种比例从2010年的1∶2.9提高到2014年的1∶1.6，2014年各类印刷品出口31亿美元，数字出版产品海外市场收入超过30亿美元。2015年，全国共输出版权10471种，较2014年增长1.7%；引进版权16467种，降低1.4%，版权输出品种与引进品种比例为1∶1.6。版权输出地情况是：美国1185种，英国708种，德国467种，法国199种，俄罗斯135种，加拿大144种，新加坡555种，日本313

种，韩国 654 种，香港地区 499 种，澳门地区 99 种，台湾地区 1857 种，其他地区 3656 种。2015 年，全国共引进版权 16467 种，其中图书 15458 种，录音制品 133 种，录像制品 90 种，电子出版物 292 种。版权引进地情况具体情况是：美国 5251 种，英国 2802 种，德国 815 种，法国 999 种，俄罗斯 87 种，加拿大 153 种，新加坡 242 种，日本 1771 种，韩国 883 种，香港地区 333 种，澳门地区 1 种，台湾地区 1117 种，其他地区 2013 种。中国出版集团公司通过多年经营，目前已拥有遍布美、英、俄、日等多国的 28 家海外出版发行网点，已形成我国出版业跨地区、跨国、跨所有制经营的全球最大出版发行网络。在海外办社、办报、办刊、办店、办厂的中国出版企业数量如今已发展到 300 多家，一些出版企业开始直接收购海外优质出版社。2014 年，凤凰出版传媒集团以 8500 万美元收购一家美国童书生产商，实现了中国出版业有史以来最大规模的跨国并购，新闻出版企业在境外办实体的企业也明显增多，目前我国新闻出版企业在境外投资或设立分支机构超过 400 家，已探索出境外市场化、商业化、产业化运作方式。

（六）出版业由传统的单业经营逐步向混业经营方向转型

近年来，随着市场经济的发展，出版社的出书范围也几乎完全放开，出版业开始向混业经营的方向转变。图书、报纸、期刊、音像、电子出版物等传统出版持续发展，出版物发行呈现多元化趋势，出版产业已经从传统的"分业发展"向融合发展的方向迈进，甚至出现一批跨行业融合发展的出版集团。随着"事转企"改革的完成，出版单位逐步与主管部门脱钩，成为独立的市场主体，出版领域的混业经营和跨界发展不断涌现，以往图书市场之间的竞争是书与书之间、出版社与出版社之间的竞争，但现在战场已经转移了，书的竞争对手发生了变化，要和游戏、视频等传播形态展开竞争。以建筑类图书为例，最早全国出版这类图书的出版社仅有几家，而近几年已有 100 多家出版社同时出版这类图书，其中包含了地方科技出版社、各高校出版社等。具体表现在如下两个方面：

1. 从传统出版向传统出版与新兴出版融合发展转型升级

就传统出版业而言，5%以下的中低速增长将成为发展的新常态。另外，随着中国出版业数字化、网络化、信息化进程的加快，特别是移动互联网时代的到来，传统出版与新兴出版的融合蓄势待发，新的商业模式层出不穷。关于传统媒体与现代新兴媒体的融合，2013年11月12日，中国共产党第十八届中央委员会第三次全体会议通过《中共中央关于全面深化改革若干重大问题的决定》中提出要推进文化体制机制创新，强调要整合新闻媒体资源，推动传统媒体与新兴媒体融合发展。2014年8月18日，中央全面深化改革领导小组第四次会议审议通过了《关于推动传统媒体和新兴媒体融合发展的指导意见》，对新形势下如何推动媒体融合发展做出了具体部署，强调要推动媒体融合发展，要遵循新闻传播规律和新兴媒体发展规律，强化互联网思维，坚持先进技术为支撑，要将技术建设和内容建设摆在同等重要的位置。要顺应互联网传播移动化、社交化、视频化的趋势，积极运用大数据、云计算等新技术，发展移动客户端、手机网站等新应用新业态，不断提高技术研发水平，以新技术引领媒体融合发展、驱动媒体转型升级。要坚持先进技术为支撑、内容建设为根本。技术和内容是媒体融合发展的一体两翼、驱动双轮，传统媒体和新兴媒体要优势互补、一体发展，坚持先进技术为支撑、内容建设为根本，推动传统媒体和新兴媒体在内容、渠道、平台、经营、管理等方面的深度整合，着力打造一批形态多样、手段先进、具有竞争力的新型主流媒体，形成立体多样、融合发展的现代传播体系。

2. 出版业向跨界融合转型

出版产业链不断延伸，出版业跨界合作拓展新领域。一批出版物的出版传播对装备制造业、消费品工业、建筑业、信息业等各行各业都产生一定的促进作用，出版业与经济的融合更加紧密。出版企业由内容提供商向内容服务提供商转型成为潮流，大众出版商正在进入大众服务产业，专业出版商正在进入专业服务产业，教育出版商正在进入教育服务产业。出版业与其他行业的跨界合作逐渐兴起，使文化内涵与实体产业实现了有机嫁接，如地产引进书店及书店衍生服务，将读书生活融入商业文化和社区文化，出版单位与电视台、影视制作企业成立全国校园电影院线、影视创作公司等，跨界合作使出版业与其他行业实现了联动发展。

面对生存环境的重大变化，立足出版产业发展实际，结合市场化、数字化、国际化等对出版产业发展的影响，系统研究出版产业素质升级与转型战略是生动鲜活的改革实践向理论界提出的一个重大课题。要通过深化出版体制改革，完善出版管理体制和出版产业体系，推动出版产业结构优化升级，培育新型出版业态，创新网络出版管理机制，继续推进新闻出版单位体制改革，鼓励和支持传统出版传媒与新兴出版传媒融合发展，推动传统出版企业兼并重组，建立健全多层次出版产品和要素市场，完善出版物市场体系，实现出版业的转型升级是推动我国从新闻出版大国转向出版强国转变的必由之路。

第一部分
中国出版业体制改革研究

　　体制改革是牵引中国出版业发展的"火车头"。本部分主要研究了中国出版业体制创新、机制改革、出版社企业化改革、大学出版社体制改革、图书退货、出版集团上市、中国出版业转型与出版强国建设、出版业供给侧结构改革等方面的内容。这些内容既是对改革开放39年以来中国出版业改革发展和转型的历程回顾，也是对中国出版业取得的成绩较为系统的总结，对出版业发展的现状进行了客观分析与评估，对出版业面临的问题进行了剖析，对出版产业体制改革及诸多发展问题从理论角度进行了深入的思考和应答，提出了推动出版管理体制改革以及推动产业转型升级的若干建议和对策。现在看来，文中不少提法和观点尽管提出时间较早，但被实践证明是有预见性的思考和探索，对推动中国出版业体制机制改革起到积极的导引作用。

出版领域的"双轨制"应该尽早结束

民间资本进入出版领域是一个矛盾的话题：一方面，民间资本进入出版领域已成事实，无论是合作出版还是买卖书号，介入如此之深，规模如此之大，以至于大家都习以为常；另一方面，从进入的方式和过程上看，却一直没有明确的法理依据，国家政策也没有放开的迹象。由此，民资参与出版就成为中国出版业一个奇特的现象：他们被排除在出版体制之外，甚至名称上都不能出现"出版"的字样，但他们却在体制内不断发展壮大，成为当前出版业繁荣和发展的重要力量。作者认为，这种文化领域内的"双轨制"状况应该尽早结束，否则将影响到整个出版业的长远发展。

一、民资进入：偶然还是必然

民资出版商在20世纪80年代末雨后春笋般地出现，由于没有获得书号的资质，一直被排除在出版体制之外。随着政策有所松动，他们开始以合作出版的方式公开亮相。据估计，目前全国民营出版商已达1万多家，是国有出版社的20倍，全国图书市场上有80%的畅销书是他们策划推出的。从运营规模上看，注册资金从3万元到上百万元不等，许多民资出版商的年销售码洋在100万元以上，达到1000万元以上的也有近百家，有的甚至过亿元。一些民资出版商仅所出的教辅书每年就有1000—2000个品种。

目前民间资本的介入模式有以下几种：其一，包销图书方式，以发行操控出版，直接影响图书出版的选题、内容、质量要求、印数等，在这方面民营发行商最有优势；其二，资助出版方式，通过向某个出版项目注入资金，以资本控制内容，直接操控部分图书的选题、内容，并有能力决定其能否最终出版；其三，承包挂靠方式，出资承包出版社某个编辑室、发行部，或挂靠出版社成立公司，自己直接运作；其四，设立学术、文化出版基金，间接影响和控制图书出版的选题、内容及编辑发行方式；其五，民资直接成立图书工作室，通过合作出版或买卖书号进行运作，常常有作者、出版社在职人员等业内人士参与。实际上，合作出版与买卖书号有时很难界定。一些经营机制灵活的出版社常常同时运用上述几种模式，有的民资出版商一年要上缴国有出版社两三百万元的利润。

民资进入是一个必然的趋势：首先，是资本本性所决定的。资本的运作规律是，在经济学平均利润率规律的作用下，它必然向高赢利行业流动。如果合法的途径不能进入，他们就会以各种非法的方式进入。出版行业被公认为是我国目前最后几个高利润行业之一，因此资本的进入，无论是合法还是非法就成为一种必然。第二，垄断的存在。出版行业的高利润率很大程度上是因为垄断造成的。但该行业进入的门槛很低，从技术上讲并不是一个适合搞垄断的行业。同时民资似乎认为，在发行领域中，民资几经波折之后，已获得平等待遇，出版领域的这种行政主导的垄断也必然会被打破，因此提早进入，收获必多。2003年9月1日起实施的《出版物市场管理规定》，为民间资本在出版领域的发展提供了更大的生存空间。该规定在某种程度上默许了民营书业把产业链上延到图书内容制造部分，虽说直接取得出版权（书号）还暂不可行，但从此之后一些出版工作室就公开亮相了。第三，市场的需要。目前国有出版社只有573家，仅靠这500多家出版社来满足13亿人的阅读需要显然远远不够；且随着社会的发展，群众对阅读的需要日益多样化，区区十多万人的编辑队伍，要满足如此众多的多样化需求，无论是智力还是精力都是不够的。市场充满了空白点，也充满了投资机会，这是民资进入的市场原因。

二、性质判断：毒药还是营养

对民资进入出版领域有一个认识过程。在20世纪多数人认为有害无益，现在则有了更多的正面评价，综合起来有以下几种认识：

1. 有害论。这种论点在20世纪90年代占统治地位。认为民资出版商给格调低劣以至非法出版物大开方便之门，危害了精神文明建设；在整体上破坏合理的出书结构，损害出版工作的社会主义性质和方向；腐蚀出版队伍，损害出版部门的优良作风和传统；凭借买卖书号，获取非法利润，不合理不合法。

2. 利害兼有论。一方面认为民资出版商确有国有出版社所不具备的优势；另一方面又认为民资出版商的市场本性会对出版业的社会主义性质、社会效益第一的原则以及内容管理造成伤害。

3. 有益论。一些论者认为，民资进入出版界可以带来现有出版社所缺乏的很多东西：资金、灵活的机制、市场意识等，更重要的是民营出版商已成为目前出版业活力的重要来源，只要能有效地管理和规范，就必然有利于出版业的长期发展。

目前我国出版市场需要新的力量参与重构。统计表明，2004年我国图书的总码洋为600多亿元，而图书的库存就达400亿元。在这400亿元中，国家一级的出版社就占了一半多。现在，各出版社积压的资金平均在1000万—3000万元左右，有的高达上亿元。在历经数十年的发展后，2004年中国内地图书发行的总码洋还不及德国贝塔斯曼图书集团一家的发行码洋。而在这600多亿的发行码洋中，教材、教辅书占了70%以上，市场结构显得畸形而落后。

更重要的是，在现有的出版社中，相当一部分活力不足。一是机制落后，许多出版社还在沿用计划经济下的管理模式，干部能上不能下，员工能进不能出，收入能高不能低，造成了员工的积极性和创造性不能充分发挥，责任心缺失，出版社活力渐失。二是包袱沉重，如人员包袱，由于体制原因，许多出版社要负担大量的退休职工，同时大量冗员不能裁减；再如债务包袱,一些出版社早已资不抵债,按市场规律已该破产关门。三是观念陈旧,突出表现为缺乏市场主体意识和竞争意识。在这种情况下,需要有新的力量参与进来,以调整市场结构,激发市场活力。

总体上看,民资出版商完全内生于市场,有利于出版业的长远发展。一是运作机制活,注重按照市场规则办事;二是创新能力非凡,他们凝聚了一大批专业人才,并在灵活的机制下释放出惊人的创新能力,无论是选题策划、图书设计还是市场宣传,他们都能不断发现新角度和新方法;三是强大的市场开发能力,民资出版商处处从市场和读者的角度来把握出版中的各个环节,在发行网络建设上善于寻找低成本高效益的渠道,并且有强烈的建设渠道的主动性。总体上看,民资出版商的进入为我国的出版事业注入了活力,有明显的存在价值。

当然,民资出版商也有许多先天缺点,特别是由资本本性所决定的"嗜利性",使它在利润面前社会责任感淡漠,并且由于市场机制不完善,缺乏诚信、守法经营意识和长远发展视角。这需要通过管理进行纠正,但不能因噎废食。

三、应对策略:"堵"还是"疏"

随着民资不断涌入出版领域,影响不断深入,解决这个问题的紧迫性和必要性日益凸显。早在2000年就有学者指出:一种监管制度外经济活动的成规模、长时期的客观存在,是关乎政府的形象和执政能力高低的重大问题。

"体制外管理"很难获得理想效果。不在体制内,由于缺乏明确的责任主体,内容控制很难到位,这已为目前出版业的混乱状况所证实。行业宏观管理难以到位,奖优罚劣的机制就无法建立,缺乏效率和有效性。不在体制内,造成出版业的税收和利润流失,并弱化出版业的整体融资能力。

既然民资进入出版领域是必然趋势,无法堵住,且他们对出版业的发展总体上看也是有益的,那么与其放在体制外"堵",不如纳入体制内

"疏",最好的办法是把民资出版商放进体制内进行疏导和管理。可以从以下几个方面开展工作:

1. 纳入体制内,给予"国民待遇"。所谓给予"国民待遇",意即赋予民资出版商与国有出版社同等的权利和义务,民资出版商可以通过合法渠道获得书号,并实行自我管理。首先,要对民资出版商的资质进行审定,符合条件的出版商可以到出版管理部门和工商部门进行登记。其次,确定哪些领域民资出版商可以进入,哪些不能进入,不是所有的出版领域都对民资出版商放开,对于一些重要的出版领域依然交给国有出版单位。

2. 实施民间资本渐进式进入。从目前的情况看,突然放开将不可避免地造成出版业一个时期内的混乱。考虑到出版行业的特殊性,以及现有出版社的承受能力和目前出版社改革情况,民资进入以渐进式放开为好,可分三个阶段放开:

第一阶段,纳入体制内,但以合作出版、承包租赁为主,不触及现有管理体制的基本部分,其书号依然要通过出版社获得,发放书号的出版社对出版内容负责。

第二阶段,部分放开阶段,允许出版社与民资建立股份制公司。可以沿着出版社绝对控股→相对控股→参股的过程逐步试点和放开。如此,不仅民营资本有了进入的渠道,而且在国有资本控股的条件下,可以用少量国有资本控制更大的民间资本,从而增强国有资本在出版领域内的控制力,是一种非常"合算"的方式。

第三阶段,完全放开阶段。即,符合条件的社会资本都可以建立自己的出版机构,国有出版社也通过改革完全走向了市场,"双轨制"彻底消失,整个出版业进入完全的市场经济阶段,这时书号限额制度就可以取消。以上三个阶段可在5—10年内完成。

3. 确定合理的内容管理方式。出版业是内容产业,确保其社会主义性质和社会效益第一原则是所有改革的出发点和立足点,因此在民资进入出版领域的问题上,与一般的国有企业改革有着很大不同。目前有三种思路可供选择:一是指定符合条件的国有出版社进行内容管理,如各省的人民出版社以及一些专业出版社、大型国有出版社等；这些出版社也同时具有发放书号的权利，他们对民资出版商的选题策划、"三审"等工作负责。对由国有出版社控股的出版单位，则按其下属单位性质进行内容管理，对国有出版社参股的出版单位也可考虑由该出版社负责内容管理。二是成立专门的民资出版商内容管理机构。可以在各省、各地级市的新闻出版部门中成立专门的民资出版商终审机构，负责民资出版商的书号发放、选题、"三审"等工作。可以明确为事业单位，通过为民资出版商提供服务而获得报酬，自给自足。三是民资出版商具备一定资格后可以自己终审。这个思路只作为参考，就今后一个时期的情况看，尚不具备实行的条件。

4. 设立专门的管理服务机构。这个专门的管理机构主要从事制定行业发展规划、进行行业管理等工作。在出版产业的国家统计报表中，要准确、及时地反映民营书业的相关指标数据，并定期进行分析和公布。行业规划中，也要充分考虑民营出版商的因素，这样我们的宏观管理才是全面而有效的管理。通过这个行政管理机构，既可以实现对民营书业的支持、鼓励，也可以加强引导和规范，强化政府的宏观调控能力。

本文发表于《中国改革》2006年第9期；作者：王关义、孙海宁

从新制度经济学角度看我国出版业体制改革的动力及特征

基于新制度经济学视角，首先分析了我国出版业体制改革发展的深层次动力因素，提出制度变迁的过程归根结底是行为主体的成本与收益从不平衡到平衡的过程。具体来说，出版业体制改革是社会环境变化和技术变迁的必然结果，也是行为主体获得外部利润的内在要求。其次，总结归纳了我国出版业体制改革的主要特点，认为我国的出版业体制改革很明显地表现出以政府为主导的强制性制度变迁特征，同时其改革过程又是渐进式的增量改革。另外，以明晰产权、建立现代企业制度为目标也是我国出版业体制改革的特征之一。

自从20世纪70年代末开始的中国出版业体制改革如今已经走过了30多个年头。以研究制度和制度变迁见长的新制度经济学为分析出版业体制改革这一广泛而深刻的制度变迁过程提供了一种独特的视角。从新制度经济学入手，分析推动出版体制改革发展的深层次动力因素，总结改革的特征，有利于更好地认识出版业体制改革，更好地分析和预测改革发展的路径。

一、我国出版业体制改革的动力

新制度经济学认为，制度的创新是由于现有制度的非均衡以及未达到帕累托效率准则最优，这是制度变迁的前提。美国经济学家诺思（1991）

指出，当社会经济条件发生变化后，制度安排便由于潜在利润的存在而受到创新的压力，原有制度均衡将被打破，新的制度安排取而代之，均衡状态重新出现，这一过程就是制度变迁或创新的过程。总之，制度变迁的过程归根结底是行为主体的成本与收益从不平衡到平衡的过程。结合我国出版业具体实践来说，我国出版业体制改革主要有三个动力因素。

（一）出版业体制改革是制度环境变化的必然结果

诺思认为："制度环境，是一系列用来建立生产、交换与分配基础的基本的政治、社会和法律基础规则。支配选举、产权和合约权利的规则就是构成经济环境的基本规则类型的例子。"具体来说，我国的经济、政治、文化制度构成了我国出版业体制改革的制度环境。我国出版业自1978年以来发生的一系列转型和改革，归根结底是由改革开放30年来我国的经济、政治、文化等方面体制发生的巨大的变化决定的，出版业体制发生变革是制度环境变化的必然结果。

1. 经济体制的市场化转型是出版业体制改革的经济基础

从初期的"计划调节和市场调节相结合，以计划调节为主"，到"建立计划与市场内在统一的体制"，再到"把建立比较完善的社会主义市场经济体制作为改革目标"，我国的经济体制改革走过了从局部的、修补性的改革演变为全面的、持续的经济体制转轨的过程。在我国经济体制改革开始后，出版业也随之开始了商品化、产业化改革，使出版业由计划经济体制下的、具有高度同质性和单一性的、封闭或半封闭的行业格局，朝着与市场经济接轨的、异质多元化的、打破地域限制和准入限制的业态格局转型。同时，经济体制改革促使我国的消费水平不断提高，文化消费活跃，也使得出版业获得了支撑其增长的市场平台。我国市场经济体制的建立和发展是我国出版业体制改革的经济基础，并为出版业体制改革提供了外部环境和路径、方法上的借鉴。

2. 文化体制改革对出版业体制改革具有直接推动作用

新中国成立初期，我国形成了以公有制为基础、以计划经济模式为运作方式、以事业性为属性的文化体制。十一届三中全会后，我国经济体制改革开始，文化体制改革也随之启动。中共十四大催生了"文化产业"概念，中共十六大将文化分为文化事业和文化产业，要求支持文化产业发展，完善文化产业政策。此后文化体制改革全面提速，进展显著。党的十七届六中全会通过了《中共中央关于深化文化体制改革推动社会主义文化大发展大繁荣若干重大问题的决定》，明确了在新的历史起点上推进文化改革发展的指导思想、重要方针、目标任务、政策举措，指出必须牢牢把握正确方向，加快推进文化体制改革。随后，新闻出版总署下发《关于深入学习宣传贯彻党的十七届六中全会精神实施意见》，明确提出：要继续推动新闻出版企业兼并重组，搭建各种要素有序、有效流动的交易平台；要稳步推进非时政类报刊出版单位体制改革，指导改制后的新闻出版企业完善法人治理结构，支持国有大型出版传媒公司股份制改造和上市融资，鼓励与国际知名企业合作实现本土化经营。可见，出版业作为我国社会主义文化的重要组成部分，其发展轨迹与文化体制改革的路径是基本一致的，出版体制改革始终在文化体制改革的目标、原则、指导思想的指导之下进行。

（二）出版业体制改革是行为主体获得外部利润的内在要求

外部利润也叫潜在利润，是指一种行为主体在已有的制度安排结构中无法得到或获取的利润。新制度经济学理论认为，制度创新的基础动力因素在于获取外部利润，即制度变迁的诱因在于经济行为主体期望获得最大的外部利润。当行为主体用更合理的制度取代现行制度时，可以实现外部利润的内部化，即获取现行制度安排下的潜在利润。通俗地讲，外部利润内部化的过程实质上就是体制改革、制度创新的过程。以下逐一分析在出版业体制改革过程中获得外部利润的不同情况。

1. 制度创新是外部性内部化所带来的利润

出版业具有经济与文化双重属性，具有很强的外部性，因此通过体制改革来使外部性内部化，可以在提高出版企业收益率的同时提高整个出版产业的社会总收益。在体制改革过程中，建立现代企业制度、明晰产权、鼓励集团化运作、逐步放开地域限制和准入限制、建立良好出版发行市场等制度创新，目的是鼓励出版业在有序竞争中降低生产成本、提高效率、增加利润，提高整个出版产业的社会总收益。

2. 制度创新降低交易费用而带来的利润

在新制度经济学看来，交易费用是解释经济绩效的关键。诺思认为发展中国家的产品市场和要素市场等经济活动中都存在高昂的交易费用，这是产生低水平绩效和贫困等问题的根源。科斯定律指出，在交易费用为正的情况下，不同的权利界定会带来不同效率的资源配置。这也就是说，在不完全市场中，可以通过制度创新改变权利界定方式，从而降低交易费用，获得潜在利润。分析我国出版业体制变革的历史，在改革中，虽然总体交易费用有所降低，但当前我国出版体制中存在的交易费用还是相当高的，仍存在进一步缩减交易费用、获取潜在利润的广阔空间。

第一，市场型交易费用。现阶段出版业市场化程度还不够高，出版单位的市场主体地位还不健全，现代企业制度未完全建立，出版业的中介组织发展明显落后，生产要素市场不健全，资源流动性不强，这必然影响到资源配置效率和市场体系运行，导致出版业的市场型交易费用过高。

第二，管理型交易费用。长期体制不明确等历史障碍导致当前相当一部分出版社内部管理体制和经营机制改革不到位，产权关系模糊，人员包袱沉重；管理水平还不高，信息传递不畅。以上种种原因都导致出版单位内部交易纠纷多，交易时间长，成功率低，使得出版业的管理型交易费用过高。

因此，只有继续对出版业管理体制和运行机制进行创新，才能进一步降低出版业存在的过高的交易费用，有效提高出版业的潜在利润。

3. 制度创新使政策减少不确定性和降低风险的功能得到更好发挥，从而带来利润

目前我国出版业相对投资者来说还存在一定风险。第一，出版业体制改革尚在进行中，市场规则不完善，出版法制不健全，行业内部受政府政策影响较大，导致投资者可能对投资前景缺乏信心；第二，我国出版市场信用制度缺失，伪书、盗版、攒书、货款拖欠等现象仍存在；第三，生产要素还不能达到自由流动。如果某些制度创新可以使政策减少不确定性，减弱或分散风险，市场优化资源配置的效率就会升高，从而降低交易费用，得到潜在利润。

4. 由制度创新而形成的规模经济、范围经济所带来的利润

经过30多年的发展，如今我国已经具有一批拥有一定规模、人才和技术基础的大型出版集团，基本上已经实现了规模经济。一些大型出版集团已经开始逐步整合出版资源，对经营性资产进行改制，将产业链向上下游延伸，并与互联网、手机等新媒体互相融合，向着集团化多元化趋势的范围经济逐步过渡。我国出版体制改革是实现规模经济、范围经济带来的潜在利润的制度化保障。

（三）出版业体制改革是技术变迁的必然结果

新制度经济学认为技术变迁通过对改变制度安排的收益和成本产生普遍的影响而成为影响制度变迁的重要因素。从非制度因素—生产力与制度因素—生产关系之间的关系来看，技术创新是生产力中最活跃的部分，因此，技术创新从本质上讲，必然要对制度提出新的要求，并推动新体制的形成和发展。

对出版业来说，最重要的技术变迁便是传统出版业的数字化转型。出版业许多新的事业都围绕数字出版展开，包括内部工作流程的重构、资本市场募资投向、新部门和新岗位的设置等。从出版企业内部来看，传统出版企业引进ERP系统、MIS系统，改变了传统的编辑工作流程；开始着力发展数字出版、网络运营等新板块，新设数字出版部门；与此同时，出于新的经济增长点的考虑，各出版集团纷纷涉足多媒体，如江苏文艺出版社新设了影视公司和网游中心，丰富了业内人员的构成。从出版企业外部来看，出版并销售数字出版物的方式和行为使得出版业开始以内容为最主要资产，促进了出版业与广播、影视业等传媒的融合，从传统的图书产业转变为网络信息服务业的一部分，开辟了新的市场空间。

总之，出版业的产业链和商业模式随着数字信息技术的发展发生了深刻变化，这种变化还在不断发展深化。还应特别注意的是，伴随着技术创新往往会诞生一种新的理念和观念，这也对传统出版体制的改革起着深刻的影响。

二、我国出版业体制改革的特征

我国的出版业体制改革很明显地表现出以政府为主导的强制性制度变迁特征，同时其改革过程又是渐进式的增量改革。另外，建立以清晰明确的产权制度为基础的出版市场规则和现代企业制度是当代我国出版业体制改革的基点，也是不可动摇的改革目标。

（一）出版业体制改革以政府为主导力量

新制度经济学根据制度变迁中制度行为主体的差异，将制度变迁分为诱致性制度变迁和强制性制度变迁。诱致性制度变迁的制度行为主体是个人或一群人，以自发行动为特征。强制性制度变迁的制度行为主体是抽象集合体国家或政府，以国家的自觉行动和强制性推进为特征。

新制度经济学认为，在制度变迁过程中主要有三方力量参与了制度变迁的博弈：政府、企业和公民。三方从各自的利益出发，都试图最大限度地影响制度变迁的方向和路径，变迁的结果就是三方博弈均衡的结果。同样的，在我国的出版业体制改革中也存在着三方利益主体：一是涉及出版管理的各级党委和政府，二是出版单位，三是公民。从我国的出版业体制改革历史可以看出，我国出版业采用的制度变迁方式主要是政府主导型的强制性制度变迁方式，政府在出版业改革过程中的制度创新、利益分配、组织结构调整、人员安排、角色重塑等方面起着主导作用。

总体来看，政府主导型的出版业制度变迁方式符合我国的实际情况。首先，新中国成立后，出版业由于具有特殊的意识形态属性，一直受到政府的严格控制。在进入转型期后，政府先天性地具有政治力量和资源配置上的优势地位。其次，政府在推行制度变迁时，一般既要考虑经济收益最大化，又要考虑非经济收益即社会效益最大化和统治的稳定及政党利益的最大化等。因此，政府倾向于借助行政命令等手段对下属出版单位进行组织、实施和监控,这样有助于防止出版单位利用上级授权谋取自身利益而致使社会效益降低,也有助于维护政府的权威。再次,从政府、出版单位与公民进行博弈的角度来看,对于政府而言,体制改革成本最小的路径是在尽量维持旧有行政体制的基础上实现投入的最小化和经济利益、社会利益的最大化;对于国有出版单位而言,体制改革成本最小的路径是尽量留在"体制内"获得政策倾斜。因此,在30多年的改革过程中,国有出版单位的优势地位基本没有受到太大的动摇。这里提到的公民包括民营资本、普通出版工作者和普通公民,他们的主体性诉求很难在旧体制下得到。但随着出版业改革的不断深化,公民的力量在不断增强。例如民营书业近年来蓬勃发展,已在事实上成为出版业的重要组成部分,2009年《关于进一步推进新闻出版体制改革的指导意见》首次把非公有出版机构定性为"新兴生产力"而纳入管理体制中,结束了民营出版游离于体制外的尴尬历史。

可以预见,未来的体制改革过程会处于更加开放的背景之下,政府在制度比较中也会对某种新制度的预期性收益更加明确,对实现制度变迁的措施认识更加清楚,因而产生进行强制性制度变迁的驱动力。

(二) 出版业体制改革以渐进性制度变迁为改革方式

从制度变迁的速度来考察,制度变迁可分为渐进性制度变迁和激进性制度变迁两种改革方式。激进性制度变迁是指一步到位安排预期制度的方式,在新制度安排的同时否认现存的制度。渐进性制度变迁是一种演进式的增量改革方式,具有时间、速度和次序选择上的渐进特征,尽量采取成本最小的方式,使各个利益主体的福利水平不降低。

我国的出版业体制改革这一转型过程,体现了多种动力因素相互交织、融合的特点。具体来说,来自国家权力意志、意识形态演进、市场经济发展等主要层面的驱动力,决定了我国出版业转型的基本轨迹,即以政府主导和渐进性的制度变迁为主。分析30多年的改革历史,可以很明显地看出渐次演进、逐步放开的轨迹。从扩大企业自主权、搞活图书市场,到事业单位、企业化管理,再到集团化、资本化,始终着眼于在增量配置上引入市场机制。出版业在相当长的时间内新旧体制双轨并存,例如在人事制度上,几乎所有出版社都实行"老人老办法,新人新办法",老员工是事业编制,而新员工则是合同制。同时,出版改革总是先从局部试点开始,然后由政府进行试验推广。我国出版业体制改革采取渐进性制度变迁为改革方式,符合我国的实际情况。首先,我国经济体制改革的模式即是渐进增量式。与经济体制改革一致,文化体制改革也采用了渐进性的改革模式。事实证明了这种渐进性改革适合我国的国情,改革的结果是在政治相对稳定的基础上实现了经济的持续增长和人民生活水平的提高。其次,上文提到我国的出版业体制改革中有三方利益主体参与了制度变迁的博弈。政府一方面希望通过出版体制改革,打破垄断,使出版实现产业化,提高竞争力;一方面又要维护既得利益群体的福利不受损或少受损,以尽可能地获得出版系统的支持,维持整个行业的稳定,以免改革受到太大的阻力。出版单位一方面支持市场化改革,以获得更大的经济利益;一方面又担心政府取消已有的优惠政策,而当市场完全放开后竞争激烈而利润下降。公民中的民营资本一般是改革的坚定支持者,希望能够得到同等的市场地位;普通出版工作者占出版业从业人员的大多数,他们由于身份的转变(由事业单位编制转变为企业编制)主体利益凸显,往往对改革心存疑虑;普通公民则要求更好的出版产品与服务。在三方利益主体的博弈中寻找成本最小、收益最大的改革路径,是改革者选择渐进性制度变迁,采取分步骤、分层次的措施来推进改革的出发点。

(三) 出版业体制改革以明晰产权、建立现代企业制度为目标

新制度经济学认为,只要存在交易费用,产权就对生产和资源配置产生影响。合适的产权制度是资源得以有效利用和优化配置的先决条件,将通过降低社会的交易费用、促进资源利用效率来促进经济增长。在十一届三中全会之前,我国的出版产权制度是高度集中于国家的。出版单位被定性为国有的事业单位,因此就法律意义而言,出版单位的产权是明晰的,但是在经济运行过程中,各出版单位没有人格化的利益主体和责任主体,因此在实践意义上产权是不明晰的。随着社会经济的不断发展,尤其是改

革开放后,这种实践中的产权不明晰状态为出版业带来了一系列弊端。因此,在产业化、市场化背景下,转变政府职能,让市场在资源配置过程中发挥基础性调节作用,将传统事业单位性质的出版社通过制度创新转变为符合现代企业制度和现代产权制度要求的出版企业,应是当代我国出版业体制改革的突出主题。《关于进一步推进新闻出版体制改革的指导意见》明确提出我国出版业体制改革的预期目标是:"全面完成经营性新闻出版单位转制任务,建立现代企业制度,在企业内形成有效率、有活力、有竞争力的微观运行机制……"可见,建立以清晰明确的产权制度为基础的出版市场规则和现代企业制度是当代我国出版业体制改革的基点,也是不可动摇的改革目标。

参考文献

[1] Douglass C.North, *Davis L E.Institutional Change and American Economic Growth* [M]. New York: Cambridge University Press, 1971.

[2] 张宇:《中国转型模式的含义和逻辑》,载《经济社会体制比较》,2008年第1期。

[3] 吴赟:《新中国出版业变迁的政治经济学动因》,载《出版广角》,2009年第9期。

[4] 王关义:《中国出版业改革理论思考与探索》,中国财政经济出版社2009年版。

[5] 〔美〕道格拉斯·C.诺思:《制度、制度变迁与经济绩效》,格致出版社、上海人民出版社2008年版。

[6] 卢现祥、朱巧玲:《新制度经济学》,北京大学出版社2007年版。

[7] 尹章池:《中国出版体制改革研究》,武汉大学博士论文,2005年。

本文发表于《中国出版》2012年第6期;作者:王关义、王莞朕

大学出版社体制改革的难点与思路

大学出版社作为中国出版业的重要组成部分，在体制改革中具有典型性和特殊性。从总体上看，我国大学出版社的改革起步较晚，但改革步伐已经迈开且发展势头强劲。目前，业界对大学出版社走产业化道路基本给予认同，笔者针对大学出版社改革过程中的难点，如管理体制改革、人员过渡等，提出三点思路。

2003年，党的十六大明确提出"积极发展文化事业和文化产业，深化文化体制改革"，这是我国文化事业建设和发展历程中，首次提出"文化体制改革"和"文化产业发展"的重大历史性课题。文化体制的改革也在一定程度上丰富了中国改革开放的内涵。在文化体制改革中，新闻出版领域改革任务又占了文化体制改革任务的三分之二。新闻出版总署署长柳斌杰在2008年6月19日《人民日报》上发表题为《文化体制改革，有路线图也有时间表》的文章，指出三年内要完成158家中央在京出版社、103家高校出版社以及7家地方出版集团的改革。2008年是改革开放30周年，新闻出版总署下达的这份出版体制改革时间表包含着特殊的意义，就在各省纷纷成立出版集团，要走上出版企业化道路时，大学出版社如何改，成为理论界思考和关注的问题。

一、大学出版社改制的背景

改革开放 30 多年以来，伴随着党的十一届三中全会的春风，大学出版社也迎来了发展的黄金时期。在这 30 年中，大学出版社从 1979 年的 4 家增长至 2008 年 6 月的 103 家，可以说大学出版社是改革开放的产物，大学出版社像很多其他得益于改革开放政策的单位一样，在这三十年的发展中表现出了勃勃生机。2007 年高校出版社的图书生产码洋 140.93 亿元，销售码洋 121.06 亿元，销售实洋 72.8 亿元，与往年相比，销售收入增长率高于生产码洋增长率，实现了较好的经济效益。同年，高校出版社出书品种 66227 种，占当年全国出书总品种 24.8 万种的 26.7%。可见，大学出版社已经成为我国出版业重要的组成部分。

2007 年 6 月，新闻出版总署印发了《高等学校出版体制改革工作实施方案》（以下简称《实施方案》），其中明确提出根据高校出版单位为高校教学科研服务定位所具有的差异性，以及发展规模、发展水平的不均衡性等因素，把高校出版单位体制模式分为两类：第一类企业。将有能力参与出版物市场竞争的出版社和面向市场、面向大众的科普类、教辅类、文摘类期刊转制为企业。第一批转企试点的高校出版社有：清华大学出版社、外语教学与研究出版社、中国人民大学出版社等 18 家。第二类事业。将国防工业院校、民族院校等仅出版面向校内和特定行业所需出版物以及基本上不依靠市场配置资源，不参与市场竞争的少数高校出版社确定为事业单位，东北林业大学出版社为试点。其实，早在 2004 年 7 月初，有关部门曾草拟并试图出台大学出版改革方案草案，拟稿人及新闻出版总署等管理层都对这个方案中关于大学出版社走产业化道路给予认同。但各大学出版社的积极性并不高，因为大学出版社转制还面临种种疑难，因此，此方案并未出台。

二、大学出版社改革的难点

(一) 管理体制改革的难点

1. 校社问题

高校出版社改革与一般出版社改革有共性,也有个性。其中,大学社最大的个性要数与大学的亲密关系。大学出版社的读者和作者,主要在大学。截至 2006 年年底,我国有 2273 所大学、766 个研究生培养单位,高等教育在学总人数超过 2300 万人,从事大学教学与科研的教职员工近百万人。另外,大学出版社的利润主要来自基础教育和高等教育,两者相加,对整个大学出版社利润的贡献占 60%。这些庞大的数字,说明了我国大学出版社与大学之间的鱼水关系,也是其得天独厚的个性优势。

《实施方案》第五点指出,高校是所属出版单位的主办单位,高校出版单位转制为企业后,学校仍履行主办单位的职责。转制前,大学社的主办单位就是大学。转制后,存在一个主办单位与独立企业法人资格的大学社所有权性质上的模糊,如经营得好的大学出版社如果转制、脱离学校的话,但是又有主管单位,这与企业的性质相矛盾,投资多元化不能顺利实现。经营得差的则会有许多困难,如离退休职工以及其他许多问题。

2. 产权问题

学校要按现代企业制度的要求建立完善出版单位的法人治理结构,建设产权清晰、权责明确、管理科学的现代出版企业。出版社管理体制改革其核心内容在于明确其直接产权主体,即赋予经营主体以真正意义上的产权,逐步割离政治权力与财富之间的联系,建立有效的出版产权制度。在转制前,大学出版社是国有产权,它的产权归国家所有,由国家或其代理人来行使财产权利。事实上,国家的代理人只能是各级政府或政府部门,这样各级政府或部门就成了国有资产的委托人,而与国有的出版单位发生必然的联系。由于这种代理机制是依靠行政委派方式建立起来的,所以在产权的所有者、委托人、代理人的关系中常常造成委托代理机制和行政隶属机制的混淆，难以避免出版经营活动中产生政企不分、政事不分的弊端。大学出版社转制，作为企业法人，需要经行国有资产的经营授权。

经行授权经营建立在清产合资的基础上，即对大学出版社的资产进行评估，这又出现一个不良资产债务问题。虽然按照国务院颁发的《文化体制改革试点中支持文化产业发展的规定（试行）》中规定，转制为企业的出版、发行单位，转制时可结合资产评估，对其库存积压待报废的出版物做一次性处理，损失允许在净资产中扣除；转制后对库存出版物的呆滞损失实行分年核价、提取提成差价的办法。但是评估的内容，除了流动资产、固定资产、长期投资等较为明显的项目外，对出版单位的无形资产以及经营成果的评估却有其操作面的难度。

（二）人员过渡的难点

1. 人员观念转变

俗话说，人心齐，泰山移。如果政策的出台能得到人心所向的效果，那么在改革的道路上至少少了很多人为操作层面上的阻碍。就大学社转制的问题，人员观念的转变是重点。在人员构成上，大学社的编辑多为从学校转岗过来的教师，他们先天市场意识淡薄，在服从市场上无法与地方社竞争。加之转制是从事业单位转为企业，很多大学社的编辑人员更愿意躲在事业单位的"大锅"里，而不愿随企业涌入这个激烈竞争的市场。虽然大学社开始逐步走出"等"稿的守株待兔状态，但拉来的也多为系统内的、有预定市场的资助出版文稿，主要方法无非是与各职能单位疏通关系而非真正的市场策划，图书发售靠系统包销而不是零售。这与市场要求的策划能力有很大的距离。

2. 人员安置

转制前，大学出版社与所属高校一样属于事业单位，其人员编制、工资待遇等与高校其他院系行政部门一样按事业单位的规定进行管理。至今大多数大学社的现实是员工习惯了在无下岗威胁的情况下吃大锅饭。转制之后，大学出版社必须面对人员的工资、福利、退休人员安置等棘手问题。还要解决劳动强度、劳动方式按企业管理模式考核,但待遇却按事业单位的行政级别、技术级别下发的矛盾,即劳动付出与所获报酬不对称。这必然引起大学社直面市场后的内部人事制度改革,也是对人员观念转变的一次检验。

三、大学出版社转制的思路

(一) 以市场为定位,向企业化方向发展

性质决定体制,体制决定机制。性质是问题的源起,最初大学社性质为事业单位。在实行计划经济体制时期,我国出版业实行的是一种行政指令性运营机制,即通过行政指令调节出版活动,以保证出版计划的完成。随着我国大学出版社体制的逐步变化,运营机制也在变化。大学出版社体制沿革从诞生时的事业单位,到事业单位企业化管理,再到校办企业和以企业为主,这就把出版社带入市场机制中。高校出版单位体制改革的目标是通过体制改革,形成科学有效的高校出版管理体制,形成充满活力与竞争力的微观运行机制。

早在1988年,国家教委、国家出版局联合印发《高等学校出版社工作若干问题的暂行规定》,提出要积极稳妥地改革原来的体制,提高竞争能力和自我发展能力,逐步实现由生产型向经营型转变,做到学术性与生产经营性的结合。这里就已经透露出大学出版社改革的方向。走出象牙塔,走向市场,具有文化产品的经营性质是社会主义市场经济条件下大学社的发展趋势。

大学社要按照现代企业制度要求转变为企业,从大学社的产权关系中明确出资人,在大学社的清产核资中进行资产评估,确立转制后的资本结构或公司治理结构。要界定大学出版社的产权关系,学校有资产管理委员会,明确其与大学社的产权关系,即出资者所有权和法人财产权的关系,解决国有资产管理的体制问题,学校作为出资人对国有资产授权经营,实行所有权与经营权分离。

（二）人员管理导入竞争机制，人员安置有章可循

在与员工切身利益息息相关的劳动、人事和分配三项机制上，形成全员竞争上岗、层层聘用、以岗定薪、岗变薪变的竞争和管理机制，是市场竞争的大势所趋。但从操作层面来看，还需要循序渐进，注意策略。尤其是主办学校，作为大学出版社的上级部门，要尊重出版社的人事和劳动自主权，放手在出版社内部形成竞争机制。大学社的编辑人员需要适应新的管理机制，根据大学出版资源特点结合市场的变化，多出好书。

关于高校出版社转企中人员安置的问题。《实施方案》中指出，学校可采取高校科技产业的相关政策，按照"老人老办法、新人新办法"的原则，稳妥处理高校出版社的人事关系。出版单位转企后，要依照国家有关法律法规自主用人。原属学校事业编制的人员退休后，由学校负责管理，与学校其他离退休职工享受同等待遇。对转制时距国家法定退休年龄5年以内的人员，在与本人协商一致的基础上，可以提前离岗，离岗期间的工资福利等基本待遇不变，单位和个人继续按规定缴纳各项社会保险费，达到国家法定退休年龄时，按企业办法办理退休手续。转制时，要按照《中华人民共和国劳动法》同原事业编制内的人员签订劳动合同。转制后，根据经营方向确需分流人员的，按照企业分流富余职工的办法妥善安置。

（三）壮大实力，向"专、精、特"方向发展

转制是一种手段，其目的是使大学社面向市场、增强活力和核心竞争力，转制后的关键是大学社的发展方向问题。新闻出版总署署长柳斌杰在《只有高起点才能大发展》一文中指出，培育一批具有雄厚实力、较强竞争力和品牌影响力的大型高校出版企业和一批向"专、精、特"方向发展，在某一图书领域占有较高市场份额和具有较强影响力的中小型专业出版企业。

据统计，2006年销售收入5000万元以上的大学出版社占全部大学出版社的比例不足30%，但销售收入占了80%以上。有70%以上的大学出版社的年销售收入皆在5000万元以下，占大学出版产业规模不足20%。从

大学社这种产业集中度高，大多数出版社规模较小的现状可以看出，行业排名靠前的大社，基本上有属于自己的特色品牌，而且涉猎的图书品种较多，属于"大而全"的发展模式；另一方面，70%大学社为中小型规模，它们应该在市场竞争中逐步放弃那些自己不具优势的出版领域，开拓自己具有竞争力的专业和学术出版领域，向"专、精、特"方向发展。

参考文献

[1] 曹巍:《30年：高校出版实现历史性跨越》，载《大学出版》，2008年第5期。

[2] 新闻出版总署:《高等学校出版体制改革工作实施方案》，中国教育网，http：//www.edu.cn/zong he793/ 20070815/ t20070815 249024.s html。

[3] 国家教委、国家出版总局:《高等学校出版社工作若干问题的暂行规定》，法律图书观网，http：//www.law-lib.com/law/law view.as p？id=3933。

[4] 柳斌杰:《只有高起点才能大发展——为〈大学出版发展战略研究〉序》，载《大学出版》，2007年第4期。

[5] 刘拥军:《大学出版面临的六大转型》，载《大学出版》，2008年第2期。

本文发表于《北京印刷学院学报》2009年第1期；作者：舒宜文、王关义

对中国出版业体制改革的思考

21世纪以来，我国出版业的生存环境发生了巨大的变化。随着市场经济体制和国际化进程的日益加快，中国出版业市场化、企业化发展的态势日趋明显，应对激烈的国际竞争是中国出版业直面的问题。知识经济时代的中国出版业，不仅仅具有文化范畴的特性，同时也兼备经济方面的属性，是一种文化和经济融合的产业，出版业的平稳发展需要探索新的思路和对策。

一、中国出版业发展的历史背景

（一）中国出版业的改革已迈出了实质性的一步

目前，中国出版业市场体制还不是很完善，主要表现在：一是没有形成真正独立的竞争主体，也没有真正的市场竞争，国有出版单位一方面受到政府的特殊保护，另一方面又被各种管理制度所掣肘；各种社会资本、民营资本实则没有同等经营资质，难以介入出版行业，因而不能形成投资主体多元化和股权多样化的格局。二是产业规模及其规模效应对其他行业的辐射能力还不够强，没有形成产业间的互动，也未形成能影响整个行业的主导企业，离真正的资本运作还很远。因此，必须按照构建社会主义市场经济体制的要求和国际通行规则深化出版体制改革，积极推进出版产业发展中的制度创新。

(二) 文化产业的对外开放对出版业的挑战

在世界出版业格局中，发达国家和大型跨国媒体集团占有绝大部分市场份额，文化产业的国际市场已经形成，主要发达国家的文化产品已经在国际市场上获得了垄断地位。许多发达国家出版集团的资产和年营业额都是我国出版集团的 10 倍以上，最高达到 2000 倍。国外出版集团所辖公司也远远多于我国集团，比如，新闻集团在美国、英国、澳大利亚及其他国家及地区拥有 840 多家企业，其中一半是全资子公司，另一半是控股公司。相比之下，我国出版业不仅规模小、布局分散，而且数量也不够多。这与加入世贸组织和市场经济飞速的发展以及全面建设小康社会、大力发展社会主义先进文化的形势极不相称。新闻出版业在我国加入世贸组织后面临的形势十分严峻：一方面外国传媒巨无霸正在紧紧逼近；另一方面，由于历史原因，中国出版业长期处于计划经济体制的庇护之中，转向市场化之后，暴露出许多弊端和不适应。面对这种严峻的形势，唯有改革才是发展的硬道理。

(三) 受众需求的变化和新技术的冲击

就中国出版业目前的形势来看，来自数字媒体以及其他新媒体的竞争相当激烈。数字技术正在通过出版物载体形式、传播方式、管理手段、营销服务等方面，已经而且正在加速对传统出版业产生革命性影响，未来中国的图书出版业依然要面临这些多媒体的强势挑战。据统计，截至 2006 年 7 月，我国网民已达 1.23 亿人，上网计算机达几千万台，移动电话用户超过 4.4 亿。随着网络的迅速发展和网民队伍的不断扩大，读者对数字媒体的需求会不断上升，传统图书出版与数字媒体出版的竞争也将越来越激烈。

二、对中国出版业经济功能的分析

20 世纪 90 年代以来，以信息和知识为核心的知识经济正在形成。作为社会信息和知识物质载体的出版物，其主要社会功能是传播知识、传承文明和思想交流，随着出版技术形态的变化和社会主义市场经济体制的确立，出版业也在悄然发生着变化，由单纯的传播知识发展到成为国家具有独立产业地位的部门经济。2003年开始，国家对出版业改革的步伐也在加快，除人民文学出版社等少数出版社继续保留原来的事业属性外，其余的约570多家出版社一律改制成企业，实行企业化经营。目前，我国共有出版社573家，其中中央级出版社220家，地方出版社353家，出版业的发展具有良好的基础。对于出版社特性的分析，应从出版物的属性切入：一方面，作为信息载体的出版物，推动了经济发展和社会进步，具有商品的一般属性；另一方面，出版物又具有其特殊性，这主要是由精神产品的公共性所决定的。

（一）出版物也是一种商品，具有商品的一般属性

商品是价值和使用价值的统一。从商品属性的角度来看，出版物所具有的价值表现在生产出版物商品所凝结的抽象的人类劳动。它的价值量的大小，是由出版过程本身，即编、排、印等环节所决定的，而出版物的使用价值在于能够提供人们的精神享受。因此，出版物是具体劳动和抽象劳动的统一，是价值和使用价值的统一，是一种完全意义上的商品。

既然出版物是商品，它就具有经济功能。要通过市场进行流通和等价交换实现其价值，这就应该强调出版物的经济效益，强调出版物的投入和产出。因此，我国许多出版社很重视出版物的商品属性，讲求经济效益，"经济效益好，有助于宣传文化事业的发展"。所以，经济活动的基本规律即价值规律也是出版活动中必须要遵循的规律，市场经济的运行机制同样也适用于出版产业。

（二）出版物是一种特殊商品，具有不同于普通商品的特殊属性

出版物作为精神产品，同时又具有意识形态的属性，是党和国家思想宣传工作的重要组成部分，因而是一种特殊商品。出版物的特殊属性就决定了出版产品的生产和管理必须具有自身的规律，不能按一般商品的标准去简单地迎合市场和消费者的需要，以利润的最大化为目标，而应把社会

效益放在首位。在这个问题上,著名出版家邹韬奋强调:"因为我们所共同努力的是文化事业,所以必须顾及事业性,同时因为我们是自食其力,是靠自己的收入来支持事业,而要发展事业,所以必须同时顾到商业性,这两方面是应该相辅相成的,不应该是对立的。"出版物的商品属性及其特殊性,实际上就是经济效益和社会效益的对立统一。社会效益的实现不能光靠市场来解决,必须有来自政府的干预。政府的作用在于一方面规范市场行为和市场秩序,使之按市场经济规律健康有序地发展;另一方面政府应以各种形式支持社会公众产品,最大限度地限制负面的社会效应,最终实现社会效益和经济效益有机结合的目标。

三、对中国出版业体制改革的设想

目前,我国已经成为世界上名副其实的出版大国,但还不是出版强国。我国人均出版物占有量还比较小,人均购书量大约只有5册,报纸每千人天份数不到100份,人均期刊只有2本多,我国在国际出版市场上占有的份额还很小,影响力也不大,出版业整体实力和竞争力还不是很强。当今世界图书市场已经而且正在发生着具有划时代意义的变革。这些变革为中国出版业培育和提升竞争力带来了机遇和挑战,也决定了中国出版业实现可持续发展的根本出路就在于自身竞争力的增强。

(一)树立科学的发展观

随着对外交流与合作经营进一步扩大,要强化开放和开拓阵地意识,加快实施"走出去、引进来"战略:第一,要扩大版权贸易,加大版权产业发展和跨地区经营的力度,进一步加强与国际的出版业合作;第二,逐步开发拥有自主知识产权的外向型图书、报刊、电子音像出版物等出版物,用好国际国内两个资源和国际国内两个市场;第三,政策支持实力雄厚的出版社实施"走出去"的战略,打破行政壁垒,整合全国出版资源,建立全国性经销组织,并鼓励有条件的单位到境外发展。出版行业搞好了精神产品生产,也就是实现了以人为本的科学发展观本质。

（二）推动出版业的整体创新

创新是出版业竞争的不竭动力，对于出版业竞争力的形成和发展至关重要。创新既包含了观念的转变和新技术的开发，又包含了图书产品创新和管理制度的创新等。在图书市场竞争日益激烈的情况下，图书产品创新是出版企业提高图书市场应变能力和竞争力的基本手段。图书产品创新可以是图书产品内容的创新，也可以是图书载体形式的创新。图书产品的创新是一个系统工程。一方面，每一本新的出版物生产过程本身就是一个创新的过程，包含着编辑、印制、营销等方面的创新；另一方面，现代企业处于市场经济的变革之中，没有创新就不能保持原有的经济地位和相对稳定的图书市场份额，它是出版企业一种战略性的改革。

在体制创新方面，出版业的发展需要有完全竞争的市场和自由流动的生产要素。然而，在当前市场经济还不是很完善，资本市场尚发育不足的背景下，依靠行政力量催生出版业就显得十分必要。改制是建立现代企业制度和法人治理结构的前提，它包含两层意思：第一是将经营性的事业单位转为企业；第二是改制成为企业的出版单位，由单一的国有企业体制转变为股份多元化企业体制，让出版社成为参与市场竞争的主体。

（三）以科技创新带动出版业

处在世界新技术革命的时代，出版市场不仅要面对国际传媒集团的冲击，而且还要面对数字化和网络化技术支持下的传播方式的变革对传统出版业产生的压力与挑战。因此，出版业只有加大管理的科技含量，充分利用电子网络手段进行科学管理，才能全力向现代化、电子化和网络化的方向迈进。从传统出版向利用现代网络、数字技术的转变已成为出版业发展的必然趋势，如果再不重视科技，将会处于被动的局面。

（四）加快出版业市场化的步伐

中国出版业的大发展面临良好的外部环境。以高教社、外研社、清华社、人大社、人卫社、机工社等为代表的著名出版社，抓住了这个机遇，重点抓选题策划、抓市场营销、抓效益利润以及扩大规模,逐步形成了一套适应社会主义市场经济体制的编辑管理和市场营销机制,实现了快速扩张。当然,要实现出版业的市场化,除了出版社自身要不失时机地抓住历史机遇之外,更需要政府的政策支持——放松政府规制,推进市场建设。这两个方面实际上就是在出版经营活动中,政府职能的逐步退出、弱化和市场职能的逐步进入和强化,最终政府还权于市场,让企业成为竞争的真正主体。

(五) 探讨科学的出版社企业化改革模式

目前出版社改革的目标是建立"产权明晰、权责明确、政企分开、管理科学"的现代企业制度,核心是产权制度的改革。在产权改革的过程中,应该选择逐步推进的方式,过慢或过快对各个利益主体来说都不利,可以考虑分三个阶段实施:第一阶段,企业运作化阶段。即实现事业单位性质向企业单位性质的转换,目前多数出版社改革正处于这个阶段,这意味着出版社可以初步成为市场竞争的主体。出版社的企业化建设将主要解决内部管理机制问题,重点是整合资源,进行干部、人事、分配制度的内部改革,它将为下一步的产权改革奠定基础。第二阶段,产权股份化阶段。产权的股份化过程,本质上是出版业的开放过程,而一个开放的出版业,才是可持续发展的健康的出版业。在这个阶段,要重点推进出版企业的股权多元化,建立内部法人治理结构,实现法人财产权的初步建立。第三阶段,资本社会化阶段。向各类社会资本整体开放出版业,而不仅限于非出版编辑领域。可以先后向国有资本开放,在此基础上总结经验,逐步向私人资本和社会资本开放;有条件的出版企业还可以整体上市。通过资本的社会化,推动建立更为完善的法人财产权制度和内部治理机制,最终使出版社成为真正的市场竞争主体。

参考文献

[1] 王关义:《出版社企业化将无法回避》,载《中国改革》,2005年第8期。

［2］曹滢：《一波三折：出版业的改革推进远比预想困难》，载《经济参考报》，2006年1月25日。

［3］李桂开：《出版社在改制中的思考与抉择》，载《编辑之友》，2005年第2期。

［4］郝振省：《出版业改革的逻辑递进》，载《大学出版》，2004年第1期。

［5］顾全良：《我国出版企业发展现状的分析》，载《出版研讨》，2001年第3期。

［6］于永湛：《新技术与出版业的未来》，载《中国出版》，2006年第10期。

本文发表于《科技与出版》2007年第5期；作者：王关义

论我国出版产业发展中的信用制度创新

从中国近现代出版史中我们可以看到,中国的出版界一直都秉承传统的守信用、重承诺的美德,经营活动在计划经济体制下也是一直维持着一种很好的信用关系。但随着出版业市场化进程的不断深入,在出版经营活动的各个领域都出现了诸多非信用现象,即信用缺失现象,较为突出的问题如伪书现象、盗版现象、买卖书号现象、高定价低折扣现象、跟风出版现象、攒书现象、书(货)款拖欠现象、版权贸易中的信用缺失现象等。从长远来看,这些失信行为必然影响出版产业的发展,而制度创新是消除出版信用缺失现象的有效途径。

一、我国现阶段的信用缺失的直接诱因是信息不对称和人的机会主义倾向,而深层诱因是信用制度的缺位

如何消除出版领域的信用缺失现象,"人"的因素是一个不可回避的命题。因为一切信用与失信行为的主体都是"人"。新制度经济学关于人的假设被公认为最接近于人的本质,其中一个主要观点就是人的机会主义倾向和信息不对称。所谓机会主义倾向说的是人具有随机应变、投机取巧的行为倾向,人们总在尽最大能力地保护和增加自己的利益,自私且不惜损人,只要有机会就会损人利己。而信息不对称正是机会主义倾向的先决条件。所谓不对称是指交易双方对交易品所拥有的信息数量不对等,这也就为人们利用信息的不对称和不完全,通过欺骗、说谎等隐瞒歪曲信息的手段获利提供了可能,机会主义的倾向由此产生。当我们认识到"机会主

义倾向"这一人的本质以及信息的不对称性时，制度的安排就成了问题的关键。因为制度就是约束人的行为的一系列规则，制度的产生在某种意义上讲就是为了克服人的弱点和不足，如人的有限理性和机会主义倾向。可以说所有的非信用现象正是制度缺失的表现或者说钻了制度的漏洞。一个有效的制度，在人违规的时候能处罚人；在人做得好的时候能奖励人。总之，制度具有激励功能和约束功能。

二、生产方式的转轨导致中国出版业原有信用制度的失效，要解决当前出版业的信用缺失现象必须进行信用制度创新

中国出版业旧有的信用制度是建立在计划经济体制之上的，是长期垄断地位和"大锅饭"现象催生的畸形制度。也就是说这种信用只不过是因为过去僵化的体制把"投机"这一人类的本性给压制了，计划经济年代出版单位不是自主经营、自负盈亏的经济实体，任何的造假都是没有意义和多余的。由此而派生的信用制度与市场经济的信用制度格格不入。基于计划经济的传统社会信用制度显然无法满足和适应现代出版产业化和市场化对社会信用供给的需要。计划经济和垄断地位使出版行业长期忽视职业道德和行业规范建设，从而导致了出版业转制过程中信用制度的失效和信用缺失现象的泛滥。

制度失效是导致制度创新的一个直接原因。当旧制度对人的行为已经不再具有约束和激励效能时，就需要一个能给人们带来更多预期收益的新制度来替代它。只有通过信用制度变革与创新，才可以有效地打击失信行为的动机，推动出版产业的发展。

三、出版信用制度创新的途径选择

扭曲的信用制度、混乱的信用秩序已成为当前我国出版产业发展中的一个严重障碍，因此，矫正信用制度扭曲、进行信用制度创新就成为当前

出版产业发展的一项重要而紧迫的任务。本文认为出版信用制度的创新应该从以下几个途径入手。

(一) 加快产权制度改革，明确产权归属

著名经济学家张维迎认为："无恒产者无恒心，无恒心者无诚信。"产权制度的基本功能是给人们提供一个追求长期利益的稳定预期和重复博弈的规则，没有完善的产权制度的经济一定是一个不讲信誉的经济。在这样的制度环境下，对于出版企业来说，反正这个企业也不是长期属于自己的，短期行为比长期打算更加现实。因此，我们必须抓好产权制度改革，明确产权归属，使企业经营者拥有企业财产的支配权和剩余索取权。只有这样，企业才会重视重复博弈的价值，更多地考虑到企业的长期发展和品牌建设，做到诚信经营。

(二) 规范政府行为，强化政府的信用监管职能

在我国，政府部门是出版信用制度供给和创新的主体。政府在信用体系中处于特殊地位，既是信用规则的制定者和维护者，也是失信行为的裁判者。政府的信用形象和维护信用的能力出现偏差，整个社会信用状况就会出现动摇。因此，出版行政管理部门的行为应限定在其职能界定和法律允许的范围内，这样才能提高社会公众对政府的公信力。与此同时进一步强化政府的信用监管职能，完善失信惩罚机制，提高失信机会成本；加强政府决策、制度设计的科学化、民主化，避免制度风险问题。

(三) 公开出版信息，促进资讯自由流通

信息不对称和法制不健全是信用缺失的温床。我国经济转型时期的一个突出特点是信息不对称。在传统计划经济条件下，出版、营销信息的传递和处理基本上是垂直进行的，很少通过市场信用关系来调节人们的经济行为。在市场经济条件下，出版经济活动主要通过各市场主体之间的相互交易来进行，信息也主要是在各个交易主体之间横向传递。随着信息时代的到来，市场的信息量空前增大，且瞬息万变。由于市场机制尚未完善，

没有形成一套有效的机制来保证出版信息的公正、公开和有效传递,这就使得版权贸易合作者之间、社社之间、社店之间、编读之间、编者与作者之间及其行为主体之间所了解的信息不对称,从而给失信提供了可能的空间。

(四) 建立声誉机制,对出版企业经营者进行激励和约束

在管理学看来,追求良好的声誉,是企业家成就发展的需要,或者说是马斯洛的尊重和自我实现的需要。现代职业企业家努力经营,并非仅仅为了得到更多的报酬,他们还期望得到高度评价和尊重,期望通过企业的发展证实自己的经营才能和价值,达到自我实现。要充分发挥企业家声誉机制的作用,应改革不适应中国出版企业发展的干部人事管理制度。只要企业家预期到良好的声誉能带来未来长期收益,为了长期保持企业家的职业,获取长期收益,企业家就会重视自己的职业声誉,激励约束自己的行为,克服"机会主义"行为倾向;反之,如果企业家预期到声誉不能给其带来收益,他们就会无视职业声誉,产生"机会主义"行为。

(五) 建立出版信用管理体系,强化社会信用监督机制

信用秩序混乱已经严重影响了市场的拓展和经济的发展。在这种情况下,交易者总是因担心交易的另一方的信用问题而不敢贸然从事交易,但是交易者要亲自了解对方的信用状况有时是不可能的,即使在可能的情况下,成本也非常高。而建立出版信用管理体系是解决这一问题的重要手段,如相关政府部门制订有关征信对象和征信行为的法律法规,确保所获取的关于企业、个人的信用信息的真实性、公开性;通过行业协会、大众媒体,对出版企业的信用状况向社会公布,建立信用信息披露机制,这对于建立良好的出版信用环境具有重要意义。

当然,除了规则、制度方面的建设外,我们还要重视道德规范的建设,因为道德意识更有长久性和稳定性,也更符合"人心向善"的境界追求,其"软实力"不可低估,因此,强化契约精神、诚实守信的价值观念和社会道德秩序也是完善信用制度的重要组成部分。

参考文献

[1] 姚秦：《我国信用制度构建与完善的政策建议》，载《经济研究参考》，2004 年第 9 期。

[2] 韩国丽：《产权制度：信用制度的基础Ⅲ》，载《市场论坛》，2004 年第 10 期。

[3] 江凌：《试论现代出版业的社会信用》，载《中国出版》，2003 年第 8 期。

[4] 朱胜龙：《"买卖书号"出版利润的世纪争夺战》，载《出版经济》，2001 年第 6 期。

[5] 卢现祥主编：《新制度经济学》，武汉大学出版社 2004 年版。

[6] 孙图志、张炎培：《企业信用调查实务》，中国青年出版社 2004 年版。

本文发表于《出版发行研究》2005 年第 9 期；作者：于文、王关义

试析我国出版产业现状与体制创新

随着市场经济体制的逐步深入,我国出版产业市场化、产业化和集团化经营的趋势日益明显。出版业的健康发展必须遵循市场经济的客观规律,增强竞争意识。从对我国出版产业现状分析入手,探寻市场经济条件下我国出版产业面临的主要问题,提出出版业体制创新的几点建议。

一、我国出版产业发展的现状分析

经过改革开放20多年的发展,我国出版业的实力得到了增强,出版业的管理体制也正在发生深刻的变化,主要从以下几个方面加以阐释和说明。

1. 出版业实力显著增强,出版物品种数、销售收入均有较大的增长。1998—2003年,全国图书出版的种数由130613种增加到190391种,平均增长8.2%;图书定价总金额在这6年期间增长了163.85亿元,平均增长为7.5%;2003年的图书销售利润是1998年的1.328倍。从统计数据分析来看,2003年,全国图书出版业发展总体形势比较平稳,并且显示出平稳增长的势头(见表1)。

表1　1998—2003年图书出版和销售情况比较表

出版情况	年份					
	1998	1999	2000	2001	2002	2003
出版物种数	130613	141831	143376	154526	170962	190391
定价总金额（亿元）	397.97	436.33	430.1	466.82	535.12	561.82
纯销售收入（亿元）	347.61	355.03	376.86	408.49	434.93	461.64

2. 产品结构中教材教辅所占比重较大，出版环节和发行环节对教材和课本有着很强的依赖性。近年来，课本的销售册数增长率始终保持在50%左右，且继续保持不平衡的发展态势，这说明在我国出版业内部产品结构上，过度依赖于行政资源，市场竞争不够充分（见表2）。

表2　2001—2003年教材（课本）出版比重

年份	种数(种)			总印数(亿册)			总印张(亿印张)		
	图书	课本	增长(%)	图书	课本	增长(%)	图书	课本	增长(%)
2001	154526	24236	15.68	63.10	33.36	52.87	406.48	195.44	48.08
2002	170962	25817	15.1	68.7	35.52	51.17	456.45	217.81	47.72
2003	190391	28789	15.12	66.7	32.54	48.88	462.22	209.23	45.27

总量而言，我国出版产业的地区布局如表3、表4所示。可以看出，资产超过10亿元人民币的只有北京和上海两个城市，其他大部分地区的实力不够强，产业布局分散，规模较小且结构趋同。

表3　2001年各地出版经济的规模结构（按资产总额划分）

资产总金额(人民币)	地区名称	合计(个)
10亿元以上	北京、上海	2
5亿—10亿元	江苏、陕西、山东、湖北、四川、广东、河南	7
4亿—5亿元	吉林、安徽、辽宁、河南、云南	5

(续表)

资产总金额(人民币)	地区名称	合计(个)
3亿—4亿元	浙江、福建、广西、河北、江西	5
2亿—3亿元	内蒙古、天津、重庆	3
1亿—2亿元	黑龙江、山西、海南	3
1亿元以下	贵州、新疆、宁夏、西藏、青海、甘肃	6

（2）从销售收入指标来看，我国出版业的地区布局如表4所示，销售收入超过10亿元人民币的也只有北京和上海两个城市。

表4 2001年各地出版经济的规模结构（按销售收入划分）

销售收入(人民币)	地区名称	合计(个)
10亿元以上	北京、上海	2
5亿—10亿元	江苏、山东、湖北、辽宁、湖南、浙江	6
4亿—5亿元	广西、云南	2
3亿—4亿元	河北、河南、陕西、四川、福建、广东、山西	7

从以上分析中可以看到，中国出版业经过多年的发展，已经逐渐形成发展优势的产业中心，但与其他产业相比，产业势力不够强，产业集中度比较低，缺乏核心竞争力和比较优势。

二、我国出版产业发展中存在的问题

随着我国出版产业改革的不断深入，管理正走向正轨，组织建设和生产经营逐渐向规范化的方向迈进。但与此同时，出版产业改革与其他行业相比，也存在不少问题。

（一）体制性障碍依然存在，思想观念还需要进一步解放

目前，对于我国出版产业来说，市场进入过分严格控制，导致近10年内出版社的数量几乎原地踏步，没有大的增长，详见表5。1994—2003年

10年间,全国出版社的数量增长不大。这表明我国出版产业组织化程度低,市场高度集中和行业的地域垄断矛盾凸现。这种思路与出版产业大发展的现实极不相符,制约了我国出版产业的健康发展。

表5 近10年我国出版社数量变动表

年份	1994	1995	1996	1997	1998	1999	2000	2001	2002	2003
出版社数量	550	563	564	565	566	566	565	562	568	570

(二) 产业集中度不高

我们认为,目前我国出版业的现状是出版社分布过于零散,集中度太低,不利于形成国际竞争力,所以加快集团化建设,适当提高产业集中度是必要的。凡是出版业竞争力强的国家,都有一批大型出版集团,这些出版集团实力强大,代表了该国出版业的发展水平。而我国出版业发展中最为缺乏的就是这样一批规模巨大、有竞争实力的出版集团。所以,政府必须通过一系列产业政策,重点扶植一批出版集团,在做大、做强方面下功夫。

(三) 市场化程度低

产业化经营的本质是市场化经营,它不同于计划经济的经营模式。出版业的市场化经营是社会化大生产所要求的,也是社会化大生产的具体表现。市场化经营要求出版单位作为市场的主体投入竞争,在竞争中确立出版单位的市场主体地位。出版业以市场为导向进行出版物的再生产和扩大再生产,出版物的生产要满足市场的需要。出版业生产和再生产的所有环节,都要经过专业分工和社会分工来完成,出版生产过程中的撰稿、编辑出版、设计、印刷和销售等几个环节中,除了部分撰稿和销售环节外,其余的几乎都是在出版社内部完成的,形成大而全的局面,市场化、专业化程度低,这已严重制约我国出版业的进一步发展。

我国出版业脱胎于传统的经济模式,计划经济的阴影依然存在,行政命令时常左右着生产,"大锅饭"的思想根深蒂固。目前,在中国发展最好的产业、竞争力最强的产业，都经历了一个市场开放和充分竞争的过程，随着竞争加剧，企业开始分化，生产和销售向优势企业集中，接着就是企业的兼并破产。多年来，许多人总以为，只要将现有出版社做大、做强就行了，但问题是，如果不经过市场竞争和市场淘汰，如何能够形成强大的出版企业。

三、我国出版产业体制创新的几点建议

（一）首先要观念革新

目前，制约我国出版产业发展的第一个障碍是思想障碍。一个迫切的任务是教育和引导员工消除思想障碍，进一步解放思想，以观念创新作为出版集团实现产业化发展的先导。强化市场化、产业化和集团化等方面的意识，在产业布局、产品结构、资源利用诸方面统一认识，形成整体发展的共识，消除各自为政、互相掣肘、重复投入、资源浪费等弊端，要克服谋小团体不谋大产业的弊病，进而在产业化、集团化发展的前提下，整合资源，优化结构，提高竞争力，增强抗风险的能力。在市场经济条件下，出版物的经营必须也只能是市场化的。出版物都要经过市场供读者选择，取得读者的认可。离开了市场，出版业便无从实现与读者的交流沟通，因此，自觉遵循市场需求变化的客观规律，调查市场，分析市场，以市场为依托，靠市场求发展，是壮大发展出版产业的唯一途径。要彻底摒弃依赖政策保护等陈旧观念，消除"等、靠、要"等惰性心理，牢固树立市场化经营的意识。

（二）提高企业化管理能力

多年来，出版社一直实行事业单位、企业化管理的模式，由于计划体制等深层次因素的影响，在相当一部分从业人员中，现代企业制度所要求的企业化管理意识还相对淡薄，一些同志对成本、效益、投入、产出、资产、负债、所有者权益等概念望而生畏，对行政级职、干部身份等则津津

乐道，这恰恰是在出版集团内建立现代企业制度的一大思想障碍。不消除这一障碍，出版集团便只能停留在一块牌子上而很难有所作为。要想在出版业体制改革上有所作为，必须先使经营管理者钝化或近乎钝化了的思想意识锋利起来。相关研究数据表明，我国出版业图书的销售利润率呈现出逐渐降低的趋势，这表明图书微利时代正在逐步到来，出版业的竞争局面已经出现，因此，提高各出版单位的科学化管理水平，降低经营成本是出版业所面临的共同课题。诚然，作为意识形态领域的出版产业，又有其精神产品属性的一面。适当降低市场的准入门槛，并不等于放任自流，更不意味着不制止不正当的或无序的竞争，放任盗版侵权、低级庸俗之流畅通无阻。

作为政府主管部门，应坚持政府对文化出版事业的支持和保护政策，在强调出版单位企业化经营、科学化管理、集团化发展思路的同时，提高社会责任方面的教育，作为出版单位必须对读者和社会负责。

（三）适当放宽出版社的市场准入条件，让出版业的市场竞争更加充分

我们认为，要适当增加出版社的数量，增加产业竞争强度，是发展出版产业，保持产业活力的根本途径。这是因为：一方面，新企业的加入能够刺激市场中创新的产生或扩散。面对新企业的进入，现有企业往往会采取改进产品质量、降低产品价格、改善服务等来排挤新的侵入者，客观上有利于整个行业管理水平的提高；另一方面，新企业的进入，能够丰富图书品种的供应，能够带来资金，带来新的人力资源，从而带动整个出版产业的发展，以及带动出版产业周边产业的发展。此外，新的出版企业的进入，有利于促进出版产业间的竞争，促使资源更加合理的配置，适应市场优胜劣汰机制，也促使原有经营不善的企业尽快退出市场。

目前的问题是竞争不足，而不是竞争过度，基本表现在出版社数量增长方面，据有关数据显示，从1997年到2002年，我国出版业的年平均发展速度只比国内生产总值年平均发展速度高约0.2个百分点，这显

示出发展的动力不足，步伐减缓，这与严格控制出版社数量有直接关系。改革的重要目标应当是让市场规律发挥应有的作用，实现充分竞争。

（四）树立科学的发展观

按现代企业制度要求，加快出版业市场化进程，培育充满生机的出版市场竞争主体，必须进一步深化出版体制改革，把出版企业改造成为独立经营、自负盈亏、自我发展、自我约束的市场竞争主体。出版企业要加强内部管理，培育参与市场竞争的能力。作为产业，出版业必须产生经济效益，它要养活自己，要使国有资产保值增值。同时也必须符合市场运作的要求和遵守市场规律。图书制作是有周期的，特别是一些有分量的精品图书，需要人力、资金、时间的投入。如果不进行积累和调整，将使这类书难以制作，目前原创性的精品书不断减少与此不无关系。科学的发展观要求可持续发展。图书出版更应如此，因为它有一个文化提高、知识积累以及创新的过程。这就要求尽快制订出版产业发展的产业政策和竞争政策，支持、鼓励、引导出版企业之间的有效竞争，制止不正当竞争，彻底打破目前存在的地区封锁和行政垄断对产业发展的负面影响，净化市场经济秩序。

本文发表于《北京印刷学院学报》2005年第2期；作者：王丽芳

中国出版社绩效考核评价指标体系探讨*

按照建立社会主义市场经济体制的要求，提高绩效成为出版业可持续发展的基点。不同行业的企业有着不同的内外部环境，相互之间的绩效考核指标体系也不能生搬硬套，针对出版业的行业特性总结出一套适合它的绩效考核指标体系是理论界和政府主管部门应当高度关注的问题。本文从经济效益和社会效益两个方面对出版业绩效考核指标体系进行了初步探讨，剖析了绩效考核评价中存在的问题，设计出一套出版业绩效考核评价指标体系，以期有助于政府职能部门对出版企业发展的宏观调控。

一、中国出版业绩效考核评价指标体系研究的意义

提高出版业运行效率、增强竞争活力一直是出版业管理者追求的目标。建立科学合理的绩效考核评价指标体系是十分必要的。绩效考核评价作为一项重要管理工具和资源管理的核心内容，其重要性已为出版企业所认可，但目前的实际运用效果并不尽如人意。从绩效考核理念到具体绩效考核指标的设计与实施，都或多或少地存在一些误区，导致绩效考核评价应有的作用没有真正发挥出来。建立一套合理的绩效考核评价指标体系，

---

* 本文为北京市拔尖创新人才项目（项目编号：PXM2007-014223-044631）的研究成果之一。

进行宏观调控，是正确引导出版业发展的一个重要问题，也是出版业健康发展的内在要求。

1. 建立出版业绩效评价指标体系，是适应政府职能转变的需要。在传统的计划经济体制下，资源配置是政府的主要职能，但在市场经济体系下，市场在资源配置中发挥着基础性作用，而政府主要履行监督管理职能。出版业实行政企分开后，出版单位成为独立自主的市场主体，政府不再直接配置资源，也不再直接干预出版企业的经营。政府管理面临转型，如何实施有效而不越位的监管，需要创新监管机制和方法。新闻出版行业绩效评价指标体系就是新闻出版行政管理机构监管方法创新的一种尝试。通过绩效评价指标体系对出版企业进行科学的综合绩效评价。为政府管理部门对出版企业进行科学的引导和评价，加强宏观调控，制订行业政策，考核经营者业绩，对经营者进行监督、约束和激励提供可靠的依据。

2. 建立绩效评价指标体系，是适应出版业体制改革的需要。党的十六大提出，要适应市场经济发展的需要，深化文化体制改革，发展文化事业和文化产业。作为文化产业的重要组成部分，出版业也必须全面深化体制改革，绝大部分出版事业单位将转变为出版企业，而对出版企业的评价考核与对传统出版事业单位评价是完全不同的，需要制订符合市场经济体制要求，符合出版行业规律和出版产业发展规律的新的绩效评价指标体系。

3. 建立绩效评价指标体系，是引导出版业树立科学发展观的要求。出版业是一个既有一般产业属性又有意识形态属性的行业，因此，对出版单位的评价指标体系必须考虑双重属性，要兼顾社会效益和经济效益，只强调任何一个方面都是片面的。出版业绩效评价指标体系的设计，必须将经济效益和社会效益两者有机结合起来，并对社会效益进行量化考核，对经济效益和社会效益的指标进行更加全面、更加系统的规范，这也使得评价体系更加符合出版行业规律和特点。实现全面、协调、可持续发展，不仅需要采取相关的政策措施，也需要建立一套科学有效的评价体系，引导出版单位在发展的过程中兼顾经济效益和社会效益，兼顾短期效益和长远效益。绩效评价指标体系，将通过多项指标的综合评价，真实反映各出版企业的经营成果，帮助其寻找经营差距及产生原因，引导和规范出版企业的经营行为，推动出版企业建立起科学的发展观。

二、中国出版业绩效评估中存在的问题

（一）忽视整体战略目标

一直以来，出版业绩效考核评价过于注重考核结果。对绩效考核评价过程的管理重视不够，导致绩效考核基本上以短期业绩为主，而忽视了长远的持续发展，忽视了整体战略目标的实现。管理部门对出版企业的绩效考核往往只根据考核结果给予物质或精神的奖励或惩罚，这容易导致两个极端：一是各出版企业之间只顾竞争而忽略了协作，合作氛围逐渐淡化或丧失；二是考核结果千篇一律，导致绩效考核结果的无差异性和均优性，无法达到通过绩效考核做出比较和区分的目的。新的绩效考核评价指标体系的设计应当注重整体战略，使各出版企业能够在竞争中协调发展。

（二）绩效考核指标体系本身的科学性不够，绩效考核指标的导向性差

一个规则的确定必须是长期的、坚持的。定期开展绩效考核能够强化意识、促进规范的形成和确立；不定期的、突袭式的考核评价，严肃性就会大打折扣。此外还需要改进考核标准。考核失实是因为考核标准不科学，留下了投机的余地，所以需要改变考核方法，改进考核技术，切忌方法一刀切。如果某绩效考核指标体系对出版企业里的出版社、印刷厂、音响社、报社、期刊社等采取同样的绩效考核办法，那么，这样的绩效考核指标体系一般是很难有效运作的。在选择不同的绩效管理导向时，一定要根据管理风格、业务特性、组织要求等合理选择。目标导向、能力导向、属性导向的绩效考核，对企业的要求是各不相同的。目前考核中通用性指标多，针对性指标少，这种状况一方面导致绩效考核

目标经验化,目标制订缺乏科学性;另一方面直接导致考核失效,即在指标缺乏针对性的情况下,绩效考核流于形式,出现平均主义,在事故责任上出现推诿现象。

(三)绩效考核评价体系的片面性

推行绩效考核时,要注意提高出版企业的协作意识,不能只片面注重本企业的利益,而忽视了行业利益,从管理者角度看这也会带来不可忽视的恶果。首先,它会错误地引导企业培养"独狼意识",并不惜牺牲同行的利益,破坏组织内部的协调关系;其次,它会产生"木桶效应",由于业绩上存在一个"短木板",而降低整个"业绩桶"的承重能力或使用寿命。因此,科学的绩效考核评价体系,应该同时兼顾企业、行业整体协作的考核,并通过一定的权重分配来准确衡量价值和业绩。目前的考核评价指标体系不够系统,缺乏统一性。由于多种考核体系共存,绩效考核往往由不同主管部门分别进行考核,本应系统完整的考核体系,被肢解为条块分割的多个考核系统,带来诸多弊端。

三、中国出版业绩效考核评价指标体系的设计

出版业属于文化产业,因此不同于其他行业,绩效的考核标准除了经济效益指标以外,还要充分考虑到社会效益指标,因此这也给绩效考核指标的选定增加了难度。如何衡量一个出版企业的社会效益成为存在争论的问题,目前对出版社和印刷企业社会效益考核的指标体系尚未统一。《出版管理条例》第四条规定:从事出版活动,应当将社会效益放在首位,实现社会效益与经济效益的最佳结合。社会效益与经济效益在对出版企业的考核中是一个统一体,强调一方否定一方都是极其错误的。

本文所涉及的出版业绩效考核评价指标体系主要是指出版社绩效评价指标体系。绩效评价指标体系的使用对象,主要是各级出版行政管理机关对辖区内的出版企业评价,出版企业集团对所属企业的评价考核,还可以是出版行业中介组织的行业评价和考核。

（一）绩效考核指标体系的设计

出版社绩效考核指标体系由经济效益指标体系和社会效益指标体系两个部分构成，每个部分各占100分。其中经济效益指标主要从多个角度综合考核出版单位的财务效益状况，以投入产出考核为核心，全面反映出版单位的经营管理现状与发展趋势；社会效益指标主要考核出版单位的社会贡献情况，这是突出体现出版业行业特色的部分。在此基础上，结合经济效益和社会效益的考核结果，形成综合绩效考核评价结论，全面反映出版印刷企业两个效益的结合情况。

在经济效益指标体系中，整个指标体系包括定量指标和定性的评议指标两个部分，其中定量指标占80%的权重，定性指标占20%的权重。定量指标又分为财务效益、运营状况、发展能力（印刷行业还增加偿债能力）等几个方面，每个方面又由基本指标、修正指标两个层次构成。基本指标反映各个方面的核心部分，修正指标通过对核心指标的补充，全面反映有关方面的效益状况。

在社会效益指标体系中，将整个指标体系分为定量指标和定性的评议指标两个部分。其中定量指标占80%的权重，定性指标占20%的权重。通过对出版业社会效益主要方面的考核，全面反映了出版单位担负的社会职责。这套指标体系以经济效益和社会效益为核心，以定量分析为基础，以定性分析为辅助，通过定量分析与定性分析相互校正，以此形成企业绩效评价的综合结论。

（1）社会效益指标，总分100分

出版社绩效考核评价指标体系设计表

定量指标 （总分100分，权重80%）	评议指标 （总分100分，权重20%）
年增加值 综合市场占有率 获奖数量 合法经营程度 公益性出版物出版情况 编校质量合格率 再版率 出口产品和服务比例	品牌影响力 信用状况 安全生产状况 参加社会公益活动情况

(2) 经济效益指标，总分 100 分

指标类别 （100 分）	定量指标(权重80%)		评议指标 （权重20%）
	基本指标 （100 分）	修正指标 （100 分）	评议指标 （100 分）
财务效益	净资产收益率 总资产报酬率	资本保值增值率 主营业务利润率 成本费用利润率 盈余现金保障倍数	高层管理人员的综合素质 发展战略完善程度 基础管理水平 员工素质 信息化程度 组织文化建设情况
运营状况	总资产周转率 资产负债率 全员劳动生产率	存货周转率 回款率 速动比率 不良资产比率	
发展能力	新产品投入所占比率 技术装备投入所占比率 人力资源培训投入所占比率 所有者权益积累率	三年销售平均增长率 三年资本平均增长率 新产品销售收入增长率	

（二）评价计分方法

1. 定量指标的三种类型划分

（1）正相关类型：该类指标实际值越大，越接近理想状态，所得分数越高。

（2）负相关类型：该类指标实际值越大，越偏离理想状态，所得分数越低。

（3）趋中相关型：该类指标理想值处于数据分布区域中的某个位置，分数最高。指标实际值相对于理想值的正向偏离和负向偏离均导致背离理想状态，所得分数随指标实际值偏离理想值程度的加大而越来越低。

2. 经济效益评价基本指标计分方法

基本指标总分=Σ 单项基本指标得分

各单项基本指标计分方法如下：

(1) 正相关类基本指标的计算方法（获奖数量指标除外）

第一步：确定指标分布区间。

确定指标的上下限，指标上下限数值之差为指标的分布区间。上下限之间的数据应能够覆盖行业该指标样本数据的95%左右。指标实际值高于上限的按上限计，指标实际值低于下限的按下限计。

第二步：单位区间的分值计算。

单位区间分值=该指标最高分值÷（指标上限－指标下限）

第三步：应得分值计算。

单项基本指标得分=（指标实际值－指标下限）×该指标最高分÷（指标上限－指标下限）

(2) 负相关类基本指标的计算方法（合法经营程度指标除外）

第一步：确定指标分布区间。

确定指标的上下限，指标上下限数值之差为指标的分布区间。上下限之间的数据应能够覆盖行业该指标样本数据的95%左右。指标实际值高于上限的按上限计，指标实际值低于下限的按下限计。

第二步：单位区间的分值计算。

单位区间分值=该指标最高分值÷（指标上限－指标下限）

第三步：应得分值计算。

单项基本指标得分=（指标上限－指标实际值）×该指标最高分÷（指标上限－指标下限）

(3) 趋中相关类基本指标的计算方法（获奖数量指标除外）

第一步：确定指标分布的两个数据区间。确定指标理想值及指标的上限、下限，指标上限、下限数值之差为指标的分布区间。上下限之间的数据应能够覆盖行业该指标样本数据的95%左右。指标实际值高于上限的按上限计，指标实际值低于下限的按下限计。指标理想值将指标上下限之间的区域划分为两个数据区间。指标下限与指标理想值之间的数据为正相关类数据；指标理想值与指标上限之间的数据为负相关类数据。

第二步：确定指标实际值所处区间并计算应得分值。

①如果指标实际值位于指标下限与指标理想值之间的区间，为正相关类数据，则：

单项基本指标得分=（指标实际值−指标下限）×该指标最高分÷（指标理想值−指标下限）

②如果指标实际值位于指标理想值与指标上限之间的区间，为负相关类数据，则：

单项基本指标得分=（指标上限−指标实际值）×该指标最高分÷（指标上限−指标理想值）

3. 社会效益评价定量指标计分方法

参照经济效益评价基本指标计分方法。

本文发表于《中国行政管理》2009年第5期；作者：王关义

中国出版业改革思路探析

中国出版业一方面面临着市场竞争日益加剧、数字化出版冲击、国际强势出版集团进入等诸多挑战，但另一方面在未来相当长的一段时间内，我国出版业也将面临极为难得的历史发展机遇：国民经济将继续保持较快的平稳发展势头，人民生活水平不断提高，这为新闻出版业的繁荣发展提供了重要的物质基础和更加广阔的消费市场空间；文化建设受到党中央、国务院及全社会的高度重视，这是我国新闻出版业加快发展的重要契机；文化体制改革，将突破体制、机制障碍，进一步解放和发展出版生产力；网络通信和数字信息等高科技的迅猛发展，将有力促进出版业产品产业结构的调整、生产方式的转变和产业升级。

在这样的大好形势下，中国出版产业必须在强化管理，提升竞争力上下功夫，着力推动市场秩序建设，为行业健康协调发展创造良好的外部环境。具体应采取如下的对策。

一、转变增长方式，通过改革创新推动出版业发展

要实现从主要依赖数量、规模增长的粗放型模式向大力提高质量、效益的集约型发展模式转变，推动产业走上持续健康发展的良性轨道；要立足优化结构，积极推进以资产、资源为纽带，跨地区、跨部门、跨媒体的多种联合，实现产业优化升级；要立足增强自主创新能力，大力推进数字出版，打造现代内容产业，提高民族出版业的核心竞争力。

一个国家出版产业成熟和发达的标志，是看这个国家的出版结构是否合理。长期以来，我国的出版产业主要依靠教材来维持运行，这是一种粗放型发展方式。随着我国经济社会的发展和教材招投标改革的推进，这种以教材为核心的出版运行体系正在发生变化。中国出版人要勇于创新思路，改革出版运行机制，找到适合的商业模式，努力实现两个效益的统一。

二、加强出版人才队伍建设

毋庸置疑，人才是实现出版业大发展大繁荣的关键。出版产业的持续发展，要依靠高素质人才队伍的支撑，主要包括选题策划人才、编校人才、经营管理人才、营销人才、计算机和软件开发人才、版权贸易人才等。加强人才队伍建设要形成制度，各出版单位要制订长远的人才队伍建设规划，在日常工作中培养出一批专业人才。要健全人才选拔、评价和激励机制，充分发挥中国出版政府奖的激励作用，进一步提升出版队伍的整体素质。目前，出版社普遍存在着专家型人才少，经营型人才少，懂经济、会管理的人才少的问题，因此，必须采取切实可行的措施，培养出更多的出版家、发行家和管理专家。

三、积极推动现代内容产业发展

随着信息、网络等技术的高速发展，各种媒体的界限越来越模糊，相互融合的速度越来越快，以高科技为主要手段和特征的现代内容产业的迅速产生和壮大，已经成为不可逆转的社会发展趋势。出版业必须打破传统观念、传统业态和传统体制的束缚，对出版内容资源进行全方位、深层次的开发和利用，形成各种传媒形式与优势内容资源紧密结合发展的新格局，大力推动内容产业发展。其中，积极引入创意人才很重要。出版单位应以资源、资产、业务为纽带，开展跨媒体经营。未来的中国出版业将成为多种媒体形态共存，集内容创新、制造、推广、服务为一体，具有中国特色和国际竞争力的现代内容产业。

四、大力发展数字出版

高新技术为中国出版业创新文化生产方式、培育新的文化业态提供了十分有利的条件。当前，出版数字化、网络化正在带动传统出版业向数字出版业的转型，数字出版的数量不仅快速增长，其利润贡献率也越来越大。通过数字化，传统出版业不仅进一步巩固和提高了自己的品牌优势和核心竞争力，更重要的是探寻到了可行的赢利模式，从而进一步加大了对出版数字化的力度，使得数字化程度更高，影响更大，利润也将大幅增加。尤为值得关注的是，数字化、网络化在更大范围、更广领域拓展出版业的生存空间和服务领域，推动出版业在更高层次上发展，形成新的出版业态。2006年中国网络杂志用户规模为4000万，整体市场规模约为1亿元，占网民总数的30%，预计2007年将达到6000万，增长率为50%，到2010年，中国网络杂志用户数将突破1亿，整体市场规模有望超过12亿元。

随着数字技术的飞速发展，出版产业在发展的新阶段面临内容短缺的瓶颈。因此，传统出版单位要采取更加积极主动的姿态，与技术商、新媒体合作，致力于以互联网、移动通信网和数字电视网为主要载体的图书、报纸、期刊、数据库、新闻、游戏、动漫、音乐以及电子书等各种数字产品的开发、制作、出版和销售。

五、积极实施出版业"走出去"的战略

在经济全球化、文化多样化的时代背景下，要以更加开放的心态和博大的胸怀，勇于和善于吸收世界各国优秀的文化成果，在世界文化多样性发展的进程中不断增强中华文化的生命力、创造力。要更加自觉、积极、有效地开展对外文化交流，努力探索、创新对外文化交流的新途径。这其中，要注意整合各种文化资源和力量，形成中华文化走向世界的合力。图书、报刊要想"走出去"，离不开政府强有力的推进。政府

管理者可以有针对性地推出系列扶持政策，比如资源配置方面，向"走出去"工作做得有实效的企业给予政策方面的倾斜，同时集中有限财力，对"走出去"的重点产品和重要国际书展的图书推广工作予以重点扶持，打造一批具有国际市场竞争力的外向型骨干出版企业，培育一批实力雄厚的对外出版物交流的中介机构和文化经纪人，积极与国际知名出版机构、出版企业开展合作，向世界各国展示中华文化，提升国家文化软实力，增强中华文化的国际影响力。未来发展的思路应该是：以国际汉文化圈和西方主流文化市场为重点，大力推进出版物走出去、版权走出去、出版业务走出去和资本走出去，努力提高中国出版业的国际竞争力和中国文化的国际影响力。

六、制订科学的出版产业发展的政策体系

毫无疑问，任何国家的产业政策都是以市场为基础的。基于对出版产业的认识，以及依此制订的出版产业政策的合理性，将影响着今后相当长一个时期我国出版业的发展，并还会进一步影响我国整个经济产业结构的调整和升级。出版产业的发展需要完善的市场体系做支撑和保障，从这个意义上讲，应健全完善各类出版要素市场尤其是出版产业的产权交易市场和资本运作市场，拓宽投融资渠道；应加快建立以行政执法、社会监督、行业自律、技术监控为主要内容的全国出版市场监管体系，提高市场监管水平，促进各类出版物市场有序健康地发展；应完善出版物市场法规建设，切实加强对出版物市场的依法监管，加强行政执法队伍建设；应加快出版物市场技术监管平台和手段建设，加强对执法工作的社会监督。深化出版发行体制改革的目的，就是要通过改革来培育市场主体，激发出版企业的动力和活力，提高出版业的整体竞争力。各个出版单位要以加快推进体制和机制改革为契机，进一步解放思想，树立新的文化发展观，确定新的目标，明确新的思路，拿出新的举措，扎扎实实地推进出版业的改革和发展。

参考文献

[1] 隋笑飞：《在改革中焕发活力的中国出版业》，载《光明日报》，2008年1月28日。

[2] 周玮：《我国文化产业步入快速发展新时期》，载《人民日报》，2008年3月8日。

[3] 冯文礼：《产业大发展亟需创新型人才》，载《中国新闻出版报》，2008年3月4日。

本文发表于《科技与出版》2008年第9期；作者：王关义

出版社企业化将无法回避

长期以来,基于对出版业所生产产品特殊属性的认识,我国出版业实行高度垄断的计划管理体制,出版单位的成立要经过新闻出版行政管理部门的严格审查和特许,已经成立的出版社出版的每一个出版物在事前要按计划审批数量,其典型表现就是书号的控制和发放。随着市场化、产业化、集团化趋势的日趋明显,打破现有体制,推动出版社的企业化改革,既是构建社会主义市场经济体制的需要,也是实现出版社可持续发展的必由之路。

一、我国出版社企业化改革的背景

随着加入 WTO 后图书市场的逐步开放,国际出版商的纷纷涌入和民营书业的崛起已是不争的事实,我国出版业的竞争形势将会更加激烈。但传统的出版体制却强化了出版社对政府的依赖,已经成为制约中国出版业发展的主要障碍。"事业单位性质"的观念一直影响着我国出版社市场化改革的步伐,加之过分强调图书的特殊性和行业的特殊性,在观念和体制上严重滞后于我国市场经济的发展,更落后于其他市场经济国家。

传统管理体制强化了出版社对政府的依赖,如不尽快改革,有可能成为一块新生的腐败温床。出版社作为事业单位,它的建立是有严格控制的,出版权的获得是由政府授予的。中国出版社从它成立之日起就受到国家政策的保护,不仅业外无法介入,就是业内分工也十分清楚。不同的出版社由不同的部门掌管。这些经过审批成立的文化事业单位，除非因犯了政治错误或者严重违规违纪被撤销关门之外，基本没有因为经济困难、经营不善而破产倒闭的。这种人为的进入壁垒，使出版业利润的90%都集中在占总数5%—10%的出版社手里，排名靠后的167家小出版社一年的平均毛利仅有60万元左右，只有一些大社凭借垄断优势和优势资源获得了巨额利润，而一些小出版社只能靠着一些救济政策来度日。据统计资料，2003年，我国图书种类约有19万种，位居世界第一，但图书行业总体效益与国外相比却相差甚远。这表明出版行业处于一种十分困难的境地。

与此同时，许多出版社在政策的保护下，惰性和依赖心理日趋严重。有的无视出版业发展的规律，只是一味地想如何才能赚钱，做出了一些有损形象的事情来，如买卖书号屡禁不止，伪书出版时有发生。出版业作为计划经济体制的既得利益者，以"搞市场经济"的名义坐收作者的版号费，而出卖的却是国家给的出版计划指标——版号和刊号。不少出版社即使是出版一本毫无价值、无法销售的书也不担心利润问题，因为印刷和销售由作者承担，它只要收版号费就可以盈利了。可以说，出版行业是我国市场经济发展突飞猛进中留下的最后一块计划经济堡垒，改革这种体制是建立社会主义市场经济体制的必然要求。

二、出版社企业化改革的思路

审时度势，对出版社的事业单位体制运行规则以及管理部门管理的方式，按照社会主义市场经济发展的要求进行相应的改变，以企业经营管理的方式来运作，实现自主经营、自我发展、自负盈亏，才是摆脱目前困境的可行之路。首先，一个迫切的任务是消除思想障碍。出版物的经营必须也只能是市场化的，出版物都要经过市场供读者选择，取得读者的认可。离开了市场，出版业便无从实现与读者的交流沟通。因此，必须自觉遵循市场需求变化的客观规律，调查市场，预测市场动态，分析市场需求，以市场为依托，靠市场求发展。具体说，一是强化市场化、产业化和集团化等方面的意识，在产业布局、产品结构、资源利用诸方面统一认识，形成整体发展的共识，尽快制订出版产业发展的产业政策和竞争政策，支持、鼓励、引导出版企业之间的有效竞争，制止不正当竞争，打破目前存在的地区封锁和行政垄断对产业发展的负面影响；二是对出版社的事业单位体制运行规则以及管理部门的管理方式进行相应改革。按照现代企业制度要求，培育充满生机的出版市场竞争主体。

其次，切实转变政府职能，实行政企分开、政事分开。市场进入过分严格的控制，导致近十年来出版社的数量几乎原地踏步，没有大的增长。从1994年到2004年，全国出版社的数量一直徘徊在570家左右。我国出版产业组织化程度低，市场高度集中和行业的地域垄断矛盾突现。而调整和完善出版管理制度，建立职责分明的国有资产管理、经营和监督机制，改变现行的行业管理体制，一个前提是，出版业首先要打破行政垄断和意识形态保护色彩，取消出版业的进入壁垒，依靠外部刺激，调动行业内企业的规模扩张欲望和行业活动效率。同时，逐步取消专业分工限制，使出版企业能够通过自我发展、兼并、联合等手段拓宽业务范围，从而达到规模扩张的目的。

出版业的市场化经营是社会化大生产所要求的，也是社会化大生产的具体表现，出版业以市场为导向进行出版物的再生产和扩大再生产，出版业生产和再生产的所有环节，都要经过专业分工和社会分工来完成。但在我国出版生产过程中的撰稿、编辑出版、设计、印刷和销售等几个环节中，除了部分的撰稿和销售环节外，其余的几乎都是在出版社内部完成的。大而全，市场化、专业化程度低，严重制约了我国出版业的进一步发展。

现在，全球出版出现数字化的趋势，为了能使我国出版社加入世界出版竞争的行列，应通过广泛应用信息技术，改造出版业务流程和业务结构，迅速提升出版技术平台，提高出版社的竞争力。如建设大型数据库、积极推进数字化网络编辑业务平台、加紧建立现代图书物流。近十多年来，中国发展最具有竞争力的产业，都经历了一个市场开放和充分竞争的过程，随着竞争加剧，企业开始分化，生产和销售向优势企业集中，接着就是企业的兼并破产。许多人总以为，只要将现有出版社做大做强就行了，但问题是，如果不经过市场竞争和市场淘汰，如何能够形成强大的出版企业？

最后，出版社的产权改革将不可回避。通过产权结构的调整，使企业和员工真正能以社会法人的资格依法享有投资者的权利，依法承担应有的投资经营风险和社会责任，依法获取应有的投资经营利润和收益。这样，就将出版社的风险、利益紧紧地与经营管理者和员工捆绑在一起，有效地遏制经营管理者负盈、国家和国有企业负亏的现象。

产权改革后，大的出版社可以组建为企业集团。符合国家要求的，政府就可以资产授权经营、委托企业来经营这一部分国有资产。据悉，国务院已经为中国出版集团总公司授权资产经营。其他大的专业出版传媒集团公司也应在酝酿筹备中。而剩下一部分小规模的出版社也可以按照"抓大放小"的方针，采取拍卖、转让、兼并、重组等形式进行经营。各社在出版一些大型系列图书或风险和收益都很大的图书时，可采取向内部职工融资的方式。也可把出版社的经营性资产分离出来，组建成立有限责任公司。还可以直接上市融资，比较典型的是中国大百科全书出版社参股"福建南纸"。另外，有条件的出版社应当培育和形成人才资源的核心竞争力，实行职业经理人制度和首席编辑及合伙人开办的工作室制度。

本文发表于《中国改革》2005年第8期；作者：王关义

多元利益角逐下的出版社改革

出版社改革作为一项系统工程，由于存在着不同的利益主体，必然导致各方面利益的大调整。不同的利益主体有不同的利益取向，希望改革朝向对自己有利的方向发展，由此形成了不同方向上的力，在某种程度上说，改革就是这些力的角逐，改革的进度取决于这些力的合力。为更好地推进出版社改革，有必要对改革中的各利益主体做出考察和分析。

一、多元利益主体的基本情况分析

从目前的情况看，出版社改革涉及的利益主体有七个：主管部门、出版社、发行环节、读者、作者、社会资本及其他社会力量。

1. 主管部门。主管部门包括政府行业管理部门和出版社的主管单位。在改革过程中，政府主管部门的地位十分特殊，它既是组织者和裁判者，又是利益主体之一。作为组织者和裁判者，它成为其他所有利益主体关注的焦点；作为政府的公共职能部门，它必须确保出版业的社会效益，因此其本身也可视为一个利益主体。政府主管部门是所有利益主体中最有力量的一个，决定着改革的最终方向。出版社的主管单位依然掌握着出版社最重要的资源，如人力、物力、市场及市场要素等，从而使出版社对其有很强的"人身依附性"。同时主管单位在改革中也有自己的各种利益，特别是经济利益。

2. 出版社。在改革的过程中，出版社的位置最为尴尬，它是被改革者

(尽管也被称为改革的主体),但不是改革的主导者。它对现有管理体制有许多不满,但它同时又是这个体制的最大受益者,没有既有的较为封闭的计划管理,很多出版社难以生存。许多出版社希望,一方面能有更多的自主权,比如在人事、财务等方面;另一方面严格的计划管理体系不要变,现有垄断不要打破,总体上看不少出版社自身缺乏改革的动力和热情。有的出版社虽然在一定程度上支持改革,但又提出种种附加条件,比如要求给予财政支持、缓步推进等。

3. 发行环节。主要是指出版社外的发行单位。目前发行环节的改革正逐步与出版社的改革拉开距离。2004年政府出台了《外商投资图书、报纸、期刊分销企业管理办法》,正式向外资企业在国内从事图书、报纸、期刊的零售业务敞开大门。目前在一般图书发行领域,民营发行单位已占据了50%以上的市场份额,年销售额在300亿元以上。作为出版行业的下游,发行领域的市场化必将对上游领域的市场化产生影响。

4. 读者群体。读者可能是改革的最大受益者,因此也应是改革最广泛的支持者,但到目前为止他们的声音还很弱。随着改革的深入,未来的读者在对图书的选择上将会有更大的余地,他们对改革的影响也会不断加大,他们将会成为改革的重要推动力量之一。但遗憾的是,目前我们对读者的研究少得可怜,没有令人印象深刻的研究成果。

5. 作者群体。目前我国每年出版图书超过了20万种,也即意味着每年都有20万左右的作者要与出版社打交道,而整个出版业的作者群体可能有数百万人之多。理论上讲,作者是出版社参与市场竞争的最重要的资源之一,但不同的作者对出版社的影响不同。可以把作者群体分为两个部分:一个部分是精英作者群,为出版社所追逐,包括畅销书作家、精品教辅书的作者等;另一个部分是一般作者群,他们有求于出版社。当前的状况是,前者比较少,后者队伍庞大。这两部分对改革的认识是不同的,前者认为改不改无所谓,后者则缺乏改革的利益主体意识。

6. 社会资本。出版产业书号还没有放开,政策性限制和行业壁垒限制了资本的出入。但出版业相对的高利率,使得各类社会资本进入出版领域的愿望十分强烈。社会资本是出版社改革的重要推动力之一,特别是充满活力的民营图书工作室。有专家预计，一旦放开，民营出版公司的数量将会激增。

7. 其他力量。这些力量可能不是利益主体，但十分关注出版社的改革，并对出版社改革进程产生着重大影响，比如学术研究界，总体上看他们对改革持支持态度，但对改革的方式和进程却有较多争论。

二、各种利益主体的相互关系分析

1. 各利益主体在改革总目标上意见一致，总体利益也是一致的。虽然利益取向不同，但各利益主体都意识到只有改革才能使出版业获得最大的发展，自己的利益才能得到充分的维护。特别是2003年9月党的十六届三中全会通过了《关于完善社会主义市场经济体制的决定》，对文化体制改革提出了总的要求和目标，即"按照社会主义精神文明建设的特点和规律，适应社会主义市场经济发展的要求，逐步建立党委领导、政府管理、行业自律、企事业单位依法运营的文化管理体制"，此后对是否要改革的争论逐步平息。但在如何改革的问题上分歧依然很大，甚至对改革的定义和内涵都还有不同意见。

2. 政府及其政策是各种力量的角逐的中心。几乎所有力量都试图影响政策的制订，而政府在制订政策时也必然要考虑现实情况，综合平衡各个方面的利益，从目前的情况看，对政府决策影响最大的是出版社及其主管单位。对政府来说，现有出版社既是改制的主体，也是我国出版业未来持续发展的主体，在利益取向上不可避免地对出版社有所倾斜，充分考虑了出版社在改革中的承受能力，因此当出版社缺乏改革热情，政府又不能承担下全部改革成本时，出版社的改革就不可能迅速推进。

作为出版业未来发展的最大变数的社会资本，目前对政府的影响力却十分有限，甚至还被看作一种不正当的力量，很多人把目前普遍存在的买卖书号、跟风出版、三角债等不良现象归罪于民营公司。在这种情况下，社会资本虽然有最大的改革意愿，政策影响力却很小。读者、作者等其他利益主体的影响力都很有限。

3. 主管单位和出版社利益分歧逐步加大。即使是在严格的计划经济时代，出版社和其主管单位之间的利益也不是完全一致的。随着改革的深入和出版社自主发展倾向的强化，二者之间有可能出现更多的利益纷争。主管单位可能会继续谋求对出版社的主导权，而出版社则希望在继续得到主管单位支持的基础上，获得更多的自主权，反对主管单位的某些控制，这种脱离的倾向必然会随着改革的深入而不断加强。前几年，出版集团建设被认为是改革的最佳模式，仔细考察不难发现，其主要推动者就是出版社的主管单位，因为出版集团虽然是企业化运作，但还要依附在主管部门的羽翼之下，所以目前许多出版集团仍是徒具形式，有的集团名为企业，实为机关，与下属企业关系更像主管部门和出版社的关系。即使在这样的浅层改革中，二者之间也可能出现矛盾激化。

4. 读者群体和作者群体的影响力有限，且缺乏改革利益主体认知。目前这两个群体只是作为改革的旁观者存在，这种情况不利于出版社改革的健康进行。政府应当充分考虑读者和作者的利益主体地位，积极引导他们参与改革。

从理论上说，读者就是市场，因此读者应当是这个行业的最终决定力量，但在改革中一直很难听到读者的声音。我们分析原因有两个：其一，市场发育不充分，在很多出版社看来，市场就是发行环节或学校，缺少单个读者的概念；其二，目前的出版结构决定了读者的弱势地位，由于我们的图书70%是教辅书，因此真正意义上的独立读者并不多。这使得读者反而成为改革利益主体中力量最弱的一个。

目前非精英的作者群体拿不准改革对自己出版作品的影响是好是坏，他们对改革的态度可以分为两种：一种认为，改革可提高出版效率，降低出版成本，有利于自己出书；另一种则认为，改革不利于学术书刊的出版，会影响文化研究事业的发展，持这一态度的作者多为从事某种专业研究的人士，如民族出版、盲文出版、古籍出版等，他们担心改革会毁掉这些公益性读物的出版。

5. 利益角逐中心将逐步转向编辑出版部门。改革的重心正悄悄地从发行领域转向编辑出版领域，出版社的企业化转制仅仅是个前奏。出版业的编辑出版部门开始改革时,有两大力量会最早介入,一是已经渗入的社会资本,如民营出版公司;二是发行环节,目前发行环节对出版领域的介入很快,政策上也有了坚冰融化的迹象。

三、着眼于可持续发展,正确处理各利益主体间的关系

在改革中,正确分析和处理好各利益主体关系是出版业可持续发展的要求。过于偏重一或两个利益主体,忽视其他利益主体的正当要求,就不能很好地把握改革过程中的实质性问题,进而被一些枝节问题所迟滞,贻误改革良机,损害出版业可持续发展能力的构建。从可持续发展的角度看,出版社改革应遵循以下几点原则:

1. 整体利益最大化原则。整体利益就是整个出版业快速稳定的发展。在改革中可能会损害某一部分单位和个体的利益,甚至是涉及某个利益主体的整体利益,但为了全局利益,就必须做出一些牺牲,有关的利益主体也应该坦然面对由此而来的冲击。

2. 各方面利益兼顾原则。出版业仍是我国利润非常高的少数几个行业之一,各种利益主体在这个领域内的激烈博弈是很正常的。在对改革过程的把握上,突出一些重要主体的利益是应该的,没有重点的改革不会成功。但对其他相关主体的正当利益也应当有充分的考虑和保证,否则改革必然是不完善和不完整的。

3. 着眼于长远利益原则。改革必须从各利益主体的长远发展考虑,处理好"长痛"和"短痛"的关系。有些改革措施可能会使某个利益主体受到暂时的损害,却对其长远发展有利。例如,出版社的企业化可能会使一些出版社付出相当大的改革成本。但如果不加快改革,那么以目前许多出版社竞争力低下的现状,在未来的市场经济和全球化浪潮的冲击下,将难以生存,危害更大。

目前出版社改革的目标是建立"产权明晰、权责明确、政企分开、管理科学"的现代企业制度,核心是产权制度的改革。在产权改革的过程中,应该选择逐步推进的方式,过慢或过快对各个利益主体来说都不利,

可以考虑分三个阶段实施：

第一阶段，企业运作化阶段。即实现事业单位性质向企业单位性质的转换，目前多数出版社改革正处于这个阶段，这意味着出版社可以初步成为市场竞争的主体。出版社的企业化建设将主要解决内部管理机制问题，重点是整合资源，进行干部、人事、分配制度的内部改革，它将为下一步的产权改革奠定基础。

第二阶段，产权股份化阶段。产权的股份化过程，本质是出版业的开放过程，而一个开放的出版业，才是可持续发展的健康的出版业。在这个阶段，要重点推进出版企业的股权多元化，建立内部法人治理机构，实现法人财产权的初步建立。

第三阶段，资本社会化阶段。向各类社会资本开放出版业，可以先向国有资本开放，在此基础上总结经验，逐步外私人资本和社会资本开放；有条件的出版企业还可以整体上市。通过资本的社会化，推动建立更为完善的法人财产权制度和内部治理机制，最终使出版社成为真正的市场竞争主体。

本文发表于《中国出版》2006年第5期；作者：王关义、孙海宁

对体制转换与出版强国建设的宏观思考

体制改革是牵引我国出版业发展的"火车头"。改革开放30多年来，尤其是21世纪以来，作为计划经济的一大堡垒，我国出版业体制机制加速转换，与社会主义市场经济体制改革的目标日趋逼近。文章在总结和梳理出版业体制实现战略性转型的基础上，分析了发展现状，提出了推动出版业大发展，建设出版强国的具体思路。

一、我国出版业体制战略性转型

自2003年开始，尽管远远滞后于整个社会主义市场经济体制改革的步伐，长期被视为意识形态领域的我国出版业以"政企分开、政事分开、政资分开、管办分离"为突破口的体制改革也拉开了序幕。通过近年来的一系列改革，我国出版业体制初步实现了战略性转型。

（一）出版业经历了从传统计划经济体制向市场经济体制的转型

从一定意义上说，出版业是我国市场化进程最迟缓的产业之一，与日趋完善的社会主义市场经济体制也极不适应。对长期形成的传统出版管理体制进行改革是一场深刻而艰巨的制度革命，没有这种制度性的变革，出版业就不会实现大发展。出版业改革主要从如下路径取得突破性进展：一是塑造市场主体，围绕转企改制深化改革。把经营性出版单位、新华书店系统以及非时政类报刊作为进入市场的主导行业,重塑市场主体,推进市场化、企业化改革。2003年,中央确定了35家文化体制改革试点单位,新闻出版单位占了21家。截至目前,528家经营性出版单位已完成转制,3000多家新华书店完成转制,1251家非时政类报刊登记或转制为企业法人,100多家新闻出版企业集团成功组建;二是推进出版事业单位改革。针对一些时政类报刊和公益性出版单位,实行内部"三项制度"改革,塑造公共文化服务的主体。目前,所有党报、党刊都完成了采编业务和经营业务两分开;三是调整结构,加快转变发展方式。目前,通过改革调整,形成了27家出版集团、49家报业集团、4家期刊集团和24家国有发行集团。与此同时,管理方式也在进一步创新和优化,书号、条码、CIP数据以及版权代理、软件登记等,全部实行了公开、免费。通过转企改制、重塑市场主体、提高市场化水平等改革措施产生的效应正在逐步显现,出版领域传统的计划管理体制逐步转向计划管理和市场调节相结合,多数出版单位和出版物以市场调节为主,行业界限、业态界限、地区界限逐渐被打破,传统的出版管理体制经历了根本性转型。

(二)通过转企改制,出版单位实现了投融资体制的重大转变

传统的单纯依靠国家财政和国有银行投资的单一渠道向多元化投资转型,投融资体制改革取得重大突破。2009年3月,新闻出版总署出台了《关于进一步推进新闻出版体制改革的指导意见》,把开辟融资渠道问题作为一项重点工作进行了部署,重点将在推动跨媒体、跨地区、跨行业、跨所有制的战略重组的同时,积极开辟融资渠道,支持条件成熟的出版传媒企业,特别是跨地区的出版传媒企业上市融资,积极引导出版企业采取内部融资、业内融资、业外融资、发行企业债券、引进外资、上市融资等方式进行融资。目前,包括出版、报业、新媒体、印刷、发行等在内的新闻出版上市企业已达45家,总市值达到5700亿元,这些骨干企业在市场上发挥着主流媒体和主渠道的作用。

(三)大多数出版单位实现了从传统的外延式发展向内涵式发展转型

通过改革与体制转换,我国出版业整体上实现了由以往依靠图书品种

的外延型数量扩张逐步转向依靠再版、新书开发等内涵型增长的方向转变。出版产业发展向高层次递进，出版形态混业经营的趋势更加明显，出版单位从单一媒体形态向多种媒体交叉融合的形态演进，集团化、集约化经营的步伐进一步加快，跨地区、跨媒体、跨所有制的兼并重组不断出现，出版产业微观经营主体呈现融合趋势。

（四）出版业逐渐从主要面向国内市场的封闭经营模式转型为面向国内、国际两个市场的开放经营模式

近年来，在转型和变革的背景下，面对出版产业发展的新态势和国内国际市场竞争的新形势，出版业的国内国际竞争日趋激烈，出版业逐步扩大对内、对外开放。目前，我国图书出版规模已居世界第一，与世界出版业之间的交流与合作日趋紧密，我国图书在实物出口、版权贸易、合作出版、境外直接出版等方面也全面拓展。在坚持对外开放的同时，出版业实现了由"引进来"向"走出去"的转变，参与国际竞争，利用国际资源、国际市场加快发展成了行业的共识，我国出版业国际化程度逐步提高，从单纯的图书贸易和版权输出发展到越来越多的与国外同行合作。据统计资料，2001年，我国共引进版权8250种，而输出版权仅653种，引进与输出比例为12.6∶1；而到了2008年，这一比例已降低到6.5∶1；2009年为3.3∶1。版权引进和输出的比例进一步降低，版权进出口逆差逐步缩小，我国出版业走向世界的国际化开放格局正在形成。

二、我国出版业在改革中快速前行

我国出版业通过重塑市场主体，引入市场机制，实现战略性转型，体制机制发生了重大突破，非公有资本的全面进入有了进展，以公有制为主体、多种所有制共同发展的产业格局不断完善，图书、报纸和期刊等传统出版介质借助现代科技升级换代，产业结构加快调整，战略性新兴业态迅猛发展。

（一）出版业持续增长，成为文化产业的主力军

近年来，我国出版产业快速发展，出版物品种和数量创历史最高水平。据统计资料，整个"十一五"时期，出版业累计生产图书 135.8 万种，338 亿册，是"十五"时期的两倍；报纸年发行量接近 500 亿份，日报出版规模连续 9 年位居世界第一，世界日报发行量百强中我国内地占了 25 席；版权相关产业增加值占到国内生产总值的 6.4%，战略性出版产业迅速崛起，一大批出版、物流和数字出版基地孵化能力不断增强，各具特色的区域产业集群基本形成。2009 年，我国共出版图书 30.2 万种（70 余亿册）、报纸 1937 种、期刊 9851 种、音像制品 25384 种、电子出版物 10708 种。图书出版品种和实物量连续 5 年居世界第一。2010 年，我国新闻出版产业总产出达到 13000 亿元，增加值占国内文化产业核心层增加值的 60% 以上，成为文化产业的主力军。表 1 为 2008 年法人单位文化产业增加值占本地区 GDP 比重超过全国平均水平的省份和城市。

表 1　2008 年法人单位文化产业增加值占本地区 GDP 比重超过全国平均水平（2.28%）的省份和城市

北京	广东	福建	上海	浙江	湖南	江西
5.77%	4.20%	2.74%	2.69%	2.47%	2.46%	2.28%

（二）出版业体制改革取得突破性进展，相对独立的市场主体已经形成

从宏观环境分析，从 2009 年的《文化产业振兴规划》到 2010 年的九部委"金融支持文化产业指导意见"的出台，表明国家对出版产业的支持力度更大，出版物市场更加开放。出版业是文化体制改革步伐较快、成效较大的领域，其市场化程度较高：图书出版 84.7%，报纸出版 71.7%，期刊出版 67.1%，音像制品出版 88.0%，电子出版物出版 91.2%。以出版业为核心的我国文化产业不仅增长速度快于同期 GDP 增长，而且文化产业增加值占 GDP 的比重，也从"十五"期末的 2.15% 提高到 2009 年的 2.5%。出版产业发展规模扩大，出版产业在国民经济中的"分量"也越来越重。

目前，在全国35.7万家新闻出版单位中，非公有经济单位超过32.4万家，占到单位总数的90.8%，另有3.7%的企业法人单位为中国港澳台商投资和外商投资企业。2010年10月，中南传媒上市冻结资金达3800多亿元（一次性筹资42亿元），创下我国资本市场冻结资金的最高纪录；安徽出版集团借壳科大创新，不到三年资产升值25亿元；华谊兄弟首次发行股票募集的资金约为11.48亿元。一批出版企业公开上市融资，我国出版业经历着新一轮深刻变革。表2为境内上市文化企业列表。

表2 境内上市文化企业列表

企业名称	股票简称	上市时间	上市地点
北京赛迪传媒投资股份有限公司	*ST传媒	1992年12月8日	
深交所上海新华传媒股份有限公司	新华传媒	1994年2月4日	
上交所上海东方明珠（集团）股份有限公司	东方明珠	1994年2月24日	
上交所陕西广电网络传媒股份有限公司	广电网络	1994年2月24日	
上交所成都博瑞传播股份有限公司	博瑞传媒	1995年11月15日	
上交所中视传媒股份有限公司	中视传媒	1997年5月22日	
上交所华闻传媒投资股份有限公司	华闻传媒	1997年7月29日	
深交所湖南电广传媒股份有限公司	电广传媒	1999年3月25日	
深交所北京歌华有线电视网络股份有限公司	歌华有线	2001年2月8日	
上交所北京巴士传媒股份有限公司	北巴传媒	2001年2月16日	
上交所时代出版传媒股份有限公司	时代出版	2002年9月5日	
上交所广东九州阳光传媒股份有限公司	粤传媒	2007年11月16日	
深交所北方联合出版传媒（集团）股份有限公司	出版传媒	2007年12月21日	
上交所深圳市天威视讯股份有限公司	天威视讯	2008年5月26日	

(续表)

企业名称	股票简称	上市时间	上市地点
深圳中小板湖南拓维信息系统股份有限公司	拓维信	2008年7月23日	
深圳中小板广东奥飞动漫文化股份有限公司	奥飞动漫	2009年9月10日	
深圳中小板华谊兄弟传媒股份有限公司	华谊兄弟	2009年10月26日	
深圳创业板安徽新华传媒股份有限公司	皖新传媒	2010年1月18日	
上交所深圳中青宝互动网络股份有限公司	中青宝	2010年2月11日	
深圳创业板广东省广告股份有限公司	省广股份	2010年5月6日	
深圳中小板乐视网信息技术(北京)股份有限公司	乐视网	2010年8月12日	
深圳创业板中南出版传媒集团股份有限公司	中南传媒	2010年10月28日	
上交所浙江华美影视股份有限公司	华美影视	2010年10月26日	
深圳创业板杭州宋城旅游发展股份有限公司	宋城股份	2010年12月9日	
深圳创业板湖南天舟科教文化股份有限公司	天舟文化	2010年12月15日	
深圳创业板中文天地出版传媒股份有限公司	*ST鑫新	2002年3月4日	上交所

注：中文天地出版传媒股份有限公司前身为江西鑫新实业股份有限公司，江西出版集团于2010年借壳鑫新股份上市后，鑫新股份公司名称进行了变更，股票简称尚未完成变更。

（三）出版产业初步实现了由传统出版向现代出版的转型，数字出版发展迅速

我国出版业已穿越出"传统出版的丛林"，逐步向数字化方向迈进。根据国内一位资深出版人的经历，他在美国四个城市的飞行旅途期间，发

现共有33人在阅读图书。其中：阅读纸质图书的读者只有4人（我国读者2人，职业经理，美国读者2人，1名儿童与1名青年）；用iPad阅读的有21人，用iPhone阅读的有5人，用亚马逊Kindle的有2人，用巴诺（Barnes & Noble）NOOK的有1人。此例充分说明，随着全球技术进步和数字化时代的到来，数字出版趋势不可逆转。2009年，我国数字出版总产出已达到799.4亿元，2010年超过1200亿元，总体经济规模上了一个新台阶，初步形成了北京、上海、广东等数字出版产业集聚区，成为带动出版产业持续发展的新的增长点。

（四）出版业的国际竞争力显著增强，版权贸易逆差逐年缩小

国际出版业的发展需要交流与合作。近年来，我国出版业"走出去"的方式和渠道有了极大拓展，我国图书和期刊等出版物发行进入193个国家和地区的公共图书馆，报刊发行覆盖了80多个国家和地区，我国出版业的国际竞争力提高到一个新的水平。2009年，全国出版物进出口经营单位累计出口图书、报纸、期刊数量增长10.39%，尤其是期刊出口的数量增长了129.94%。与此同时，一些新闻出版企业开始在海外投资，设立分支机构，建立合资企业。据初步统计，目前这类机构已经达到300多家。我国图书出版品种和总印数居世界第1位；5年累计发行2000万册以上的10种图书中，我国就占了3种；电子出版物总量居世界第2位，出版大国的地位更加巩固。

图1和图2分别为我国文化产业增加值同比增长发展情况以及我国文化产业"十二五"发展目标。

三、建设出版强国的宏观思考

2010年10月18日，党的十七届五中全会第一次把文化单独列入国家经济和社会发展规划建议，提出推动文化产业成为国民经济支柱性产业的战略目标。面对全球新技术、新媒体、新产业不断产生和发展的现实，我国正在从出版大国向出版强国迈进。但从目前的实际情况来看，差距巨

图1　我国文化产业增加值同比增长发展情况

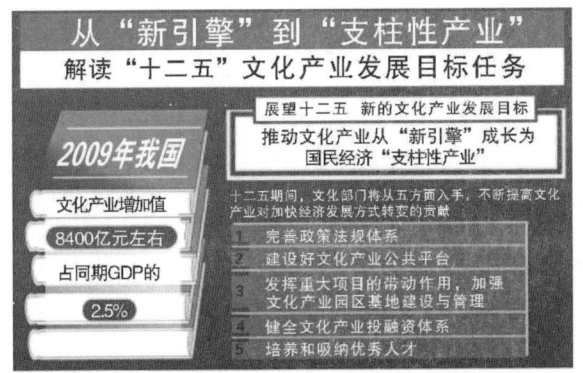

图2　我国文化产业"十二五"发展目标

大。据世界知识产权组织的调查,发达国家国内生产总值(GDP)中版权产业所占份额平均在6%左右,部分发展中国家也达到了3%以上,而我国目前出版业的整体水平还达不到发展中国家的平均水平。我国文化产业占世界文化市场的比重不足4%。为了尽早实现建设新闻出版强国的目标,出版业要以加快转变发展方式为主线,确定若干个重点领域优先发展,以点的突破带动全行业的发展,具体思路如下。

(一)适应世界范围内出版业发展的新趋势,努力提升出版业从业人员的基本素养和专业素质

从国际经验看,人均GDP突破1000美元以后,国民对精神文化的需求会越来越大,文化消费支出总量将稳步增长,对出版物的需求也会不断

增长，这为推动出版业快速发展提供了巨大的需求动力。2010年我国GDP总量已超过39万亿元，总量已超过日本位列世界第二，人均GDP已经超过4000美元，这预示着文化需求旺盛的时代正在到来。相关资料预测，"十二五"期末，我国城乡居民文化消费总量约为1.5万亿元，占全部文化消费总量的78%以上。城乡居民文化消费平均每年递增1000多亿元，年平均增长11.5%左右，呈直线上升趋势。文化消费的直线增长趋势无疑对包括出版业在内的文化产业是一种利好。因此，出版物市场需求潜力巨大，而推动出版产业素质升级的关键，是要重点培养一支适应行业发展新要求的人才队伍，包括图书策划人才、媒体创意人才、编辑人才、资本运作人才、市场营销人才、成本核算人才等。目前我国出版领域急需人才短缺，尤其是新兴业态缺乏核心技术和管理人才。基于这种情况，适度发展出版传媒类高等教育，提升办学层次，着力打造一批具有国际视野的技术和管理人才是实现出版产业素质升级的关键所在。

（二）面对数字技术对传统出版构成巨大威胁的现实，推动传统出版产业素质升级

目前，数字化浪潮正在席卷全球出版业，数字技术已用于出版产品的设计和制作、生产管理、产品营销等各个环节。与此同时，一批互联网技术、信息技术、移动通信技术企业也向内容产业进军，一个全新的数字出版产业已经形成。数字出版是人类文化的数字化传承，它是建立在计算机技术、通信技术、网络技术等高新技术基础上，融合了传统出版内容而成的一种全新的出版形态。与传统出版相比，数字出版以其方便快捷的查询、海量的存储、不断创新的文化内容和更加环保等特点，有着无可比拟的优势。数字出版代表着出版产业未来的发展方向，传统出版业要从纸质出版向全媒体出版转变。政府职能部门必须顺应数字时代变化的需求，加大对数字出版的引导、发展和管理力度，引导社会资本投入数字出版产业上来，为以数字出版为核心的新兴业态的发展在资金、资源、人才等方面提供政策支持和基础保障；要重点建设好若干个国家数字出版基地，发挥产业集群优势，提高产业集中度和专业化协作水平；要通过兼并、重组、

合作、新办等各种形式，实现对优质传媒资源和优势网络资源的掌控，形成跨区域、跨媒体、跨行业、跨国界发展的经营格局，打造一批增长潜力巨大、能力卓越、动力强劲的高成长性大型国有出版企业集团。有关方面预测：2030年，我国90%的出版物是电子出版物；未来几年中，数字出版将以用户年递增30%、总产值年递增50%的高速度发展，以电子图书、数字报、数字音像、电子杂志、网站、手机报、网游、动漫、多媒体出版为形式的数字出版产业体系正在形成，推动了传统出版产业素质的升级。

（三）进行出版管理体制机制方面的创新，为出版企业健康发展创造良好的制度环境和市场环境

适应出版业市场化、产业化这一趋势，要逐步转变出版管理部门的职能，为出版企业建立现代企业制度和科学的内部管理机制创造良好的条件，通过改革和发展，逐步形成统一开放、竞争有序、健康繁荣的新闻出版大市场体系。政府要强化宏观管理职能，出版行政管理要从微观管理转向宏观管理，工作重点要放在以下几方面：一是加快重塑和培育出版市场主体，加快出版物市场体系建设。建设统一开放、竞争有序、健康繁荣的现代出版物市场体系，建立良好的出版秩序。除公益性出版事业单位需要在政府扶持下规范运作外，其他出版单位都应以建立现代企业制度为目标，创新体制、转换机制，真正成为自主经营、自负盈亏、自我发展、自我约束的文化市场主体。二是要加快出版领域的结构调整，建立健全统一、开放、竞争、有序的现代出版市场体系，促进出版业内各种生产要素的合理流动。三是积极运用高科技改造，提升传统出版产业，开发新兴出版业态。四是要加强宏观调控，制订宏观产业发展政策。通过加强信息统计和调查研究，定期发布新闻出版产业发展的状况、前景和趋势，制订产业发展规划、重点项目和产业政策，调控出版总量、产业结构和产业布局，推进产业升级和结构调整。五是加强出版市场制度建设。建立出版微观运行制度，将试点经验和政策性措施转化为制度性安排，重塑出版市场主体。要建立和完善各类管理制度，如出版内容审查制度、行业准入和退出制度、数字新媒体监管制度、出版业公平竞争制度、民营资本介入出版制度等。要加强行业自律，建立和完善行业诚信制度、职业道德制度等。

（四）建立健全出版业融资体系建设，提高资本运营和管理水平

面向资本市场直接融资，是文化产业低成本扩张的一条有效途径。从国外的经验看，文化产业的繁荣，就得益于吸收全球投资并与资本市场的良性互动。《文化产业振兴规划》明确提出，支持有条件的文化企业进入主板、创业板上市融资，鼓励已上市文化企业通过公开增发、定向增发等再融资方式进行并购重组，迅速做大做强。2010年，九部委联合出台的"金融支持文化产业意见"又加快了文化与金融资本对接的进程。皖新传媒、深圳中青宝、省广股份、乐视网、中南传媒、浙江华策影视、杭州宋城、湖南天舟、江西出版，2010年我国资本市场又多了9家新面孔。这9家文化产业公司，再加上在美国上市的当当网、优酷网、保利博纳等企业，2010年在海内外上市的文化企业多达16家，比过去十年上市的文化企业的总和还要多，表明资本市场的大门向我国文化企业敞得越来越开。2010年10月，中南出版传媒成功上市，一次性筹资42亿元，成为我国A股市场第一支全产业链整体上市的出版传媒类股票。至此，全国新闻出版系统已经有45家上市企业。建设新闻出版强国的奋斗目标是：新闻出版产业将成为国民经济的支柱性产业，新闻出版产业增加值占GDP的比重要从现在的2.5%提高到5%以上。"十二五"期间我国出版业发展的重点要从关注数量增长转移到把质量效益放在第一位的轨道上来，实现发展方式的重大转变。出版传媒企业上市后，工作重心和募集资金投入的重点都应当在新技术、新媒体上，要进一步推进内容资源数字化、发行通路立体化、管理流程标准化、交流模式互动化等方面，促进主营业务升级换代和战略转型。

参考文献

[1] 乐菲菲：《创业板助力文化企业融资》，载《光明日报》，2011年1月20日。

［2］周天江：《积极推进改革，加快产业发展》，载《中国新闻出版报》，2011年2月1日。

［3］吴迎春：《出版业的数字化革命》，载《人民日报》，2010年9月6日。

［4］张玉玲：《文化产业：走上做大做强之路》，载《光明日报》，2011年1月27日。

［5］王茜：《我国文化产业占世界文化市场比重不足4%》，载《海南日报》，2011年2月19日。

本文发表于《科技与出版》2011年第5期；作者：王关义

我国出版业供给侧改革思路

"供给侧结构性改革"为各行业发展明确了方向。从我国出版业供求现状来看，一方面，无效供给过量，图书生产与读者需求脱节，图书库存积压严重；另一方面，有效需求未得到充分满足，图书出版绝对量较大，而人均书籍消费水平低。我国出版业存在供求结构性失衡的现象，究其原因，主要在于以下三个方面：一是供给方的内容质量有待提升，二是供给方对消费者需求了解不充分，三是供给方在培养消费者阅读习惯方面作为不够。针对出版业存在的问题，对出版业供给侧改革的建议如下：一是政府部门制定政策，支持出版业供给侧改革实践；二是提升全民阅读意识，培养阅读习惯；三是改善出版业供给侧结构，满足消费者需求。

根据经济学原理，在完全竞争市场中，需求和供给决定价格。当均衡价格形成时，市场商品供应量及其构成与市场上有货币支付能力的商品需求量及其构成之间保持平衡。供求平衡状态也意味着资源配置的最佳状态。但是，在实践中，供求不平衡的状态很常见。目前，国内普遍出现供给与需求不匹配的现象：消费者对某类产品需求量大，但是没有在国内得到有效的满足，而是通过"海淘"等形式在国外购买，多种产品的海外代购层出不穷；甚至还出现了一些消费者名为国外旅行实则国外采购的现象。表面上看，这些现象令人产生"供给跟不上需求"的印象；究其根本，则是中国消费者日益提高的产品品牌意识和质量需求与国内相关产品的供给不匹配，传统的中低端产品供给过剩，而高品质产品供给不足。

针对供需不匹配现象，党中央提出推动"供给侧结构性改革"思路，2015年11月，习近平总书记在中央财经领导小组第十一次会议上强调，在适度扩大总需求的同时加强"供给侧"结构改革；2016年1月，中央财经领导小组第十二次会议研究供给侧结构性改革方案，"强调供给侧结构性改革要在适度扩大总需求的同时，去产能、去库存、去杠杆、降成本、补短板，从生产领域加强优质供给，扩大有效供给，提高供给结构适应性和灵活性，提高全要素生产率"。供给和需求的变动都会引起均衡的变动，在供需不匹配背景下，关注供给方，强调从供给角度实施结构优化，针对结构性问题推进改革，增加有效供给，对促进经济增长有着重要的意义。供给侧改革为各行业发展明确了方向，"去产能、去库存、去杠杆、减成本、补短板"对各行业都有直接的指导意义。

一、我国出版业供求现状分析

对出版业而言，目前存在的很多问题都可以归结为供给和需求问题。简而言之，就是无效供给过量，主要表现为高库存；而有效需求未得到充分满足，人均图书消费水平较低。

（一）无效供给过量，图书生产与读者需求脱节，图书库存积压严重

经过近年来的一系列出版业体制和机制改革实践，出版企业成为面向市场的经济主体，逐渐适应市场竞争。但在发展过程中，出版企业面临经济指标和市场竞争的双重压力，有时对市场需求的调研不充分，图书印数偏多、图书库存积压成为比较普遍的现象。目前，我国年出版图书品种数位居全球第一，是美国的一倍还多。根据《2015年新闻出版产业分析报告》中的数据，我国2015年出版图书47.58万种。从2005年到2015年，全国出版的图书品种数从22.25万种增至47.58万种，增幅超过100%；在

同一个时间区段，全国新华书店系统及出版社自办发行单位的纯销售册数增长的幅度却不到 4%，2015 年，该数值甚至呈现负增长，与 2014 年相比数量下降 3.49%。高达 100% 的品种增长，只带动不到 4% 的销量增加，无效供给过量，引发高库存。从 2005 年到 2015 年，库存册数从 42.48 亿册增长到 67.83 亿册，库存金额从 482.92 亿元增长到 1082.44 亿元。在 2005 年到 2015 年的 11 年间，库存册数除了在 2009 年略有下降（下降 0.9%）外，其余年份均为增长，其中，2008 年和 2013 年库存增长率很高，分别达到 14.07% 和 16.41%。根据范军在《出版物库存超过警戒线了吗》文中所述："'十二五'期间我国新华书店系统、出版社自办发行系统出版物库存数量年均增长率为 5.2%，金额年均增长率为 8.0%。"库存逐年升高，无效库存让人忧心。针对库存逐年增多的情况，有媒体提醒：再这样下去，就会逼近产业坍塌的红线。有媒体也发出"第一出版大国也是第一库存大国"的惊叹。超高的库存量可以毁掉一个行业。日本资深出版人小林一博所著的《出版大崩溃》中描述了日本出版业从 1997 年到 2003 年的情况，高库存和高退货是日本出版业崩盘的重要症状之一，图书退货率平均在 50% 左右，高的可达 90%。

（二）有效需求未得到充分满足，图书出版绝对量大，但人均书籍消费水平低

我国图书出版绝对量较大，但人均图书消费水平较低，有效需求未得到充分满足。从我国出版业总量来看已位居世界前列，但人均出版物消费和人均印刷品占有量却相对落后。根据全民阅读调查的数据，2015 年，我国成年国民（18—70 周岁）图书阅读率为 58.4%，人均纸质图书阅读量仅为 4.58 本。而其他国家在人均阅读量方面的情况是：日本 40 本、韩国 11 本、法国 20 本、俄罗斯 55 本、以色列 64 本。与国外相比，我国人民的阅读量太少，与国外有很大的差距。在国外很多国家，阅读早已成为一种习惯，如，在以色列，阅读习惯始于家庭教育，母亲大多会教育孩子"书里藏着智慧"；对犹太人来说，读书看报不仅是习惯，更是一种美德。在人均图书阅读量少的数据背后，还要看到，一些消费者在购买图书时选择国外图书的引进版以及国外原版图书等,这种情况在童书、经管和社科等多个领域都有体现,本土原创图书还不足以满足消费者的需求。

二、我国出版业供求失衡的原因分析

从供给侧角度看待出版业问题,为出版业的长期发展提供了一个新的视角。针对出版业目前存在的无效供给过量和有效需求未得到充分满足的问题,从供给侧分析原因,一是供给方缺乏内容创新,内容质量有待提升;二是供给方对消费者需求了解不足,潜在需求也没有充分挖掘;三是消费者的阅读习惯需要培养,供给方也应有所作为。

(一)供给方的内容质量有待提升

无效供给过量,体现为不断增长的高库存,在这些高库存图书中,一些是内容相近的同质化图书。童书和教材教辅图书是我国出版业中占比较大的两个板块,是很多出版企业参与竞争的领域,也是同质化图书较多的领域。有的出版企业在跟风出版的过程中,忽视自身的特色和优势,盲目出版,导致大量同质化图书出现。在遇到同质化程度较高的某类图书时,一方面,消费者难以评价,也难以获得较好的阅读体验;另一方面,此类图书难以形成品牌优势,消费者转而选购其他优秀品牌图书甚至国外引进版优秀图书。旨在满足消费者低层次阅读需求的图书较少获得消费者青睐,不断增加的低端图书品种无法满足消费者的高层次阅读需求,更成为积压库存图书,占用出版企业的优势资源。

(二)供给方对消费者需求了解不充分

我国图书出版品种多,绝对量大,但图书库存积压、人均图书消费水平低等现象都提示出版企业应关注自身的市场研究水平,供给方应充分了解消费者需求。随着消费者视野的开阔及消费水平的提升,消费者对图书等出版物的需求水平和层次也在日益提升。缺乏精品、"有高原无高峰"的出版业发展现状已经很难适应消费者需求,部分消费者的高层次图书阅读需求急需解决。除了消费者高层次阅读需求急需满足外，潜在消费者的阅读需求也亟待开发。例如，在发行领域，人们大多看到网络书店的快速发展，甚至时有"网络书店抢占实体书店消费者"的观点出现，但没有注意到，网络书店的消费者中，有一部分正是由网络书店唤起阅读需求的消费者。对出版业来说，市场空间很大，潜在的消费者很多，关键是供给方能否通过市场研究发现并激发消费者的需求。

（三）供给方在培养消费者阅读习惯方面作为不够

日本管理大师大前研一在其著作《低智商社会》中说："在中国旅行时发现，城市遍街都是按摩店，而书店却寥寥无几，中国人均每天读书不足15分钟，人均阅读量只有日本的几十分之一。"这一数字触动人心。目前，我国的国民阅读率偏低，国民阅读量有限，虽然近几年情况有所改观，但国民整体的阅读习惯还需持续培养。而出版企业作为供给方，在培养消费者阅读习惯方面的作为还不够。出版业向消费者提供出版物及相关服务，出版物是特殊商品，具有双重属性：既作为商品，通过市场交易满足消费者的需求；又作为精神产品，使消费者获得思想、文化方面的指引。从广义来讲，出版业向市场提供的产品不仅是销售出版物等有形产品，还有对消费者阅读理念和习惯的指引服务。培养消费者阅读习惯不仅是政府部门的责任，出版业也应在此有所作为。从另一个角度来看，培养阅读习惯也能促进消费者对出版物的消费，对出版企业经济主体地位的确立、出版产业的健康发展有积极的推动作用。

三、我国出版业供给侧改革的对策建议

针对出版业存在的问题，对出版业供给侧改革的建议如下：一是政府部门制订政策，支持出版业供给侧改革实践；二是提升全民阅读意识，培养阅读习惯；三是改善出版业供给侧结构，满足消费者需求。

（一）政府部门制订政策，支持改革实践

近年来，国家对于出版产业发展扶持的力度不断增大，对出版转型

升级予以支持和扶助。在供给侧改革实践中,虽然以出版业自身为主体,但也离不开政府部门的扶助和支持。出版业供给侧改革意味着出版业更关注市场、关注需求。出版企业作为市场经营主体,需要以科学化管理理念为指导,以企业资源为依托,以消费者需求为基础,开展生产经营活动,实现企业发展。政府部门则提供较为完善的市场环境和法律环境,为出版业供给侧改革提供保障。通过市场主导、政府引导和支持,出版业供给侧改革也将推动产业内供需匹配的新经济结构形成。

(二) 提升全民阅读意识,培养阅读习惯

供给侧改革,不等于只关注供给方,供给侧和需求侧是相辅相成的。要实现供需均衡,对待二者不可偏废,供给侧改革也是关注需求的改革。在出版业,认识现实需求是供给侧改革的关键。对出版业来说,市场广阔。提升全民阅读意识,培养阅读习惯也是为出版企业培育更大的市场。一名印度工程师把自己观察到的中国人阅读情况写进了长文《令人忧虑,不阅读的中国人》中,文中提到,在长途飞行中"不睡觉玩iPad的,基本上都是中国人","基本上都是在打游戏或看电影,没见有人读书",在机场候机时,"德国乘客大部分是在安静地阅读或工作。中国乘客大部分人要么在穿梭购物,要么在大声谈笑和比较价格"[①]。针对一些国民不爱读书、没有形成良好的阅读习惯等问题,国家启动全民阅读活动,目前,我国的全民阅读活动在全国范围开展已有10年,全民阅读活动是从阅读端培养需求,在中央和地方各级政府及相关部门的支持下,国民阅读习惯培养已初显积极的效果。出版业也以多种形式积极参与到国民阅读活动中,对国民阅读意识和阅读习惯的培养有一定的推动作用,如通过跨界合作的形式建设数字化全民阅读网络,建设特色书店及农家书屋等。全民形成良好的阅读习惯,形成多层次阅读需求,对出版企业从图书选题策划、出版产品载体形态确定(纸质版、电子版等)、内容和传播方式到营销方式等环节的工作提出差异化要求;出版企业的生产运作等也是对消费者多层次、

---

① 引自陈思进的新浪博客中的文章,文字作者为居住在上海的印度工程师,见http://blog.sina.com.cn/s/blog_5ef1fe090102uwvg.html。

差异化、个性化需求的回应。

(三) 改善出版业供给侧结构，满足消费者需求

供给侧改革的核心是供给侧结构优化，通过改善出版业供给侧结构，解决出版业现存问题，满足消费者需求。出版业结构调整包括提高出版物内容质量，扩大高品质出版；减少无效库存，减少低端出版物供给；有效利用出版资源，提高出版效率。在供给侧改革背景下，出版企业应根据自身的资源优势情况，认真进行市场研究，找准市场定位，明确目标消费者群体，优化资源配置，出版精品图书，满足消费者的高品质需求，形成出版企业特色和优势。针对童书、教材教辅图书竞争激烈、同质化现象较多的情况，对该市场供求状况进行细致分析，结合出版企业自身情况，可以做出不同决策，如，退出该细分市场，根据需求选择新细分市场，或者运用数字化技术等对产品进行重新设计。此外，供给侧结构改革要从长远发展的角度进行决策，要真正研究细分市场需求，不能因为某类图书的成本高（如科学类图书）而减少供给，真正满足消费者需求。

参考文献

[1] 周书灵：《出版产业供给侧改革政策解读及其误区》，载《编辑之友》，2016年第6期，第14—17页。

[2] 王关义等：《中国出版业转型与升级战略研究报告》，中国财政经济出版社2016年版。

[3] 范军：《出版物库存超过警戒线了吗》，载《中国新闻出版广电报》，2016年第5期。

[4] 〔日〕小林一博：《出版大崩溃》，甄西译，上海三联书店出版社2004年版。

[5] 〔日〕大前研一：《低智商社会》，千太阳译，中信出版社2010年版。

本文发表于《中国出版》2017年1月（上）；作者：王关义、谢巍

第二部分
中国出版业转型研究

通过30多年持续不断的体制和机制改革，中国出版业逐步摆脱计划经济环境下的发展模式，无论是经营性出版单位转企改制还是出版事业单位内部的机制改革，中国出版业正在经历由成长期向成熟期的跨越，发展的动力也逐渐从投资驱动转向消费需求市场拉动，发展方式逐步从数量规模型走向质量效益型，出版物市场已从总体上的"短缺状态"向"短缺"与"过剩"状况并存的结构性趋向转变，出版物品种日益丰富，出书品种和出版码洋持续增长，以出版业为核心的文化产业对GDP增长的贡献率以及对国民经济增长的促进作用日益明显，中国出版业在改革和体制转换中逐步实现战略性转型。本部分主要内容包括中国出版业总体战略转型，尤其是深入研究了出版业的市场化、国际化转型，总结梳理出目前我国出版业国际化转型有以下四种基本模式：(1) 图书商品贸易模式；(2) 版权贸易模式；(3) 国际合作出版模式；(3) 海外投资模式。

中国出版业战略转型及产业素质升级的思路

改革开放 30 多年以来，作为文化产业主要构成部分的我国出版业得到长足发展，出书品种和出版码洋增长较快，出版物品种日益丰富，出版业逐步摆脱了以往的发展模式，无论是经营性出版单位转企改制还是事业单位内部机制改革，在体制变革与转换历程中初步实现了战略转型，取得了新的突破，形成了比较完整的出版产业体系。面对生存环境的重大变革，探寻相应措施，适时推动出版产业素质升级，是实现出版业可持续发展和提高出版产业核心竞争力的重要途径。

一、中国出版业在改革和体制转换中初步实现了战略转型

出版业作为文化产业的重要组成部分，伴随着体制上的改革和突破，实现了又好又快的发展。近年来，中国文化产业对 GDP 增长的贡献率均比上年有所提高，对国民经济增长的促进作用日益明显。2009 年，北京、上海、云南、湖南、深圳等省市文化产业占当地 GDP 的比重已超过 5%，成为当地经济支柱产业。

《人民日报》报道，2009 年，我国新闻出版业务总产值突破 1 万亿元大关，与 2008 年相比增长 20% 左右，图书销售增长 20%，图书出版品种已达 27.57 万种，销售额为 1456 亿元，仅次于美国，市值过百亿元的出版发行企业已有 3 家。目前，我国有 1.2 万余种报刊，日报年出版总量达到

440亿份，出版规模已连续9年位居世界首位，成为世界发行总量最大的报业市场。新兴的数字出版产业发展异常迅猛，总产值达到750亿元，年增长50%以上，投资总额增长35%左右，其发展速度远远超过了传统出版业的纸质出版的产值和增长速度。中国已进入世界出版大国的行列，但与世界出版强国相比，中国出版业无论在发展规模、企业规模、资产规模、发展格局，还是发展方式、发展质量、总产值和增加值在国内生产总值和市场份额中所占比重等方面，都存在着巨大的差距。出版业资源整合程度不高，内容创新能力较弱。因此，要继续深化出版体制改革，大力推动中国向出版强国迈进。

我国出版业的快速发展，得益于出版业体制改革与转型，纵观改革开放30多年来的发展轨迹，可以明显地看到，伴随着我国经济管理体制的变革，出版业也在逐步实现战略性转型，主要表现在以下六个方面。

（一）出版业正经历从传统计划经济体制向市场经济体制的转型，与国家社会主义市场经济体制改革的目标日益逼近

可以说，出版业是我国市场化进程最迟缓的产业之一，历史长期形成的传统的出版业无论在管理体制还是在思想、技术、人员等方面均无法适应环境变革的需要，与日趋完善的社会主义市场经济体制也极不适应。对长期形成的传统的出版管理体制进行改革是一场深刻的制度变革，没有这种制度性的变革，出版业就不会实现大发展。自2003年全国文化体制改革试点工作启动以来，出版领域改革顺利推进，公益性出版单位逐步实现了企事分开，建立新的运行机制。经营性出版单位转企改制，建立现代企业制度和法人治理结构。2007年10月17日，新闻出版总署宣布，中国政府将完全放开符合产业发展条件并经过批准的出版机构、报业企业和官方骨干新闻类网站在国内外上市，并不再要求他们将编辑业务与经营业务拆分，而是鼓励整体上市，以"体现产业的整体性，减少关联交易"。2007年12月，辽宁出版传媒股份公司成为国内第一家编辑业务和经营业务整体上市的新闻出版企业。2009年3月，新闻出版总署出台了《关于进一步推进新闻出版体制改革的指导意见》，把开辟融资渠道问题作为一项重点工

作进行了部署，将在推动跨媒体、跨地区、跨行业、跨所有制的战略重组的同时，积极开辟融资渠道，支持条件成熟的出版传媒企业，特别是跨地区的出版传媒企业上市融资，积极引导出版企业采取内部融资、业内融资、业外融资、上市融资、发行企业债券、引进外资等方式进行融资。近年来，中央大力推进出版体制改革，实施管办分离，进行公益性和经营性出版单位分类改革，加快市场化进程，通过转企改制重塑市场主体，提高市场化水平，提升竞争能力。如今，出版领域传统的计划管理体制逐步转向计划管理和市场调节相结合，多数出版社和出版物以市场调节为主，只有少数的仍然依靠计划调控，出版资源将被重新调整和整合，行业界限、业态界限、地区界限将逐渐被打破，传统的出版管理体制正在经历着根本性的转型。

（二）出版业由传统的出版事业向出版产业化方向转型

出版体制改革的第一步是出版单位由事业单位转制为企业单位。但事业单位转变为企业，不能简单地理解为由"铁饭碗"变成"瓷饭碗"，更不能简单地理解为职工的待遇由福利化享受转变为按个人创收多少来操作。出版管理体制的改革，实质还是要有效地发掘出版单位的内部潜能，充分发挥出版企业的自主性，调动出版企业职工的生产、经营积极性，让出版物的生产和营销更加符合市场经济的规律和大众的需要。通过出版体制的改革，出版单位转企后，既要重视市场利益，遵循产业发展的规律，同时又不能忽视出版产业的社会责任。

（三）出版单位从单一媒体形态向多种媒体形态演进

出版产业发展向高层次递进，出版产业发展呈现新态势，出版形态混业经营的趋势更加明显，出版单位从单一媒体形态向多种媒体形态演进，集团化、集约化经营的步伐进一步加快，跨地区、跨媒体、跨所有制的兼并重组不断出现，出版产业微观经营主体呈现融合趋势。数字出版、在线出版、电子商务、物流配送等新型业态的蓬勃发展，使出版的载体形式、传播方式、运营模式、生产流程发生了巨大的变化。

（四）出版业从传统的劳动密集型、知识密集型产业向现代知识和资本密集型的数字出版转型

据新闻出版总署统计，2009年中国数字出版业的整体产值达到750亿元，与我国图书出版产值大体相当，与2008年相比增长了41.5%，数字出版总产值首次超过纸质出版产值。另据预测，未来几年数字出版用户每年将增长30%，收入每年将增长50%，海内外媒体发出预测，2030年，九成出版物都是数字出版物。另一方面，数字出版实现了业态多样化，电子书业务已在大多数出版社不同程度地开展，有报道称，75%的报社涉足网络报，55%的报社拥有手机报，全国手机报数量将突破1500种，手机也逐渐成为人们的主要阅读终端。2009年，我国报纸总印量同比减少了6.78%，继续了2008年的负增长态势。据统计资料，2009年英国连锁书店的销售量和销售额分别下滑了2%和3%，市场份额从2005年的37%跌至目前的33.5%。新的出版形态的出现，要求出版业必须加快向现代知识和资本密集型的数字出版转型的步伐，要运用高科技改造、提升传统出版产业，开发新兴出版业态。

（五）出版业逐渐从主要面向国内市场转型为面向国内、国际两个市场

近年来，我国出版业的国际化程度日益提高，国际影响力显著提升。在转型和变革背景下，面对出版产业发展的新态势和国内国际市场竞争的新形势，出版业的国内国际竞争日趋激烈。目前，我国图书出版规模已居世界第一，出版业逐步扩大对内、对外开放，与世界出版业之间的交流与合作日趋紧密，中国图书在实物出口、版权贸易、合作出版、境外直接出版等方面正全面拓展。在坚持对外开放的同时，出版业重视"引进来"，更重视"走出去"，参与国际竞争，利用国际资源、国际市场加快发展成了行业的共识，中国出版业国际化程度逐步提高，从单纯的图书贸易和版权输出发展到越来越多的与国外同行合作。据统计资料，2001年，中国共引进版权8250种，而仅输出版权653种，引进与输出比例为12.6:1，而到了2008年，这一比例已为6.5:1，版权进出口逆差逐步缩小，中国出

版业走向世界的国际化开放格局正在形成。

（六）出版业的国家垄断逐步向市场调控方向转变

我国出版发行体制改革是在政府主导下自上而下推进的，政府主导改革仍是现阶段出版发行体制改革的主要特征；从长远来看，我国出版产业发展应坚持以市场为导向，充分发挥市场资源配置的基础性作用。随着社会主义市场经济体制的形成，出版业发展的体制环境和社会条件发生了深刻变化。针对我国出版产业发展面临的市场活力不足、企业融资困难、投资渠道不畅等问题，迫切需要国家财政发挥示范性和导向性作用，帮助弥补市场失灵和市场缺陷，推动出版产业的发展。适应出版业市场化、产业化这一趋势，要逐步转变出版管理部门的职能。在市场经济条件下，基于市场经济固有的自主性、平等性、竞争性、开放性的特点，要求与之适应的政府是服务型政府和法制政府，为此，政府就要转变职能，集中精力抓好经济调节、市场监管、社会管理和公共服务，政府职能转变的目标是要从传统的管理型政府向现代的服务型政府转变。

二、推动中国出版产业素质升级的思路

新闻出版总署提出的建设目标是要尽快实现由出版大国向出版强国的转变，到2020年：新闻出版业总产值占当年全国GDP的5%左右，成为国家经济发展的重要产业，基本实现人均消费图书6册、期刊3.2册，报纸每千人日130份以上；数字媒体等新兴产业的发展达到世界先进水平。基于这一宏伟目标，立足出版产业市场化、现代化、国际化和数字化的宏观背景，面对出版业发展的实际，迫切需要探询推动中国出版产业素质升级的对策。

（一）在人力资本方面，适应世界范围内出版业发展的新趋势，努力提升出版业从业人员的基本素质和专业素质

目前，我国城乡居民文化消费支出总量在7000亿元以上，城镇居民和

农村居民人均纯收入持续增长，人均收入不断提高使文化消费空间进一步扩大，各类居民用于学习方面的支出都会增长，对出版物的需求也会不断增长，为推动出版业快速发展提供了巨大的需求动力。从国际经验看，人均 GDP 突破 1000 美元以后，国民对精神文化的需求会越来越大，文化消费支出总量将稳步增长，文化消费的比重也将逐步提高。2009 年我国人均 GDP 已经超过了 3400 美元，这预示着文化需求旺盛的时代正在到来。因此，出版物市场需求潜力巨大，推动出版产业素质升级的关键，是要重点培养一支适应行业发展新要求的人才队伍，包括图书策划人才、编辑人才、资本运作人才、市场营销人才、成本核算人才等。目前我国出版领域急需人才短缺，尤其是新兴业态缺乏核心技术和人才。因此，着力打造一批具有国际视野的技术和管理人才是实现出版产业素质升级的关键所在。

（二）在出版技术方面，面对数字技术对传统出版构成巨大威胁的现实，推动传统出版产业升级

数字出版是传统出版和高新技术相互结合的新兴出版业态，它就是利用数字化技术，将各种图、文、声、像信息以数字形式存入信息库中，出版者根据市场需要对这些信息进行筛选、编辑、加工、整合，然后以纸介质出版物、光盘或网络出版物等形式投放市场的出版活动。简单地说，数字出版就是利用计算机技术或网络技术来代替一些传统的出版活动。新兴的数字媒体如新闻网站、电子图书、数字杂志、在线音乐、网络游戏，以手机为载体的手机报、手机小说、手机音乐等新的阅读方式和阅读载体都是数字出版的重要内容。数字出版代表着出版产业未来的发展方向。在数字出版领域，中国已和先进国家处于同一起跑线，有的技术甚至领先世界。目前，数字出版已成为中国出版业的新增长点。据新闻出版总署统计，截至 2008 年年底，中国 578 家图书出版社中已有 90%开展了电子图书出版业务，出版电子图书约 50 万种，与 2007 年相比，增长了 25%。2009 年，我国包括在线阅读、手机阅读、手持式阅读器阅读等方式的数字图书阅读开始普及，国民各类数字媒介阅读率为 24.5%，全国约有 2.8%的成年人只阅读各类数字媒介而不读纸质书。这表明，数字阅读正在悄然改变

着读书人的习惯，也正在深刻地影响并改变着传统出版业。据有关方面预测，2030年，预计90%的中国出版物都是电子出版物，未来几年中，数字出版用户将以年递增30%、总产值年递增50%的高速度发展。截至2009年年底，中国网民规模达到3.6亿人，超过全球平均水平。数字出版产业将形成涵盖电子图书、数字报、数字音像、电子杂志、网站、手机报、网游、动漫、多媒体等跨领域的数字出版产业体系。

政府职能部门应当加大对数字出版的引导、发展和管理力度，引导社会资本投入数字出版产业上来，为以数字出版为核心的新兴业态的发展在资金、资源、人才等方面提供政策支持和基础保障：一是着力建立数字出版基地，发挥产业集群优势，提高产业集中度和专业化协作水平；二是加大产业发展必需的资金投入，建议设立出版产业发展专项资金，采取贴息、补助、奖励等方式，加大对创新型出版企业开发项目的支持，加强国家出版基金对传统出版业向数字出版转型的支持力度；三是科学配置出版资源，对大型传媒集团公司以及转制到位的出版企业在出版资源上给予优先配置和政策倾斜，充分鼓励跨媒体、跨地区出版，提高出版资源配置质量和利用效率，为企业创新发展提供保障。

（三）在宏观管理方面，要尽快实现管理的科学化

政府职能部门必须加快出版管理体制机制方面的创新，加快培育文化市场主体，为出版企业健康发展创造良好的制度环境和市场环境。适应出版业市场化、产业化这一趋势，要逐步转变出版管理部门的职能，为出版企业建立现代企业制度和科学的内部管理机制创造良好的条件，通过改革和发展，逐步形成统一开放、竞争有序、健康繁荣的新闻出版大市场体系。未来几年内，随着经营性出版单位转企改制的全面完成，出版行业将面临重新洗牌，全国出版格局必将发生重大变化。政府要强化宏观管理职能，出版行政管理要从微观管理转向宏观管理，工作重点要放在以下几方面：一是加快重塑和培育出版市场主体，加快出版物市场体系建设。建设统一开放、竞争有序、健康繁荣的现代出版物市场体系，建立良好的出版秩序。除公益性出版事业单位需要在政府扶持下规范运作外，其他出版单

位都应以建立现代企业制度为目标，创新体制、转换机制，真正成为自主经营、自负盈亏、自我发展、自我约束的文化市场主体；二是要着力构建和完善出版社会公共服务体系。在转型和变革背景下，面对出版产业发展的新态势和国内国际市场竞争的新形势，引导出版产业发展、增强产业竞争力应成为出版行政管理的核心经济职能；三是加快出版领域的结构调整，建立健全统一、开放、竞争、有序的现代出版市场体系，促进出版业内各种生产要素的合理流动；四是积极运用高科技改造、提升传统出版产业，开发新兴出版业态；五是要加强宏观调控，制订宏观产业发展政策。通过加强信息统计和调查研究，定期发布新闻出版产业发展的状况、前景和趋势，制订产业发展规划、重点项目和产业政策，调控出版总量、产业结构和产业布局，推进产业升级和结构调整；六是加强出版市场制度建设。建立出版微观运行制度，将试点经验和政策性措施转化为制度性安排，重塑出版市场主体。要建立和完善各类事关行业发展的管理制度，如出版内容审查制度、行业准入和退出制度、数字新媒体监管制度、出版业公平竞争制度、民营资本介入出版制度等。要加强行业自律，建立和完善行业诚信制度和职业道德制度等；七是形成参与国际竞争的体制机制，形成公共服务和市场监管到位的政府行政管理体系。

参考文献

[1] 柳斌杰：《新闻出版业正处于重要的战略机遇期》，载《中国新闻出版报》，2009年10月28日。

[2] 魏玉山：《数字出版仍需要全面深入地研究》，载《中国新闻出版报》，2009年11月2日。

[3] 吴珺、苏超等：《改革：加快文化产业发展的重要动力——关于文化产业的研究综述》，载《人民日报》，2009年10月19日。

[4] 朱建纲：《论转型和变革背景下的新闻出版行政管理职能》，载《中国新闻出版报》，2009年11月25日。

[5] 韦金良：《我国数字出版的现状及思考》，载《中国新闻出版报》，2010年1月20日。

［6］王左银：《数字出版发展也须传统出版的品牌"支点"》，载《中国新闻出版报》，2010年2月10日。

［7］张玉玲：《文化体制改革呼唤产业经营人才》，载《光明日报》，2010年3月4日。

［8］吴娜：《2009：数字出版加速发展》，载《光明日报》，2010年2月28日。

［9］谭旭东：《不能忽视文化产业的社会效益》，载《光明日报》，2010年3月24日。

本文发表于《中国出版》2010年第18期；作者：王关义

我国出版业计划色彩依然浓厚、财税扶持政策不配套

——我国出版产业转型与素质现状调查研究专报之一*

通过问卷调查和研究显示，近半数的被调查者认为我国出版企业还没完成彻底的转企改制，三分之一的被调查者认为应该发挥市场调节的作用；超过六成的被调查者认为所在单位仍受到政府主管部门的干预；近三分之一的被调查者认为单位从没享受过政府在推动出版产业发展和技术创新方面所出台的一系列优惠政策和财税政策。出版基金补助和政府对出版业发展的补贴的覆盖面不大。这些说明我国出版业发展中计划行政的色彩依然浓厚，传统的计划经济体制转型不够、市场观念淡薄、相关市场体系尚未形成，进一步推动出版业市场化转型，完善财税扶持政策体系显得尤为迫切。

随着社会主义市场经济体制的不断完善，出版业的繁荣和发展越来越离不开市场，越来越需要发挥市场在资源配置中的积极作用。出版业作为我国文化产业的重要组成部分，必须加快构建统一开放竞争有序的现代出版市场体系，进一步打破市场条块分割、地区封锁、城乡分离的传统格局，完善市场准入和退出机制，鼓励各类市场主体公平竞争、优胜劣汰，促进出版资源在全国范围内流动。近年来，在国家政策的推动下，我国出版业进行了一系列的改革，取得了显著的成效。但在宏观管理体制方面仍

---

* 本文为2013年度国家软科学研究计划重大项目"中国出版业转型升级战略研究"（项目编号：2013GXS2B013）的研究成果。

然存在一些问题,如缺乏出版业市场竞争意识、财税扶持政策配套不完善等。

一、我国出版业发展中计划行政的色彩依然浓厚

一是公有制垄断出版市场。在计划经济时期,出版单位以单一的公有制形式,在政府部门的领导下运营,出版单位没有自由经营的自主权,资源浪费比较严重,市场竞争力很弱。如今,尽管政府推动出版单位进行转企改制,以上问题得到了改善,但公有制的垄断地位依然没有改变,其他所有制的企业所占比重很小。调查显示:有超过八成的被调查者认为单位的性质是公有制,只有不足两成的被调查者认为单位是非公有制或其他所有制。此外,年营业额在5亿以上的出版企业当中,超过八成的属于公有制企业,另外其他所有制所占的比例则不到两成。也就是说,就出版行业的性质来看,公有制企业处于垄断地位。而在美国,目前有出版公司9000多家,这些出版公司除了少数出版机构由政府管理以外,大多属于股份制企业或私营企业,不少公司是跨国公司,业务范围大多全球化,其出版活动不受政府干涉,政府通过法律和经济手段规范出版企业行为,进行宏观调控。其中,年销售额在3000万美元或雇用员工达150名以上的大型出版社约40家,其余绝大多数是年出版图书1—3种的小出版社。

二是出版业市场化程度较低。在市场竞争日趋激烈,经济全球化进一步加快的情况下,我国不少出版企业现代企业制度还没有建立起来,且市场化程度较低。调查显示,目前仍然有将近两成的被调查者认为所在单位的主要业务依靠行政部门调节,超过半数的被调查者认为单位主营业务的市场化程度不到五成,超过七成的被调查者认为主营业务的市场化程度在70%以下。另外,在我国出版业的市场准入条件较高,比如出版单位需要取得书号才能出版发行图书,且每年出版发行所需的书号数额有限,出版企业必须向相关的行政部门申请,获得审批后才能取得书号资格。但在申请和审批方面存在"歧视"现象,书号名额分配主要偏向于公有制企业,有些地方相关部门甚至只把书号分配给公有制企业,而民营企业则没有这

样的待遇，他们分不到书号，在发行图书时得依赖于公有制企业，假借他们的名称来发行。在书号分配方面，民营企业被排斥在外，这样无形中限制了市场的竞争，而且会产生书号买卖等问题。调查显示，在关于取消书号所持态度时，高达七成的被调查者持赞成态度。相比较而言，在西方发达国家，出版业生产和再生产的所有环节，都是通过专业分工和社会化生产来完成的，市场化程度非常高。比如作者方面，西方国家出版社签约作家制比较成熟，出版社可以按照本社的专业特点和出版特征，有选择地和专业作家签约，作家按出版社的要求创作出适合市场需求的产品。而我国出版社签约作家制远远不够成熟，市场化程度是极低的。

三是行政部门过度干预。长期的计划经济体制导致出版管理部门行政权力过度膨胀，政府行政主管部门紧紧抓住手中的权力不放，行政人员随意干预出版单位经营活动的现象比较普遍。调查显示：超过六成的被调查者认为所在单位在出版经营过程中受到了上级职能部门或相关部门的干预；超过五成的被调查者认为主要受到新闻出版行政主管部门干预；将近三分之一的被调查者认为单位受文化市场管理部门的影响；约有两成的被调查者认为受到税务部门的影响；超过13%的被调查者认为单位受到工商管理部门的影响；超过6%的人员认为单位受到公安部门的影响；另外还有部分调查者则认为还受到其他部门的影响。这表明行政部门对出版行业干预依然比较普遍。

二、计划经济体制转型不够、市场观念淡薄、相关市场体系尚未形成

一是市场经济体制转型不够。受长期计划经济体制的影响，出版行业在转企改制中仍然表现出比较浓厚的行政色彩。在产权制度方面仍然是以事业单位形式存在的公有制占主要地位，出版单位的转企改制过程比较缓慢，产权制度在改革过程中并没有触及，在科学化管理体制方面，很多单位仍然存在多头管理。调查结果显示，只有近四成的被调查者认为自己所在单位彻底实现了转企改制，而超过20%的认为单位有推动但不彻底。另

外约30%的被调查者认为单位还是老样子，没变化。在调查中，11%的被调查者认为在转企改制后，单位对政府职能部门的依赖性更强，60%以上的被调查者认为所在单位的主要业务主要不是靠市场调节，超过三分之一的被调查者认为单位的主要业务主要依靠政府和市场同时发挥作用。这表明行政部门对出版单位的干预依然存在，也在一定程度上束缚了出版企业的发展空间，套住他们的"脚铐"没有变，变的只是铁链的长度和"笼子"的大小。而在西方国家，除了少部分公益性出版企业受政府或其他公共组织扶持和管理外，其他营利性出版企业都很少受到政府直接干预管理。

二是市场观念淡薄。企业之所以弱小，重要的原因是没有树立起市场观念和市场竞争意识。缺乏创新、市场竞争意识等企业家精神是制约出版行业发展的重要因素。此外，行政主体的观念落后，对出版业过度干预也是制约出版企业市场化的重要原因，而且这些干预大多也是无效的。调查结果显示，近三分之一的被调查者认为上级政府主管部门对出版单位的管理制度过多过死，不够科学；约有三分之一的被调查者认为应更多地发挥市场调节的作用。

三是监管体制不够健全。在长期的计划经济中，出版单位处在行政部门的管理之下，与市场严重脱节。出版单位主要是在行政部门的计划和指令下运营，缺乏自由发挥的空间。出版单位间的交易和竞争归根到底是地区之间、政府之间的较量，这就没有必要制订市场化的出版法律法规，导致相关的出版市场的法律体系是比较欠缺。调查结果显示，三成左右的被调查者认为这些部门的干预完全没有必要或纯属瞎指挥。六成以上的被调查者对上级主管部门推动产业发展的绩效不很满意，本该由市场调控的事情，政府部门却插手管，当然造成经济无效。

三、进一步推动出版业市场化转型，完善财税扶持政策体系

一是进一步推动出版业市场化转型。继续推进转企改制和推动发展才是硬道理，通过自由竞争，优胜劣汰，实现社会资源的优化配置。因此，

在出版业转企改制中，政府放权是关键。西方诸多发达国家的出版行业的管理比较成熟，值得借鉴和学习。

二是加大政府投入，完善财税等相关配套措施。在转企改制的关键时期，推动机制转型是主要的。同时，因为出版单位由过去的计划经济体制转向市场经济体制，在财力、物力、经验丰富的经营管理人员等比较欠缺，需要政府予以扶持和支持。因此，政府应进一步制订和出台对出版行业的发展予以支持的相关政策，加大对该行业的投入，在资金予以支持，在技术予以引导，在政策予以保障。应充分利用税收政策对出版业进行宏观调控。通过对不同的出版企业、不同的出版物采取不同税率的方式，来优化出版资源配置，引导出版业向符合国家利益的方向发展，其所达到的效果是其他管理手段无法达到的。另外，要营造良好的市场环境，制订一系列的激励政策和法规，建立和完善出版基金制度，保证出版基金得到良性管理。

三是完善监管体系。当前，部分行政主体忽视法律的存在，肆意干预出版企业，扰乱出版市场秩序，阻碍市场有序运行。有些甚至滥用职权，谋取私利。为此，应该针对这些问题制订相应的法律，以进一步规范行政主体的权利和义务。同时，政府机构应确保法律的制订者和执行者分离。另一方面，出版管理应坚持以法律为准绳，做到有法可依、有法必依、执法必严、违法必究。要实现政府职能的顺利转换，也有赖于法律机制的完善。对出版业的管理需要在法律的规制下进行，同样，出版业也享受法律带来的利益。法律机制在出版业中发挥的作用主要有如下几个方面：第一，规范市场行为，建立公平公正的市场环境，健全市场体系；第二，净化出版物市场，保证出版阵地的纯洁，维护文化安全；第三，为行政执法提供准则，使执法行为有法可依。因此健全出版业市场运行的法律体系，只有完善该行业的法律网络，确保出版业有章可循，同时要按照政企分开、政事分开原则，推动政府部门由办文化向管文化转变，推动党政部门与其所属的文化企事业单位进一步理顺关系，不断强化政策调节、市场监管。转变政府职能，需要统筹"放"和"管"的关系，做到简政放权和加强监管齐推进、相协调。创新文化行政管理方式，善于综合运用法律、行政、经济、科技等多种管理手段,加快文化立法,加强行业自律,做到科学管理、依法管理、有效管理,只有这样才能为我国出版行业的快速发展提供基础保障。

本文发表于《国家软科学要报》2016年第11期;作者:王关义、吴杰羡

面临转型　迎接挑战

2004年,国家提出除人民出版社等公益性出版社保留原来的事业单位的体制外,其他所有出版社都将转型为经营型企业,中国出版业的产业化已经成为不可逆转的趋势。2005年的中国书业,转型与挑战并存。

一、在日益成熟中发展

近几年,我国出版业保持了持续发展的势头。微观上,图书出版量稳步上升。宏观上,出版体制改革取得了突破进展。伴随外资不断注入我国出版业,国内出版市场日益成熟。

(一) 产业规模不断扩大,图书出版与销售稳步增长

近几年我国的图书出版产业总体上保持了持续上升的势头。据新闻出版总署统计,1998—2003年六年间,我国图书出版品种增长了45.8%,年均增长8.1%,这是一个比较快的发展速度。图书的种数反映了出版活动的空间规模,种数越大,意味着精神生产力和编辑出版能力越高,出版市场也越宽。品种的增加大大改善了我国图书出版业的供应总量和质量,支撑着我国出版业的持续、健康发展。(如图1所示)

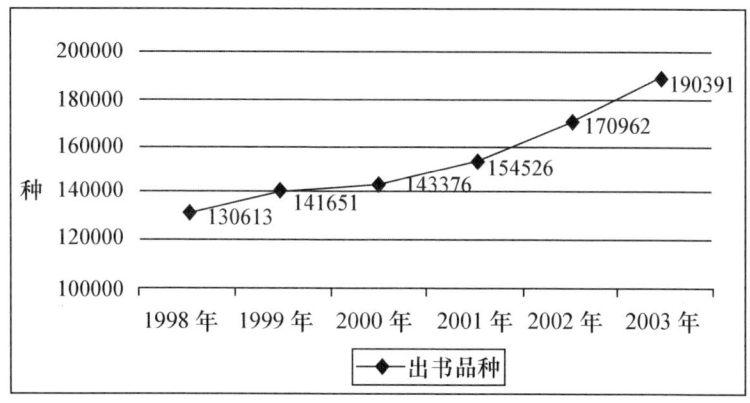

图1 近6年我国出版业图书品种增长情况

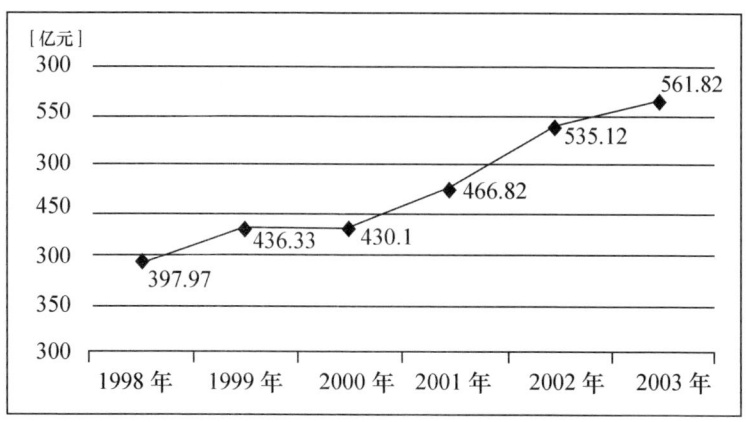

图2 近6年我国图书出版业定价总金额增长情况

从图2的数据可以看出,在过去6年中,我国出版业的定价总金额按可变价格计算,由1998年的397.97亿元增长到2003年的561.82亿元人民币,2003年定价总金额为1998年的1.436倍。按可变价格计算,年平均增长7.5%,属于平稳增长行业。

从图3中可以看出,6年来我国出版物的销售是稳步增长的,按当年价格计算,从1998年到2003年的6年中,我国图书销售额增加了38.8%,年平均增长速度为6.6%。处于平稳运行的区间。

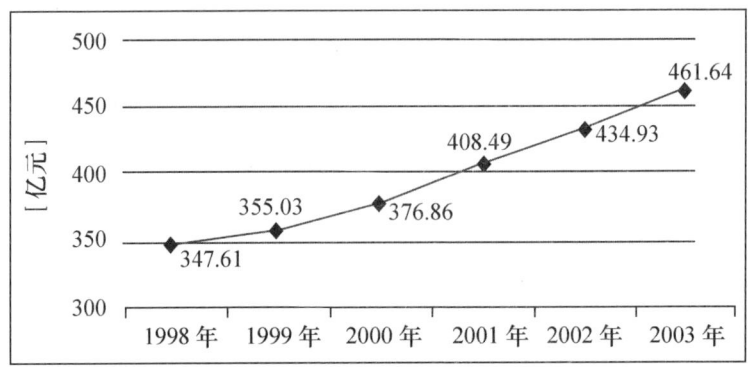

图 3　近 6 年我国图书出版

（二）书业产品结构继续呈现不平衡态势

突出表现在教材（课本）在整个图书结构中的比例长期居高不下，使得出版环节和发行环节对课本有着很强的依赖性。如图 4 与图 5 所示，课本的销售册数近年来始终保持在 50% 以上。

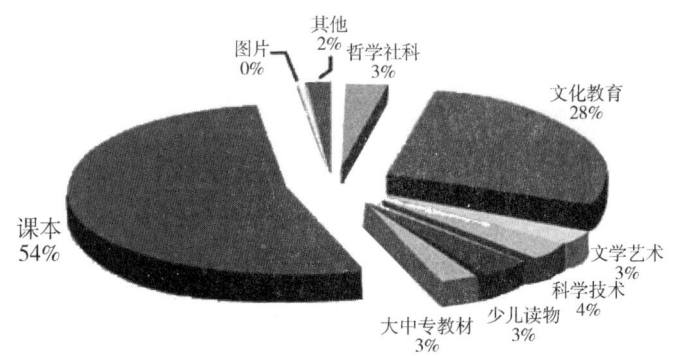

图 4　2001 年图书销售册数分类情况

从一般书籍的品种结构看，本年度图书市场格局没有非常明显的变化（见图 6），从图书订货会和大型书城的销售情况看，出版物选题的类型与人们的实际生活结合更为紧密。实用类图书中的生活健康、休闲旅游、WTO、法律、外语图书，经济类图书中的工商管理、金融，素质教育类和文学图书都是市场上最活跃的读物类别。职业培训教材成了出版物新的增长点。素质教育、财经、健康生活、名人著作和影视互动等图书成为一年中主要的畅销书品种。除了传统的大众读物外，各专业门类的图书市场也出现了被少数畅销书占领的现象。

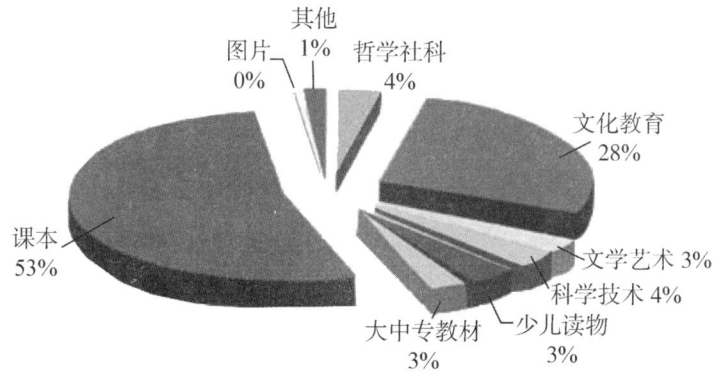

图 5　2002 年图书销售册数分类情况

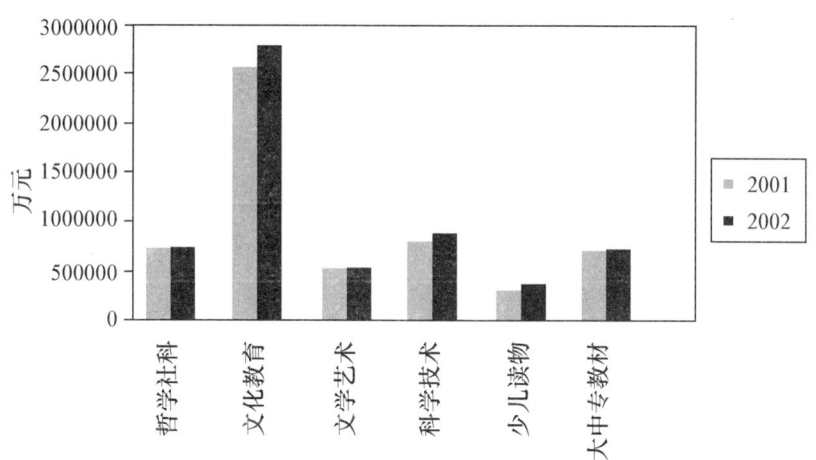

图 6　2001 年与 2002 年图书出版产品结构比较（销售额）

（三）体制改革取得突破性进展，出版集团建设取得新成就

出版业的转制，包含两个层次。第一个层次是指我们在计划经济体制下出版业的事业体制迈向市场经济的过程中，一部分事业单位要转制为企业。第二个层次是指已经转为企业体制的新闻出版单位，由单一的国有发行企业转变为股份制多元化企业体制。2004 年 4 月，国务院批准中国出版集团改制为中国出版集团公司，迈出了出版业实质性改制的第一步。在以后 5 到 7 年里，除了保留意识形态属性比较强的人民出版社等单位为事业

单位以外，其余 530 多家出版社将全部逐步按照现代企业制度的思想转制为经营型企业单位。当前出版业改制的重点已经转移到第二个层面上来。

截至 2003 年年底，全国共有出版集团 15 家，进入出版集团的出版社超过 100 家。全国文化体制改革试点工作会议确定了一批综合性文化体制改革试点地区和全国文化体制改革试点单位。其中包括出版改革试点单位 7 家，发行改革试点单位 6 家。内涵式集团发展模式成为集团建设新的热点。高等教育出版社与中山大学、吉林大学就共同筹建"高等教育出版集团"签订合作协议，拉开了优势集团跨地区并购形成大型出版集团的序幕。2004 年 11 月，上海新华发行集团有限公司继完成国有多元化改制后，上海第一大房地产集团绿地集团获得上海新华发行集团 49% 的股权，这是中国出版发行集团实施多元投资改造的又一个重大进展。

（四）外资渗透速度加快，国内出版市场日益成熟

入世之前外资就以各种变通的方式进入了我国的出版发行领域，入世后我国承诺从 2002 年 12 月 11 日起对外资开放出版零售领域，外资的渗入无论从数量还是速度上都大大提高。2004 年年底，批发业务也全面放开。

从目前来看，外资进入的主要地区还是北京、上海等核心城市及福建、广东等沿海城市。这些地区人口稠密，经济发达，是出版物购销两旺的地区。仅 2002 年就有多家合资的发行企业建立，如《人民日报》与香港繁华科技集团成立合资公司——大华媒体服务公司，投资额为 2.5 亿元人民币。三联与 TOM 的合资公司投资额也达到 5000 万人民币。在尚未开放的书报刊及音像电子出版等方面，外资也以变通的手法谋求进入，一些国外出版巨头以版权合作、广告代理、成立合资商业公司等手段，大量进入图书和期刊的出版领域。2002 年就有四家国际知名期刊被批准通过版权合作的方式进入中国市场。从总的方面来看外资的进入将进一步加速我国出版业改革的深化，新的出版体制与市场体制无疑会在巨大的外资压力下

成长、成熟。国内原有的按行政区域划分市场主体的局面也会逐渐被打破，贸易壁垒的拆除无疑会推动全国统一的出版大市场的形成。

二、面临转型

我国出版产业发展正面临转型期，改革中必然存在矛盾。现代企业制度建立的制约，集团化定位的不明确，旧市场秩序中的弊端，入世后带来的新挑战都是我们必须直面的问题。

（一）"现代企业制度"的建立

随着国家明确出版社的企业单位性质，长期存在于出版业的"事业单位，企业化管理"的体制冲突将不再存在。当前我国出版产业的症结主要表现为，出版社的内部管理体制和运行机制尚未转变到适应市场经济的现代企业制度上来，企业化管理改革进展缓慢。

目前我国已经转为企业体制的出版单位改制的方向是由单一的国有企业转为股份制多元化企业体制，建立完善规范的现代企业制度。然而由于长期体制不明确等历史原因所积留的体制性障碍严重地制约了企业化改革的进一步深入，突出表现为所有权和经营权捏合，政企不分，产权关系模糊。从理论上讲，体制改革的核心和敏感神经就是产权问题。我国的出版单位之所以没有达到设定的改革目标，其主要原因是在这一根本问题上没有触动，因而面临着改革难以推进的困境。

（二）集团的定位

当前我国出版集团建设所面临的最主要问题表现为，对出版集团尚未形成清晰统一的认识，市场和社会定位不明确。具体表现为：

1. 数量太多而结构单一，出版集团在整个出版社的比例超过出版发达国家和国内其他行业且绝大多数为国有独资企业；

2. 区域性大一统出版集团加剧了市场封锁与割据；

3. 不少集团在组建后，组织结构调整和业务重组的进展不大，仍然保持原有格局，集团优势没有形成；

4. 出版集团转制为企业后，代表国家履行出资人职责的国有资产管理部门尚未明确。

（三）市场秩序的调整

短短几年内，我国的出版市场已经完成由卖方市场向买方市场的转变。利益天平的倾向也在出版单位和发行单位之间发生了变化。利益的变化给原有的市场秩序带来了不小的冲击，作为买方代表的书店无疑是这一变化的获益者。

旧的市场秩序被打乱，新的秩序却还没有建立起来，这一混乱局面主要体现在三个方面。

首先是折扣，折扣的确定看似掌握在出版单位手中，其实渠道的影响力更大。图书品种不断增加，出版单位间的竞争加剧，出版物的销售周期缩短，在许多书店里往往摆了十天的新书就要下架，于是许多出版单位在折扣问题上是一打再打。

其次，书店退货没商量，出版业中没有任何对退货体制的规定，压力全都转移到出版单位身上，下架的新书要退，几年前的旧书要退，出版单位只能照单全收。

再次，回款周期越来越长，半年还属正常，一年或一年以上的也屡见不鲜，渠道占用出版环节资金已是不争的事实。折扣低，出版单位不得不提高出版物定价，退货多使库存增加，回款难则资金的流转周期延长，这一系列问题很容易使出版单位资金断流，买卖书号频繁，造成恶性循环。

（四）WTO承诺的兑现

外资的进入给我国出版业带来机遇也带来诸多挑战，与发达国家出版业相比，我们的出版业毕竟还处于劣势。

从整体实力上来看，2000年美国图书销售收入253亿美元，约占世界图书销售总量800亿美元的32%，而我国只有近50亿美元，占6.3%。

从单个企业的实力上来看，国外许多大型传媒集团已进入全球500强，而我国尚未形成一个具有国际竞争力的出版企业。以贝塔斯曼为例，其配送中心有7000万册图书的代理、仓储、分类能力，整个工作流程都实现了自动化与机械化。其数据处理中心，装有1000台电脑，每天处理来自全球的1500亿条信息。与之相比，国内出版企业信息技术应用滞后，有的甚至还处于手工操作阶段。从整个市场环境上看，国内的出版发行企业竞争主体缺乏活力，大部分出版发行单位尚未建立起现代企业制度，整个市场秩序也尚未规范。这样不规范的市场制度与市场主体在与国外成熟企业的竞争中必然处于劣势。

从出版立法上来看，近年来我国虽然在出版立法方面做了不少工作，但尚未形成完整的出版法规体系，在执法方面也存在不力现象。

从出版人才上看，加入WTO后国际出版人才化、国内出版国际化、出版人才本土化，需要大量精通国际出版规则的出版人才，而这类人才在国内还是稀缺资源，在以人才为市场竞争核心的背景下，给国内的出版业又提出了挑战。

从比较中我们不难看出中国的出版业还处在一个经济实力小、出版资源布局分散、出版效益低、现代化水平差、法制不健全、人才稀缺的阶段。在国际竞争中这些落后的弊端将会逐渐显露。

三、迎接挑战

面对出版业中存在的诸多问题，采取积极的对策是当务之急。深化出版单位内部体制改革，推进出版集团机制体制创新，规范市场秩序，加快产业化进程无疑是解决问题的途径。

（一）按照现代企业制度的要求深化出版体制改革

1. 明晰产权，完善法人治理结构。产权制度改革应该遵循以下三个环节：其一，要求确定为经营性的出版单位的主管单位对出版社的投资以及出版社组建以来企业所属的经营性资产进行准确的资产评估，其二，明确产权份额及归属，使所有者依据自己的资产份额决定经营目标以及索取回报。这样就确立了资产所有者对企业的职责以及权利。其三，按照公司法和企业法，根据出资单位和股东的性质确定企业是采取国有独资还是股份制的公司结构。

2. 规范国家管理职能，政企分开。首先，强化国家的宏观管理职能，弱化国家微观管理功能。因此，应当对政府公共权力的领域做出明确的界定，在保证国家对出版方向和政治导向的监控权力的同时不干预出版企业的具体经营。其次，要确立出版业国有资产管理体制，以政资分离带动政企分开，建立出版业国有资产中央和地方分级所有资产管理体系，成立出版业国有资产授权经营机构，负责出版业国有资产的运营，促进国有资产的增值。

3. 规范企业内部的经营管理制度，树立现代管理理念。首先，要实现企业管理科学化，出版企业首先要有具有现代化管理知识和意识的新型企业家和观念新、素质高的职工队伍。其次，出版企业要根据行业特点建立优胜劣汰、自负盈亏等约束与激励机制，根据工作效率、劳动性质、岗位职务等建立合理的分配制度。再次，加强内部民主监督制度。由于目前的出版单位的法人代表多是由上级行政部门指派，法人代表的权力下级无力监督。这不利于民主管理。为此，有必要建立类似企业的"监事会"制度，使每个人、每个机构都处在一个制约与被制约、监督与被监督的环节上，加强民主管理和监督制度力度。

（二）推进出版集团的机制与体制创新

1. 出版集团股权多元化。改变国有独资的单一局面，推进国有控股出版集团的改革与试点，进行投融资制度创新，面向国内外引入战略投资者，甚至可以让个别集团通过股份上市，成为公众公司。

2. 出版集团类型多元化。限制按行政区域组建的编印发一体化出版集团的发展，鼓励建立跨地区、跨部门的出版集团，鼓励按照专业等组建跨地区专业性出版集团。尤其应该倡导和促进一些实力强劲的知名出版社通过内部扩张和自身裂变的形式走内涵式集团化发展道路，把外延扩张和内涵发展结合起来。

3. 争取国有资产授权经营，完善法人治理结构。积极探索有效的出版业国有资产经营体制和方式，实行所有权和经营权的分离，实现国有资产的保值增值。获得授权经营的出版集团，其代表国家履行出资人的机关应当尽快由上级新闻出版局转变为国有资产管理机构。从经营方面来说，出版集团应当成为这部分国有资产的经营者，承担着国有资产保值增值的责任。

4. 提高出版集团的核心竞争力，避免盲目扩张。出版集团组建完成以后，在相当长一段时间内应当把提高集团的核心竞争力作为集团内部业务重组的重要目标，准确定位自身的核心竞争力，实施战略管理打造核心品牌，要立足于把集团做优做强，避免盲目扩张和过度多元化。

（三）建立规范的市场秩序

市场秩序的混乱已成为阻碍出版业发展的头等难题。要建立新的市场秩序，理顺出版单位与渠道之间的关系应从折扣、退货、回款等几方面入手，建立有效的机制对这几方面问题加以约束。

首先，由出版行政部门或行业协会确立大体的折扣区间，避免过低的压价，逐步建立起成熟的出版物价格体系，平衡出版部门与渠道之间的利益。

其次，制订公平合理的退货体制，明确地规定退货时间、品种、数量，对退货中的折损、成本问题也加以规范，从而形成一个健康的退货机制。

再次，由供销双方共同协商结款的时间，严禁各种挪用货款的行为，让资金在出版单位与发行单位间流通顺畅。

此外，按行政区域划分市场主体的机制也应得到彻底的改革，只有这样才能根治条块分割、地区封锁、重复设置等问题，为市场秩序的建立提供良好的外部环境。当然，新的市场秩序的建立并不能一蹴而就，它是一个动态的过程，需要我们在实际工作中不断的调整体制，建立新法则。

（四）应对 WTO 挑战

国外出版资源的介入给国内出版业的发展提出了许多新的课题，在国际竞争中明显处于劣势的中国出版业，其生存与发展的必由之路就是改革。

竞争的主体是企业，所以建立有竞争力的出版企业是改革的重中之重，落实到国内的具体情况就是要加快出版产业重组，提高资本运作水平，推动集团化建设。打破原有的行政区域划分、专业划分，逐步培育一些实行现代企业制度、产业化运营、积聚大量人才、具备国际竞争能力的出版集团。

应对WTO要调整出版结构，促进出版产业化优化升级。调整出版产业结构，提高中国出版业经营多媒体出版物的能力，实现对出版资源的有效开发，形成新型的出版物市场竞争主体，是促进出版产业优化升级的必然要求。要以建立现代企业制度为目标，对出版单位进行改革，建立起高效运营的市场机制。

应对WTO要建立中国出版发行业的安全融资渠道。出版业吸纳出版业外国有资金、民营资金和境外资金，是一项政治性和政策性都很强的改革措施，要依据国家有关规定确定出版融资的安全有效。

应对WTO要加快出版人才队伍的建设。加入WTO后的竞争是资源和人才的竞争，要培养精通世贸规则的出版人才，提高出版发行企业市场开拓能力和核心竞争能力。

应对WTO要"走出去"，要选择管理规范、技术先进的国际知名出版媒体集团进行合作，使我国的出版业更多更快的走向世界。要支持具备条件的出版企业到境外办报、办刊、办社。

本文发表于《出版经济》2005年第3期；作者：王关义、于文、胡延斌

转型环境下出版资源的重构与管理*

出版业数字化转型过程中，出版资源结构与内涵发生深刻变化。转型期出版资源的开发、利用和维护面临诸多困境。出版业需要适应和把握数字化转型，破解信息资源、技术资源、人才资源和资金管理困局，实现产业健康发展。

一、数字转型环境中出版资源的重构

出版资源是指出版产品形成过程中必须加以开发利用的多种要素集成。相较于传统出版业，数字化转型期的出版资源结构更为复杂，内涵也更为丰富。数字化转型环境下的信息、技术、人才、资金共同构成转型期出版业资源平台，取代了传统出版业以行业人才、选题信息、纸张材料为核心的资源建构，其间，技术与资金等资源要素在出版业数字化转型中的价值得到前所未有的凸显，而纸张等物质资源要素在产业发展中的影响越来越有限。各资源要素的消长与重构是数字化转型中出版业发展的必然结果。

---

* 本文得到王关义教授承担的国家软科学研究计划重大项目"中国出版业转型与升级战略研究"（项目编号：2013GXS2B013）和北京市长城学者专项资助。

（一）信息资源

传统出版业以生产纸质出版物为主，生产流程连贯、独立，业态相对单一，出版业对于信息资源的需求主要集中在与图书选题相关的社会发展信息和创作成果、与出版单位和出版物品牌附加值、文化市场需求信息。传统出版业的信息资源主要为出版物内容服务，价值单一。

出版业进入数字化转型后，信息资源的供给发生深刻变化。首先，随着媒体形态的创新，由此带来的可服务于出版物内容的信息资源在深度和广度上均得到拓展。当博客、微博内容逐一成为可出售的信息商品时，出版人看到大片来自新媒体的信息蓝海。其次，大数据时代海量内容资源需要整合利用，不断创新的信息整合方式为人们提供了前所未有的信息利用体验。例如全文数据库的便捷和全面，是超越传统出版信息资源的整合想象的。再次，数字出版平台的组建为出版物产品提供更多的传播路径，开辟崭新的阅读市场。值得注意的是，新平台下阅读需求的出现很可能并非由传统理解中内容的巨大魅力造就，而仅仅因为平台本身的吸引力。失去移动互联网络的平台支持，大量动辄数百万字的玄幻、穿越、言情小说阅读未必会成为许多人在地铁、车站打发时间的首选。数字出版平台对于信息的广泛传播很好地诠释了"媒介即讯息"。

（二）技术资源

传统出版业的技术发展对于产业的推动在于，通过技术革新节约人力、物力等各项成本，从而提高生产效率，缩短产品从投入生产到实现效益的周期。2011年10月24日，中信出版社中文版《史蒂夫·乔布斯传》全球同步发售，这部提前出版、作者增加内容的图书，从接稿、翻译到下印、上市在50天内完成，其营销宣传号称"突破出版周期极限"。无疑，正是现代化的翻译、编排、印刷、物流等技术创造了一个又一个出版周期被缩短的纪录，使图书能够在读者最需要阅读的时刻恰到好处地出现在人们的视线中。

而数字化转型中的出版业，技术资源的有效利用所带来的效益远不止出版周期的缩短。如果说，传统出版业中的技术力量引发出版活动时间的量变，那么数字出版中科学技术的运用带来的是行业的革命和业态的质变。当承载出版物产品内容等信息的编码数字流被转换成电流、光电或电磁波信号，通过网络传播到各类阅读终端时，传统出版业赖以生存的纸张生产企业、物流企业甚至实体零售企业对于出版业的意义就变得无足轻重。与此同时，更畅通的传播网络、更优质的图文音像呈现效果、更快捷的信息转换路径成为出版业竞争重要的决胜因素。

（三）人才资源

传统出版活动是一个既开放又相对封闭的生产行为。尽管出版活动涵盖自然、社会、人文学科的方方面面，体现人类社会全面的发展与进步，其高度专业化还是决定了每一部出版物的生产过程涉及的人员、物质资料部门都相对有限。因此，传统出版业对人才资源的开发与利用，更强调人才专业的多样和结构的合理，并且参与出版活动的人员有着明确的行业界限。传统出版业人才资源包括出版、复制、发行单位从业者在内的本行业从业人员、出版单位认可的专业作者和业余作者以及作为特约编辑的来自出版业外的行业专家。

数字出版鲜明的技术特征和完全开放的传播过程促使出版人才资源的开发利用有所突破。首先，就从事传统编、印、发工作的出版行业内人才而言，数字出版将传统的复制和发行环节合二为一，这就使得出版业对于相关领域人才数量需求减少，同时要求人才具备更高的素质。其次，就作者而言，开放的传播过程使得出版活动不再神秘，创作也不再是个别专业作家、学者或者少数业余作者等知识精英们的专利。只要找到适合的平台入口，人人都可以将自己的作品公开传播并可能得到广泛关注。近年来不断涌现的"网络写手""草根作家"已经在这方面做出很好的榜样。最后，出版的数字化转型使包括计算机软硬件技术开发、维护人员和网络技术人员在内的科技人才成为名副其实的出版人。数字出版的转型基于数字技术的发展，不论是出版平台的建设还是阅读终端的开发，离不开专业技术人才的创造性劳动，出版业的数字化发展有赖于专业技术人才支持。

（四）资金

不论传统出版业还是数字出版产业，对于资金的需求同样迫切。传统出版业其资金来源、流向管理在长期的实践中形成成熟的模式，而数字出版资金的募集和流向管理尚在摸索之中。传统出版业历经计划经济和市场化改革，实践证明，依靠国家财政拨款的资金筹措方式和计划指令的流向管理最终限制出版企业做大做强。目前，我国传统出版业的积累无法支撑起数字出版的巨大资金需求量，在数字化转型过程中，传统出版企业依然需要国家支持。与此同时，由于看到数字出版丰厚的利润回报，来自电商、电信运营商、数字技术提供商的资金正源源不断流入出版领域。此外，正在努力实现产业转型升级的传统出版业也在通过改企转制、成立出版集团和企业上市等积极寻求资金的市场解决之道。

二、数字出版资源开发、利用困局

出版业向数字化转型的过程中，出版资源的变化是数字出版这一新事物出现所带来的联动反应。在数字出版这一崭新领域，出版资源的开发、利用和维护面对的不单是无限可能的机遇，也有无法回避的挑战。

（一）信息资源的安全维护受到前所未有的挑战

信息安全问题主要表现在数字化信息版权得不到完善保护。这与数字出版开放的传播环境和版权的保护技术与保护机制不健全有直接关系。数字出版是计算机和互联网技术发展到现阶段的产物，网络所具有的开放性使得包括出版在内的一切传播活动如鱼得水，充满自由想象。但是抛去我国民众相对薄弱的版权保护意识不说，就传播技术而言，数字信息的防伪、加密技术尚不完善，信息资源的安全无法得到保证。于是，信息资源的滥用随处可见，数字版权纠纷层出不穷。对此，现有法律保障体系缺乏准备。事实上，面对基于不断更新的技术所引发的可能出现的数字出版侵权行为，法律很难做到未雨绸缪。诸多因素威胁数字出版信息资源的安全，造成信息资源管理困境。

（二）技术资源的开发、利用没有与内容形成良性结合，造成技术与内容的双重浪费

尽管技术的发展最为深刻地改变了出版业，最终导致其向数字化转型，但出版业毕竟是内容产业，缺乏优质内容的传播难以拥有持久的生命力。目前我国数字出版的成果多为极具流行气质的快餐式文化产品，出版业大量优质内容仍然保留在传统出版领域，没有转化为数字资源。出版业再现"劣币驱逐良币"。与此同时，技术平台充斥粗糙内容，阅读终端产品的研发流于简单重复、模仿并缺乏便捷有效的内容更新。技术与优质内容分别在寻找和等待，却始终找不到良性结合的默契，具有卓越性能的技术资源"恨英雄无用武之地"，优质内容苦于"怀才不遇"。

（三）现有人才资源难以满足数字化转型期出版业对于复合人才的需求

数字化转型对出版人才资源进行重组，对出版行业原有从业人员的素质提出更高要求，同时将相关计算机软硬件开发、维护人才和互联网技术人才吸纳入出版业。数字出版要求技术与内容的完美结合，这需要从事内容整合工作的人员学习和掌握一定的数字出版技术、从事技术研发工作的人员熟悉和了解一定的内容整合规律。而我国长期以来形成的高等教育文、法、理、工等学科分类明确，使得同时掌握出版专业知识与数字出版技术以及出版法律法规的高层次复合型人才少之又少。作为一种新兴出版业态，数字出版所面临的人才数量奇缺、人才素质欠佳、人才专业不对口的问题既无法避免又亟待解决。

（四）数字出版资金流向有违出版行业资源配置规律，市场回报无法实现稳定多赢

目前，数字出版资金的获取或来自国家财政拨款，或来自出版行业内和行业外相关企业的利润或融资。就出版行业资源配置规律而言，资金应当流向创意人才聚集、出版品牌价值凸显、资本运营平稳的地方，但是，资金投放主体的多元化与复杂性决定了资金的流转背负差异化的考量和诉求。在瞬息万变的市场环境下，人们来不及仔细思考和设计完善的数字出版运营模式，资本的投放与流向凭借逐利本能而非对于行业市场的深入了解。对出版行业和内容价值缺乏认识，但是掌握技术优势的网络技术服务提供商率先尝试数字出版资本运营，其效果并不尽如人意。其中最大的问题在于现有不够成熟的数字出版运营模式无法科学、合理地兼顾各方利益、形成多赢局面。

三、关于困局突围的思考

总而言之，出版业向数字化转型本身是一个极为复杂且充满未知的过程。出版资源的重构既是数字出版新业态出现的必然结果，也是推动数字出版产业发展的必然要求。目前我国出版业正在积极加快产业结构形成和调整的步伐，归根结底就是出版资源的配置问题：出版资源的初始配置形成产业结构，出版资源的再配置调整产业结构。由是，出版资源的开发、利用和维护关系到出版产业未来的发展方向，如何帮助出版资源管理走出困境是实现出版产业转型升级亟待解决的问题。

（一）信息资源的安全需要系统维护

首先，信息资源安全的维护离不开法律保障。一方面，目前我国已经制定和参与的直接涉及版权保护的法律、法规、国际公约有十余种，信息资源安全的维护需要包括编辑和技术人员在内的出版业从业人员熟悉并严格遵守相关法规；另一方面，制定新法、司法解释等立法活动需要伴随数字出版实践及时开展，并且通过交流合作与国际保持同步。其次，需要将版权保护效果作为出版运营模式设计的重要考虑和评价因素，从出版流程上防范和预警信息安全风险。再次，提高技术保护的力度，研发更加安全有效的信息防伪、加密技术，从技术层面减少侵权的可能性。最后，出版行业自律也是数字化转型期保障信息安全的重要方面。出版行业需要减少各自为政的短视行为，将包括作者在内的出版过程全体参与者的共同利益作为行业的追求，共同保障信息资源安全。

（二）技术创新与利用的目的需要回归出版活动本身

之所以在出版向数字化转型的过程中会出现内容与平台之争，是因为以数字技术为基础搭建的各类平台过于强调和炫耀技术自身的卓越性能和各种可能。出版活动本质上是将人类文明发展的成果普及、公开的文化活动，技术的创新和利用丰富了精神文化成果展现的形式。质胜文则野，文胜质则史。回顾我国出版业发展的艰难历程，内容与形式的矛盾一直存在。20世纪80年代初期，为满足人们对于知识信息的渴求，大量图书突击出版，其中不乏粗制滥造并涉嫌侵权之作；而当前各种数字出版技术平台纷纷搭建、各类品牌阅读终端不断进入市场的热闹场景，更是一场技术与商业联手的市场角力和狂欢，当读者转变为用户，阅读所展示的就不再是能够触及灵魂的人类智慧，而是充满新鲜和刺激的感观体验。面对数字技术革命带来的机遇，出版业不能视而不见，同时也需要防止在技术创新与利用的道路上脱离出版业自身的需要和目的。面对目前数字技术与优质出版内容无法良性互动的困境，出版业需要通过政策的制定、运营模式的设计等途径鼓励传统出版企业积极参与数字出版转型，凭借自身成果积累和经验，充分发掘和利用新技术对于出版活动的适用性，让优质内容在多种媒介平台全方位、立体式展示，形成内容与技术良性互动的发展新格局。

（三）需要探索数字出版人才培养路径

数字出版是典型的知识密集型产业，人才资源为其提供发展的动力和创意的源泉。十年树木，百年树人。人才的培养需要时间的积累和路径的设计。我国出版业人才培养在出版人才专业教育和职业培训领域都积累了大量经验，同时也伴随许多问题。数字出版人才培养的核心目标在于人才的复合性与适用性。就出版专业教育而言，高校和研究机构需要重新调整现有教学方案和目标，根据实际需要培养既懂得出版专业知识又熟悉数字出版技术，既掌握编辑技能又通晓信息传播的复合型人才；就出版职业培训而言，除了继续完善出版从业人员职业资格准入制度、出版从业人员继续教育制度下的各类培训活动，还可以充分利用国民教育资源，对数字出版从业人员知识结构、技术能力进行全面、及时的更新。

（四）转型期资金投放需要适度的宏观调控

充分利用市场调节出版资金投放、流转，合理分配利润，是我国宏观经济发展的要求，也是出版业最终形成和调整产业结构、保障产业健康发展的需要。但是当前正处于新旧业态交接发展的转型时期，在数字出版人员配置、信息共享、盈利模式等诸多方面均存在不确定甚至混乱的状况下，对资金投放进行适度的宏观调控干预，有助于当下出版业资金的有效利用。目前，以传统出版业为基础的内容服务不能够完全消化技术发展带来的各种可能，资金的投放需要着力解决与此相关的人员和技术困难。个别条件欠成熟的数字出版平台建设以及创新价值不足的阅读终端等硬件技术的资金投入，未必能够起到繁荣数字出版市场的效果，反而可能造成资源的浪费，应当及时予以制止。

参考文献

[1] 贺永祥：《出版资源流动规律与出版集团战略选择》，载《出版发行研究》，2010年第10期。

[2] 周蔚华：《通过加快改革解决我国数字出版转型中的制约因素》，载《出版发行研究》，2010年第12期。

[3] 蒋宏：《传统出版向数字出版转型的现实困惑与发展方向》，载《现代出版》，2011年第2期。

[4] 毛娟：《出版产业与出版资源配置》，载《出版经济》，2002年第12期。

本文发表于《现代出版》2013年第6期；作者：王关义、芦世玲

我国出版业市场化转型分析与思考*

与社会主义市场经济体制改革的趋向相一致，作为文化产业重要组成部分的我国出版业也经历着由传统的计划体制向适应社会主义市场经济体制要求的市场化转型。本文立足我国出版业转型与变革的实际，分析了我国出版业市场化转型的现状，从规范现代企业制度、完善出版企业准入准出机制、加强政府宏观调控等方面提出了加快和完善出版业转型的对策与建议。

出版业作为我国文化产业的核心组成的一部分，在国家大力发展文化产业的今天尤其具有突出作用。改革开放30余年来，我国出版业市场化程度不断加深，但仍有不成熟之处。基于这种现实，分析目前我国出版业市场化转型的进程，为进一步加快出版业转型提供思路是本文的主要目的。

一、出版业市场化改革符合我国社会主义宏观经济走向

我国出版业的市场化转型，是出版业由计划经济体制下国家权力主导的封闭或半封闭的行业格局，朝着与市场经济接轨、依靠市场机制调节、开放的行业格局转型，是顺应我国社会主义宏观经济改革走向的深层次变革。

---

* 本文为国家软科学基金重大项目"中国出版业转型与升级战略研究"（2013GXS2B013）以及北京市长城学者项目的研究成果。

(一) 出版业市场化是社会主义市场经济体制构建的必然要求

经济基础决定上层建筑，上层建筑的改革与建构需以一定的经济发展为基础，市场机制一旦确定，就以其自身的逻辑推动着社会结构的转型，其社会后果不仅体现在经济领域，也促使着文化领域的转型。我国的出版业市场化改革就是顺应我国建立社会主义市场经济而进行的。1978年12月召开的中共十一届三中全会，不仅使我国的经济体制改革逐步展开，与此同时也拉开了我国出版业改革的序幕。2003年党的十六届三中全会通过《完善社会主义市场经济体制若干问题的决定》，提出了文化体制改革的总目标，并分别提出了文化事业和文化产业的改革方向和目标。2011年，党的十七届六中全会通过了《中共中央关于深化文化体制改革推动社会主义文化大发展大繁荣若干重大问题的决定》。中国出版业自1978年以来，其市场化改革归根结底是一个制度重构的过程，是从计划经济体制下的出版业逐步转型为适应社会主义市场经济体制要求的出版业的过程。原新闻出版总署署长柳斌杰在《改革开放30年来给新闻出版业带来什么？》一文中也曾指出："30年来，中国出版传媒业的改革是整个中国改革开放的一部分，是与经济体制改革大潮统一、协调发展的。"因此出版业市场化是我国社会主义市场经济的必然要求。

(二) 出版业市场化是大力发展文化产业的内在要求

近年来国家对于深化文化体制改革、大力发展文化产业的重视程度前所未有。2012年，党的十八大报告中明确提出要深化文化体制改革，解放和发展文化生产力，将文化产业发展成为国民经济支柱性产业。文化产业在我国国民经济中所占比重正逐步提升，其对于社会经济发展的拉动作用也逐渐增强，在国民经济结构中已上升至前所未有的战略位置。而出版产业是整个文化产业的核心组成部分，其发展对于文化产业具有不可忽视的推动作用。对于做大做强出版业来说，产业化是出版业实现发展的最重要途径，而市场化是产业发展的根本保证，只有不断深化出版业市场化，才能实现优胜劣汰的市场竞争机制，促使出版资源实现最佳配置，提高资源效率，同时也将促使更多元、更庞大的社会资本进入出版产业，从整体上增强我国出版业的实力，进而大力推动整个文化产业的发展，因此出版业市场化是我国大力发展文化产业的内在要求。

二、我国出版业市场化转型特征分析

经过30余年的改革，我国出版业的市场化程度不断加深，出版业各个环节都已发生了市场化取向的实质性转变。现如今传统出版事业一统天下的局面被打破，以市场机制来调控出版业的格局已初步形成。但与此同时，出版业的市场化转型也存在一些不完善之处。

（一）我国已全面完成国有出版单位转企改制任务

出版业市场化改革的第一步就是出版单位由事业单位转制为企业单位。截至2012年10月，全国承担改革任务的580多家出版社、3000多家新华书店、38家党报党刊发行单位等已全部完成转企改制，全国3388种应转企改制的非时政类报刊已有3271种完成改革任务，占总数的96.5%（见表1），全国共注销经营性文化事业单位法人6900多家、核销事业编制29万多个，由此可见我国出版业已全面完成国有出版单位的转企改制任务。

表1 截至2012年我国出版机构完成转企改制比例情况

出版机构类型	完成转企改制比例(%)
出版社	100
新华书店	100
党报党刊发行单位	100
非时政类报刊	96.5

出版单位转企改制后方能寻求更大发展，走上产业化、集团化的发展道路，实现转型升级，对推动我国出版产业不断做大做强十分有利。目前，我国对于出版业的第二步改革正在启动，即在转企改制的基础上，

建立世界知名的大型出版传媒企业集团，完善现代企业制度。近期我国跨地域、跨行业的出版业兼并重组，都是以企业作为主体，充分运用市场化的运作方式进行资源重新整合。目前，我国已有出版集团34家，其中上市公司10家，出版业的整体实力得到进一步壮大。例如成立于2001年的凤凰出版传媒集团，是由江苏人民出版社、江苏科学技术出版社、江苏教育出版社、江苏少年儿童出版社、江苏美术出版社、凤凰出版社、江苏文艺出版社、译林出版社、江苏电子音像出版社等9家专业出版社组成的强势出版群体，其注册资本为7.2亿元，到2012年总资产已达132亿元，成为中国出版企业中第一个资产总额、销售收入双超百亿元的大型文化产业集团，在文化影响、市场竞争和内容创新方面取得了一系列重大突破，各项指标列同行业之首，成为我国出版业做大做强的典范。

（二）书号资源控制方式由定量发放转变为实名申领

书号即图书的一种编码代号，是我国出版社正式出版图书的统一号码。对书号的控制实际上体现的是国家对于出版内容领域特别是编辑业务领域的把控程度。我国自1994年开始实施书号总量调控政策，其虽在图书出版业发展中产生过一定的积极作用，但随着出版业的进一步发展，书号的限制与出版需求之间矛盾日益显现。

近年来，我国对于书号的控制采取了适当调整。2008年7月15日，北京、上海、重庆、湖北以及中央部委管理的56家出版社作为第一批试点单位，实行网上书号实名申领。2009年书号实名申领在全国全面推行，其具体做法是原新闻出版总署负责核定年度书号总量，各出版单位的主管部门在核定的书号总量内，负责各自辖区书号实名申领和发放工作，出版单位完成书稿三审后在网上领取书号，实现书号与具体图书的一一对应，严格做到见稿给号，"一书一号"。书号实名申领很大范围上放开了书号，打破了过去定量给号的限制，在一定程度上起到了抑制书号买卖、统一内容管理的作用。

(三) 出版业市场化程度加深

我国于 2003 年开始实行出版发行业向民营资本开放的政策。图 1 展示了我国国有发行机构数和新华书店系统外的批发网点数的变化情况。

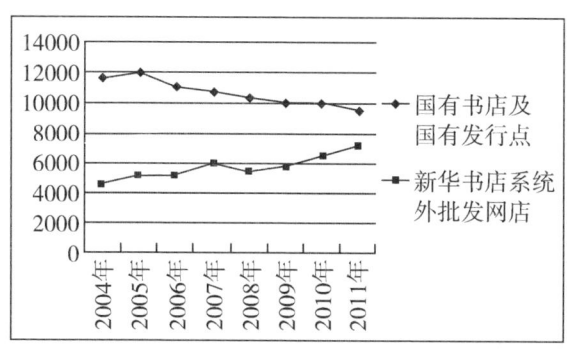

图 1　2004—2011 年我国国有发行点和新华书店系统外批发网点的数量变化

由数据可见，我国的国有书店及国有发行点逐年减少，而新华书店系统外的批发网点则呈现逐年增长趋势，由此看出我国出版发行业在对民资开放的政策下市场化程度逐步提高。但数据也反映出其变化幅度依然相对较小，与其他一般商品服务领域的变化幅度相比较而言仍存在很大差距。对于其他商品服务领域来说，在其市场化进程中国有企业数量及市场份额大都急剧缩减，同时非公企业则成为经济的主体。如此看来我国出版发行业的市场化程度仍有较大的发展空间。

(四) 准入及退出机制仍缺乏

对于行业市场来说，企业的准入及退出机制在一定程度上反映了市场的自由度及企业间的竞争程度。图 2 显示了近几年我国出版社数量的变化情况。

数据显示我国的出版社虽整体上呈增长趋势，但出版社总量在增长的速度上却过于缓慢，并且在此期间几乎没有出版社的退出，由此反映出我国出版业较为严格的准入及准出政策。市场机制的调节来源于企业在利益杠杆的推动作用下实现的优胜劣汰，缓慢的行业循环速度在一定程度上体

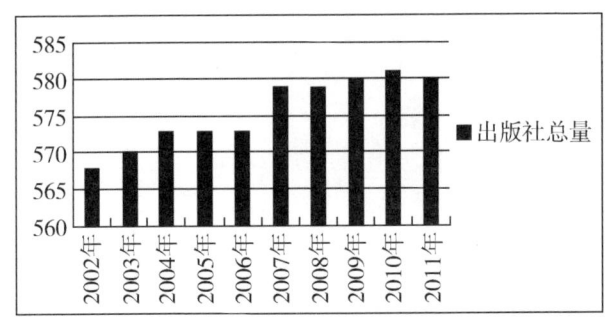

图 2 2002—2011 年我国出版社数量变化情况

现出整个出版业所进行的竞争并不充分。此外严格的出版社准入政策也造成了我国出版社总量上与发达国家存在相当大的差距，2000 年版《日本书籍总目录》显示日本当时的出版社的数量就已达到 7087 家，而美国 2012 年则有出版公司 9000 多家。

三、加快我国出版业市场化进程的思路

就我国出版社的市场主体来看，我国出版业刚经历了全面改制的重要阶段，逐渐步入"后改制时代"。虽然数据显示大部分出版社已完成转企改制，但如果说体制改革已经大功告成，恐为时尚早。总体而言，要加快我国出版业市场化进程，可以从以下几方面发力。

（一）出版单位应规范现代企业制度

目前来看，鉴于观念的固化，很多出版社的企业性质并不明确，仍有主办单位和主管单位存在，缺乏真正的自主性，并未实现真正意义上的自主经营和发展。近几年出版行业既在市场化同时又在"集团化"，有一部分却是在将上级部门的干部派进出版集团，相当于在出版社之上又建立了一个行政管理单元。行业的领导者不是拥有市场运作能力的管理人才而是政治人才，其虽拥有政治能力，但毕竟管理和专业性都非常有限，这样的改制效果可想而知。此外，相当一部分出版企业在内部的管理制度上尚未真正建立公司制的法人治理结构，其主要领导仍采用上级聘任的制度，

而非单纯由其经营管理能力所决定,对于出版社的人员编制及聘任等管理方式很大一部分出版社仍沿用行政机关的做法,使得机构运转水平及效率都受到影响。

企业是市场的基础,也是产业的基础,转企改制做不到位,文化单位游离于市场之外,就不会有真正的文化产业。因此,出版企业应建立完善以公司制为核心的现代企业制度,成为产权明晰的法人实体,出版社内部更需加强观念,建立起真正的法人治理结构,实现管理人员能上能下,全体员工竞争上岗的局面,最大限度地发掘企业潜力,而非只是套上企业的空壳子。

(二) 完善出版企业的准入准出机制

上文对于出版市场准入及退出的数据显示出我国出版业市场难进难出的基本情况,这在一定程度上导致了我国出版业不能充分进行优胜劣汰的市场竞争,同时致使我国出版社数量上与发达国家相比存在相当大的差距。而这源于我国对于出版行业进入的政策壁垒仍属比较森严,出版管理机构对出版单位的设立仍实行相对严格的行政审批制度。根据《出版管理条例》,出版企业的设立必须由主办单位申请,经由省、自治区、直辖市主管部门及国家主管部门的批准,而现实中这样的批准是较为烦琐和困难的,竞争者要进入市场,面临的不只是资金技术等硬件的要求,更为艰难的是政策的限制。而对于行业的准出机制,由于国家的政策保护,我国出版业几乎未出现因经营不善而退出市场的情况。在这样的情况下,必然导致优势的资产进不来,而已缺乏竞争力的企业又无法淘汰的局面。因此,国家应适时改变出版企业的准入条件,可以主要通过法律法规来公平公正地确立出版企业市场准入条件。通过市场准入制度,设立一定的硬性条件及指标,例如规定出版企业的法人资格,设立出版从业人员的资格认证等,使满足条件的各种经济成分进入市场参与竞争。目前我国已初步建立了新闻出版业的质量评估体系及退出机制,要求从社会效益和经济效益两方面对出版社进行综合评估,根据实际运营结果实行退出,因此,应加大力度完善和落实这一举措,使出版企业在法律的约束下由市场来调节进入和退出，真正实现出版领域优胜劣汰的良性竞争状态。

（三）政府职能部门实行由微观管理转向宏观调控

目前政府对于出版业的管理不仅包括制订发展战略、法律法规，执行审批制度等宏观范围，还涉及对于每一家出版企业具体的经营活动，包括其出书范围及规模，通过书号审批的方式进行微观管理。这在一定程度上限制了出版企业自主地组织生产经营，因此，政府应转变职能，由微观管理转向宏观把控，由全权管制向市场监管的方向转变，政府不直接参与出版业的经营管理，而只是进行政策上的宏观把握，制定好出版业的整体及可持续发展战略，建立和完善开放、竞争、公平的现代出版市场体系，处理好资源配置、结构和宏观效益，完善生产要素市场，健全出版物市场法规建设及知识产权制度建设。此外，还可以配合采用市场预警及监督审查制度，以实现对于出版业结构及规模的调节。

参考文献

［1］王关义：《中国出版业发展若干问题研究》，中国财政经济出版社2012年版。

［2］吴赟：《新中国出版业变迁的政治经济学动因》，载《出版广角》，2009年第9期。

［3］何奎：《深化出版业市场化改革的两大基本路径及其影响》，载《出版广角》，2009年第9期。

［4］吴雨珊：《出版社如何加速市场化：转企改制 兼并重组》，载《中国新闻出版报》，2013年1月22日。

［5］黄旭：《市场化深入的出版业》，载《中华读书报》，2013年4月17日。

［6］张晓薇：《浅析中国出版业的不完全市场化》，载《出版科学》，2008年第4期。

［7］余湛奕、郭金超：《中国已全面完成国有经营性文化单位转企改

制》，百道网，http://www.bookdao.com/article/50480/，2012 年 10 月 26 日。

[8] 秋风：《民营出版业期待真正的市场化》，载《中国报道》，2006 年第 6 期。

[9] 李晶晶、黄先蓉：《新闻出版标准与新闻法规体系协调发展研究（二）——从中国标准书号的规制现状谈起》，载《出版科学》，2012 年第 1 期。

[10] 李文邦：《建立出版社退出机制的初步构想》，载《出版科学》，2013 年第 2 期。

本文发表于《中国出版》2014 年第 8 期；作者：王关义、顾萱

国际化背景下的中国出版业改革思路[*]

从全球范围来看,出版业日益成为一个重要的行业,作为主要信息载体的出版物不仅能够带来可观的经济效益,更重要的是可以增强民族文化的国际交流与融合,促进教育的普及,有助于提升国民素质,有力地推动社会的进步。随着中国经济地位的日益提高,我们有理由相信在整个21世纪里,它会更强劲的持续发展。而与此相适应的中国的文化市场、中国的文化产业,也应该提高到与世界同步的高度和地位,起到同样水平的作用。

一、国际化背景与中国出版业发展现状

随着世界范围内知识经济和信息时代的到来,世界经济的全球化和国际化影响着出版领域的变革,同时出版业也已经成为全球化的一个活跃因素,全球化是市场、资本、文化和信息在世界范围内的自由流动和共享,而这些,都可以通过出版业的发展来推动。近年来,许多国家的图书出版业都在发生着巨大的变化,出版作为整个传媒产业的重要产品形态,国际化发展的态势也日趋明显。而出版业在全球范围内所呈现出来的国际化、集团化、网络化和应用新技术的发展趋势,对于正在实施出版产业结构调整,逐步实现国际化的中国出版业营造了良好的发展和学习的空间。

---

[*] 本文系北京市教委人文社科规划重点项目的研究成果(项目编号:SZ200710015006)。

美国的 NGS（National Geographic Society——国家地理杂志社），德国的 Taschen，法国的 Gallimard 等，都已经较早的树立了很强的"出版国际化"战略。不少跨国的出版公司都在重组合并，以集团化战略达到出版国际化的目的。我们看到，在出版业及出版教育已得到相当发展的英国，所有出版集团公司和大型独立出版社都设有 ELT（English Language Teaching）图书出版部，许多公司还针对不同国家需要专门设立有中文、韩国语、西班牙语、葡萄牙语等十多个不同语种的销售部。一些出版公司，如培生集团（Pearson Group）、牛津大学出版社（Oxford University Press）、剑桥大学出版社（Cambridge University Press）和麦克米兰（Macmillan）等还通过收购或兼并国外出版公司的渠道打入国际图书市场。

从国外的情况来看，"出版的国际化"一般来讲是三个体现形式。第一个是商业存在，即到其他的国家去建立出版社或者是开书店；第二个是实物，就是图书的进出口；再一个就是版权。在我国，据统计显示，出版单位的利润率自 20 世纪 90 年代以来，一直排名在全国各行业利润的前五位。与其他行业相比，出版业物质产品的双重属性使其具有市场多层次性、需求质量高和全球化潜力大等特点。尤其是新世纪以来，我国出版行业的巨大潜力日益凸现，2000 年全年共出版图书 143376 种，其中新版图书 84235 种；2001 年全年共出版图书 154526 种，其中新版图书 91416 种；2002 年总计出版图书 170962 种，其中新版 100693 种，图书出版数量在世纪初的三年间增长了 19.2%。而在我国出版业走向世界的进程中，版权贸易一直是最主要的方面，也是衡量我们融入世界出版的一个指标。新闻出版署的统计资料显示，就全国范围而言，版权贸易是持续大幅度上升的。在 1990—1999 年的十年间，我国通过出版社开展的图书版权贸易数量超过 30900 种，其中引进超过 25700 种，输出超过 5100 种。从引进与输出的比例看，十年间的总体比例约为 5∶1。引进与输出的总量存在一个数量级的差别，但考虑到社会发展阶段、国家综合国力、历史文化传统等宏观微观环境，这一数字还是与当前国情相适应的。据统计资料，目前我国共有各种出版社 500 多家，2000—2002 年三年期间，图书版权贸易更加活跃，全国共引进图书 25668 种，输出图书 3270 种。

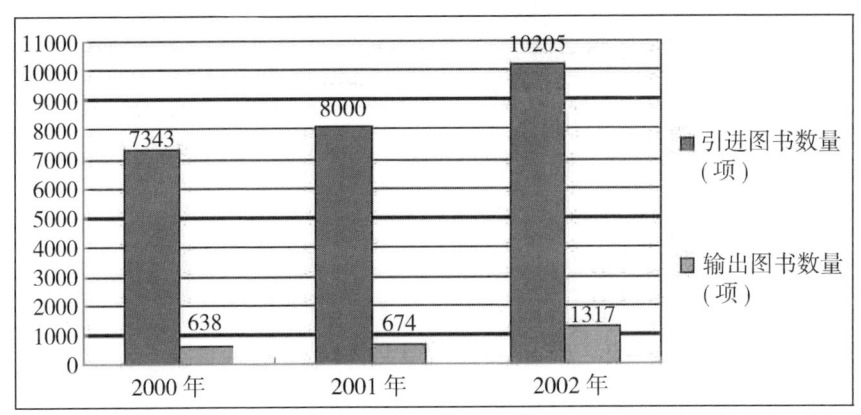

图1　2000—2002年我国图书进出口情况对比图

综观目前世界上大出版集团的发展历史，不难看出，"国际化"的意识、通盘了解国内外市场，最后以资本介入形式实现国际化是积累竞争优势的几个要点。德国贝塔斯曼集团是世界上媒体业排行第三的超级集团，其独特的运营模式开拓了无数海外市场，它在世界各地建立了分公司，在全世界拥有数百万会员，其年集团营业总额达到145亿马克。其中，在美国的营业额增长20.6%，为52亿马克，在德国本土营业额增长11.4%，为42亿马克。贝塔斯曼对中国市场实施跨国集团兼并中常用的手法"本土化战略"——以"书友会"的形式悄然叩开中国市场的大门。"谋定而后动"和"蓄势待发"是贝塔斯曼集团的最大特点，它总是在把一个战略的优点研究清楚之后，再采取行动。而在事先，它能耐心等待，采用低调的"蚕食"的方式，寻找东西方文化的切合点。它不仅向中国出口传媒产品，还与中国伙伴合作制造适合中国市场的传媒产品，并通过各种文化和公益活动提升自己的形象，这是一种经营本土化的战略。汤姆森学习公司是世界上最大的终身教育出版集团之一，在英国、加拿大、墨西哥、新加坡、澳大利亚、韩国、印度、菲律宾、日本、泰国和西班牙等国以及我国台湾、香港都有分公司。经过短短的十几年的不断并购，汤姆森学习公司拥有20多个子公司。值得一提的还有英国的DK公司，它和国外400多家出版社建立了业务关系，出版物用40多种文字在全世界发行。为开拓中国的图书市场，DK出版公司在中国北京设立了办事机构，主要加强与中国出版社进行版权贸易和合作出版。其每一个选题，都着眼于国际市场的需求，用多种文字同时出版，印数不上10万册的，一般不考虑列入选题。DK的出版国际化特点，还体现在对出版物的装帧设计上。图文独立，互不重叠，全部应用白色底色，是其图文书针对便于印制不同文字而设计出的特点。麦格劳希尔的成功国际扩张和发展则是经过一百余年的努力才取得的，针对国际市场的开发和运作，可谓运筹帷幄。在50年代之前其主要任务是着眼于美国的市场，50年代末，开始在全世界各地推销美国的产品，特别是注重加拿大、英国及澳大利亚市场的需求。其后，他们进入非英语的国家，主要是通过翻译自己的一些作品开始，逐步渗透至一些境外出版机构的出版作品和出版计划。

二、中国出版业国际化改革思路

相对而言，我国的"出版国际化"之路还刚刚起步，无论是思路还是方法都显得单一和局限，尽管加入WTO后的竞争规则促使我们逐步放开国内市场，同时也不得不放眼看世界，许多出版企业尚未真正意识到国际化趋势的暗潮汹涌。民族出版业要想在今后残酷的国际竞争中立于不败之地，就必须用国际化的眼光、国际化的管理、国际化的质量来要求自己，采取应对措施，开阔视野，明确形势及发展方向。当然，我们也充分地认识到，要完成中国出版业这样一个从完全政府计划控制到由市场调控、合理资源配置的自然情态而从容走向世界绝不可能一蹴而就的实情，在国际化的过程中不可避免会遇到这样那样的困难。中国出版业需要在出版理念国际化、出版机制国际化、出版物国际化和出版市场和渠道国际化几方面提升和发展，以应对迫在眉睫的国际竞争。

首先，要有"国际化思考、本土化经营"的意识。除了市场开发、经营的技巧外，对市场的本质、规律要有深刻的认识。我们常说"越是民族的，就越是国际的"，这一原则应用在传统的出版领域依然适用。我国丰厚的文化资源亟待开发利用，独特的传统文化优势，是大多数国家难以企及的，而我国文化市场的需求空间更是广阔。挖掘民族出版资源，同时稳固国内出版市场是发展外向型和国际化出版道路的根本和基础。更令我们受鼓舞的是，中国出版业在现代技术应用及市场化革新的刺激下，正处于迅速成长阶段，尽管国际出版业的增长势头缓慢，甚至有的企业仅仅达到2%至3%，中国出版业的20%到30%的增长率让我们更有信心。

其次，要实现管理体制的变革。中国出版业走出去之所以所受局限和障碍在很大程度上还有机制束缚的原因。长期以来，按行业和行政区域划分形成的条块分割的产业结构、出版资源的平均分布，不仅不适应国际出版业跨区域集约化经营的大趋势，而且已成为阻碍中国出版业有效发展的体制桎梏。中国出版业在参与国际竞争之前，首要任务是理顺国内市场，调整机制，进行出版整合，要打破市场条块分割、出版资源散乱分布、出版效益低下的状况，按照现代企业制度的要求，允许跨地区兼并和组合，优化出版资源配置。还要鼓励组建跨地区、跨行业甚至跨国经营的大型出版集团公司，走集约化经营之路，充分发挥现有市场、资源的潜力和效益。而且，出版业管制度高也是制约国际化发展速度的一个因素，如业外资本进入、出版物层层审批的制度，等等。随着经济、文化发展的速度和水平的不断提高，适度开放是必要的。在中国出版业的零售市场、分销环节逐一向国外资本抛出橄榄枝的今天，迅速提高出版业的实力和国际竞争力，才能抗衡伺机而动的国际大出版集团的挑战。

再次，打造精品图书，创造内容与形式符合国际化要求的出版物，努力提高图书产品的国际竞争力。我们看到，近年来风生水起的图书销售排行榜，许多引进版权的英文畅销书都常据不下。"卡耐基""哈利·波特""加西亚的信""谁动了我的奶酪"等书籍持续热销，引领一波又一波的阅读热潮。然而国内原版的畅销书，则鲜见在其他国家和地区引起轰动的个案。诚然，中文出版走出去的障碍是客观存在的，英国第一位出版学教授、牛津国际出版研究中心主任保罗·理查森认为，形成阻碍的原因"当然首先是语言因素"，中国人和外国人之间存在着很大的语言隔阂；再就是"中国出版商对外国市场了解太少"，本土市场与世界市场口味不一致，找本土读者与外国读者共同兴趣的结合点很困难；而最大的障碍是"信息，特别是商业信息"。保罗·理查森认为要增加版权出口、改变贸易逆差，应该在科研成果信息介绍、一般出版物包括中国的旅游类、地图、中国民俗艺术、中国历史、插图本图书，以及适合西方人学习汉语的书籍方面有所突破。出版物是文化产品，不仅品种繁多，同时又要面对广大读者多方面、多层次需求的选择，这给在出版物市场上角逐的竞争者提出了规模化和多样化的双重要求。所以在研究西方文化思维方式、语言习惯和阅读兴趣等方面下功夫，多考虑世界文化的共性，及时发现阅读潮流的倾向和发展的趋势就不会找偏方向。

第四，国际出版发展的潮流是专业化，而不是规模化，是强调品牌精品，而不是数量扩张。通过品牌效应进行出版市场竞争是现代出版产业对国际化思想的一次深层次的领会和导入。国际上有影响的出版社无一不是某一领域方面的专业出版社，一些大的出版集团也是从专业出版社发展壮大起来，以其品牌精品稳固市场地位的。在国内，目前处于领先地位的都是握有专业品牌在手的出版社，如机械工业出版社、人民邮电出版社、清华大学出版社、外研社等。

刚刚开始的我国出版社整体改革，确定了全国各级出版单位的企业性运营性质，除了人民出版社一家仍旧保持事业单位性质外，其余各家出版社就告别了延续几十年的计划经济下的体制，更加彻底地将自身推向了无限广阔的国内、国际市场。在这种情况下，掌握更多市场化的经营方式以及合理引入业外资本及境外资本，突破地域地将经营跟资本运作交错起来无疑是出版业安身立命之策。在国内，许多大型的出版企业已经意识到国际化竞争的迫切，并且也开始有意义的探索，比如高等教育出版社，他们已经制定了国际化战略"三步走"的具体部署：第一步是短边策略，即利用国际资源提升效率，多元化地利用资源，用全球资源做强做大本土市场，具体而言就是"三引进"——"引进作者、引进版权和引进出版社"；第二步是长边策略，是指进行高教社的区域性市场拓展及品牌创建，即发挥本土优势做国际性市场；第三步是全球化策略，是指在全球范围内进行生产、营销和品牌创建，即以全球资源应对全球市场，以在全球范围内定位市场和产品为目标。

总之，要跟上国际出版的步伐，掌握并运用国际市场的发展趋势，进而弘扬民族文化和吸收各民族精华,中国出版界是时候拟定自己的计划了,我们要认清中国出版业的现状,中国出版物版权引进的逆差,短期内是改变不了的,客观的市场原因及国家的整体经济、文化发展程度都是左右国际化进程的重要因素,当然,中国拥有巨大的潜在出版市场和丰富的文化资源,这是我们敢于探索与尝试的坚强保证。只有立足本国需求,发挥国内市场的基础优势才能在国际市场的竞争浪潮下找到属于中国出版业的立足之地。

本文发表于《出版经济》2004年第7期;作者:冯琳、王关义

日本出版业发展现状及特点

中日两国由于在经济发展水平和文化环境等方面存在巨大的差异，日本出版业的发展呈现出许多与我国不同的鲜明特征，研究日本出版业发展中成功的经验，可供推动我国出版业发展时参考。

一、日本出版业发展的现状

（一）从数量及分布方面来看

据日本《2005出版年鉴》统计，日本现有从事出版经营业务的出版社约4260多家，其中东京集中了3315家，约占总数的80%，其余的20%分布在大阪、名古屋和其他中等城市。日本的图书发行机构可分为批发商、零售店以及书籍推销公司等。日本图书批发公司大约有300余家，其中大批发公司不到10家，东贩和日贩为最大，这两家的发货量分别为年销售5000亿日元和7000亿日元，市场占有率高达70%以上，在日本出版物的批发市场占垄断地位。日本的零售书店，有1.7万余家，平均每7000人就有一家书店，此外还有遍布商场、地铁车站等地的图书杂志销售点。

日本较大的书店约有200家，主要集中在东京、大阪、名古屋等城市，其中较大的有纪伊国屋书店、三省堂书店。日本的书籍推销公司是一种代出版社向各大公司、商社、团体推销图书的机构。这种推销公司往往同时给多家出版社推销，他们只负责推销，发行途径仍然是出版社→批发商→

书店。书籍推销公司为出版社冷门书提供了与读者见面的机会,据统计,日本小学馆利用书籍推销公司推销的书占该出版物10%左右。近年来,杂志出版发行利润成为出版社的经济支柱,东贩全年销售收入的65%是杂志,图书占35%。在日本,杂志销售中漫画杂志占有较大的比重,可以说日本是"漫画王国"。

(二) 从经营规模上看

在日本现有的出版社中,从业人员在10人以内的出版社约为2219家,10人以上、50人以内的约为1002家。可见,日本出版社中中小型、甚至作坊式的占88%,而且,在这4260余家出版社中,有480家为日本书籍出版协会会员。从销售规模上看,300家大社占去了总销售额的80%。中小出版社的经营规模相对较小,还有,所有出版社的编辑作业,几乎都依赖于2000家专业编辑机构。据矢野经济研究所的《出版社经营总鉴》统计,2001年,300家知名出版社的正常项目收益率约为4.5%,远远低于20世纪80年代两位数的收益水平。据该资料分析,在销售额和利润率前10位的出版社中,利库路特、贝蕾施科等信息产业型、教育产业型出版社增长势头强劲,与此相比,讲谈社、小学馆、集美社等传统型出版社的收益,日渐滑坡。

(三) 从发行渠道方面分析

日本出版社出版的图书中,约有65%是经过"出版社→批发商→书店"这一流通渠道进入读者手中的。据统计,大经销商的日均业务处理量约为书籍200万册,杂志450万册。经销机构兼备各种功能,如订货、进货、销售、分送、调剂余缺、仓储、信息收集传递、收款、融资等。众所周知,日本的这种出版物分销机构是在杂志配送的基础上发展起来的。它可以在全国范围内将大量的杂志和新书以统一的差价(一般为8%)同时分送到任何一个销售点,这种分销方式,在全世界是个首创。近年来,大经销商之间的竞争日趋激烈,东贩、日贩的寡头垄断趋势日渐明显,中小经销商的经营步履维艰,专营图书经销的铃木书店的破产就是一个典型的例子。

全日本书店总数约为 17000 家。其中 7000 余家为全日书店商工联合会会员。书店总数中，大部分为店堂面积不足 165 平方米的小书店。连锁书店和有经营书报刊业务的连锁商店主要有以下几类：

（1）直营连锁书店。这类连锁书店属于所谓的"直营连锁"，也就是由一家企业以集中管理的方式，直接经营多家店面。一般来说，直营连锁只要有 10 家以上的店面，就有向出版社要求特别待遇的谈判力量了。

（2）加盟连锁书店。这是另一种比较普遍的书店连锁形式。这类书店由参与联盟的店家提供资金，加盟中心则提供各种经营所需的技术软件。加盟主对加盟者的约束能力较小，因此虽然挂着相同的招牌，但因实际出资者不同，书店的风貌可能差别很大。

（3）连锁便利商店。出售图书已不再是当今日本书店的专利。拥有近 5000 家店面的日本国内 7-11 便利店除了出售日常生活用品外，也卖图书和杂志。

（4）店中店。一般面积较大，是商店与连锁书店合作的。在店内开辟一个书籍专卖部，可以陈列相当数量的图书。消费者多为家庭主妇，她们在选购日常生活用品后顺便购买一些感兴趣的书籍，如妇女、儿童类以及与家庭生活有关的图书。

（四）从收益状况分析

据媒体调查显示，仅在 2003 年，不得已而转业、停业的书店就多达 1673 家，与此相应的是，同一年中，新开业的大型连锁店为 376 家，店堂营业面积净增 17160 平方米。近 10 年来，书店营业面积增加了 198 万平方米，按书架的每坪（相当于 3.3 平方米）单价为 50 万日元计，近 10 年来，净增的市场库存能力高达 3000 亿日元。大经销商日贩曾于 2001 年对全国 116 家书店法人、411 家店铺的经营资料做过比较分析，并将搜集的数据收进了 2001 年的《书店经营指标》。据该资料的调查统计数据，该年度书店的销售额毛利润为 24.5%，与此同时，"销售费用、一般管理费用的支出"增加了 25.25%，两者相抵后营业利润为 -0.98。在此基础上加进营业外利润,当年的利润仅为0.03。从经营规模上看,年营业额在3亿日元以上的书店当年也只是"略有盈余",至于年营业额低于3亿日元的书店,其艰难的情形就可想而知了。在这样的经营环境下,再加上年营业额高达1000亿日元的"新旧书店"和年营业额为700亿日元的"漫画咖啡屋"形成的冲击,书店所面临的市场环境,更趋严酷。

二、日本出版业发展的特点

(一) 专业化分工明确

日本出版物的流通途径一般是出版社→批发商→零售店(销售点)。社店、店店均按照各自的分工,强化自身的功能。出版社的主要任务包括研究市场、策划选题、编辑书稿、组织出版、宣传促销、仓储发运等。出版社也有发行部门,其主要职责是调查市场,收集信息,研究营销策略,策划选题,研究新版、再版书印数,为批发商、零售店提供各种服务。如小学馆900多名员工,其中约有10%的人从事营销,其主要任务包括指导零售店销售、研究市场需求、了解读者心理、宣传推荐图书、与批发店联系、提供服务、为出版编辑部门提供信息、策划选题等。以讲谈社为例,负责促销的促进局有50多名工作人员,他们长年在外服务于批发商和零售店。由于工作深入,该社出版物销售量最大(约占全日本的11%),退货率最低(约为25%,而日本其他出版社一般在30%以上)。

(二) 社店关系十分明确

表现在:①出版社和书店互相参股。如东贩和日贩约有50%—60%的股份操纵在出版社手中,讲谈社、小学馆都是东贩、日贩的大股东。社店利益融为一体,休戚相关;②互相服务,尽心尽责。出版社全心全意为批发公司、书店服务,批发公司也一心一意为出版社服务。如小学馆的昭和图书流通中心的越谷仓库正式职工约100人,临时工70人,而东贩、日贩参加发运的工作人员达180人。社店不分彼此,犹如一家,这对减少环节、减少重复劳动，降低费用，加速流转很有益；③规模经营、公平竞争。委托贩卖制和再贩卖价格维持制是社店关系得以维系的基本准则。委托贩卖制，即寄销制。再贩卖价格维持制，即再贩制。寄销制和再贩制规定：第一，实行统一定价，不得随意提价和降价；第二，统一寄销。出版社所出的书，全部交批发商，允许退货，包括新书主发寄销、长期寄销和常备寄销几种形式；第三，统一批发渠道。出版部门不能直接向零售书店销售；第四，统一折扣。一般情况下，出版社 6.9 折发书，批发公司 7.7 折发书（留 8%），书店得剩余的 23%。

（三）出版社的数目在逐年减少，可是新刊的图书的数目却在不断增多

据统计，全日本每年推出的新刊书籍近 40000 种，平均每天有 100 多种新书出版。这在各国出版界也是十分惊人的数字。例，讲谈社每年出版 1500 种新刊书籍，角川书店为 600 到 700 种，德间书店有 600 多种，岩波书店为 500 种左右，其他的如中央公论社、小学馆等也在 300 种上下，这么快的出书速度主要是为了应付极高的退书率。在日本，书籍的退书率很高，平均每年高达 35%左右，高峰期甚至超过 40%，也就是说销售额的 1/3 以上要退还给出版社。换句话讲，出版社出版的书越多，亏损的就越多。在出版业盛行的日子里，受到表面出版盛况的"蒙蔽"，大大小小的书店争先恐后地开张了，尤其是在全国各地开连锁店成为一种时尚，而这些大大小小的书店又为出版社制造了无数的客户需求，一时间，出版社的预计成交额扶摇直上，库存也在不断增多。

连环漫画出版发行火爆，发行方式多种多样。1996 年是漫画的鼎盛时期，当年出版物总销售额为 2 万多亿日元，而漫画销售额高达 5500 亿日元，折合人民币约为 440 亿元。漫画杂志一期发行量最高的达 600 万册，每周连续发行超过 100 万册的漫画杂志就有 12 种。2004 年发行量最高的漫画杂志一期为 300 万册，超过 100 万册的只有 6 种。从总体情况看，不仅漫画杂志，所有杂志的发行量都在减少。近年来，日本新出现了漫画茶馆和因特网茶馆，有的茶馆采用的是顾客点饮料可上网，时间不限制，同时还可以看漫画杂志的方式，还有就是大量的便利店经销书籍和杂志。由于物流的发展，在日本的便利店（24小时营业）可以订购或购买刚刚出版的报纸、杂志、漫画等。读者自己上网订购的书籍也可以转运到就近的便利店付钱取货，极大地方便了读者。

本文发表于《企业改革与管理》2007年第9期；作者：王关义、唐晓亮

我国出版业国际化转型现状、问题与对策*

在全球化浪潮的冲击下,各国文化相互碰撞交融,国际化转型成为我国出版业发展的现实选择。本文以图书出版为研究对象,就我国出版业国际化转型的现状及问题进行了分析,并从出版经营管理、版权代理业发展、出版工作者培养、外向型图书策划四个角度提出了加快我国出版业国际化转型的对策。

根据美国《出版商周刊》公布的全球出版业排名数据分析,2006—2011年,进入全球出版业50强的中国出版企业只有中国教育传媒集团,2012年全球出版业50强排名表中新添了中国出版集团和凤凰出版传媒公司2家出版企业,我国出版企业在国际出版舞台上谱写了新的篇章。尽管如此,与国际一流出版机构相比,我国出版业在国际市场上还缺乏竞争力。近年来,国内关于出版业国际化转型的研究并不多见,研究的内容也不够深入,这在一定程度上制约了我国出版业的国际化转型。

一、现状:模式层次更高,仍存在地域差异

为了增强我国出版业的国际竞争力,提高文化软实力,我国政府出台了一系列政策推动出版业国际化转型,我国出版业国际化转型模式向更高

---

* 本文系北京市长城学者项目和国家软科学重大基金项目"中国出版业转型与升级战略研究"课题(2013GXS2B013)的研究成果。

层次迈进，由图书贸易模式、版权贸易模式扩大到国际合作出版模式、海外投资模式。长期以来，在图书贸易规模和数量呈增长态势的背后，我国图书贸易总金额仍存在逆差现象。我国图书版权贸易逆差虽呈缩小趋势，但仍存在严重的地域差异。

（一）图书贸易现状

我国图书贸易规模和数量呈增长态势。2004 年，我国图书进口数量为 338 万册，进口金额为 3870 万美元，出口数量为 468 万册，出口金额为 2084 万美元。2013 年，我国图书进口数量为 857.89 万册，增长了 1.54 倍；进口金额为 12054.66 万美元，增长了 2.11 倍；出口数量为 1737.58 万册，增长了 2.71 倍；出口金额为 5216.38 万美元，增长了 1.5 倍。这表明我国出口仍存在贸易总金额逆差现象。

（二）版权贸易现状

我国图书版权贸易越来越频繁，贸易逆差呈缩小趋势。2005 年，图书版权引进种数为 9382 种，输出种数为 1434 种，图书版权引进输出比为 6.54∶1；2013 年，图书版权引进种数为 16625 种，输出种数为 7305 种，版权引进输出比为 2.28∶1，版权引进的种数增长了 77.2%，版权输出的种数增长了 4.09 倍。

2013 年，我国图书版权引进前 10 位的国家和地区分别是美国、英国、日本、韩国、中国台湾地区、法国、德国、中国香港地区、新加坡、加拿大、俄罗斯、中国澳门，从这些国家和地区共引进图书版权 14688 种；图书版权输出前 10 位的国家和地区分别是中国台湾地区、美国、韩国、英国、中国香港、德国、日本、法国、新加坡、俄罗斯，向这些国家和地区共输出图书版权 5188 种。我国图书版权贸易存在严重的地域差异，2010 年，图书版权贸易较好的地区是北京，占到图书贸易总量的一半以上。吉林、辽宁、江苏版权贸易数量也排在各省前列（见图 1）。西北地区版权贸易乏力，甘肃、青海、西藏的版权贸易统计数字为零。

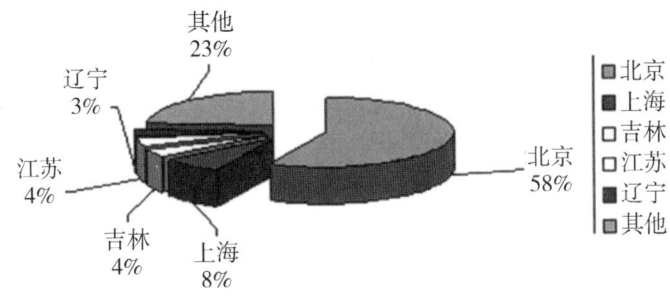

图1　2010年各省（市）图书版权贸易分布情况

注：资料来源于国家版权局网站，根据版权统计相关资料整理完成。

（三）国际合作出版现状

随着出版业走出去的不断深入，我国与海外出版企业的交流合作由最初的图书贸易模式、版权贸易模式发展到国际合作出版模式。国际合作出版的形式也在不断发展变化，主要包括图书海外发行上的合作、同时面向大陆及大陆以外市场的合作、全过程的合作，其中全过程的合作即从选题策划、遴选中外作者、拟定书稿内容和编辑提纲、审稿、定稿、中英文翻译、收集图片、版面设计乃至制版印刷都由双方共同完成。2012年，在北京国际图书博览会上，吉林出版集团与美国麦格劳希尔公司签订了合作项目，双方共同投资，共同研发幼儿、小学英语教育、本土化国际教育和数字多媒体产品等。2014年4月2日，河南科学技术出版社与尼日利亚瑞哈布有限公司签订了中尼汉语教材出版合作协议，合作出版的内容包括汉字文明、中国功夫、中医中药、中国瓷器、茶文化、中国古代园林建筑等，并决定在三年时间内，向包括尼日利亚在内的非洲国家推出图书、光盘、电子书、电子词典和视频教学软件等多种出版物。总之，近年来，国际合作出版成趋势，中国出版业在世界上的影响力不断增强。

（四）海外投资现状

自从1990年科学出版社在美国纽约创立分公司以来，选择在海外投资的出版企业越来越多。我国投资的海外出版机构主要在欧美发达国家，集中在北美的美国和加拿大,欧洲的英国、法国、意大利、波兰。其次是以日本、韩国、新加坡为代表的亚洲国家,尤其数在日本的海外投资项目最多。由于非洲的出版业整体比较落后,这些国家和地区很多都是此前中国文化走出去的空白区,为推动中国文化的传播,我国也正在关注这些地区。2012年7月,浙江出版联合集团在肯尼亚首都内罗毕与内罗毕大学合建了非洲首个中国文化出版中心,目的是以肯尼亚为基地,逐步向东非地区扩展业务,建立起中国文化与当地文化交流的平台。

二、存在的问题

出版业国际化转型的主要目的是推动中华文化走出去,提高其在国际上的影响力。随着国际化交流的不断深入,我国出版业国际化转型趋势日益明显。由于语言、文化等方面的差异,我国出版业在国际市场上的影响力并不大,在国际化转型过程中还存在很多问题。

(一)图书贸易中存在的问题

华文出版走向世界,一般主要包含两层意思:一是要以华文图书走向世界,一是以外文图书走向世界。由于文化差异、图书文字语言、选题内容以及发行渠道等不利因素的限制,华人华侨及华语地区的读者为我国出口的中文原版图书的主要读者。出口的外文版图书由于翻译、图书选题、纸张、印刷、装帧等方面没有考虑到外国读者的偏好,很难取得他们的认可。

(二)版权贸易中存在的问题

复合型人才特别是既懂翻译又精通出版的复合型人才的缺乏是我国出版业在版权贸易中遇到的实际问题。由于中西方巨大的文化差异,以及由此产生的思维方式、阅读习惯、语言等的不同,我国出版业的版权贸易受到了制约。在版权贸易中,我国出版单位不顾外国读者在意识形态、文化理念、价值判断等方面的差异,把在我国已经出版的中文版图书直接翻译成外语版输往国外,让国外读者很难接受。我国图书的封面设计、内容安排、图书的装帧等也不适合外国读者的口味,这直接影响了我国出版物的版权输出,制约了我国出版业国际化转型的进程。

长期以来,我国版权代理商的缺位极大地制约了版权贸易的发展,使得版权贸易逆差巨大,引进与输出比例明显失衡。在我国版权代理行业中负责版权诉讼代理、版权投资与评估以及版权战略规划等高端服务方面的版权代理人才很少,大多集中在传统版权的交易代理、使用费收转和相关法律咨询等,同时,版权贸易行业也面临人才流失的问题,极大地影响着我国出版业国际化转型的进程。

(三) 国际合作出版中存在的问题

由于观念的不同,中西方对事物的认识、理解也有许多不同。受中华传统文化的影响,中国文化人谦虚含蓄,而外国人比较直接。加之作者个性的差异,以及中西方文化背景的不同,在合作出版中对事物的看法迥异,会出现外国学者不认同中国的国情,中国学者不认同外国人的学术观点,不愿合作的情况。此外,由于一本书的出版需要多个作者的合作,加之地域的问题,作者们一起磋商协作方案、讨论写作内容、互相审读文稿等多个环节都需要大量的协调工作,需要花费较多的时间和精力。

(四) 海外投资中存在的问题

国内出版企业刚刚进入国外图书市场,由于没有海外经营管理的经验,对海外读者也缺乏了解,海外图书销售渠道较少,我国出版企业在海外面临巨大的竞争压力。在海外建立出版企业,聘请当地的出版人才成本较高,而且长期以来在国内出版市场上主要以教材教辅为主要图书产品,其他题材图书的出版能力并不强,我国出版企业在国际市场上的运行能力较低。

三、加快我国出版业国际化转型的对策

自 2003 年我国出版业走出去战略提出实施以来，我国出版业国际化转型取得了硕果。尽管如此，在国际化转型过程中，出版业复合型人才缺乏、版权代理缺位、各国作者沟通有障碍等问题制约着我国出版业的发展。要加快国际化转型，可以采取以下对策。

（一）加强出版经营管理

经济的全球化推动了出版经营的国际化，我国的出版活动逐步与世界接轨。面对新形势与新问题，提高出版经营管理水平已迫在眉睫。为了加强我国出版业的经营管理，出版单位应该在对出版市场进行深入调研的基础上开展出版活动，以出版市场化带动出版国际化。长期以来，在我国图书市场上，教材教辅的需求巨大，出版业的利润主要依靠教材教辅，这使得我国出版业很难适应国际市场的竞争。因此，对书业的产品结构进行调整，为一般图书销售的增长提供空间，通过各种管理手段促进一般图书市场的发展，是加快我国出版业国际化转型进程的有效手段。

（二）大力发展版权代理业

与西方发达国家相比，我国的版权代理业发展较晚，版权代理制度不完善，版权代理人才还很稀缺，而版权代理业的发展在很大程度上取决于版权代理人的能力。因此，加强对版权代理人才的培养是我国出版业国际化转型的当务之急。一个出色的版权代理人，应当是具有政治理论修养、精通版权和市场、擅长外语和法律以及懂营销的有创新能力的复合型、外向型人才。他既要懂得自己所代理的作品，理解作者，又要熟悉出版市场，擅长与出版公司打交道，善于宣传作者与作品，拿出好的策划方案。同时，政府应该出台优惠政策扶持我国版权代理业的发展，例如给予一定的税收优惠、放宽版权代理企业贷款方面的条件限制等。

(三) 加强出版工作者的培养

加强出版工作者的培养，尤其是出版翻译人才的培养，对加快我国出版业国际化转型尤为重要。出版单位可以与大学联合，组织出版工作者参加高校主办的不同内容、不同形式的研修班和培训班；可以安排出版骨干参加全国范围举办的相关脱产学习、社际之间的参观交流活动。同时，出版单位应该加大对出版工作者图书翻译能力的培养，把文字修养的培养与文字翻译的培养结合起来，不断对出版工作者进行翻译训练，使他们能够真正根据外国读者的特点进行相关的翻译工作。

(四) 重视外向型图书策划工作

由于不同国家文化的差异，要让外国读者接受中国的出版物有一定的困难。这就要求中国的作者和编辑出版工作者要有国际视野，了解外国的文化背景，了解外国读者的思维习惯和表达方式，以满足国外读者的需求为出发点策划图书选题。我国出版单位需要对外国读者进行深入的市场调研，或者与外国出版机构合作共同开发选题，从而确定图书的基本框架与重点内容。在图书的整体策划过程中，要注意文字的表达方式是否符合外国读者的阅读习惯，借鉴国外出版的同类好的图书，取长补短。策划编辑还需要注意图书的整体形象，如图书的开本、封面设计、内文设计、用纸、装帧等，不同国家的读者要求不一样，这就需要出版不同的版本去适应不同读者的需要。

参考文献

[1] 王关义：《中国出版业发展若干问题研究》，中国财政经济出版社2012年版。

[2] 田丽丽：《立体化走出去破题发展中国家市场》，载《中国出版传媒商报》，2013年6月14日。

[3] 李光勤、龙明慧：《从图书版权贸易看我国翻译人才培养》，载《出版与印刷》，2013年第9期。

［4］胡全兵、曾星、王远美：《我国版权代理制度的问题与对策》，载《出版发行研究》，2012年第7期。

［5］谢清风：《英国出版的国际化模式》，载《编辑之友》，2011年第10期。

［6］张洪波：《2013年全国图书版权贸易分析报告》，载《中国新闻出版报》，2014年8月27日。

［7］张淑卿：《中国图书"走出去"：译介、精细与传播》，载《学术交流》，2013年第12期。

［8］周蔚华、钟悠天：《中国出版走出去要有六个转向》，载《中国出版》，2014年第4期。

［9］马金玉：《试析网络时代学术期刊的出版国际化》，载《淮海工学院学报》，2012年第3期。

［10］郭瑞佳：《韩国文学作品国际化出版的策略研究》，载《出版广角》，2014年第8期。

本文发表于《中国出版》2015年第8期；作者：王关义、鲜跃琴

运用波特的集群"钻石"模型浅析中国出版业国际竞争力*

加入 WTO 以后，标志着我国将在更大的范围、更广的领域、更高的层次上参与国际经济竞争与合作。我国出版业如何在这场世界范围内的竞争中占据主动，既守住国内出版市场，又积极参与国际出版市场的角逐是一个必须面对的现实问题。

一、"钻石"理论模型与出版业现状

集群理论的代表人物、哈佛大学商学院教授迈克尔·波特，他于 1990 年提出了基于产业集群发展的国家竞争优势理论，该理论认为：一国的国内经济环境对企业开发其自身的竞争能力有很大影响，其中影响最大、最直接的因素就是图 1 所示的四项内容：生产要素条件，需求状况，支持性产业和相关产业，企业战略、结构和竞争状况。这四个环境要素的有机结合就构成了波特的"钻石"模型。

此外，波特还十分强调政府行为与机遇对上述四大因素的重大影响作用，主张政府以产业政策等方式适度地介入对外贸易。同时关注包括重要发明、技术突破、生产要素与需求状况的重大变动等机遇对产业发展的积极影响。在"钻石"模型中，每一个因素及整个"钻石"系统都影响到产

---

* 本文是北京市教委人文社科重点基金项目的研究成果，项目编号为：SZ200710015006，主持人为王关义教授。

业竞争所必需的基本成分的获得。在一国的诸多产业中，如果某一产业的"四大因素"环境都很好，那么这一产业将最有可能在国际竞争中取胜。

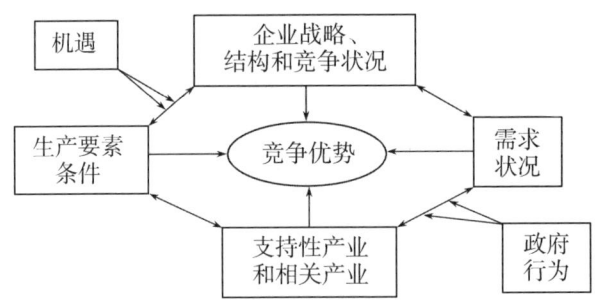

图1　波特的集群"钻石"模型

纵观全球出版产业发展的现状，可以看出经济发达国家在国际出版市场中占有很高的份额。20世纪90年代以来，美国一直稳居世界图书出版业的首位，2004年其图书净销售额（即计算退货在内的销售额）达到285亿美元，约为中国同期销售额（486亿元人民币）的5倍。而美、德、日、英四国多年来一直位居出版市场的前四位。法国也是图书生产、销售和出口大国，图书出版是其重要的文化产业，虽然法国人口仅有5000多万，但其图书销售和版权贸易量却占到了全球图书市场的14.7%。而在发展中国家，中国出版业处于领先地位，我国每年出版的图书种类、图书发行销售册数、销售总额等经济指标也超过了一些发达国家。但中国出版业与发达国家之间还存在着明显的差距。我国出版产业的总体规模较小，只有美国的1/5。我国出版业的产业集中度很低，大部分出版社的规模在年出书500种以下，总码洋在5000万元以内，利润在500万元以内。2002年，总码洋超过2亿元的出版社，全国共有46家，占被统计出版社568家的8.1%。总码洋排在前10位的出版社，总码洋只占全国的12.69%，图书种数只占全国的10.4%，总印张只占全国的13.52%，而排在首位的高等教育出版社，总码洋也只占全国的2.83%。

在世界出版强国中，出版产业集中度普遍较高。以美国为例，美国大约有9000家出版企业，2004年排名前5位的出版公司图书销售额合计61.84亿美元，占当年全美图书销售总额285亿美元的21.7%，合计占美国1/5的图书市场。

表 1 各国出版社数量及销售额对比（2004 年）

产业基本情况	主要对比指标	中国	美国	英国	德国	日本
	出版社总数	573	9 000	—	3 650	4 400
	销售收入	486.02（亿元）	285（亿美元）	34（亿英镑）	90.76（亿欧元）	9 429（亿日元）

二、中国与发达国家之间出版业竞争力比较分析

为了解我国出版产业竞争力在世界出版领域的地位，本文选取了目前占据国际出版市场前四位的美、德、日、英四国进行对比研究。这里参考波特的"钻石"模型理论，通过比较各国出版业的生产要素、需求状况、相关产业、企业的规模结构及竞争状况以及政府行为等方面，并根据产业国际竞争力评价指标的一般原则，对中国图书出版业在国际出版界的竞争力进行初步的分析。

从表1可以看出，2004年我国图书出版业销售总额为486.02亿人民币，约为美国的1/5，德国的1/2左右，说明我国出版社的数量与美、英、德、日四国相比差距较大，在产业规模上还存在显著的差距。这主要是由于目前我国多数出版社仍为事业性体制，很难应对瞬息万变的市场经济，在经营理念和管理效率方面还远远落后于国外先进的出版集团。

在出版产业生产要素竞争力方面，从表2可以看出，除了人口总数之外，我国图书出版业的各个方面与美、英、德、日相比，都存在明显的差距。

在人力资源方面，无论是城市人口比重，还是大学生入学率，我国都落后于其他几国，更关键的是行业从业人员素质也相对偏低。而另一个现实是，与IT、电信和报业相比，无论是产业规模、市场地位，还是收入水平，我国图书出版业对人才都缺乏足够的吸引力，而高素质人才的缺乏正是影响我国出版业进一步发展的重要因素。

在金融资源方面，由于体制原因，我国出版业金融资源的竞争力远不如其他出版强国。在对外资的吸引程度上，与美、英、德、日相比，我国

表2 各国出版产业生产要素指标对比（2004年）

竞争力要素		关键指标	中国	美国	英国	德国	日本
生产要素状况	人力资源	人口数/万人	129227	29404	5947	8248	12765
		城市人口比重/%	36.2	77.2	89.5	87.5	78.8
		大学生粗入学率/%	22.0	77.2	89.5	87.5	78.8
		文化创作、经营人才的整体素质(调查)	2.62	4.54	4.09	3.95	3.89
	金融资源	出版市场开放程度(调查)	1.8	4.48	4.49	3.56	3.71
		本国出版业对外资的吸引程度(调查)	3.00	3.74	3.58	3.53	3.60
	知识资源	人文发展指数	0.726	0.939	0.928	0.925	0.933
		对出版资源的开发利用程度(调查)	2.48	4.62	4.19	3.95	3.85

注：数据来源于《中国统计年鉴——2005》，调查数据满分为5分。

图书出版业虽然还有一些差距，但是外国投资商对中国图书市场仍抱有很大的兴趣，这可能主要得益于我国较大的出版市场容量。然而，我国图书出版业的市场开放程度与其他四国相比差距较大，因此应加快出版业市场开放的步伐。

在知识资源方面，我国也远远落后于其他四国，但由于我国出版资源丰富，并且没有得到充分的开发，因此我国的知识资源还大有潜力可挖。

与美、英、德、日四国相比，虽然仍有较大差距，但近年来，我国经济发展迅速，人均国民生产总值增长较快，人们生活日益富裕，这就为其增加在文化领域的消费提供了物质基础。

相较于其他四国，我国图书最大的需求市场是教育类图书市场。长期以来，我国的教育类图书销售额占全国图书销售额的60%以上。教育类图书的巨大需求保证了我国图书出版产业的基本规模，但这也是导致我国图书出版业在国际上缺乏竞争力的重要原因之一。我国图书读者的成熟度还有待提高，因此要大力建设读书型社会，开发除教育类以外的图书市场。

表3　各国出版产业需求状况对比表（2004）

竞争力要素		关键指标	中国	美国	英国	德国	日本
需求状况	需求结构	人均GDP(美元)	1100	37610	28350	25250	34510
		人均国民生产总值增长率(%)	5.5	2.8	2.5	1.3	0.4
		1993—2002年年均经济增长率(%)	9.6	3.3	2.8	1.4	0.9
	消费者行为	城镇居民文化娱乐支出占总支出的比重(%)	13	10.8	—	—	12.8
		图书读者的成熟度(调查)	2.46	4.47	4.26	4.25	3.96

注：数据来源于国家统计局，世界银行网站(http//：www.worldbank.org)。

表4　各国出版相关产业状况指标对比

竞争力要素	关键指标	中国	美国	英国	德国	日本
相关产业的状况	印刷产业对出版业的促进程度(调查)	3.26	4.10	3.80	3.85	3.96
	教育产业对出版业的促进程度(调查)	3.41	3.31	3.63	3.27	3.37
	报刊产业对出版业的促进程度(调查)	2.36	3.40	3.64	3.28	3.87
	文化产业对出版业的促进程度(调查)	2.69	3.72	3.36	3.48	3.60

注：调查数据满分为5分。

目前，我国文化产业的发展水平比较低，文化体制正处于转型期。在印刷、教育、报刊这些与图书出版业紧密相关的产业中，教育领域对图书出版产业的促进最大，这与我国教育类书籍在图书市场的地位及占有量是相符的。由于我国图书出版与报刊出版几乎完全分离，所以报刊产业对出版产业的促进程度是比较低的，这一点不同于其他出版大国。

五个国家中，我国出版社的年平均销售收入是最高的，年平均出版新书也居首位，多达176种。但我国的出版企业集团规模与其他几国相比还

表5 各国出版产业企业的规模、结构与竞争方式指标对比（2003年）

竞争力要素	关键指标	中国	美国	英国	德国	日本
企业的规模、结构与竞争方式	出版社平均年销售收入	7656.7（万元）	298.6（万美元）	—	248.6（万欧元）	2.16（亿日元）
	平均出版图书种类(种)	176	35	—	5	16
	产业集中度(%)	—	19.54	33.74	—	40
	出版社的产业化程度(调查)	3.35	4.58	4.12	4.35	4.01
	出版社的管理水平(调查)	2.11	4.28	4.19	4.16	4.71

注：调查数据满分为5分。

比较弱小，由于政府对出版产业实行进入审批制度，导致我国出版社数量较少，所以平均出版图书种类远高于西方各国。另一方面，由于地域、行业（国内许多出版社属于各部委）的限制，出版社的实力比较平均，竞争力较弱，缺乏市场的领导者。

我国出版社的产业化程度明显低于美、英、德、日四国，随着出版产业的不断调整与改革，我国出版业市场化、企业化进程将逐步完善。但我国的出版社管理水平却依然很低，这是由于我国企业的整体管理水平比较低及长期形成的事业体制所造成的，所以，我国出版社的管理水平和经营能力的提高还需要很长的过程。

从表6看出，在体现政府行为与产业管理竞争力的指标中，美、英、德、日的得分都比较高，在4分以上，而我国只有2分左右，说明我国出版业在管理水平、法律和法规方面都急需完善，出版业宏观管理严重滞后的现象也有待改善。

在波特"钻石"模型框架内，从各竞争力要素分析，我国出版业在市场需求上与发达国家的差距并不大。但在生产要素状况、相关产业的状况、企业的规模、结构与竞争方式、政府行为等几个竞争力要素的指标中，相对于美、英、德、日，我国出版业表现出的更多的是劣势。

表6　各国政府行为与产业管理水平指标对比

竞争力要素	关键指标	中国	美国	英国	德国	日本
政府行为与产业管理	出版产业政策的科学性（调查）	2.10	4.40	4.50	4.81	4.46
	政府知识产权保护度（调查）	1.96	4.67	4.57	4.40	4.14
	出版业法律、法规完善程度（调查）	2.14	4.96	4.86	4.84	4.48

注：调查数据满分为5分。

我国加入WTO后，经济、社会将逐步与国际接轨，相对薄弱的出版产业将面临国际出版界的激烈竞争。巨大的市场空间只是一块诱人的蛋糕，能否分到或者能否保住属于自己的那一份，对我国出版业来说将是一个严峻考验。

参考文献

[1] 余敏：《国际出版业状况及预测（2002—2003）》，中国书籍出版社2003年版。

[2] 余敏：《中国出版业状况及预测（2002—2003）》，中国书籍出版社2003年版。

[3] 祁述裕：《中国文化产业国际竞争力报告》，社会科学文献出版社2004年版。

[4] 郝振省：《国际出版业状况及预测（2004—2005）》，中国书籍出版社2005年版。

[5] 吴德进：《产业集群论》，社会科学文献出版社2006年版。

[6] 王关义：《对中国出版体制改革的思考》，载《科技与出版》，2005年第5期。

[7] 景体华：《2005年：中国首都发展报告》，社会科学文献出版社2005年版。

[8] 《中国出版年鉴（2002—2005）》，中国出版年鉴社2002—2005年版。

[9]《中国统计年鉴—2005》,中国统计出版社2005年版。

[10]《世界经济年鉴2003/2004》,经济科学出版社2004年版。

本文发表于《科技与出版》2007年第11期;作者:孙宇、王关义

我国出版业国际化转型的几种模式[*]

自 2003 年出版业"走出去"战略提出之后,我国政府出台了一系列政策支持出版业走向国际市场,我国出版业国际化的步伐加快,国际化转型模式更加清晰多样。出版业国际化转型是建设社会主义文化强国的迫切要求。随着经济全球化的不断深入,人们的价值观念更加多元,各种文化相互碰撞交融,国与国之间的竞争在很多时候体现为不同文化之间的竞争。尤其是改革开放以来,海外出版企业加快了进入我国出版市场的步伐,并不断发展壮大,我国出版业的发展面临新的挑战。同时,出版业国际化转型是我国出版业融入全球经济的重要手段。加入 WTO 之后,我国出版市场逐步放开,要增强出版业的国际竞争力,我国出版企业必须走出国门,融入全球经济之中。目前我国出版业国际化转型有以下四种基本模式。

一、图书商品贸易模式

图书商品贸易模式是指图书出版企业把在本国编辑出版的图书进口或出口到另一个国家的模式,主要有间接贸易模式和直接贸易模式,是国内出版企业初涉海外图书市场时的首选模式,具有国际参与程度低、风险小的优势。

---

[*] 本文系王关义教授承担的北京市长城学者项目和国家软科学重大基金项目"中国出版业转型与升级战略研究"(课题编号:2013GXS2B013)的研究成果。

图书商品直接贸易模式是指国内出版企业把我国已经出版的图书通过国外代理商或经销商转售国外分公司或子公司直接销售给国外读者等方式销往海外图书市场，或者把国外已出版的图书通过国外分公司或子公司转售给我国在国外的代理商或经销商的一种图书商品贸易模式。在出版业图书商品直接贸易模式中，由于海外图书市场的调研、销售渠道的开辟、营销策划方案的制订等都需要国内出版企业的参与，国内出版企业能够及时准确地了解海外图书市场的信息，并根据海外图书市场的需求及时调整经营策略，不断积累国际化经营管理经验，提高自己在国际市场的竞争力。

图书商品间接贸易模式就是利用图书进出口公司或其他类似中间商把我国已经出版的图书输出到海外，也可以将国外出版的图书进口到国内。图书进出口公司拥有丰富的操作经验和广泛的销售渠道，能够在短时间内迅速把自己的图书推向海外市场，把我国需求的图书进口到国内，为我国出版企业在海外寻找合作伙伴节省时间和精力，在图书市场调研、图书销售渠道开辟方面节省大量的费用。在图书商品间接贸易模式中，图书出版公司并不直接与海外图书市场发生联系，不用参与具体的经营管理，没有任何风险。此外，国内出版企业还可以根据出口图书在国际图书市场上的销售状况来不断调整出口图书的内容，以增加其销量。

但是，由于中西方巨大的文化背景、接受习惯、思维方式等差异，国内出版图书的内容、价格、装帧、图书结构等都很难满足国外读者的口味，国内出版企业采用图书商品贸易模式进入国际市场将面临重重困难。

在图书商品直接贸易模式中，国内出版企业需要独立承担市场调研、销售渠道开辟、营销策划方案制订等方面的费用。通过国外代理商或经销商进行图书商品贸易，我国图书的进出口业务在很大程度上就容易受到他们的控制。如果通过在国外设立分公司或子公司进行图书商品贸易，需要强大的经济实力和一批熟悉国际图书市场的专门人才。

图书商品间接贸易模式致使我国出版企业无法及时了解出口图书海外销售情况，更谈不上海外图书市场经营管理经验的积累，这严重影响了国内出版企业在海外图书市场上的竞争能力。

二、版权贸易模式

版权贸易是指版权许可、版权转让与版权代理过程中产生的贸易行为。按照所涉及的作品载体不同,版权贸易可以分为图书版权贸易、音像版权贸易、影视版权贸易、广播版权贸易、软件版权贸易等,本文所涉及的主要是图书版权贸易。在国际交往日益密切的今天,版权贸易对每个国家产生的影响越来越大,成为各国间贸易的重点内容。

版权贸易是我们学习国外先进的科学技术和管理经验的重要渠道,帮助我们了解国际政治、经济、文化等情况,有利于我国人民与世界人民的文化交流。同时,中国文化要走向世界以增强其影响力,版权贸易是必不可少的手段。国内的一部分出版单位没有足够的资金进行国际化经营,对于他们来说,版权贸易是风险小、可行性大的出版业国际化转型模式。版权贸易模式能够节省图书商品贸易过程中产生的运输费等相关支出,并避免了一些图书商品贸易过程中遇到的贸易壁垒。通过版权引进,我们可以学习国外先进的科学技术、管理经验等,了解国外发展现状,扩大国民视野,取长补短,不断发展壮大自己。图书版权输出能够使出版单位以较少的资源迅速实现一定的经济利益,避免了参与国际化经营所带来的经营风险。版权输出后,国内出版单位不需要参与出版物的发行、推广与销售,出版物就能进入西方国家的主流销售渠道,出现在更多西方读者的面前。

但是,版权贸易在促进我国出版市场发展的同时,也在改变着一部分中国人的价值观念、行为方式。图书版权贸易繁荣的背后是文化与价值观的多元化,这在一定程度上不利于中华传统文化的传承。正是由于版权贸易风险小,版权输出成功后就无需参与海外营销、发行销售,国内出版单位根本无法及时了解到海外市场对出版物的反应,部分输出海外的图书并没有产生多大的影响力。我国出版业图书版权贸易输出能够带来一定的经济利益,但是我国输出版权的版税与引进版权的版税相比利润相差太远,我国输出版权所带来的收益不多,以往中国图书在国外出版的版税通常只有6%或7%,多数在5000美元以下,一般只预付一两千美元,但是引进版权时却要支付高额的版税。正是因为这样，一部分国内出版单位对版权输出缺乏热情。

三、国际合作出版模式

国际合作出版是指不同国家的出版机构在世界范围内开展出版物的编辑、排版、印刷、发行等活动，在全过程中合作完成其中某一个环节或某几个环节。国际合作出版的形式多样，按照合作过程中的职责分工不同，国际合作出版主要分为海外发行上的合作、选题编辑的合作、全过程的合作。按照合作层次划分，国际合作出版包括单本图书的合作、图书系列的合作。

国际合作出版能使中国的出版物进入世界市场，进入国外的主渠道，实现合作双方的优势互补，达到双赢。国际合作出版能够解决图书商品贸易、版权贸易中存在的问题，例如中西方读者阅读习惯、思维方式、语言等方面的差异，通过把合作出版的图书进行"本土化"改造，国际合作出版的图书将会吸引更多读者的眼球。在国际合作出版中，我们不但可以利用对方的营销发行渠道将中国图书打入世界图书市场，为我国出版单位节省开拓销售渠道、进行市场调研等费用，而且还可以学习国外出版单位先进的经验，使我国出版企业在图书编辑、印刷、发行等方面的水平逐渐与国际接轨，提高在国际上的竞争力。由于各个出版单位的资源有限，国际合作出版能够分散出版风险，实现出版资源的优化配置，生产出更有价值的图书产品，并为双方带来更多的利益。通过国际合作出版，国内出版单位的品牌得到了不断推广，但是版权资源也在不断流失。在国际合作出版中，国外出版单位成为中文版权的共同拥有者，甚至有可能控制了国内出版社的中文版权。同时，随着国际合作的不断加深，国外出版单位对我国图书市场的了解也会越来越深入。一部分国外出版机构凭借其雄厚的资金和成熟的运作模式，抢占我国出版市场的图书资源，对我国出版单位进入国际市场造成了威胁。

四、海外投资模式

海外投资模式是指出版企业在海外设立的出版机构开展出版业务的方式。我国出版业海外投资模式包括在境外设立分支机构，并购、参股国外的出版企业，在海外成立合资公司等形式。由于我国与国外迥异的政治制度、法律制度、文化习俗、市场环境等，我国出版物在进入国际市场的过程中将面临很多问题。海外投资模式能够在一定程度上突破这些局限，实现与国际接轨的目的，为更多的外国读者所认知。国内出版单位在海外投资后，可以充分利用海外的出版人才进行选题策划或经营管理，或者与海外的出版单位合作，深入了解海外出版市场，建立一批真正本土化的出版企业，以生产出更多满足海外读者需求的出版物。

在海外建立出版企业，我国出版机构能够及时了解到海外图书市场的信息，通过实地调研了解海外读者的需求，有针对性地策划选题，直接进入海外图书销售的主渠道。同时，海外出版机构也可以聘用当地的专业人员，这在一定程度上减少了由于国界、语言、文化的差异引起的一系列问题。在海外建立的出版企业进行本土化经营，我国出版企业可以学习海外先进的管理理念，通过当地出版工作者，更深入地了解海外图书市场的信息，积累更多的海外出版经验，为国内出版企业在国际市场上不断发展壮大创造条件。从另一个角度来看，由于国内的出版理念、出版制度、市场需求、销售渠道与海外不同，要取得长远发展，海外出版机构必须聘请当地的出版专业人才实施本土化经营。聘请太多的外国人进行经营管理活动，海外分社将面临被外国人控制的危险。在海外从事生产经营活动，海外投资的出版企业将面临比国内更大的货币风险、市场风险、政治风险及经营风险，撤出海外市场的障碍和成本都较高。同时，海外出版机构日常的管理费用和运营费用都比较高，而国内资产规模小的出版企业难以承受。

推动中华文化走出国门，走向世界，实施我国出版业的国际化转型是社会发展的必然要求，也是我国建设文化强国的必然选择。由于不同出版企业在规模、资金等方面存在巨大差异，国内出版企业在选择国际化转型模式时要结合自身实际，选择适合自己的国际化转型模式。在我国出版业国际化转型的过程中，内容出版资源丰富的出版企业可以选择图书版权贸易或国际合作出版为主要的转型模式；外向型出版能力强的出版企业可以选择图书商品贸易为主要的转型模式；熟悉国外出版行情且外向型出版经营人才较多的出版企业可以选择海外直接投资为主要的转型模式。总之，每个出版企业都有适合自己的国际化转型模式。

参考文献

［1］缪立平、闫鑫：《国际合作出版，你准备好了吗?》，载《出版参考》，2013年第9期。

［2］谢清风：《英国出版的国际化模式》，载《编辑之友》，2011年第10期。

［3］谭跃：《出版国际化的主要思考》，载《中国出版传媒商报》，2014年9月2日。

［4］张斯宁：《当前我国图书输出的主要形式及利弊》，载《东南传播》，2010年第4期。

［5］许洁：《不同类型出版商实现"走出去"战略的差异化路径选择——以两大国际出版集团为例》，载《出版发行研究》，2010年第12期。

［6］何奎：《加快海外分支机构发展，推动中国出版国际化进程》，载《出版广角》，2010年第9期。

［7］郦量：《中国出版社死拼版税，外国畅销书版税没百万免谈》，载《青年报》，2011年4月29日。

本文发表于《现代出版》2015年第1期；作者：王关义、鲜跃琴

第三部分
中国出版产业发展研究

大力发展出版产业既是推动文化大发展大繁荣的需要，也是提升中华文化国际影响力的迫切需要。本部分对如何推动中国出版业可持续发展问题进行了系统研究。主要内容包括：出版产业素质升级对策研究、传统出版与新兴出版融合发展机制研究、出版业信用体系建设研究、关于北京建设国际出版产业中心研究等，提出了着力提高文化软实力，推动包括出版业在内的文化产业成为国民经济的支柱性产业是国家发展的重大战略。

数字技术环境中出版产业素质升级对策*

随着互联网和信息技术的不断发展,数字技术融入传统出版业,引发了出版形态的革命性变革。另据中国新闻出版研究院"第十次全国国民阅读调查"数据显示,"2012年我国18—70周岁国民数字阅读方式的接触率为40.3%,各种数字媒介综合阅读率为76.3%"。通过以上数据可以看出,数字技术在传统出版领域的影响正不断地改变着人们的阅读习惯。同时,数字化阅读人数的增长,与数字化阅读方式的不断多样化,也对我国传统出版业的转型和升级提出更高的要求。

一、数字技术对传统出版业冲击巨大

数字技术等新媒体在出版领域的普及,使得传统出版业正发生着重大的改变。其改变了传统出版的产业链和传播模式以及载体的形态,对传统出版者的内容生产提出了新的挑战,对传统出版者的技术水平提出了更高的要求,同时数字技术还改变了传统的出版营销模式,给传统出版者的运行机制带来了新的挑战。

---

* 本文得到国家软科学重大基金项目"中国出版业转型与升级战略研究"(项目编号:2013GXS213013)资助。

(一) 数字技术改变了传统出版的产业链和传播途径

随着互联网和其他信息技术在出版领域的普及与应用，传统出版生产的产业链发生了巨大的变化。传统出版的产业链是由作者—编辑—复制—发行这几个环节构成的，而数字出版产业链则缩短了传统出版的印刷生产和发行环节，对产品的开发和维护进行了扩展，具体表现为作者—内容提供商—技术提供商—服务提供商—平台运营商—硬件生产商—渠道商—用户等几个环节。数字技术应用的同时，也扩大了传统出版原本的传播范围。传统出版的传播途径主要是通过出版者自身建立的发行渠道来进行的文化传播，而数字出版产品的主要传播者不再是传统出版商，其主力军为电子商务运营商或者电信运营商，传播途径主要包括互联网和手机通信网等。作者、出版者和读者可以通过网络等新媒体无论何时、不限地域的大规模、快速地浏览出版产品。

(二) 数字技术改变了传统出版产品的载体形态

传统出版产品的载体一直是以纸质版的书籍、报纸、杂志等形态出现的。目前数字出版产品形态主要包括电子图书、数字报纸、数字期刊、网络原创文学、网络教育出版物、网络地图、数字音乐、网络动漫、网络游戏、数据库出版物、手机出版物（手机报纸、手机期刊、手机小说、手机游戏）等。数字出版的产品载体则是以比特为代码进行数据转换而成的电子出版物，其形态多样，制造成本并不会随着产品内容的增加而增加，运输、存储都可直接在网络上操作。众所周知，图书的版权是出版者的根本利润来源。"在我国，数字资源的版权管理规范仍存在一些问题，如一些出版社和期刊社将自己拥有纸质版权的图书期刊等的数字版权授权给其他企业，而出版社和期刊社虽拥有图书的纸质版权，但不拥有数字版权，如果将传统的纸质内容转换为数字内容向用户提供服务时，侵权问题难免发生。"所以在这种情况下，如何保护数字出版产品的版权成了传统出版者亟待解决的问题。

（三）数字技术对出版者的技术水平提出了更高的要求

当前出版物市场告别了"卖方市场"的辉煌年代，中国数字出版业面对的是电商垄断时代。由于电商具有无可比拟的技术和渠道优势，迫使作为上游的传统出版者失去了应有主导权，仅靠内容资源来博取市场变得十分困难。尽管数字出版产品可以有效地降低传统出版产品的生产成本，但是由于数字出版产品是通过数字信息技术来实现的无纸化生产，因此，传统出版者需要在此投入大量的资金来支撑，而这些硬件设备和软件技术又是更新十分迅速，其维护成本较高。有些传统出版者虽然实现了其出版产品的数字化，却是单一的 Web1.0 时代简单的复制数字转化，其生产出来的数字产品在呈现方面并没有考虑到用户的体验，也未满足数字阅读者的根本需求。所以，如何更有效地使自身的出版资源能够在数字出版产品上充分体现，对传统出版者的技术水平是一个较大的挑战。

（四）数字技术改变了传统出版业的营销模式

传统出版的营销模式是单一的通过图书销售量来获得利润。如 20 世纪 90 年代末在图书营销史上产生轰动的经典营销案例——《学习的革命》，出版者通过对图书市场的大量铺货，使其销量突破百万册。由于印刷形式向数字形式出版的转变，在数字技术环境下，传统出版的商业模式也发生了巨大的转变。以亚马逊为例，在美国，亚马逊是一家集终端和销售平台为一体的技术服务商，用户只需购买一部 Kindle 即可阅读物美价廉的电子图书。"靠着渠道优势，亚马逊一直掌握着电子图书的定价权，凭借低价策略推动了电子书的发展。"又例如某些畅销的电子图书，在图书的前几部分章节，出版者可能暂时采取免费的获取形式，一旦读者想要进行深入的阅读，则需要通过付费才能进行阅读。这些数字化出版产品的商业模式都与传统的盈利模式大不相同，并且当前数字出版的商业模式也尚未成熟，大多出版者还处于对其的探索阶段。

二、强化产业链推动素质升级

尽管数字技术已经给传统出版产业带来了巨大的冲击,但传统出版数字化是一个漫长的过程。目前,传统出版者数字化出版意识淡薄、缺乏高新技术支持、数字出版人才匮乏、数字版权市场秩序混乱等这些困扰传统出版产业素质升级的问题依然存在,如何应对这些问题成为当前迫切需要解决的问题。

(一)增强数字出版意识,加强与技术提供商的合作

如今,虽然大多数出版者已经成立了与数字出版相关的部门,同时也开展了一些数字出版的相关业务。但是依然有部分传统出版者在面对数字出版技术应用的时候,往往采取的是避而远之的态度。他们主要是害怕通过数字出版技术的快速传播从而影响到纸质图书的发行量。因为就目前来说,传统出版者的主要收益来源还是纸质图书的出版发行,数字出版由于受到种种因素的制约,最终带给传统出版者的经济效益十分有限。互联网电商巨头当当网、亚马逊、京东商城等电子商务企业纷纷进入数字出版领域,并且建立了各自的数字出版物销售平台,将对数字出版产业的发展和数字出版市场的繁荣起巨大的推动作用。因此,传统出版者需要有投入、合作与创新的理念,积极与网络运营商、技术服务商以及各种类型的电子阅读器终端生产商等进行合作,将出版内容资源通过分类打包,转让数据或其他合作形式,借助多元化媒介渠道,最终呈现信息内容的多样化。

(二)深度开发内容资源,树立品牌效应

传统出版者一直固守纸质媒介,注重内容资源的生产和加工,忽视了在数字技术环境中,编辑不能只是将纸媒内容简单数字化。而要善于从 Web1.0 时代跨越到 Web2.0 时代,其对同一内容资源进行深度开发,延伸产品线,大力开发数字集群产品,树立品牌形象,扩大品牌效应。"在 Web2.0 时代,用户既是互联网内容的阅读者,也是互联网内容的制造发布

者,由被动的接收信息到主动的制作传播信息。"出版的本质是在于对其精神文化内容的传播,因此出版产品的传播范围也应尽可能地越广泛越好。尤其是在专业出版领域,推动学术文献规模走出去,不仅有利于增强我国的文化软实力,还有利于加强我国出版业在国际市场的竞争力。例如,在中国出版走出去"大军"里,同方知网(北京)技术有限公司显得特别与众不同。"14 年来,它用自己的数字出版与知识传播技术,对传统出版内容进行高度集成、深度挖掘和系统整合,再把这些新的产品发行到全世界。内容高端、客户高端的明显特征,使其在影响国际社会对我国文化软实力与知识创新竞争能力的认同和态度上发挥着重要作用。"

(三)根据市场细分来满足读者需求的个性化

据中国互联网信息发展中心发布的《第 31 次互联网发展报告》显示,我国网民主体为 20—29 岁的年轻人群。高中和大专以上学历人群中互联网普及率已经到了较高的水平,尤其是大专以上学历人群上网比例接近饱和,网民的增长动力来自低学历人群,截至 2012 年年底网民中小学及以下人群占比提升至 10.9%。在新媒介环境下,年轻读者的需求越来越呈现多样性、个性化。独特的内容定位与差异化产品服务才能保障内容资源提供者不断的盈利。传统出版者要针对报刊、图书等内容属性,不仅要考虑其在纸媒上的出版特性,还需考虑到如何利用网络出版平台等数字新媒体来呈现其多维度、深层次的内容资源。例如,针对以图片为主的图书,传统出版者可以选择美国苹果公司的 iPad 平板电脑进行图书或者期刊等出版物的呈现。

(四)数字技术环境中出版产品的营销模式

随着移动互联网的快速发展,手机出版将成为数字出版的主流并最终将数字出版推向产业化和规模化。其中在移动终端方面,"根据赛诺市场研究机构的统计,2010 年,中国市场销售了 2780 万部智能手机。2011 年的中国智能手机市场规模更是激增,达到 7400 万部的智能手机销售量。而在刚刚结束的 2012 年,智能手机的销量约为 2 亿部"。同时,我国手机网民数量快速增长为4.2亿,其年增长远超网民整体增幅。

以上数据充分证明了传统出版者针对出版产品在移动终端营销的可实施性,以及读者对手机阅读习惯的逐渐养成,用手机阅读文学作品已经成为当下流行的一种阅读趋势。例如,盛大网络文学在手机阅读领域的发展显得尤为突出。一方面,与传统出版的营销模式相比,手机出版绕开了印刷、仓储、物流等环节,能够以较高的版税激发作者的创作动力。另一方面手机出版发行还具有海量和交互性,其不仅降低了传统出版的生产成本,同时还提高手机阅读网站的盈利。因此,传统出版者可根据手机出版自身传播特点的优势,从出版产业链、商业模式、盈利模式、营销策略等各方面来谋求数字出版产业的发展之路。

(五)统一数字出版标准

"'十一五'期间,虽然完成了新闻出版、信息化、出版物发行等标准体系表的制定工作,但距离建设层次清晰、分类科学、完整适用的标准体系还有一定的差距,基础性标准和关键性标准缺位。"目前,国际上使用最为广泛的数字出版物格式主要为PDF格式,即Adobe公司研发的专用阅读格式。在我国,除了使用PDF格式外,还有一些较为常用的数字出版物格式,如北大方正阿帕比公司的CEB电子书格式、清华同方的CAJ电子期刊格式、超星公司的PDG电子书格式、书生公司的SEP格式等。这些不同种类的数字出版物格式彼此互不兼容,读者需要通过购买各种阅读终端或者阅读软件才能够下载使用,这就增加了读者的购买成本,对阅读内容的整合和数据交换也造成不利影响,阻碍了数字出版物市场的发展。因此,统一的数字出版标准是数字出版物市场得以健康发展的重要保障之一。同时,只有完善了数字出版物的格式,数字出版交易才能够更有效的监控,数字版权才能够得到有利的维护。

综上所述,当前我国传统出版业正处于转型的关键时期。由于出版活动本身具有特殊的双重属性,其结果的好坏直接关系到国家意识形态问题,以及国民精神文化生活的健康发展。因此,政府部门对出版活动的政策导向,为数字出版产业提供了难得的发展机遇。"我国数字出版产业的发展是由数字技术提供商发起和推动的，重点在于出版物载体的革新和内容呈现平台的搭建；与此同时，专注于内容的整理和生产的传统出版社不懂数字技术，难以对数字技术提供商做出回应，所以长时间以来，我国的数字出版产业各环节是相互脱节的。"因此，传统出版者在充分发挥原有优秀内容资源的同时，还应该积极与数字技术提供商进行密切配合，加强对数字技术趋势与市场的认知，加强产业链之间的合作，共同促进数字出版行业实现健康有序发展。

参考文献

[1] 周永红、吴振寰：《我国移动数字阅读市场发展现状、问题与对策探讨》，载《企业技术开发》，2013年第2期。

[2]《数字出版的商业模式》，载《印刷经理人》，2012年第3期。

[3] 郭亚军：《基于用户信息需求的数字出版模式》，世界图书出版公司2010年版。

[4] 王玉梅：《中国知网：推动学术文献规模走出去》，载《中国新闻出版报》，2012年3月23日。

[5] 郝振省主编：《2011—2012中国数字出版产业年度报告》，中国书籍出版社2012年版。

[6] 司占军、顾翀主编：《数字出版》，中国轻工业出版社2013年版。

[7] 冯书生：《数字出版的概念及产业发展机遇》，载《新闻研究导刊》，2012年第4期。

本文发表于《中国出版》2013年第24期；作者：王关义、梁明月

图书退货的原因及对策

发行部门是出版社的生命线。现如今，退货与回款难问题成为大多数出版社所面临的两大难题，尽管投入不少人力、物力和财力，但仍收效甚微。尤其是图书退货问题最近一个时期日渐凸显，不少书店进货大撒把，退货没商量，一些新书尚未开包上架就打道回府的现象也时有发生，这使得一些出版社的仓库里堆积着大量积压图书，严重影响到出版社正常的现金流运转。因此，客观分析产生图书退货问题的原因，探讨系统的解决方案，是实践向理论界提出的一大课题。

一、图书退货的现状描述

在图书发行中，退货是一种正常现象。在我国，一家中型出版社一般读物（相对于教材教辅读物）的退货比例一般不应高于20%，可是今年不少出版社的退货比例已超出正常值。看了小林一博《出版大崩溃》的人都知道，日本出版大崩溃是从大量退货开始的。平均退货率达到50%，高的甚至达到80%—90%。退货率是市场对图书业反馈的一个重要指标。随着我国每年出版品种和数量的增长，退货率也呈现上升的势头。退货增加又使库存急剧上升，2002年我国图书库存约占销售三分之一，相当一部分出版社的库存量超过年产值。由于销售不畅，大量滞销、积压图书开始打折销售，促成了特价书销售的旺盛，所谓"一折书""图书馆装备用书"等纷纷出笼，这又迫使书价整体降低。书价回落对社会虽然有好的一面，但对出版社的生存和持续发展构成巨大的威胁,利润空间进一步缩小。在经济压力下,出版社不得不通过增加品种和大量主发图书来薄利多销,于是新一轮退货潮又开始了,出版业似乎就此进入了恶性循环,从而加大了中国图书市场的风险程度。

据来自新闻出版总署的数据显示,2002年全国有300亿码洋的库存图书。这些图书大部分是被市场淘汰的品种。出版社退货率一般在20%左右,而有些出版社的退货率已高达60%。因此,有效控制退货比例不能不说是出版社目前最为亟待解决的问题。来势凶猛的退货浪潮,着实让出版社不敢掉以轻心。对书店,出版社不断充实的退货规定已不再是遮遮掩掩。有的出版社也制订了相应的控制图书退货的准则,以减轻退货的压力。如图书销售超过结款日期退货的,需与本地区业务员商量并说明原因和情况;图书销售超过六个月之后,出版社不接受退货,特殊情况要说明原因,经发行部主任和社领导签字方可退货;书店按批次购进图书,同样图书不退货;退回的图书必须包装完好,由于散包造成的图书破损由退货方承担损失;因销售店的各种原因造成图书污损,不予退货;非从出版社直接进货的图书不得退货;书店退书必须附明细清单,标明书名、单价、册数、金额、折扣、包数、单位;退书经出版社清点后,给退货店返回计算机打印清单,如有不符之处请在接到清单后一周内回告出版社(以发出邮戳十五日记算),如无回复视为无差错,将作为结账凭证。

图书的内在属性决定了要采用代销的形式。图书有许多不同于一般商品的特点:新品种非常多;没有试销期;书的质量如何、有哪些特点、顾客在哪里、顾客多少,都不好预测。因此,在图书贸易中,更多地采用代销(可退货)的方式。代销的好处不仅如此,还表现在谁出书谁担风险,这样可以优化图书选题,优化出书结构,避免和减少重复、雷同和浪费;能够真正解决买书难、卖书难的问题;可以控制出版规模,遏制关系稿和买卖书号;有利于打破贸易壁垒,冲破地方保护和封锁,建立统一、开放、竞争、有序的图书大市场;有利于协调自办发行与发货店多渠道发行之间的矛盾,使征订发行达到有序化。

正常的退货确实对产、供、销三方面都有利,但是目前在我国出版界退货制总体来说并没有达到理论上应有的效果，图书品种的膨胀、盲目进货、销售不利、竞争加剧、图书市场萎缩等原因造成了相当多非正常退货的存在，形成了一种无节制、无顾忌的退货，这在一定程度上限制了我国出版业的进一步发展。退货加大了出版社资金和空间的占用，延长了资金周转的时间，影响出版社的经济效益，而且也伤害了出版社和书店的关系，使出版社对书店失去信心，也使书店的经营受到了很大的影响。

二、图书退货的原因分析

造成图书退货大幅增长的原因具体分析如下。

（一）从出版社方面来讲

目前我国图书年产19万种以上，一方面助长了出版社漫天发货、广种薄收的风气，减少了提高图书质量的压力。在品种方面，不经过市场调查，乱出书的出版社也为数不少，导致市场上缺少适销对路的图书，平庸书多，精品书少，开本、封面和版式随意而为，使图书在市场上没有很好的定位。当前的退货潮在一定程度上是读者对粗制滥造图书的一个自发的回应。当然，书店也不会为卖不动或者很少卖动的图书浪费自己的资源（展架总是有限的）；在定价方面，习惯性按照印张定价，没有什么策略；在渠道方面，盲目主发，编辑和发行缺乏图书信息的沟通，发行和书店缺乏图书信息的沟通，主动发书，甚至不征求书店业务员的意见。生产者无法提供给销售者任何有用的销售信息。在促销方面，广告支持基本没有，没有形成促销的习惯。推出后也没有好的营销策划，难免大量退货。现在写得再好的书，如果缺乏广告、营销等，也成不了畅销书。

同时，几十年来，出版社一直沿用以往的模式，即把新华书店错当成了图书市场，出版社以把书卖给新华书店为目的，发货收款，天经地义。其实新华书店只是一个"假性市场"，真正的市场是在读者那里。要想减少退货就必须把目光从书店真正转移到读者身上去，努力提高书籍质量，减少选题重复，多做市场调查，适应读者需要。

就目前各出版社的实际情况来看，图书的退货大部分是由加货产生的，也有一部分是在第一次发货就产生了。第一次发货就产生退货的原因一般都是出版社对自己图书的市场缺乏判断，以为自己的图书是"皇帝的女儿不愁嫁"，书店在不明情况下或在出版社的鼓动下也就要了大量图书，这样一来也容易产生退货。由加货产生退货的原因主要在于书店和出版社都对该书的销售潜力和自己的推广能力缺乏判断，一个是书店对自己的销售能力判断不准，在看到某种图书于一段时间内销售得比较好，眼看快没货了就赶紧给出版社打电话要求加货，出版社在此时如果也没能做出详细的市场分析，不考虑其销售潜质和生命周期就盲目添货，退货也就在所难免。担心盗版图书抢占市场盲目重版，目前市场秩序极不规范，一本书只要能达到万册以上，就被不法书商盯上了。过去，出版社有充足的时间等待市场对图书进行检验，但现在，有些估计较为畅销的图书，出版社为了一次占领全国的图书市场，初印时只好凭感觉多印。如果判断失误，损失只好自己承担。如果市场有需求，出版社为了打击盗版，不能等到真正的市场信号反馈回来，冒风险加快重版速度。

（二）从书店方面来讲

新华书店的管理存在诸多问题，在体制上不灵活，常以老大的姿态自居，在退货上随意性很大，原来还有规定的退货期限，后来则发展到随时无条件的退货。

其一，书店特别是新华书店系统急需加强经营管理水平。新华书店系统经营管理水平落后是不争的事实，在面对计算机图书这种时效性强、发行周期短的图书时，就更加力不从心。对此，出版社显得颇为无奈。他们抱怨最多的是书店在退货上的不规范：有的书，书店积压了好几年才退回来，这时书已经完全过时，变成一堆废纸了；有的书，出版社刚刚发货没几天就退回来了，都让人怀疑书是否上过架；另外书店退货包装往往不规范，路上破损很厉害，也令出版社头疼不已。

其二，退货的骤增也暴露了书店与出版社之间信息不畅的弊病。由于还没有实现出版社与书店的电脑联网，因此出版社销售和市场信息的获得依然停留在出差访问、电话交流等传统形式上,出版社向书店索要库存和销售报表由于比较烦琐也只是偶一为之。比如有时一种新书1万册全发出去了,出版社库存为零,这时,出版社很可能会认为这本书已经销售断档,因此决定重印,殊不知该书在书店库房里堆着呢。信息不完备情况下做出的重印决定,造成以后的退货、积压和报废,实在一点也不奇怪。

其三,是书店退货没商量。目前全国每年新书有十多万种,一般的书店在销品种只有几千种,就是全国最大的新华书店,也只有30万种书左右。全国这么多的品种,书店销售新书也需要挑来拣去,何况"旧书"呢?目前图书的销售期只有半年左右,有些书店规定,新书上架只有15天,如果15天图书没有销售出去,就要撤下来退给出版社。

退货的另一种情况是出版社要求书店结账时,书店不管能否销出,将书一股脑儿退给出版社,他们的目的就是给出版社一个警告。有些出版社为了避免图书来回运输造成损失,要求书店按实际销售结账,但书店的回答是这样不好算账,先退回去,需要你再发给我们。

三、控制图书退货率的有效途径

退货是再正常不过的事情,出版社不应也无须大惊小怪。就目前图书市场而言,是一个相对的买方市场,也就是说图书品种的极大丰富导致同质化也日趋严重,每个出版社都想把自己的图书充分地展示给读者,也就必然做不到以销定产,而只能是以产定销,这势必会因铺货过多而导致退货。要想有效抑制退货,关键在于要了解市场需求,了解自己的产品到底如何,少发勤添,随时监控社内和书店的库存动态和销售情况,同时不要盲目追求上架率。具体对策如下。

(一)出版社要随时保证货源

编辑与发行及时沟通是防止盲目出书的前提。同时对印数的把握也十分重要。好的畅销书发行当然没有问题,但避免过高的估计。对那些重点书、市场前景好的图书也要有个"试销期"。比如能印2万册,不妨先印1

万册，经过一段时间的检验后，再印另 1 万册。讲究服务质量，针对书店普遍采取的"少进勤添"的经营方式，应对的做法是在速度上加速，当天的单子必须当天处理，第二天必须发货，每天两次，本市的当天发货。这样做的目的就是告诉批发商和大的零售书店，"我们随时保证供货"。为减少盲目发货，业务员要熟悉本地区的图书市场，对每一类书的销售情况也应有全面的了解。

（二）保证销售渠道畅通

完整、畅通的销售网络是支持销售率的根本，在这方面下的功夫越大，退货率越低。在沟通方面，出版社和书店要主动而不是被动地做。只有不断地沟通，才能使彼此双方的了解不断加深，只有了解了对方的经营方针和经营策略，双方才能采取相应的措施予以配合。同时双方要积极主动提供和索取业务信息，不要坐等对方索取和提供。由于信息获取和传递不及时，往往会错失商机，从而影响事业发展的例子比比皆是。在买方市场的总体态势下，作为卖方的出版社尤其要全方位地发布相关信息，既要具有针对性，又要具有广泛性，两者有机结合效果最佳。出版社的发行员要多跟书店交流，帮助书店合理地把握库存结构才能更好地控制退货。此外，加强营销宣传，用各种手段协助书店卖书，比如搞降价赠送等促销活动、广告支持、举办讲座签名等可以有效地加强销售，在上市图书的总发行量一定的情况下，由于营销宣传的影响，每销售一本，都意味着退货会减少一本。

（三）提高服务质量

当今社会，企业间的竞争已不再单纯是产品的竞争，而且也是服务的竞争。出版界也可以通过提高服务质量和效率来控制过度退货的发生，以融洽社店关系。要想减少退货，就必须把目光真正转移到读者身上去，努力提高书籍质量，减少选题重复，多做市场调查，适应读者需要。同时可以从为读者提供一般出版物产品转向为读者提供解决问题的方案。出版服务不仅是向读者推荐出版物，更重要的是询问其购买出版物的用途，然后给读者设计一个方案，读者需要什么样的出版物，如何满足读者的需要，设计一套应对措施。若有些读者急需的出版物本社没有，就告诉读者何处有。出版社应该做到比读者更清楚他们的需要，了解他们现在和将来的需求和期望。从出版物供应商转为出版服务商，成为读者降低成本、提高效率的合作伙伴，做到让读者满意，便可拿到长期的"订单"。在其他条件相同的情况下，那些服务质量好的出版社就可以优先占据市场。从一定意义上说，不断创新的、高质量的出版服务就是出版社信誉和可持续发展的保证。只要把最终市场解决了，那么无节制的退货问题也就迎刃而解。同时，出版社、批发企业和零售店应加快计算机化，同时实现网络对接，提高发货、分销、零售的准确性和有效度；社店联合启动市场，激活需求，把每个人变成读书人；规范管理。出版社应杜绝劣质书，建立档案监测客户的状况，发货要有选择；书店要留意市场，订货准确，保证经营的连续性。

（四）借鉴国外的经验

5年前，澳大利亚一些大型出版商通过一项决议，即决定取消再版书的退货。时至今日，澳大利亚的出版业已经适应了这种新的销售模式。当时，五大出版巨头（艾伦·昂温、哈帕·科林斯、霍德·标题、潘·麦克米兰和企鹅）相继在12个月内宣布对再版书实行包销政策。那么，出版商为什么要禁止再版书退货呢？原因在于出版商认为书商一边在退货一边又向出版商订购同样的书，致使图书一直在卡车上颠簸。出版商对于这种情况很厌烦又很无奈，认为由他们来为书商因库存管理不善而导致的损失买单是不公平的，并且他们觉得书商同时在利用退货来维持自己的现金流。允许图书退货最初是为了打消书商订购新书的顾虑，后来允许退货的范围逐步扩大到再版书，而取消再版书的退货使得图书销售又回到起点。

霍德·标题（澳大利亚）的负责人认为这种政策的改变是为了消除书业中的浪费现象而做出的一种有益的尝试。图书订购过程的低效率不仅对出版商是一种负担，也增加了书商的隐性支出。现在能够将以前浪费于运输退货的资金用于图书的出版、营销和宣传，从而间接地使书商获益。而一些经营业绩突出的书商正从中受益：潘·麦克米兰实施了一项奖励计划，如果书商退货少、宣传有力、回款及时，下次进货时将获得更加优惠的折扣。出版商认为，书商们不必过分担心，管理得力的书店应该知道哪些再版书畅销，哪些滞销。一个真正的书商，特别是那些借助于计算机库存管理系统来从事日常运作的书商，能够制订出需要库存的图书品种。既然从事商业，就不可避免要冒风险，并且要承担冒风险的损失。出版商认为这样很公平，因为他们承担着出版新书的风险。就再版书而言，书商有12个月的时间来衡量到底应该库存多少。但是，出版商为什么要干预书商的商业决策呢？

霍德·标题的营销主任爱德华兹直言不讳地说出自己的见解："如果一个书商在12个月内还不能预测出未来销售的数量，那么坦白地说，他就不应该从事图书零售业。"他认为再版书的销售是可以估量的，而新书的销售则充满变数，因此新书可以退货。

刚开始，一些书商大幅削减了他们的再版书库存，但现在他们已经适应了这种新的变化。同时，再版书的包销政策产生了一些立竿见影的效果，书店库存量明显减少。

目前我国出版界无节制退货的现象可以说发展到了相当严重的地步，已经影响到了我国图书出版业的顺利发展。我国出版业目前正处在改革的转型时期，面对这一问题，必须进行有益的尝试去改变这种状况。无论怎么做，最终的目的只有一个，那就是排除一切阻碍我国出版业发展的障碍，把它真正做好、做大。总之，退货制是一个世界性的图书流通规则，我们应该学习国外先进的经验，努力探索各种有效的、有中国特色的解决方案，并辅之以行政立法或者制订具有法律效力的行规来规范退货行为，使退货制真正起到活跃、发展、繁荣图书市场的作用。

本文发表于《中国出版》2005年第7期；作者：王关义、杨永龙

中国出版业发展：现状趋势与变革*

文化是一个民族的灵魂，也是衡量一个国家或地区综合实力的重要方面，文化产业是指生产文化产品或提供文化服务以满足人们精神生活需要的各种行业门类的总称。从本质上看，出版业属于文化产业，出版物既具有不同于一般物质产品的特殊属性即意识形态属性，又具有商品属性。一方面，要坚持把社会效益放在首位，避免市场机制的自发性、盲目性造成出版产业低俗化现象；另一方面，又要充分发挥市场机制合理配置资源的功能，推动出版产业发展。

我国有着丰富的文化遗产，出版资源富集，是出版资源大国，但并不是出版产业强国，我国的出版业在产业规模、产品质量、市场竞争力等方面与发达国家相比仍存在不小的差距。近年来，随着出版体制改革的逐步深入，我国出版业的管理体制、运行机制、生产方式、经营模式等各个方面都在发生着深刻的变化和转型。基于这种现实，如何制订切实可行的改革措施，加快出版业发展，是本文重点探讨的主题。

一、中国出版业发展现状

新中国成立60年来，尤其是改革开放30年来，我国出版业快速发展，出版物品种日益丰富，出版物市场实现了从"书荒"到"书海"的巨大变化，已形成比较完整的出版产业体系。

---

* 北京市拔尖创新人才项目的研究成果之一，项目编号：PXM2007-014223-044631。

（一）出版业发展速度快，总体规模显著扩大

2008年，全国共出版图书27.57万种（发行总量达70亿册），与1949年相比种数增长34倍；全国出版期刊9549种，与1949年相比种数增长37倍；全国出版报纸1943种，与1949年相比种数增长6倍。改革开放30多年以来，我国出版业经过深化改革，已形成结构完整、门类齐全、规模不断扩大、影响力日益广泛的出版产业体系。据相关统计资料，我国报纸由1978年的186种增加到现在的1943种，2008年总印数442.92亿份，定价总金额317.96亿元；期刊由1978年的930种增加到2008年的9549种，2008年总印数31.05亿册，定价总金额187.42亿元。新兴的数字出版业态发展迅速，2008年我国数字出版业达到530亿元的规模，2009年估计可达750亿元，发展速度远远超过出版业其他业态。如今，出版业已成为我国产业体系的重要组成部分。根据世界知识产权组织的最新统计，全球版权产业对GDP的贡献大概是5.6%，对就业的贡献是5.8%。而我国版权产业对GDP的贡献已达到6.5%，对我国就业的贡献占6.8%，明显超过世界平均水平，我国已经成为名副其实的出版大国。详细数据见表1和表2。

表1 新闻出版事业建国60年来发展基本数据统计表

年份	图书 种数	图书 总印数	期刊 种数	期刊 总印数	报纸 种数	报纸 总印数
1949	8000	1.05	257	0.2	315	4.12
1978	14987	37.74	930	7.62	186	127.76
1988	65962	62.25	5865	25.5	1537	267.78
1998	130613	72.39	7999	25.37	2053	300.38
2008	275668	69.36	9549	31.05	1943	442.92

注：图书、期刊、报纸总印数单位分别为亿册（张）、亿册、亿份；数据来源于新闻出版总署。

表2 2001—2008年全国图书出版业主要指标数据

年份	2001	2002	2003	2004	2005	2006	2007	2008
出书种数/种	154526	170962	190391	208294	222473	233971	248283	274123
新版图书/种	91416	100693	110812	121597	128578	130264	136226	148978

(续表)

年份	2001	2002	2003	2004	2005	2006	2007	2008
重版重印/种	63110	70269	79579	86697	93895	103707	112037	125145
总印数/亿册	63.10	68.7	66.7	64.13	64.66	64.08	62.93	70.62
定价总金额/亿元	466.82	535.12	561.82	592.89	632.28	649.13	676.72	802.45
纯销售册数/亿册	64.03	67.35	65.09	61.02	63.82	61.97	62.74	64.30
纯销售额/亿元	408.49	434.93	461.64	486.02	493.20	504.33	512.621	539.663
库存册数/亿册	35.54	36.89	38.54	41.64	42.48	44.59	44.78	51.08
库存金额/亿元	297.58	343.48	401.38	449.13	482.92	524.97	565.90	672.45
库存册数增长比率	-2.55%	3.80%	4.45%	8.02%	2.02%	4.98%	0.43%	14.07%
库存金额增长比率	9.13%	15.43%	16.86%	11.9%	7.52%	8.71%	7.80%	18.83%

注：数据来源于《中国新闻出版统计资料汇编》《中国出版年鉴》2001—2009 年各期。

（二）出版业的国际化程度日益提高，国际影响力显著提升

如今，我国图书出版规模已居世界第一，参与国际竞争、利用国际资源、国际市场加快发展成了行业的共识。据统计资料，2001 年，我国引进版权 8250 种，而输出版权仅 653 种，引进与输出比例为 12.6∶1；到了 2008 年，这一比例已降低到 6.5∶1，版权进出口逆差逐步缩小。数据见表 3。充分利用国际书展平台，以民族文化为主体，吸收外来有益文化，推动我国出版业走向世界的国际化开放格局正在形成。

表 3　2001—2008 年图书版权贸易情况统计表

年份	2001	2002	2003	2004	2005	2006	2007	2008
引进量/种	8250	10235	12516	10040	9382	10950	10255	15776
输出量/种	653	1297	811	1314	1434	2050	2571	2440
比例	12.6∶1	7.9∶1	15.4∶1	7.6∶1	6.5∶1	5.3∶1	4.0∶1	6.5∶1

注：数据来源于《中国新闻出版统计资料汇编》《中国出版年鉴》2001—2009 年各期。

(三) 出版业体制改革不断深化,与社会主义市场经济体制改革的目标日益逼近

出版业是一个典型的创新性行业,改革是推动出版业发展的巨大动力。自 2003 年全国文化体制改革试点工作启动以来,出版领域改革顺利推进:公益性出版单位逐步实现了企事分开,建立新的运行机制;经营性出版单位转企改制,建立现代企业制度和法人治理结构;印刷、复制、发行企业逐步打破地域和行业限制,形成统一开放、竞争有序、健康繁荣的大市场格局。2007 年 4 月,新华传媒在继 2006 年通过华联超市借壳上市后,实现向解放日报报业集团和上海中润广告有限公司定向增发,突破了传媒上市的一些传统壁垒,实现了"准整体上市"。10 月 17 日,新闻出版总署宣布,中国政府将完全放开符合产业发展条件并经过批准的出版机构、报业企业和官方骨干新闻类网站在国内外上市,并不再要求他们将编辑业务与经营业务拆分,而是鼓励整体上市,以"体现产业的整体性,减少关联交易"。2007 年 12 月,辽宁出版传媒股份公司成为国内第一家编辑业务和经营业务整体上市的新闻出版企业。目前,全国已组建了 26 家省级出版集团公司、24 家国有省级新华发行集团公司、3 家期刊经营集团,49 家党报党刊集团实现了编辑和经营业务两分开,经营部分正在转企改制。2009 年 3 月,新闻出版总署出台了《关于进一步推进新闻出版体制改革的指导意见》,把开辟融资渠道问题作为一项重点工作进行了部署,重点将在推动跨媒体、跨地区、跨行业、跨所有制的战略重组的同时,积极开辟融资渠道,支持条件成熟的出版传媒企业,特别是跨地区的出版传媒企业上市融资,积极引导出版企业采取内部融资、业内融资、业外融资、发行企业债券、引进外资、上市融资等方式进行融资。新闻出版总署数据显示,截至 2009 年 7 月,182 家中央各部门各单位出版社中,除前期已完成转企改制的 28 家以及保留事业体制的出版社外,2009 年有 101 家出版社完成转企改制,其余 47 家出版社将于 2010 年年底前完成转企改制工作,9 家改制到位的出版、报业、发行集团公司在境内外上市。据对全国 24 家出版集团做的调查,17 家完成转企改制的出版集团公司,平均总资产增长

66.2%，利润总额增长 25.3%，最多的翻了三番；而 7 家未改制的出版集团，平均负增长 43%。

（四）我国尽管可以称得上出版大国，但不是出版强国

从总体上看，虽然改革开放以来我国出版业有了快速发展，但大多数出版社规模不大，竞争力不强，发展水平与我国经济建设水平和国际地位相比，仍有较大的差距，并不能反映出我国文化竞争力有质的提高。以我国最大的单体出版社高等教育出版社为例，年销售码洋也只有 4 亿美元，与国际著名出版社相差甚远。这其中一个很重要的原因，就在于我国现有的出版资源是按照部门、行业和行政的条块化格局进行配置的，这种体制与我国已经建立并不断完善的社会主义市场经济体制存在着结构性的矛盾，地区封锁、行业壁垒、同业无序恶性竞争等负面现象，造成出版单位规模相对较小、资源分散、产品同质化倾向严重，难以产生有强大影响力的出版企业。

二、中国出版业发展面对的挑战与对策

学习和借鉴国外出版业的先进管理经验，着力打造一批具有国际竞争力的外向型出版发行企业，提高我国出版业的总体实力，是理论界和政府职能部门应当共同关注的课题。

（一）我国宏观经济环境对出版业持续发展构成有效的支撑，传统的出版管理体制面临极大挑战

目前，我国城镇居民人均可支配收入达到 15000 元以上，人均文化娱乐服务消费支出 600 元；农村居民人均纯收入接近 5000 元，人均文教、娱乐用品及服务支出 360 元。全国城乡居民的文化消费支出总量在 7000 亿元以上。出版业所生产的主要是精神性产品，它的源头是创意，核心是内容。从国际经验看，人均 GDP 突破 1000 美元以后，国民对精神文化的需求会越来越大，文化消费支出总量将稳步增长，文化消费的比重也将逐步

提高。2008 年我国人均 GDP 已经超过了 3200 美元，这预示着文化需求旺盛的时代正在到来。近年来，国家连续出台提高城乡居民收入的一系列重大措施，使城镇居民人均和农村居民人均纯收入持续增长，人民群众精神文化需求的多样性和价值观念的多元化，给出版业发展带来了新的挑战。

出版业发展向高层次递进，出版形态混业经营的趋势更加明显；集团化、集约化经营的步伐进一步加快，跨地区、跨媒体、跨所有制的兼并重组不断出现，出版产业微观经营主体呈现融合趋势；数字出版、在线出版、电子商务、物流配送等新型业态的蓬勃发展，使出版的载体形式、传播方式、运营模式、生产流程发生了革命性的变化；出版业的国内国际竞争日趋激烈。在这种形势下，出版资源将被重新调整和整合，行业界限、业态界限、地区界限将逐渐被打破，传统的出版管理体制面临极大挑战。

（二）数字技术发展迅猛，对传统出版构成巨大的威胁，必须借此积极推动传统出版产业升级

数字出版是一种新兴的出版业态，进入新世纪以来，数字出版技术日益成熟，数字出版企业稳步发展，数字阅读的受众面持续扩大，世界范围内纸质媒体的阅读率正在下降。美国传统图书出版物平均印数一直呈下降趋势，据统计，2008 年美国图书销售环比减少 1.5%。目前，美国 80% 以上的出版企业都开展了电子书业务。美国出版商协会统计的会员单位销售情况显示，2005—2008 年，在传统出版物市场销售减少的情况下，电子书的总销售额增长了 37%。2009 年 6 月底，Kindle 电子书库中约有 28 万种图书，而亚马逊电子书库图书的 iPhone 阅读销售量是 Kindle 的 2 倍，在有电子书和纸质图书可选择的情况下，电子书已占销售额的 35%。目前，谷歌"图书搜索"已经与 70 多个国家和地区的 2.5 万多家出版社合作了 180 万种图书，加上图书馆扫描的图书已有 700 多万种。同国际发达国家相比，传统纸质图书的出版，我国尚处落后位置，但数字化出版，我国已和先进国家处于同一起跑线，有的技术甚至领先世界。

数字化出版已成为我国出版业的新增长点。2006 年的《国家"十一五"时期文化发展规划纲要》、2009 年的《文化产业振兴规划》都把数字出版作为重点产业，新闻出版总署专门设立了科技与数字出版司，启动了多项重大数字出版工程，数字出版的发展进入一个新的历史时期。据新闻出版总署统计，截至2008年年底，我国578家图书出版社中已有90%开展了电子图书出版业务，出版电子图书约50万种，与2007年相比，增长了25%；电子书发行总量超过3000万册，收入达3亿元，同比增长50%；数字出版业的整体收入比2007年增长46.42%。有关方面预测，2030年，预计90%的我国出版物都是电子出版物。

基于这种现实，政府职能部门应当加大对数字出版的引导、发展和管理力度，引导社会资本投入数字出版产业上来，为以数字出版为核心的新兴业态的发展在资金、资源、人才等方面提供政策支持和基础保障：一是加大产业发展必需的资金投入，建议设立出版产业发展专项资金，采取贴息、补助、奖励等方式，加大对创新型出版企业开发项目的支持；二是科学配置出版资源，对大型传媒集团公司以及转制到位的出版企业在出版资源上给予优先配置和政策倾斜，充分鼓励跨媒体、跨地区出版，提高出版资源配置质量和利用效率，为企业创新发展提供保障。

（三）必须加快出版管理体制机制方面的创新

出版业是从事文化产品生产和提供文化服务的经营性行业，在社会主义市场经济条件下，出版业必须进入市场，在市场中通过竞争优化资源配置、提高集约化经营水平、促进产业升级、实现跨越式发展。当前，我国出版业赖以生存和发展的经济基础、体制环境、社会条件发生了深刻变化，从解放和发展文化生产力的需要看，必须进一步深化出版体制改革，努力破除制约出版产业发展的体制性障碍。出版体制改革自2003年试点以来，在管办分离、政企分开、政事分开、转企改制、股份制改造、上市融资、跨媒体跨地域跨所有制兼并重组等方面取得了突破性进展，出版体制改革正从试点层面转向全面铺开。2006年，中共中央、国务院发出《关于深化文化体制改革的若干意见》，明确提出了文化体制改革的目标任务：以发展为主题，以改革为动力，以体制机制创新为重点，形成科学有效的宏观文化管理体制、富有效率的文化生产和服务的微观运行机制、以公有制为主体、多种所有制共同发展的文化产业格局和统一、开放、竞争、有序的现代文化市场体系。作为文化产业的重要组成部分，如何深化出版业管理体制的改革，是推动出版产业发展的关键问题。转企改制是实现出版产业发展的必要条件，通过改制，出版业要逐步与市场、资本、产业接轨，要解决市场主体失位的问题，出版业的改革必须适应社会主义市场经济的要求，在把社会效益放在首位的同时，实现两个效益的统一。2009年，国务院常务会议审议通过了《文化产业振兴规划》，着眼于深化文化体制改革和应对当前国际经济形势变化，大力推动我国文化产业的振兴。深化出版体制改革，应着力抓好以下几个方面的工作：一是加快重塑和培育出版市场主体。除公益性出版事业单位需要在政府扶持下规范运作外，其他出版单位都应以建立现代企业制度为目标，创新体制、转换机制，真正成为自主经营、自负盈亏、自我发展、自我约束的文化市场主体；二是加快出版领域的结构调整，建立健全统一、开放、竞争、有序的现代出版市场体系，促进出版业内各种生产要素的合理流动；三是积极运用高科技改造，提升传统出版产业，开发新兴出版业态。

从长远来看，我国出版产业发展应坚持以市场为导向，充分发挥市场资源配置的基础性作用。针对我国出版产业发展面临的市场活力不足、企业融资困难、投资渠道不畅等问题，迫切需要国家财政发挥示范性和导向性作用，帮助弥补市场失灵和市场缺陷，推动出版产业的发展。2009年，财政部参与制定了《关于深化中央各部门各单位出版社体制改革的意见》，积极研究制定相关措施，旨在促进中央各部门各单位出版社改革。财政部门应当进一步完善相关财税优惠政策，有计划、有步骤地推动经营性出版单位转企改制，力争打造一批有实力、有活力的国有或国有控股的出版企业，使之成为市场上的主导力量，带动我国出版产业的整体发展。

（四）适应出版业市场化、产业化这一趋势，逐步转变出版管理部门的职能

在市场经济条件下，基于市场经济固有的自主性、平等性、竞争性、开放性的特点，要求与之适应的政府是有限政府、服务型政府和法治政府，政府要转变职能，集中精力抓好经济调节、市场监管、社会管理和公共服务，政府职能转变的目标是要从传统的管理型政府向现代的服务型政府转变。要求政府职能限定在提供公共产品、建立市场交易规则、维护市场秩序、实施宏观调控上。出版行政管理要从微观管理转向宏观管理，工作重点要放在以下几方面：一是构建和完善与出版相关的社会公共服务体系。出版行政管理部门要以优质的公共产品和社会服务，为人民群众参与社会经济、政治、文化活动提供保障和创造条件。在转型和变革背景下，面对出版产业发展的新态势和国内国际市场竞争的新形势，决定了引导出版产业发展、增强产业竞争力应成为出版行政管理的核心经济职能。二是要加强宏观调控，制订宏观产业发展政策。通过加强信息统计和调查研究，定期发布新闻出版产业发展的状况、前景和趋势，制订产业发展规划、重点项目和产业政策，调控出版总量、产业结构和产业布局，推进产业升级和结构调整。三是要加强对出版发行体制改革指导和协调。我国出版发行体制改革是在政府主导下自上而下推进的，政府主导改革仍是现阶段出版发行体制改革的主要特征。四是加强出版市场制度建设。建立出版微观运行制度，将试点经验和政策性措施转化为制度性安排，重塑出版市场主体。这也是现阶段深化出版发行体制改革基本目标。要建立和完善各类事关行业发展的管理制度，如出版内容审查制度、行业准入和退出制度、数字新媒体监管制度、出版业公平竞争制度、民营资本介入出版制度等。要加强行业自律，建立和完善行业诚信制度和职业道德制度等。五是加快出版物市场体系建设。加快建设统一开放、竞争有序、健康繁荣的现代出版物市场体系。六是加强出版行业监管。树立依法行政的理念，切实完善书报刊传统媒体和数字新媒体以及印刷发行业的监管机制，积极开展反侵权盗版斗争，建立良好的出版秩序。我国出版产业的优势是人口规模大、文明历史悠久、文化资源丰富。但从总体上来看，我国出版业在国际竞争中还处于弱势，产业实力不强、规模不大、集中程度不高，出版业也是我国市场化进程最迟缓的产业之一。近年来，中央大力推进出版体制改革，实施管办分离，进行公益性和经营性出版单位分类改革，加快产业化进程，通过转企改制重塑市场主体，提高市场化水平，提升竞争能力。这些改革措施已经显现出良好的结果，推动我国出版业可持续发展需要继续进行理论上的探索和实践上的推进，需要设计出系统的综合性的改革方案。

参考文献

[1] 柳斌杰：《新闻出版业正处于重要的战略机遇期》，载《中国新闻出版报》，2009年10月28日。

[2] 朱伟峰：《打造国际一流传媒集团迫在眉睫》，载《中国新闻出版报》，2009年10月27日。

[3] 魏玉山：《数字出版仍需要全面深入地研究》，载《中国新闻出版报》，2009年11月2日。

[4] 吴珺、苏超：《改革：加快文化产业发展的重要动力——关于文化产业的研究综述》，载《人民日报》，2009年10月19日。

[5] 柳斌杰：《文化体制改革，既有路线图也有时间表》，载《人民日报》，2008年6月19日。

[6] 张少春：《加大财政支持力度　推动振兴文化产业》，载《人民日报》，2009年10月10日。

[7] 朱建纲：《论转型和变革背景下的新闻出版行政管理职能》，载《中国新闻出版报》，2009年11月25日。

[8] 李舫、刘阳：《六问中国文化产业——访文化部副部长欧阳坚》，载《人民日报》，2009年10月28日。

本文发表于《科技与出版》2010年第1期；作者：王关义

我国书报刊印刷业"拐点期"的发展趋势与对策

随着网络等新媒体的迅速崛起,书报刊等传统出版物的发展面临巨大挑战。作为书报刊产业链的重要环节之一,书报刊印刷业已处在一个发展的历史"拐点",呈现出萎缩趋势,其中图书、期刊印刷业的萎缩已经开始。对此,书报刊印刷业应积极采用数字印刷等新技术,推进产业升级,以求适应新的市场形势,获得更好的发展。

我国的书报刊印刷业 10 多年来一直保持着快速增长,并成为我国印刷业的重要组成部分。根据中国印刷及设备器材工业协会的统计,书报刊印刷业 2004 年度总产值为 1166 亿元,占全部印刷业的 41%。从 2005 年开始,由于受到上游市场、新媒体出版等因素的影响,书报刊印刷业的发展呈现后继乏力的情况,正面临着发展历史上的一个重要"拐点"。

一、面临拐点:现状与趋势

处于"拐点"期的一个突出表征是,书报刊印刷业的整体发展已呈放缓趋势,其中图书、杂志的萎缩状态已经出现,随之而来的是产业内部的产品结构、市场结构、技术结构等各方面都面临的调整和转型。

(一)报纸印刷尚可维持短期稳定发展,但调整不可避免

由于有一个相对稳定的用户基数做支撑,近年内报纸印刷业也许不会有大幅度的萎缩,甚至不排除局部增长的可能,但可以肯定的是,这种情

况不会维持太久,且一旦出现滑坡,可能将是急剧性的下降。报业经营在2005年遭受空前挫折,报业整体盈利能力大幅度下滑,受众和广告遭受新媒体的双重分流,以至于有业内人士断言"报业发展面临拐点,报业的冬天已经来临",关于报纸是否会消失的讨论也日渐增多。

但从近几年的统计数据看,我国报纸的发行总量没有降低,平均期印数、总印数一直在稳步增长,而且总印张的增幅相当大,一般在15%以上。但值得注意的是,增幅有放缓甚至下降的趋势(如表1所示)。

表1 1998—2004年报纸出版印刷情况

年份	种数(种)	总印数(亿份)	总印张(亿印张)	平均期印数(万份)
1998	2053	300.38	540.00	18210.69
1999	2038	318.38	636.68	18632.00
2000	2007	329.29	799.83	17913.52
2001	2111	351.06	938.96	18130.48
2002	2137	367.83	1067.38	18721.12
2003	2119	383.12	1235.58	19072.42
2004	1922	402.40	1524.41	19546.30

资料来源:新闻出版署计划财务司:《中国新闻出版统计资料汇编》,中国劳动社会保障出版社1998—2004年版。

与此同时,中国报业协会发布的数据显示,2004年全国报纸印刷总完成1360亿对开张,较上年仅增长了8.28%,年增幅较前一年度的15.8%下降了7.52%,是近7年来增幅最低的一年(两个权威机构发布的2004年数据何以相差如此悬殊,原因不明)。

总体上看,报纸印刷都显示了比较强劲的增长势头。对此我们分析主要有以下4个原因:(1)报纸广告和受众的萎缩,在短时间内并不一定引起总印张的下降,相反,为了更好地占领市场,有些报纸甚至会不惜亏本扩版加厚,以吸引读者;(2)我国报纸的行政发行比重很大,据统计到2003年国家新闻出版总署发布《报刊摊派实施细则》时为止,我国媒体的发行市场规模在160亿—200亿元,其中强制性公款征订部分的资金约占发行市场规模的38%—50%，大约有1250种报纸以公费订阅为主，占全部报纸的50%以上，这样不论亏损与否，发行量和印刷量都不会减少；（3）报纸受众虽然遭到新媒体分流，但由于我国报业长期垄断经营造成的市场开发不充分，报业还有一定的市场开拓空间，这在一定程度上可以延缓报业的萎缩；（4）报纸在短期内还会拥有一个基本的读者群，一方面，我国已进入老龄化社会，由于老年读者的阅读习惯和对新技术接受的滞后性，报纸读者量会有一个相对稳定的基数；另一方面，由于我国地区间发展的不平衡，在一些欠发达地区，报纸依然是主要的信息来源之一。

但是，这种增长并不具备长期持续性。新闻出版总署报刊司发布的《中国报业发展报告（2005）》提示，我国报业正在面临着重大的战略转型，单纯的以发行量扩张为主要表现的报业发展模式正在面临挑战。都市报将更加关注其有效发行，党报的影响力也不再以扩大发行量为主要目标。与此同时，"厚报时代已过去"已成报界共识，今后报纸难以像过去那样大幅度扩版。相反，有可能不断压缩版面，因此，即使报纸的总印数不减少，总印张也可能减少。北京的一些报社印刷厂在2005年的新设备投产以后，就相继出现了"吃不饱"的现象，这在前几年是难以想象的。

综合以上情况，最乐观的估计是，到2010年报纸印刷的总印张可能达到2000亿印张。实际上，考虑到新媒体技术持续加速等因素，总量会大大低于这个数字，有可能低于1500亿印张，且不排除突发性的下降。2010年前后总印量负增长并非不可能，而此后的下降甚至可能是几何级数的。

（二）图书印刷萎缩将比报纸印刷来得快

相对于报业来说，图书业无论产业实力还是政策影响力都更弱一些，传播技术上也具有更大的可替代性。因此，可以预期，图书印刷的萎缩将会更快。

在产业层面，目前图书结构不合理、库存增加等问题已接近产业发展的最终承受能力，有可能导致印刷总量的进一步下降。同时，随着人们出版需求的多样化，以后图书出版总体趋势将是品种增加，平均印数下降，而新媒体出版则在技术上适应了这种趋势的需要。

在政策层面,由于出版业发展在体制上的"瓶颈"已无法回避,目前出版业管理体制正处于一个调整期。这种调整对图书印刷的负面影响较大,通过数据分析,我们看到图书印刷已经处于萎缩状态,图书纯销售册数、总印数已连续两年为负增长(如表2所示)。

表2 1998—2004年图书出版印刷情况

年度	出书种数(千种)	总印数(亿册)	总印张(亿印张)	用纸量(万吨)
1998	130.613	72.39	373.62	88.05
1999	141.831	73.17	391.35	92.19
2000	143.376	62.74	376.21	88.58
2001	154.526	63.10	406.08	95.6
2002	170.926	68.74	56.45	107.43
2003	190.391	66.74	62.22	108.77
2004	280.294	64.13	465.59	109.52

资料来源:《中国新闻出版统计资料汇编》1998—2004年各册。

综合纯销售册数趋势推测,如果按照总印数年递减3%推算,到2010年图书总印数可能下降到53亿—55亿册左右。如果教材实现或部分实现电子出版,并考虑到技术加速等因素,总印数有可能下降到40亿—50亿册水平,即仅有目前的三分之二。

综合新媒体发展趋势和图书销售情况,2006年前后总印张就有可能出现负增长,到2010年总印张数有可能比2004年下降8%—10%,大约为430亿印张。在此基础上,到2015年即使按1%的降幅来计算,图书总印张也将只有40亿印张左右,大约只有目前的85%。

(三)期刊印刷的萎缩最为明显

期刊印刷业规模总量相对较小,多年来期刊印刷的总量增幅一直不大,且受政策调整影响较大,从近几年来的数据上来看,其萎缩情况相当明显(如表3所示)。

表3 1998—2004年期刊出版印刷情况

年度	种数(种)	总印数(亿册)	总印张(亿印张)	平均期印数(万册)
1998	7999	25.37	79.87	20928
1999	8187	28.46	96.78	21845
2000	8725	29.42	100.04	21544
2001	8889	28.95	100.92	20697
2002	9029	29.51	106.38	20406
2003	9074	29.47	109.12	19909
2004	9490	28.35	110.51	17208

资料来源：《中国新闻出版统计资料汇编》1998—2004年各册。

其中，平均期印数自2000年以来一直是负增长，而且这种降幅有加大的趋势。如果我们仅以5%的降幅来计算，到2010年平均期印数就只有1.26亿册，仅为目前的73%。自2001年以来，期刊总印数总体上也是一个负增长的趋势，且这种降幅也有增大的可能。考虑到新媒体等外部因素的影响，如果仅以2%的降幅计算，到2010年总印数大约有25亿册，约为目前的8%。到2015年，有可能比目前萎缩四分之一。自1999年以来期刊总印张数保持增长，但增幅一直在下降。到2010年期刊的印刷总量最乐观的估计是保持在2004年的水平，如果综合考虑期刊管理体制改革、电子期刊发展等因素，印张总量下降的可能性非常大。在此基础上，到2015年总印张数可能只有目前85%—90%左右。

（四）"拐点期"的几大趋势

1. 集中趋势。2015年前可能会更多地向大城市集中，2015年之后，随着按需印刷的发展，大城市的出版物有可能会有所减少，一些中小城市的专业化印刷变得更加重要。由此会形成两个趋势：一是上规模的企业会大量集中于一些大型中心城市，二是小型的专业印刷企业可能会更加分散。到2020年，我们也许能看到，许多小的出版物印刷企业会只有一个门面店，和现在的打字复印店一样多。

2. 国际化趋势。随着世界经济一体化步伐的加快和我国入世承诺的完全兑现，以及我国经济持续发展，我国印刷业市场国际化趋势将不断加快，国内市场日趋成为国际市场的一部分。在今后一段时期，一方面，国外各种印刷企业必然会更多地抢占国内印刷市场的份额；另一方面，国际资本也会加快输入资本的步伐。

3. 产品多元化趋势。以后大型的印刷业往往会是兼有包装装潢、出版物等印刷的复合型企业。即使是在专业的出版物印刷企业中，多数企业仍将是多种出版物、多种印刷技术相结合的企业，而不会是某个特定出版物的印刷企业。当然，不排除更加专注于特定出版物印刷的单一的大中型企业的存在，但数量不会太多。

二、"拐点"期若干影响因素分析

书报刊印刷业的萎缩是多种因素造成的，且外因大于内因。由于书报刊印刷几乎完全附属于书报刊生产，因此，当书报刊业自身发展出现危机征兆时，其印刷业危机可能已经来到。

（一）上游市场

书报刊业受众遭新媒体分流，市场萎缩趋势明显。调查显示，受互联网等新媒体影响，2003—2005年，北京读者平均每天阅读报纸时间减少了2.2分钟，上海读者减少了3.6分钟，广州读者减少了3.5分钟，2005年北京只有三分之一的人阅读报纸，报纸读者的老龄化趋势日益严重，北京综合性报纸读者的平均年龄超过41岁。这个情况是世界性的，美国的一项针对2600位网络使用者所进行的媒体消费行为调查显示，减少看杂志的人有34.1%，减少看报纸的人有30.3%。另据全球报纸协会提供的数字，1995—2003年，报纸发行量在美国下降了5%，在欧洲和日本分别下降了3%和2%。

从我国的图书销售量和全民阅读率上分析，图书的受众也在减少。自1999年以来，我国图书业保持了快速发展势头，2003年的图书种类比

1978 年增加了 12 倍多，但平均印数却从 1978 年的每种 25 万册下降到 4 万册。与此同时，出版库存却大幅度增加，2000 年以来以每年 50 亿元的数量猛增，到 2004 年年底已达 49.13 亿元，是纯销售金额的 92.4%。而纯销售册数近几年却呈直线下降趋势。有专家估计，2005 年的库存量将达到 500 亿—550 亿元，首次超过图书纯销售金额。国民阅读率逐年下降，2005 年首次低于 50%，与此同时，网络阅读率却从 1999 年的 3.7%，增长到 2005 年的 27.8%。这些情况意味着图书的受众和市场都在缩水，图书业已呈一定程度上的衰退局面。

（二）新媒体出版

业内人士普遍认为，目前的纸质媒体所以呈现出某种程度上的衰退，固然是多种因素造成的，但新媒体是其中最重要的原因，它导致了书报刊受众和广告的大量流失。由于新媒体的出版内容都是即时发布的，不需要印刷，因此，新媒体对书报刊印刷业的消极影响将比书报刊业本身来得更加严重。

相对于纸媒来说，新媒体出版有着许多优势：一是传播及时迅速，如网络新闻可以 24 小时不间断发布；二是互动性强，读者可以深度参与，能提供个性化服务；三是阅读方便，如一个 E-book 阅读器中可存放数千本图书，能够随身携带阅读；四是价格低廉，在网络上有海量的电子图书免费下载。2005 年我国电子书销售总册数超过 80 万册，出版总量超过 15 万种，超过美国居全球第一。另据一家权威调查机构对全球印刷媒体和电子媒体的市场份额进行的统计，1995 年纸质媒体所占市场的份额为 70%，电子媒体只占市场份额的 30%，预计到 2010 年传统媒体将只占市场份额的 48%，而电子媒体会占到 52%，居于主导地位。

从 2005 年以来的情况看，新媒体出版出现了明显进展：一是手机报的大量出现；二是博客技术的进一步完善和各类博客的井喷式出现（如图 1 所示）；三是数字杂志的日趋成熟和快速增长（如图 2 所示）。它们对传统信息传播方式和信息采集方式具有颠覆性影响。

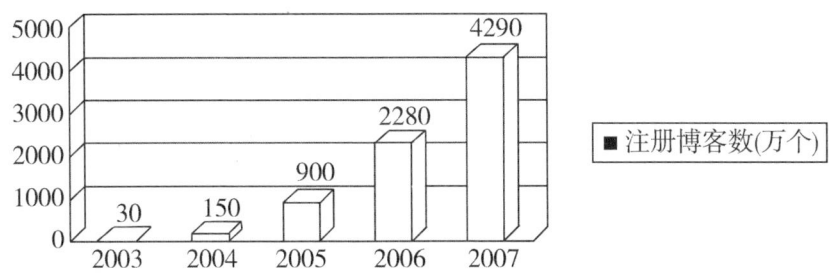

图1 2003—2007年中国博客规模发展情况及趋势

资料来源：艾瑞市场咨询-中国网络研究经济中心，见http://www.iresearch.com.cn。

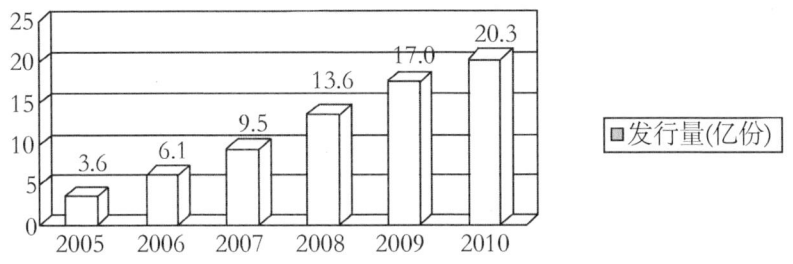

图2 2005—2010年中国数字杂志发行情况及趋势

资料来源：艾瑞市场咨询-中国网络研究经济中心，见http://www.iresearch.com.cn。

2008年北京奥运会为新媒体出版提供了难得的使用和抢占市场的机遇，同时，经过2—3年的积聚和推广，目前的一些网络新技术新设备届时将更趋成熟和普及。到2010年以电子纸为载体的电子报纸开始进入市场，将可能进一步制约书报刊印刷业的发展。

（三）体制改革

出版业和印刷企业的改革取向不可逆转，并将持续深入，这给出版物印刷业带来重大影响。改革的总方向是给予不同所有制企业真正的市场主体地位，推进出版物印刷企业的现代企业制度的建立，进一步完善市场环境，保证印刷业更好地向前发展。如目前的600多家报社印刷厂还有相当一部分没有实现"改制"，有的还是事业单位性质，甚至只是报社的一个部门。在新一轮的文化体制改革中，这些企业都必然会转制为独立的市场竞争主体。

报业、出版业的改革将极大影响书报刊印刷业的发展。如在图书出版中教辅图书占全部图书的70%，国家有关部门已确定实施教材出版改革，由资质较好的出版社集中出版，下游的印刷业必将受到重大影响。

以市场为导向的企业改革将会强化市场竞争，未来几年间既会有大量新企业产生，也会有一大批不适应市场的企业退出，特别是一些中小型技术水平低的企业。2010年前后受体制改革和市场调整的影响，书报刊印刷业可能会经历一轮大规模的兼并浪潮，使得产业集中度有所加强，百强企业的平均规模会持续扩大，并出现更多的多元化的有国际竞争实力的印刷企业集团。

三、对策与建议

书报刊印刷业萎缩的趋势，要求其迅速进行结构调整，且这个调整必须前瞻性地考虑到新媒体和数字技术的影响，特别要全面分析发展中各种变量因素。从目前情况看，在这个"拐点"期里书报刊印刷业的调整将是全方位的，影响到市场、技术、产品、管理方式等各个方面。

（一）实施总量调整

目前书报刊印刷能力严重过剩，总生产能力已经明显大于市场需求，许多印刷企业生产设备长期闲置、人员停工。总体来看，常规性的书报刊印刷业技术水平要求不高，进入门槛比较低，导致此类企业大量涌入，造成产能过剩。还有一些书报刊印刷企业由于业务来源相对固定，缺乏竞争意识，在采用新技术、开拓新市场等方面缺乏动力，自我发展能力很弱。目前越是低端的印刷能力越是过剩，而高端印刷产品的生产能力则尚显不够。

因此，一方面，应当采取宏观措施限制一般性的小型书刊印刷企业数量,控制印刷能力继续增长,进行出版物印刷业的初步瘦身。国家新闻出版总署曾于1999年出台了《2000年出版物印刷企业总量、结构、布局宏观调控规划》,对各类出版物印刷企业的分布和规模进行了硬性规定,取得了一定的成效,另一方面,要积极发展高技术、规模化、数字化、按需印刷的大型企业,提高我国书报刊印刷企业的竞争力。

(二) 调整产品结构

书报刊印刷企业产品结构不合理情况较为突出,多数印刷企业只能印报纸或图书,产品单一,抗风险能力弱。这在报社印刷厂中表现十分明显,600多家报社印刷厂中多数以印报为主,很多报社印刷厂没有报纸以外的产品和服务,如果不进行适当的产品结构调整,随着新媒体出版的进一步发展和报业危局的持续,这些报纸印刷企业将会遭受重创。

因此,现有书报刊印刷企业要创造条件,积极介入包装印刷、数字印刷,实现产品的多元化经营,改变仅依靠书报刊印刷生存的局面,提高应对市场风险的能力,特别是要提高按需印刷的能力。从总体上看,单一产品的书刊印刷企业的生存压力将越来越大。

(三) 优化市场结构

对于我国书报刊印刷企业来说,与数字印刷接轨,积极开拓按需印刷市场是一个较为可行的措施,既可以满足当地市场的需求,也可以实现与现有书报刊印刷在人才、技术和设备上的共用和融合。这里主要包括3个方面的市场:一是数字化个性化印刷市场,主要面对社会零散需求,包括建筑设计效果图、投标书、重大国际会议或论坛文件,或外商及外来委托业务、说明书、个性化广告、个性化台历、相册等。据估计,在我国目前经济产值大致在20亿元,到2010年,有可能达到40亿—45亿元;二是可变数据印刷市场,包括银行、保险、证券、税务及公用事业等方面的票据、发票、账单或报表等印刷,对印刷企业的资质要求较高;三是按需印刷市场,即根据市场需要印刷小批量、个性化的书报刊,目前北京知识产权出版社等少数出版社按需印书已经启动。美国CAPVENTURE印刷调查公司预测，美国按需印刷零售额 2000 年以来的年增长率可达 18%，2005 年的总量可达 480 亿美元，而同期美国印刷市场的总体增长率仅为 4%。该公司预测欧洲按需印刷零售额的年增长率将达 2%，在印刷市场占有率将从 20% 增加至 29%。

参考文献

[1] 新闻出版总署计划财务司编：《中国新闻出版统计资料汇编》（1999—2004 年各辑），中国劳动保障出版社。

[2] 夏天俊：《2004 年我国报纸印刷概况》，载《印刷杂志》，2005 年第 8 期。

[3] 吴飞：《大众传媒经济学》，浙江大学出版社 2003 年版。

[4] 王荣、汪波：《数字时代媒体新形态》，载《中国记者》，2006 年第 2 期。

[5] 车茂丰：《发展数字印刷概要》，载《印刷杂志》，2005 年第 6 期。

[6] 新闻出版总署报纸期刊出版管理司：《中国报业发展报告》，商务印书馆 2005 年版。

[7] 李保强：《报业印刷 2005 观察与思考》，载《今日印刷》，2006 年第 2 期。

[8] Thoams D. Gorman. *Magazine Publishing the People's RePuiblic of China A Biref Overview*, CCI Asia-PacificLtd., 2004.

本文发表于《经济管理》2007 年第 8 期；作者：王关义、孙海宁

构建出版管理学的探讨*

随着出版产业化和出版社企业化改革的深化，管理的重要性日益凸现，但目前学术界尚未涉及出版管理学的构建问题。初步探讨了构建出版管理学的必要性和基础，提出了出版管理学的研究对象、学科性质、理论体系和研究内容等。

随着出版业改革的深化和出版事业的发展，我国出版业的格局发生了很大的变化，出版管理的重要性日益凸现。目前学术界对于出版经济学的构建已有不少探讨（如罗紫初，1999；彭松建，1999；王秋林，2002；刘杲，2000），但是通过对中国期刊网的检索发现，学术界对于构建出版管理学的探讨却非常少，仅有一些学者在其论述中提到出版管理学（施勇勤，2001；王秋林，2002；王建辉，2000；邵益文，2007；庞沁文，2007）。王建辉在2002年提出了建立新闻出版管理学的问题，但是他提出建立的新闻出版管理学主要是指新闻出版的行政管理。有鉴于此，我们认为，应该把出版学和管理学两门学科结合起来，对现代出版活动进行研究，构建对中国出版业发展具有重要指导意义的出版管理学。

---

* 本研究得到王关义教授承担的北京印刷学院人才引进项目（09170107010）和北京市拔尖创新人才基金（PXM2007-014223-044631）资助。

一、构建出版管理学的必要性

(一) 加入 WTO，中国的出版宏观管理体制面临着严峻的挑战

党的十五大给新闻出版业提出了"加强管理"的重大任务。加入 WTO 后，如何既要维护开放、竞争、有序的出版物大市场，避免以行政命令干预正常市场竞争，同时又不放任自流，防止出版物市场的混乱，这是当前摆在全国各级出版行政管理部门面前的一个重要课题。随着市场经济充分展开，管理体制转变为政企分开，新闻出版管理部门的管理职能日益加强，社会监管的任务更加突出，而职能转变、工作重心转移后，也有许多新的课题有待人们去研究。加强管理将成为今后几年新闻出版事业的主题之一，而加强管理的意义则在于，规范新闻出版活动，建设监管有力、竞争有序、健康繁荣的社会主义出版市场，为新闻出版业营造良好的发展环境。因此，用科学的理论加强对管理实践的指导，显得特别重要，成为刻不容缓的事情。

(二) 处于体制改革中的出版社急需科学理论的指导

从 1980 年开始，我国出版社一直实行事业单位企业管理的体制。但是随着社会主义市场经济体制的建立和发展，这种管理体制已越来越不适应形势发展的需要。2004 年 5 月，中央做出了对出版社实行改制的重大决定：各省、自治区、直辖市除保留人民出版社为事业单位以外，其余出版社将全部转制为企业。正在转制的出版社同时还面临着国际出版集团的竞争。与这些出版巨头相比，我国出版业产业化水平低、规模小、核心竞争力差的劣势显露无遗，我国的出版社急需提高经营管理水平。出版社经营管理水平的高低决定着出版社改革的成败。

在新的形势下，出版社加强经营管理需做好以下两个方面的工作：(1) 出版社要尽快建立现代企业制度。近年来，随着出版体制改革的深入和《全民所有制工业企业转换经营机制条例》的贯彻，出版企业逐步由生

产型向生产经营型转变，经营管理普遍得到了加强。但是，经营管理落后的问题尚未根本改善，管理水平还不能适应走向市场的需要，集中表现在市场意识淡薄、优势发挥不够、产品结构调整缓慢、产品质量滑坡、优质品率低、物质消耗高、损失浪费严重、生产和库存周期长、资金周转慢、经济效益低、财务管理制度不健全等。经营管理跟不上形势发展的需要，已成为出版企业当前带有普遍性的问题。（2）建立、健全经营管理制度。经营管理规章制度是企业经营活动的行为规范，是保证经营活动得以正常进行的重要手段。根据出版企业的实际情况，目前急需建立健全的经营管理制度主要应包括：经营管理重大问题决策程序、企业发展战略、选题论证及决策管理办法、内部目标管理责任制、产品质量管理办法、资金运转及调控管理办法、存货管理办法、销售管理办法、会计核算及成本管理办法、财务管理办法、内部审计办法、职工培训和聘用管理办法、工资及奖金分配办法等。

（三）出版业具有不同于其他行业的特点，需要建立自己的管理学学科体系

由于出版业兼有物质生产和精神生产的双重属性，出版管理也因此而具有双重性，既要管理物质生产，更要管理精神生产。我们国家的社会主义制度决定了我们的新闻出版事业必须坚持社会主义的舆论导向，要求必须把社会效益作为最高标准。这些特殊性也就使我国新闻出版事业的管理部门不同于其他行业。这也使出版管理学与其他管理学相比，具有鲜明的个性，所以需要建立自己的管理学学科体系。

二、构建出版管理学的基础分析

（一）对出版业两重属性的认识是构建出版管理学的理论基础

对出版业属性认识的不同，就会对出版业实施不同的管理政策——大到一个国家的宏观管理机制，小到一个出版社的微观管理措施。国内

外出版界对现代出版产业的属性有许多不同的观念和看法，有从纯商业的眼光来看待出版的，有从纯文化的观点来定位出版业的，有从政治文化观念出发看待出版业的。这些看法虽然具有一定的代表性，但都有失偏颇。从出版产业作为文化产业的一个组成部分来讲，从其产业化的历史和现实来看，把文化性和商业性作为出版业的两重属性比较符合现代出版产业的实际，并且也得到了大多数国家出版人的认可（于友先，2003）。我们国家在计划经济体制下，更多强调出版工作的文化属性，把出版业看作一种事业，出版工作的经济性质被放在次要位置，出版业的发展因而也受到很大的限制。改革开放以来，人们对出版活动的经济属性的认识逐步加深。在市场经济条件下，出版物作为一种商品，无论其多么特殊，要使价值得到补偿，使用价值得到体现，就必须通过市场来实现，即从事出版物生产、传播的出版工作必须遵循价值规律和市场供求规律。在人类进入知识经济时代以后，出版业作为新兴的信息产业的核心部分，在国民经济中的地位越来越重要（周蔚华，2003）。改革开放20多年的出版实践证明，我国出版业的快速发展是与我们对出版工作的经济性质有一个正确的认识密不可分的。因此，结合我国出版产业发展的实践，从理论上解释出版管理如何实现文化性和商业性之间的统一，正是出版管理学构建的理论基础。

（二）回答出版实践中提出的管理问题是出版管理学构建的实践基础

在实践中，广大的出版工作者已经摸索出出版管理的一整套行之有效的做法，这些做法为出版管理的理论探讨以及出版管理学的建立打下了扎实的实践基础，使得出版既有必要也有可能进行经验的深化和理论的抽象。同时，在管理岗位上从事管理工作的同志也急需从实践中形成的这种理论的指导，以应对日益激烈的竞争。随着出版业改革和发展的深入，将会出现更多的问题需要论证。因而总结广大出版工作者行之有效的工作经验，回答出版实践所提出的管理问题是出版管理学构建的实践基础。

三、出版管理学的理论体系和内容

(一) 出版管理学的研究对象及学科性质

作为一个学科研究对象的事物、现象或社会活动，应该具有一定的广延性；在研究对象基础上展开的研究内容，应包括该学科研究内容的各个方面；围绕研究对象进行研究而得到的科学理论，应能全面地指导相应的社会实践；而且作为研究对象的事物、现象或活动，在概念上应是高度的科学抽象的结果，而不是一些概念的简单组合。鉴于此，出版管理学的研究对象就是社会出版活动。所谓管理，就是为了有效地实现组织目标，由专门的管理人员对组织资源进行配置的计划、组织、领导、控制等一系列过程。出版管理学作为部门管理学，就是一门运用管理学的理论和方法对社会出版活动进行分析和研究的科学。我们这里所说的"社会出版活动"是指文化产品的生产和传播过程，是宏观的社会出版活动。

关于出版管理学的学科性质，我们认为，既然管理学研究对象的细化能够产生部门管理学和专业管理学，那么判断一门学科性质的最终依据还是在于该门学科研究对象的所属领域。而出版管理学是由出版学理论和管理学理论融合而成，又有其特定的研究对象——社会出版活动。因此，出版管理学是部门管理学，在一般管理学和出版活动之间起着桥梁的作用。

一个学科的定义是对该学科本质特征的概括，是对其研究对象及其基本研究范畴的简要概括和说明。由此，在明确了出版管理学的研究对象之后，我们对出版管理学做如下界定：出版管理学是一门研究社会出版活动中的管理规律、管理原理和管理方法的科学。

(二) 出版管理学的理论体系

出版管理有其内在的诸多规律，诸如基本任务、方针政策、管理主体、管理对象、执法依据、基本特点、政治监督等，这些方面构成了出版管理的完整的学科体系。它涉及的管理门类丰富，包括图书、报纸、期刊、音像、电子、网络六大媒体形式；它所覆盖的管理环节众多，有编辑、复制、发行、审读、版权交易等复杂环节；它所承担的管理任务十分烦琐，凡在我国境内从事出版活动，都应接受管理。出版行政管理既有行业管理也有社会管理，同时它还涉及管理层级和制度建设等，如管理层次，既有中央管理，也有地方（省、地、市）三级管理；既有宏观，也有中观、微观。而诸多管理不到位的情况和出版改革所遇到的新难点、新矛盾，也要进行实践的总结和理论的探讨（王建辉，2002）。根据出版管理所涉及的层次，我们认为出版管理有宏观、中观与微观之分。因此，出版管理学的理论体系大致可以分为以下三个方面：（1）出版宏观管理是出版管理部门根据党和国家出版方针与政策对出版事业的总体运行进行计划、组织、指挥、协调、监督和控制的过程。它是立足于国家层面对出版活动进行全局性和综合性的管理。作为新闻出版的主管部门，国家新闻出版总署无疑是出版宏观管理的最高行政机构。（2）与出版宏观管理对应的一个概念是出版微观管理，它是指对单个出版单位经营活动的管理。出版微观管理是从个体的角度出发，通过组织有关经营活动以实现其效益目标。它的范围、目的、职能都与宏观管理存在着差异。出版社的微观管理不仅包括对出版单位运作流程、管理规章、人事制度的管理，更重要的是，它还包括管理理念、发展战略等方面的内容。（3）中观管理介于宏观管理和微观管理之间，是通过行业协会协调政府与企业之间、企业与消费者之间、行业组织内部各企业之间等三类关系。行业协会不属于政府部门序列，不是政府授意、推动或资助的结果，多由企业或个人自发成立，会员自愿参加，协会以服务会员、维护会员合法权益为宗旨。行业协会发挥行业自律、提供信息咨询服务和政府事务帮助以及多方协调的职能。

（三）出版管理学的研究内容

与上述理论体系相对应，出版管理学研究内容主要包括以下几个方面：（1）出版总供给与社会总需求的基本平衡。这里所说的出版总供给不仅包括品种、数量，而且包括质量，同样还包括品种结构。为此，国家需要运用各种手段对出版再生产总体运行过程进行调节控制。（2）国家的出版政策以及出版业的发展规划。出版政策是出版活动的行动主宰，各级出版管理部门正是通过相应政策指导、规范具体的实际工作的。此外，制定出版业发展规划也是出版宏观管理的一个重要方面，科学的发展规划是出版业健康发展的保证。（3）对出版活动实施监管，引导、培育和完善出版物市场体系。涉及国家如何对出版活动实施有效的监管和引导，培育统一开放、竞争有序、健康繁荣的出版物市场体系。（4）出版业行业协会作用的发挥。出版行业协会作为社会团体，发挥着联系广大出版工作者的桥梁和纽带的作用。新闻出版行政机关需要把部门职权委托行业协会履行，逐步实现新闻出版行业中介服务的市场化。（5）研究出版行业的市场结构、企业行为和市场绩效之间的关系。（6）出版企业的经营管理问题。包括现代企业制度在出版企业中的实施问题，出版企业发展战略、营销策略的制订和实施问题，出版企业的投融资问题，出版企业信息化问题等。

四、出版管理学与相关学科之间的关系

按照与出版管理学联系的紧密程度，出版管理学的关系学科可以分为两个层次：一个是核心理论层，包括出版学、管理学。出版学和管理学是出版管理学理论的直接来源。另一个层次属于同族层，包括出版经济学等。从不同的角度研究出版的经济管理问题是其共性。

（一）出版管理学与出版学、管理学的关系

如前所述，出版管理学是运用现代管理学的原理和基本方法来分析出版活动的管理问题的学科。管理学是研究人类各种实践活动中所蕴含的基本管理原理和一般方法的学科。管理学为出版管理学提供分析手段和工具，是出版管理学的基础学科之一。出版学是研究出版的一般规律的学科，它涉及出版活动的原理和方法。出版管理学研究出版的管理问题，是出版学和管理学有关出版经济管理规律研究的交叉学科。从本质上，出版管理学隶属于管理学，属于部门管理学。

（二）出版管理学与出版经济学的关系

出版经济学是运用经济学的原理与方法来研究出版规律的一门学科（罗紫初，1999）。经济学是一门研究资源配置问题的学科，作为应用经济学的出版经济学研究在社会出版活动中资源如何优化配置的问题。出版管理学是研究出版管理者通过一系列手段，对出版管理对象实施计划、组织、领导和控制，以提高出版资源的利用效率，实现管理目标的学科。由于出版经济学也以提高出版资源的利用效率为目的，与出版管理学存在比较紧密的联系。但两者的区别也十分明显：出版经济学强调市场、竞争和价格对出版资源的配置作用，注重出版市场机制的调节作用，而出版管理学强调人的决策对出版资源配置的作用，注重人对具体事物的调控；出版经济学从纯经济学的视角出发，研究资源如何才能达到最优配置，而出版管理学除了考虑经济因素，还要考虑政治、社会和文化等因素的影响，在资源配置中强调满意原则。总体而言，出版管理学和出版经济学同属出版学的分支学科。

（三）出版管理学与出版营销学的关系

营销是个人和集体通过创造，提供出售，并同别人自由交换产品和价值，以获得其所需所欲之物的一种社会和管理过程（菲利普·科特勒，2003）。出版营销学是研究出版营销活动及规律的一门学科，涉及出版市场需求、出版市场竞争、出版市场定价策略以及出版物消费者预期等多个领域，是出版管理学的原理在出版市场中的应用。因此，出版营销学是出版管理学的一个分支。

参考文献

［1］〔美〕菲利普·科特勒：《营销管理》，上海人民出版社2003年第11版。

［2］罗紫初：《出版学原理》，武汉大学出版社1999年版。

［3］庞沁文：《现行出版学概论教材存在的问题及解决对策》，载《出

版发行研究》，2007年第2期。

［4］彭松建：《出版经济学之我见》，载《出版经济》，1999年第2期。

［5］邵益文：《编辑创新与编辑学的学科建设》，载《中国编辑》，2007年第2期。

［6］施勇勤：《中国出版学研究现状与前瞻》，载《出版与印刷》，2001年第2期。

［7］于友先：《论出版产业两重属性与宏观管理》，载《编辑之友》，2003年第4期。

［8］王建辉：《建立新闻出版管理学》，载《出版参考》，2002年第18期。

［9］王建辉：《现代出版的内涵》，载《出版科学》，2000年第4期。

［10］王秋林：《出版经济学学科构建探讨》，载《出版发行研究》，2002年第7期。

［11］周蔚华：《现代出版的产业定位和经济功能》，载《中国人民大学学报》，2003年第5期。

本文发表于《科技与出版》2008年第1期；作者：高海涛、王关义

诚信何以缺失？

——再谈解决出版业信用危机的途径

当前，文化体制的改革已进入攻坚阶段，一批出版社将摘掉戴了50多年事业单位的"帽子"，进行彻底的转企改制。市场经济从法律层面讲是法制经济，从道德层面讲是诚信经济，这是市场经济的两个支撑点。但与西方成熟的市场经济相比，中国的市场经济还处于培育阶段，尤其是出版业的市场化程度远远落后于发达国家，其中的一个重要表现就是我们的出版诚信问题非常突出，怎么办？本文拟对这一问题再行探讨。

一、出版业"信用"何以缺失

出版业信用缺失现象的产生和存在原因是复杂多样的，主要有如下几个方面：

1. 传统的计划经济体制没有培养起坚实的信用关系。信用是市场经济条件下，各经济行为主体间在经济交往过程中形成的一种信任关系，它存在的前提是行为主体的人格独立和行为自主，是市场体系健全和交换关系的发展，以及市场机制、市场规则的广泛作用。计划经济体制下，各行为主体的行为都是在政府和"计划"指标的控制下进行的，自主权较少；尤其是出版社一直处于垄断经营的地位，受到意识形态和计划指标的双重控制，计划色彩浓厚，缺乏市场意识和竞争意识。市场不发达，物品极其短缺，供不应求，读者往往"饥不择食"，更不会"挑三拣四"。因而，无论出版社之间、出版社与读者之间、管理部门与出版社之间都不会发生信用关系。所以，严格地说，在传统的计划经济体制下，无所谓"信用"问题。

2. 即使进入了市场经济时代，因为初始阶段我们的市场经济依然欠发展，市场机制不健全，使现代意识上的信用关系没有完全建立起来，这在出版业中体现得尤为明显，市场机制的作用无法充分发挥，所以市场秩序紊乱和不良交换行为时有所现；政府管理部门管理方式落后，手段乏力，服务少、干预多，常常出现一些和市场规律相违背的事情，也影响了企业间的正常交往和信用关系的建立。

3. 社会经济活动中的行为失范现象得不到应有的惩处，助长了"失信"现象蔓延。如我国政府对诸如侵权盗版现象非常重视，出台了相关的法律条令。但不少地方，因为仅狭隘地考虑地方利益，使地方保护主义盛行，包庇甚至纵容制假贩假行为，助长了"失信"行为的发展，既破坏了企业间的正常经济交往，又严重阻碍了健康的市场关系特别是信用关系的确立。

4. 道德环境欠佳，使新的信用关系的确立缺乏理性基础。信用以道德为基础，如果社会行为主体的道德观念淡漠、社会道德欠佳，适应现代化市场经济发展的信用关系就建立不起来。缺乏强烈的道德意识，必然导致行为上的软约束，因而在法律难以涉足的层面常常会出现各种违背道德要求的行为现象。当然，导致出版产业诚信机制建设落后的原因除以上几点外，还有诸如因政策的保护，强化了出版社对政府的依赖，因条块分割的管理体制导致的垄断，助长了中国出版业的信用缺失等原因。

二、出版业信用怎样建立

（一）培育诚信土壤

不解决信用缺失问题，真正的出版产业体系就难以建立，因此，矫正信用制度扭曲，进行信用制度创新就成为当前出版产业发展的一项重要而紧迫的任务。

（1）培育以诚信为重点的出版道德规范。首先，出版管理人员应把出版伦理道德作为经常性的教育内容，定期对员工进行培训和强化，使出版经济就是信用经济的观念深入人心。其次，强化出版职业道德教育，促进行业自律。每一个行业都有各自的职业道德规范，随着现代出版产业的发展，作为规范职业行为、调整社会关系的出版职业道德亦应逐渐完善。再次，强化契约精神。这些年来，反复的交易实践已经使交易者认识到只有自觉遵守契约准则才能获得最大的长远利益，也会大大降低交易成本。因此，强化契约精神、诚实守信的价值观念和社会道德秩序，也是完善信用制度的基础。

（2）强化行为主体的信用意识，充分认识信用的社会作用。信用关系是市场经济的基本关系，没有信用关系维系，就没有顺畅、安全、和谐、健康的交换关系，因而就不会有真正的市场经济，经济的快速、健康、持续发展就无保证。对一家出版社来讲，信用就是形象，就是无形的资本和价值，也就是出版社的生命。所以，现代企业必须充分认识信用在市场经济发展中的重要作用，牢固树立信用意识，提高企业信用度，塑造企业新形象，使企业立于不败之地。

（3）公开出版信息，促进资讯自由流通。信息不对称和法制不健全是信用缺失的温床。我国经济转型时期的一个突出特点是信息不对称。在计划经济条件下，出版、营销信息的传递和处理基本上是垂直进行的，很少通过市场信用关系来调节人们的经济行为。在市场经济条件下，出版经济活动主要通过各市场主体之间的相互交易来进行，信息也主要是在各个交易主体之间横向传递。随着信息时代的到来，市场上的信息量空前增大，且瞬息万变。由于市场机制尚未完善，没有形成一套有效的机制来保证出版信息的公正、公开和有效传递，这就使得社社之间、社店之间、编读之间、编者与作者之间及其行为主体之间所了解的信息不对称，从而给失信提供了可能的空间。因此，解决信息公开问题也是克服信用缺失的有效途径之一。

（二）构筑诚信体制

扭曲的信用制度、混乱的信用秩序已成为当前我国出版产业发展中的一个严重障碍，因此，矫正信用制度扭曲、进行信用制度创新就成为当前出版产业发展的一项重要而紧迫的任务。创新出版信用制度应该从以下几个途径入手：

（1）加快产权制度改革。著名经济学家张维迎认为："无恒产者无恒心，无恒心者无诚信。"产权制度的基本功能是给人们提供一个追求长期利益的稳定预期和重复博弈的规则，没有完善的产权制度的经济极有可能是一个不讲信誉的经济。在这样的制度环境下，对于企业经营管理者来说，短期行为比长期打算更加现实。因此，必须抓好产权制度改革，建立"耕者有其田"的体制机制，使出版单位经营者对企业财产有更多的和实在的经营支配权和利益分配权。只有这样，出版单位才会重视重复博弈的价值，更多地考虑长远发展和品牌建设问题，从而做到诚信经营。

（2）规范政府行为，强化政府的信用监管职能。在我国，政府部门是出版信用制度供给和创新的主体。政府在信用体系中处于特殊地位，它既是信用规则的制定者和维护者，也是对失信行为的裁判者和处罚者。政府的信用形象和维护信用的能力出现偏差，社会整个信用状况就会出现动摇。因此，出版行政管理部门的行为应限定在其职能界定和法律允许的范围内。对出版经济活动既不能越权干预，更不能违法行事，以提高政府的社会公信力。与此同时，政府还要进一步强化自身的信用监管职能，完善失信惩罚机制，提高失信者的机会成本。

（3）建立声誉机制，对出版企业经营者进行激励和约束。从管理学角度看，追求良好的声誉，是企业家成就感的需要，或者说是马斯洛提出的"尊重和自我实现"的需要。现代职业经理人努力经营，并非仅仅是为了得到更多的报酬，他还期望得到高度的评价和尊重，期望通过企业的发展来证实自己的经营才能和价值。要充分发挥企业家声誉机制的作用，应改革不适应中国出版企业改革和发展的干部人事管理制度。只要企业家预期到良好的声誉能带来未来长期收益，企业家就会重视自己的职业声誉，激励、约束自己的行为，克服"机会主义"行为倾向；反之，如果企业家预期到声誉不能给其带来收益，他们就会无视职业声誉，产生"机会主义"行为。

（4）建立出版信用管理体系，强化社会信用监督机制。信用秩序混乱已经严重影响了市场的拓展和经济的发展。在这种情况下，交易者总是担心交易另一方的信用问题而不敢贸然从事交易，但是交易者要亲自了解对方的信用状况有时是不可能的，即使在可能的情况下，成本也非常高。建立出版信用管理体系是解决这一问题的重要手段。这就需要相关政府部门牵头组织制定一套出版企业诚信体系，确保经营者所获取的关于企业、个人的信用信息的真实性、公开性，同时可通过行业协会、大众媒体将出版企业的信用状况向社会公布，并形成信用信息披露机制，这对于建立良好的出版信用环境具有重要意义。

本文发表于《出版发行研究》2006年第6期；作者：王关义、张志成

经济危机环境中我国出版业逆势上扬的原因及对策

自2008年美国"次贷"危机引发金融危机,继而引发世界性的经济危机以来,世界各国国民经济均受到不同程度的影响,中国经济也不例外,但是中国出版业却在这场经济危机中呈现出逆势上扬的趋势。本文从理论上和实际情况中分析了中国出版业出现这一现象的原因,并提出了相应的对策。

一、经济危机环境中我国出版业逆势上扬的原因

(一)背景

美国的"次贷危机"引发了全球金融危机,进而演变为一场严重的全球性经济危机,并对世界各国的经济都产生了一定程度的影响。随着经济危机影响范围的不断扩大、影响程度不断加深,我国经济也受到一定程度的影响,文化产业作为国民经济的重要组成部分,也必然会受到一定的影响。

在金融危机的影响下,世界上一些出版强国出现了严重衰退,根据美国统计局生产商出货量、存货量和订单统计报告显示:2008年美国印刷业出货量同比2007年下降3.9%,是2008年出货量下降的十大主要行业之一。破产和裁员的阴影笼罩着欧美出版业:据《出版商周刊》报道,据最

保守估计,美国出版商 2008 年至少裁掉了 1200 位员工,《哈利·波特》的出版商学者公司亦裁减约 300 人。2009 年初,费城报业公司、新闻纪事报公司、明尼阿波利斯明星报公司,以及拥有《芝加哥论坛报》《巴尔的摩太阳报》等 10 家日报和 23 家广播电视台的美国第二大报业集团——论坛公司,因为不敌广告严重下滑与网络媒体的冲击,正式宣布申请破产保护。英国新闻探索集团除了关闭旗下的 11 家报纸外,还将冻结工资,要求员工削减工作时间或选择无薪休假。

但和发达资本主义国家的出版业低迷相比,中国新闻出版业在经济危机中依然取得了新的发展,出版业的产业规模进一步增长。不仅是传统出版业,以数字出版为标志的新型出版业异军突起,成为出版业的重要增长点。据《2008 年全国新闻出版业基本情况》显示:2008 年全国共出版图书 275668 种,总印数 70 亿册,图书品种同比增长 11.03%,总印数增长 10.21%。全国共出版期刊 9549 种、报纸 1943 种、电子出版物 9668 种,同比增长 0.86%、0.26% 和 11.74%。与此同时,数字出版规模进一步扩大:2008 年收入达 530.64 亿元,比 2006 年增长 149.13%,比 2007 年增长 46.42%。新闻出版总署预测 2009 年数字出版产业的收入有望超过 750 亿元,而且今后每年的增幅可能都会在 50%。

2009 年以来,中国的出版产业已经显露出令人欣喜的暖意。2009 北京图书博览会期间共达成中外版权贸易意向与协议 12656 项,比去年增长 10.52%。2009 上海书展七天共成交主会场 2800 万元销售额、分会场 1000 万元销售额,1.8 亿元订货码洋,800 万元团购码洋。2009 年 8 月,全国五大地区图书零售市场与去年同期相比,除东北地区同比下降 14.19% 以外,其余四大地区均表现为同比上升,其中华北地区增幅最大,同比上升 11.47%;西部地区同比增幅 10.13%;中南和华东地区分别同比上升 7.67% 和 7.18%。[①] 从这些数据也不难看出,图书销售以及版权贸易等领域出现了明显的逆势发展趋势。

新闻出版总署署长柳斌杰强调,金融危机虽未见底,但"危"中有"机",中国出版业大有文章可做,出版业增长呈不可逆转趋势。

---

① 数据来源:北发图书网-数据分析,见 http://info.beifabook.com/。

（二）原因分析

传奇出版人、兰登书屋的创始人贝内特·瑟夫在其回忆录《我与兰登书屋》中曾经写下这样的话："出版业总是相对稳定的。在事事疯狂人人有钱之时，它不会一飞冲天……同样，当一切糟糕透顶（30年代的美国经济大萧条）时，书还是最便宜的乐趣来源之一。"好像这句话也能适用于现在的大环境，但是我们看到美国出版行业并没有在金融风暴及经济萧条中"快乐"起来，而在比较之下，为什么在金融危机对各国文化产业都产生了如此深远沉重影响下，我国的出版业却能够表现出明显的逆势上扬的发展趋势呢？我们尝试从理论和实际情况来分析这一现象。

1. 从理论角度来分析

从经济函数的角度来说，相关性就是因变量随着自变量的变化而不断发生变化，是反映两个变量之间关系的一种模式结构。我们将经济因素归为自变量，文化产业归为因变量来进行具体的分析，看看究竟在相关基本模式中，经济与文化产业是一种什么样的关系。

首先，和金融业、房地产业、保险业等与经济密切相关的行业相比，出版业是相对稳定的行业，没有那么多暴利与泡沫。相比于金融衍生品，出版业生产的是人们的日常消费品，是知识和乐趣。因此，相比于其他行业在此次金融危机的影响下出现的翻天覆地的变化，甚至走到崩溃边缘，出版业并未随着经济危机的不断加深而显著的衰落，出版业所经历的衰退只是在经济危机下所必然走过的历程，因此，可以肯定地说经济与文化产业不是一种强正相关的关系。

但是另一个方面，文化产业作为因变量，一定会随着经济因素这个自变量的改变发生相应变化。经济危机对文化产业各行业的影响是不同的，经济危机对文化产业的影响比实体经济小，因此与实体经济直接相关的那部分，比如会展业、平面媒体等受影响较大；文化硬件产品，如玩具、视听产品也有明显下滑；印刷行业订单减少、不少大型出版集团裁员甚至破产，由于金融危机产生的资金紧张，许多广告商减少了广告投放量，这让许多靠广告吃饭的报社、杂志社陷入困境,造成资金链断裂,影响了正常的经营运作,这一部分又呈现出了明显的正相关。但与实体经济关联度不大的如电影、动漫游戏等行业的确在逆势上扬,呈现了较为明显的负相关状态。

第三,消费可以促进生产的发展。2008年北京奥运会成功举办、2009年建国60周年大庆,加上即将到来的2010年上海世博会、广州亚运会等一系列重大盛事,对报纸、新闻刊物、指南、地图等纸印刷量产生了巨大的需求,带动了印刷业的增长。同时,在经济危机大环境之下,为了更好地了解如何应对这次经济危机,人们对金融理财类图书的需求增加,相关书籍走俏,拉动了图书消费市场,也在一定程度上促进了出版业的向上发展。

第四,消费支出与居民的实际可支配收入有着强烈的正相关关系。2008年是我国改革开放30周年,改革开放以来,我国城乡居民的收入有了明显的提高。随着生活水平的不断提高,居民的可支配收入增加,人们在满足基本生活需求后,对休闲、购买需求增大,图书消费欲望提升,进而促进我国出版业的发展。2009年4月,为了进一步促进全民阅读,国家大力宣传"全民阅读日"活动,得到广大民众的肯定,民众读书、购书欲增加,在一定程度上拉动了图书的消费需求。

第五,经济、政治和文化是社会生活的三个基本领域。作为上层建筑的政策导向对经济发展也起到一定作用,国家要通过制订相应的政策对市场进行调控,使其向良性发展,从而促进经济增长。2009年7月,为了进一步发展文化产业,国家适时推出了《文化产业振兴规划》,这无疑是给经济危机中的中国出版业注入一针强心剂,极大地鼓舞了整个文化产业。作为国际金融危机大背景下做出的重要扶持计划,进一步带动了我国文化产业的发展。

2. 从实际情况来对比分析

从理论的角度说明了问题,我们再来对照经济危机下发达资本主义国家出版业大幅下滑的原因,来分析我国出版业在经济危机中逆势上扬的原因。

首先，在发达国家，文化产业已经成为国民经济的重点和支柱产业，在美国，文化产业异军突起，在 GDP 中占据 25% 的突出比重，成为仅次于军工行业的第二大支柱产业，为美国占据世界文化霸主的地位奠定了坚实的基础；英国的文化产业平均发展速度是整个经济增长率的近两倍；加拿大的文化产业规模已经超过农业、交通、通讯及信息技术及建筑业；在日本，娱乐业经营收入超过本国汽车工业产值，文化产业也占到了 GDP 的 20% 左右。而目前我国文化产业与以美国为代表的发达国家相比还有很大差距，我国文化产业占 GDP 的比重仅是个位数。发达国家文化产业增加值占 GDP 的比重基本维持在 1∶1 左右，而我国两者的比重仅为 1.7∶1 左右。因此，经济上的下行没有给出版业的发展带来巨大的影响。

其次，在美国，不少大型出版集团都是上市企业，金融危机所导致的全球股市下滑，也不可避免地影响了出版业。仅 2008 年上半年，出版商周刊股指下挫 17%，甚至比道琼斯指数半年下跌速度（14.4%）更快；亚马逊股价跌幅 20.8，美国图书零售三巨头巴诺书店、鲍德斯集团和百万书店的股价分别下跌 27.9%、43.7%、35.7%。[①] 大量市值蒸发，再加上银行业雪崩造成的贷款困难，不论是出版社还是销售商，都感受到了资金压力。同发达资本主义国家相比较，我国的文化产业还没有形成完整的机制，还处在不断变化、改革、发展的阶段。虽然有如东方明珠、歌华有线、新华传媒这样个别的公司上市，也有诸如江西出版集团这样借壳上市的企业，但毕竟这是极少数，整体来说我们的出版集团还没有大规模地上市融资，股市的涨跌对出版社并没有形成资金上的压力，相应的也不会出现类似美国论坛公司由于资金不足而破产的现象。

第三，亚洲金融危机过后，日本和韩国不断制定振兴文化产业的政策，日韩的动漫游戏业飞速发展，迅速成为亚洲出版大国。此次金融危机对中国经济的影响是有限的，2009 年各项统计数据都表明中国经济已经逐

---

① 数据来源：中国出版网，见 http://www.chuban.cc/。

步回暖,逐渐成为带领全球走出经济危机的中坚力量,中国经济还将进一步发展。因此,我国适时推出的《文化产业振兴规划》,也给中国出版业提供了坚强的政策支撑。

二、我国出版业应对经济危机的对策

危机也可能是转机,也许在金融危机的影响之下,人们会有较多闲暇来阅读图书,人们会迫切地想了解、补充各种相关知识,来应对危机,减少危机带来的损失。如今在书业叱咤风云的出版社,如兰登书屋、西蒙与舒斯特等都脱胎于20世纪30年代,那场经济危机中,美国40%的出版社倒闭,而这几家却在乱世之中确立了在出版界的地位和声望,这对当今同样处于动荡时期的出版业,颇有值得借鉴的地方。

(一)通过深化改革推动出版业加速发展

自我国2003年实行出版体制改革以来,出版业有了长足的发展。截至2009年5月,全国先后组建26家省级出版集团公司,24家发行集团公司,全国512家经营性图书出版社中已有263家完成转企改制任务。改革为出版业发展注入强大的活力,带来了直接的经济效益。根据数据显示,17家实现了转制改制的集团公司,平均总资产增长66.2%,利润总额增长25.35亿元,最多的增长了300%。上市的两家出版、报业、发行等公司市值约2000多亿元,净融资240多亿元。

可以看出,新闻出版体制的改革有利于完成出版业跨地区、跨媒体、跨产业的整合过程,激发出版业的上市热情,为出版业注入资本活力。2009年,尽管全球资本市场仍然低迷,尽管证监会IPO之门仍然关闭,但借着金融危机对资本的重新洗牌,鼓励有条件的出版企业上市融资,仍然是发展我国出版业的必要手段之一。

(二)加快出版数字化进程

20世纪30年代,美国出版业曾受到电视行业的巨大冲击,但这并没有阻挡美国出版业的加速发展,也没有阻碍这一新兴行业的崛起。出版业借助电视的力量,借助相关电视节目增加曝光率,一方面赢得了电视收视率,另一方面又为图书进行了宣传,实现了双赢。

同样,金融危机与出版业数字化转型的不期而遇,让我们更加清醒地看到,科技创新对于出版业的发展,已经不再是局部的、手段上的技术要求,而应成为整体的、战略上的必然选择,数字出版并不会阻碍文化产业成为支柱行业的进程,反而在不断地推动着它。截至2008年年底,全国579家图书出版社中,已有90%的开展了电子图书出版业务,出版电子图书50多万种,与2007年相比增长25%;发行总量超过3000万册,收入达到3亿元,同比增长50%。虽然金融危机在很大程度上制约了数字出版技术的进一步开发利用,但由于在金融危机中电子书市场的大发展,也刺激了出版界对数字出版的探索。经济危机的两年来电子出版业持续高增长,与传统出版相比,数字出版查询快速、存储海量、成本低廉、更加环保,人们越来越习惯购买和阅读电子书,即使在经济不景气的情况下其消费热情也不减反增。显而易见的,数字出版是目前既能降低成本,又极具发展前景的模式之一。

(三)开拓多种销售渠道,降低运营成本

金融危机带来的销售量的下滑,销售渠道的变化,都促使出版社通过节省开支、战略重组等方案进行自我调节。20世纪30年代大萧条时期,兰登书屋通过收购现代文库,与"每月一书"俱乐部建立合作关系,通过分享版税的方式平稳度过。西蒙与舒斯特摒弃图书不可退货的惯例,率先推出免运费退货,为零售商和消费者免去了后顾之忧,顺利渡过危机。这些大型出版集团在经济大萧条时期的各种应对政策,顺利将其变成出版帝国,这些都值得我们去借鉴。

相比较,今天的出版资金链更为紧密与脆弱,出版业应该节俭开支,降低自身营运成本,必要时还可以进行机构的精简,提高员工工作效率。在危急之下,以受众为导向,明确出版目标,谁能准确把握市场需求的

快速变化，推出经济危机下满足消费口味的优秀作品，就能抢占市场先机。

同时，随着计算机的普及和应用，数字信息的获取、操纵、传输和使用，已经成为人类经济生活的重要内容。在互联网不断发展的今天，出版业应加快探索出版物销售的新模式。以淘宝网为代表的网上购物已经成为一种大趋势，人们在当当、卓越网上购书已经成为一种流行，因此可以预见，在不远的将来网络销售将成为我国出版物销售的新模式和增长点，实现出版物销售手段现代化，降低交易成本，对我国应对危机、发展出版产业具有十分重要的战略意义。

结　语

到目前为止，虽然我们无法预计本次金融危机的持续时间和波及范围，此次金融危机可视为我国文化产业结构调整的一个契机，我们不应该只看到当前现状，而必须以长远的眼光看待问题，抓住未来的契机；从现在开始积极地调整文化产业的发展模式，为进一步加快发展文化产业打下良好的基础。

参考文献

[1]《文化产业振兴规划》，新华社，2009年9月26日。

[2] 渠竞帆：《金融危机，大浪淘沙智者胜》，载《中国图书商报》，2009年第1期。

[3] 万国清：《面对困难，出版业如何突出重围》，载《出版参考》，2009年第3期。

[4] 向勇、刘静：《世界金融危机与中国文化产业机遇》，载《福建论坛》，2009年第6期。

[5] 何威：《开源节流好过冬：经济萧条中的美国出版业》，载《出版广角》，2009年第1期。

[6] 蔡尚伟、王倩茹：《论金融危机背景下的中国文化产业发展》，载《出版发行研究》，2007年第5期，第48页。

[7] 王建辉：《十问经济危机下出版业如何作为》，载《新华文摘》，2009年第10期。

本文载于王关义、李治堂编著的《出版管理科研论》，中央编译出版社2010年6月版；作者：王关义、韩冰曦

着力提高文化软实力是国家发展的重大战略

当前,中国已成为世界第二大经济体,物质硬实力发展很快,但在文化领域的影响力却相对较弱,文化软实力发展亟待加强。党的十七届六中全会通过的《中共中央关于深化文化体制改革 推动社会主义文化大发展大繁荣若干重大问题的决定》提出:"文化在综合国力竞争中的地位和作用更加凸显,维护国家文化安全任务更加艰巨,增强国家文化软实力、中华文化国际影响力要求更加紧迫。"近年来,我国不断对外加强国际文化交流与合作,在全球范围兴办孔子学院,扩大中华文化的国际影响力,对内推动文化大发展大繁荣,在强化文化意识形态的同时,提出把文化产业建设成为国民经济的支柱性产业。特别是 2013 年 12 月 30 日,中共中央政治局就提高国家文化软实力研究进行第十二次集体学习,习近平总书记发表了重要讲话,指出"提高国家文化软实力,要努力夯实国家文化软实力的根基",意味着着力提高国家文化软实力已经成为国家发展的一项重大战略。

本文发表于《光明日报》2015 年 11 月 30 日;作者:王关义

传统出版与新兴出版融合发展机制探讨

我国传统出版与新兴出版融合是典型的产业融合现象，产业融合的类型、过程、结果等基本理论适用于该产业。在产业融合理论视角下，我国传统出版与新兴出版融合的类型、阶段与目标得以清晰呈现。

一、传统出版与新兴出版融合发展机制内涵

（一）基于产业融合理论的我国传统出版与新兴出版融合

传统出版与新兴出版融合是通过出版产业链重新整合融合成全媒体出版的新的产业形态，属于产业重组类型融合，已通过互联网等技术基础将彼此之间各自独立的产品联结起来，打开了彼此间紧密联系的通道，目前正处于产品与业务融合向市场融合过渡的阶段。此外，从传统媒体和新兴媒体关系发展的三个阶段看，我国出版业正处于传统出版与新兴出版互动发展并向融合发展过渡的阶段。传统出版与新兴出版融合的目的是使其边界处融合产出的新的出版业的整体功能增强，形成持续竞争力。

（二）传统出版与新兴出版融合发展机制的概念与构成

传统出版与新兴出版融合发展机制是促进传统出版与新兴出版发展的产业内外部因素与系统环境之间所形成的互动关系、互相影响过程以及规

律的总和。传统出版与新兴出版融合是一个复杂的非线性、多层次和多环节的动态发展过程,这一过程涉及融合主体、技术进步、市场需求、行业压力、政府政策影响、体制与制度保障等众多因素。以产业融合理论为指导,综合考虑上述诸多因素,传统出版与新兴出版融合发展机制可以解构为五个部分:融合的基本要素、融合的实现过程、融合的结果、融合的环境影响、融合的保障条件。

二、传统出版与新兴出版融合发展机制构建

(一)融合的基本要素

融合的主体,指出版单位或相关企业。目前,出版主体的竞争由原来单一出版单位彼此的竞争发展成为整个产业上企业的良性协同竞争,出版单位与相关企业的合作由单个出版单位内部共同完成出版活动转为多个企业的协同合作,这种竞争协同推进了传统出版与新兴出版的主体互动融合。

融合的客体,指出版物。出版业是依托内容创新的产业,内容为王是出版业的本质。而新兴出版仅丰富了传播形式,具有海量存储、更新迅速、获取便捷和人机交互等传播优势,但无内容资源提供的本质优势。传统出版则拥有优质的内容资源,可源源不断为新兴出版提供本质支持,新兴出版则可利用其传播优势把传统内容传播得更远、更广。传统出版和新兴出版各自的优劣势,构成了两者融合互补的关键前提。融合的动力,主要指技术进步。出版业正在经历数字出版的革命浪潮,数字技术等高新技术催生的新兴出版正在对整个传统出版形成强大的冲击,传统出版必须尽快跟上新兴出版才不至于被抛在后面,同时发展快但处于襁褓中的新兴出版想要稳步发展必须扎根于传统出版,从而共生共长。

融合的内容,指内容、渠道、平台、经营、管理等多方面、全方位、深层次的相互渗透与融合,以实现出版内容、技术应用、平台终端、经营管理模式、人才队伍的共享融通,形成一体化的组织结构、传播体系和管理机制。

（二）融合的环境影响与保障条件

融合的环境影响可从政府政策、行业压力和市场需求三方面来考虑；保障条件主要指融合的体制与制度。

政府政策。对于传统媒体与新兴媒体融合发展，从中央到地方都加大了政策扶持力度。2014年中央把推动传统出版与新兴出版当成一项战略任务给予高度重视。2015年国家新闻出版广电总局、财政部联合印发了《关于推动传统出版和新兴出版融合发展的指导意见》，为传统出版和新兴出版融合发展指明了方向、提出了任务、阐明了路径。财政部下发的《关于申报2015年度文化产业发展专项资金的通知》列举了开展新闻出版业数字化转型升级、推动传统媒体和新兴媒体融合发展的重点支持内容。一些地方政府也在涉及媒体融合发展的财税金融政策、版权保护政策等方面不同程度地加大了政策扶持力度。

行业压力。从国外情况看，美国的《纽约时报》、英国的《金融时报》等世界著名媒体，在出版融合的探索上观念转变早、步子走得快，已取得了一些明显的成效。例如，《纽约时报》自1996年开始就针对网站进行了各项尝试和改革，其网站从母报的电子版延伸发展为独立综合的信息服务平台，目前该报在iPhone手机等移动网络每月有7500万的浏览量；在Twitter、Face book上分别有200万追随者和50万读者；亚马逊Kindle的浏览量，是大报中的佼佼者。从国内情况看，传统纸媒生存空间不断被挤压而缩小。例如，2014年全国共出版报纸份数、总印张同比分别下降3.8%、8.4%，营业收入与利润总额同比分别下降10.2%、12.8%。外有行业发展大势所逼，内有自身生存所需，传统出版与新兴出版融合已是箭在弦上，不得不发。

市场需求。互联网等新技术的发展培养和改变了用户的阅读和学习习惯，越来越呈现出个性化、差异化、碎片化的特点。传统出版一方面难以满足用户对电子书、网络小说、网络报等新兴出版的新需求，另一方面难以满足读者对图书等纸质出版物有特色的个性需求，这些变化对出版业市场提出更高要求。面对出版市场的细分，要做到内容产品细分与聚合，进行精准传播与定制，实现读者全方位覆盖的出版，就需要加快传统出版与新兴出版相互融合的进程，为市场提供优质的多样型产品，满足用户差异化需要。

融合的保障条件。传统出版与新兴出版融合发展机制的运行，一靠体制，二靠制度。传统出版与新兴出版融合没有体制与制度上的保障，融合发展机制主体就不会有融合的动力，融合的各个环节就难以得到有效协调，融合的潜在障碍就难以及时消除，融合机制在实践中便难以得到实现。

（三）融合的过程与结果

技术融合是传统出版与新兴出版融合的内在原因和前提。以互联网为代表的信息技术，使传统出版与新兴出版之间技术性进入壁垒逐渐消失，形成了共同的技术基础，为二者融合提供条件。

产品与业务融合是传统出版与新兴出版融合发生的重要过程和必要准备。传统出版单位跳出简单的、传统纸质内容数字化的单一模式，根据互联网和移动互联网的特点，改变内容加工方式，调整业务流程，推出新型产品；通过整合企业的物质、技术、人力和管理资源，建立报刊、网络、手机、音视频等多种方式现代传播手段为一体的传播平台，积极开展新业务，包括对部分数字内容加以纸质化。

市场融合是传统出版与新兴出版融合得以实现的必要条件，是出版业得以生存下去的基础。技术融合、产品与业务融合应以出版市场融合为导向，只有创造出足够的需求，即不同的用户群，才能实现技术融合、产品与业务融合的价值。技术与业务融合通过改变人们当前的消费内容和工作方式来创造新的出版需求，通过改变出版成本结构，形成出版产品差别，取得竞争优势而获得更多的市场需求，而技术、产品与业务融合形成的新出版产品和经营内容应面对和满足新的市场需求。传统出版与新兴出版融合结果可以从以下几个层面分析：一是产业层面，通过市场结构的合理化、市场行为的有效化、市场绩效的改善，提高出版业整体竞争力；二是宏观层面，通过产值结构升级、资产结构升级、技术结构升级、劳动力结构升级实现产业结构升级。

(四) 传统出版与新兴出版融合发展机制的构建

通过上述融合要素、过程及结果的内容整合，我们可以构建出传统出版与新兴出版融合发展机制。传统出版与新兴出版是以全媒体出版形态为导向，以技术进步为内在驱动，在政府政策、行业压力、市场需求等环境影响因素推动下，在适应发展要求的体制制度保障下进行融合的。在这一过程中，不但要具备融合发展的基本要素，而且要采取有效保障措施消除融合发展中的各种障碍，使传统出版与新兴出版在优势互补中共同发展，最终实现出版业结构升级和竞争力增强的目标。

三、传统出版与新兴出版融合发展机制的制约因素与保障策略

(一) 传统出版与新兴出版融合发展机制的制约因素

一是传统出版主体与客体的特殊性削弱了融合发展的现实紧迫性。我国传统出版单位多数是事业单位企业化管理性质并向企业转制，出版物主要用来满足消费者的精神需求。正因出版业的特殊性，政府对传统主流媒体实行与商业媒体不同的"双重管理标准"，使传统主流媒体不能像商业媒体那样，成为真正的市场主体。国家对传统出版给予了过多的政策保护，降低了其对新兴出版的战斗力，使其与新兴出版深度融合的紧迫性不强。

二是融合的体制与制度不完善制约融合的深度。体制方面，我国传统出版的体制架构是按报纸、杂志、网络业务划分组织机构的，彼此独立，新兴出版机构要么是传统出版的附属物，要么是另起炉灶的"单干户"，还没有建立起传统出版和新兴出版融合发展的组织结构。制度方面，相关法律法规尚不完善，传统出版与新兴出版都存在无授权无偿使用、无偿转载的侵权行为，双方都是侵权者和受害者。此外，主管部门对投资新兴出版的资金效益考核制度过严，不敢投入创新；优秀人才流失严重，新兴出

版人才短缺；尚未形成适合传统出版与新兴出版融合发展的绩效考核体系等。

（二）传统出版与新兴出版融合发展机制保障策略

一是推动转制出版单位成为合格的市场主体，并加强传统出版高层融合的理念。对多数出版单位，要按照采编、经营两分开的设计，抓紧对经营部分进行企业化改造，按市场规则推动出版融合项目。同时，传统出版的高管层应加强全方面融合的理念，进行顶层设计，抓好总体部署、时间安排和结果考核等重大事项，为融合提供坚强后盾。

二是建立适应传统出版与新兴出版融合发展的体制与制度，立稳融合发展根基。体制上，出版单位必须进行业务重组与流程再造，要建先有内容的采集与生产，再有内容的集成、发布和运营，之后有内容的传输和分发，最后是用户终端的流程；并尽快打破报纸、杂志、网络相互割裂的组织架构，建构包括内容制作、渠道运营、技术、整合营销4个中心部门。制度上，首先要完善内容资源版权保护相关法律法规，推动修订《中华人民共和国著作权法》，出台《网络出版服务管理规定》和《出版物市场管理规定》等版权保护的指导性文件，加强与完善网络著作权保护的立法工作。其次要进行管理制度创新，主管部门对新兴出版资金效益考核制度加以改革，出版单位要根据融合目标、限制条件等，制定适合融合发展的管理制度，如完善考核体系，加强对出版融合作品价值评判和考评激励。

参考文献

［1］《关于推动传统出版和新兴出版融合发展的指导意见》，载《中国出版》，2015年第8期。

［2］ 《纽约时报：最早向新媒体转型》，http://media.sohu.com/20130528/n377267389.shtml。

［3］《2014年新闻出版产业分析报告》，载《人民日报》，2015年7月16日。

［4］郭克莎：《中国：改革中的经济增长与结构变动》，上海人民出版

社 1996 年版。

［5］秦艳华、路英勇：《媒体融合发展的几个关键问题》，载《中国出版》，2015 年第 13 期。

［6］胡正荣：《传统媒体与新兴媒体融合的关键与路径》，载《新闻与写作》，2015 年第 5 期。

本文发表于《现代出版》2015 年第 6 期；作者：王梓薇、王关义、蒋艳枫①

---

① 王梓薇，北京交通大学中国产业安全中心博士后科研工作站博士后、北京印刷学院经济管理学院副教授；王关义，北京印刷学院副院长、教授；蒋艳枫，北京印刷学院人事处工程师。

原地待命还是突破前进？

——印刷企业如何实现长久发展

过去的2013年对于印刷企业来说是冰火两重天，福建印刷民企老大"千帆"倒闭，让人不禁想起那句"要自杀，搞印刷"的唏嘘之词，然而台中的健豪印刷公司2012年营业收入近29亿新台币，让深陷价格泥潭的同行惊叹于15%的利润率却苦于找不到对策。面对如此复杂的局势，印刷企业到底是立足于传统纸质印刷企业还是转投网络印刷企业才能实现长久发展，引人深思。

一、书刊与包装的博弈

近十年以来，很多印刷企业通过"建立工厂+引进设备+大量工人+大量运输"模式实现了快速发展，然而这迅猛发展的背后却带来了供大于求的问题，传统印刷业务又因为互联网应用的普及、出口外包装产品的减少、海外加工业务量的减少而受到冲击，何况印刷业本身就面临着电子时代带来市场急剧变化的挑战，最为典型的就是传统的书刊印刷企业。截至2013年12月，中国网民数量达到6.18亿，互联网阅读为越来越多的读者所接受，这或将进一步减少对纸质读物的需求，但有专家断言，短时间内纸质书与电子书共存的局面是不会被打破的。

在书刊印刷市场被互联网挤压的同时，受益于中国经济总量的快速提升和大众消费的增长，包装印刷企业呈现出良好的发展势头，吸引着很多书刊印刷企业进入。随着新型城镇化的发展，人们对高品质商品包装的需求也在持续增长，在包装的设计、形态、质量、增值服务等各方面的要求都有所提高，如何提早做好准备、应对这些变化也成为这些包装印刷企业考虑的问题之一。

二、做出特色　寻找蓝海

我们常常感叹印刷行业竞争有多激烈，在纠结是选择继续在书刊印刷行业还是包装印刷行业时，失去的不是机会，而是战机。如何将印刷企业中的"土肥圆"变成人人羡慕的"高富帅"？笔者有以下看法。

一是要在行业中有清晰定位。印刷企业对自己要有一个清晰的定位，做出特色。无论是做传统书刊印刷企业还是包装印刷企业，只要定位好了，就可以围绕着这个目标去努力。产业的发展只会导致产业链进一步完善和节点细分，专业化才是企业立足的基础。早在 1990 年，万昌就开始琢磨企业的长远发展方向，经过一段时间的摸索，终将主营业务锁定在当时还稍显落后但市场需求较为迫切的啤酒标签上，这一决定让万昌坚持了 20 年。凭借对啤酒标签的执着，万昌已成为 180 家知名啤酒生产商的优质合作伙伴。虽然啤酒标签市场要求越来越高、模仿越来越逼真、竞争越发激烈，但是万昌在引入 ERP 提高信息化建设水平，增加研发投入，大力开发组合印刷工艺的基础上坚持做啤酒标签专家。

当数字与网络印刷时代的到来，"一张起印"的口号满足了大众化的需求却苦于找不到受众消费群体，常德金鹏却在烟标纸盒上走出自己特有的道路。烟草包装具有较高的行业准入门槛，外围企业很难进入，行业竞争相对缓和，并且下游烟草消费具有刚性，企业的盈利能力普遍较好且稳定，但是常德金鹏对技术的持之以恒，为其在激烈的市场竞争中提供了保障。

当印刷包装企业在踌躇于选择哪个行业的包装时，雅昌却走出了尽显印刷之美的高仿真复制印刷品之路。在 2013 年年初，雅昌就与故宫博物院签署合作协议，雅昌影像旗舰店进驻故宫博物院，主要制作和销售如影像产品、纸质品等故宫元素系列衍生品。精品印刷符合"十二五"规划强调的文化产业的重要地位，文化创意经济的火热无疑将促进高仿真艺术品复制市场的发展。雅昌依托中国艺术品数据库，对于授权艺术品衍生商品进行开发，从而打造出一个与众不同的印刷企业。无论是专做标签的印刷专家万昌、烟标纸盒的常德金鹏，还是专门做高仿印刷品的雅昌，都在激烈竞争的印刷行业找到自己的位置，做出特色而赢得了市场。

二是了解客户需求，加强技术改造。印刷行业已经不再只是作为加工配套的角色，跟着客户走，现在印刷行业更需加强技术改造，了解客户的真正需求，传统印刷在品质以及稳定性、可靠性方面具有数字印刷无法比拟的优势，企业应尽可能挖掘传统印刷的技术潜力。在这方面做得比较好的当数科雷公司，其核心竞争力就是"传统数字印刷"的理念，对传统印刷机辅以恰当的数字化技术和工作流程，拥有与数字印刷一样的自动化程度高、操作简单、成本低等特点。设备不是最新的才是最好的，只有结合企业的实际情况和市场需求随时改进现有设备才是印刷企业的成功之道。

此外，对于任何企业而言，抓住机遇的重要性不言而喻，可对于印刷企业来说，某些机会更是显而易见的。每到岁末年初，春联、红包等带有强烈季节性的产品都会涌入市场。浙江前进印刷制品有限公司在别人嫌弃"垃圾生意"的时候通过自动化设备和工艺改进，"薄利多销"，使原本不赚钱的小红包实现了盈利。这就是企业的成功之处。

三是要紧握时代脉搏，跟随国家政策及时调整企业策略。2013年10月31日中纪委下发《关于严禁公款购买印制寄送贺年卡等物品的通知》，政策层面的影响从上游领域向下游产业逐级传递，不少依赖政务消费的印刷企业遭遇退单，业务受到重创。较之"公款"台挂历的冷清，个性化的台挂历却生意红火。如果这些以政务消费为主的印刷企业及早把握国家反腐倡廉的政策，提前开发民间订单，合理改善业务布局结构，或许就不会造成后来这种局面。随着国家政策的收紧，一些高端包装产品可能受到一些影响，建议专注于此的企业多做一些打算，提早做好预防措施。中国的经济发展从高速走向中速，相比其他国家，中国印刷业的发展速度已经相当可观，虽然告别了高速增长，但是还处于中速增长的时期，我们必须适应新的、变化了的环境。国外研究表明，存在越久的行当通常会比新生意存在更久，以此来看，我们更应该对印刷行业充满信心。

原新闻出版总署的印刷业"十二五"规划为印刷业描绘了一幅前景明确、道路可行的美好蓝图，相信只要紧随政策方向，印刷业的前景还是值得期待的。

本文发表于《印刷工业》2014 年第 7 期；作者：刘飞、王关义

中国文化创意产业商业模式创新的路径选择

商业模式的构建与路径选择,直接影响着文化创意产业的竞争力。中国文化创意产业的发展之道,最值得变革的就是商业模式,而成功的商业模式取决于创新管理。在市场经济当中,中国发展文化创意产业的商业模式创新之路任重而道远。本文从文化创意产业相关概念、商业模式相关理论综述出发,结合《中国好声音》栏目的商业创新模式案例,对中国文化创意产业商业模式创新的路径选择进行探讨。

文化是一个民族的灵魂,也是衡量一个国家或地区综合实力的重要方面。在国际竞争日益激烈的今天,以本土文化为核心的中国创意产业,不仅是中国综合国力的重要体现,同时也是国家和民族凝聚力的重要支撑。中国具有五千年悠久的历史文化,文化创意产业理所应当成为经济支柱之一。文化创意产业作为最具有活力和发展潜力的产业,其推动社会经济发展的作用越来越明显。

商业模式,是描述一个组织如何行使其功能及概括其主要活动的提纲挈领。它定义了公司的客户、产品和服务,还提供了有关公司如何组织以及创收和盈利的信息。通俗的说法就是公司通过什么途径或方式来赚钱。然而中国的文化创意产业中的大多数公司却无法赚钱,其商业模式的创新管理已经成为当务之急。

一、文化创意产业相关概念

(一) 文化创意产业的定义

文化创意产业产生于经济全球化的大背景之下,是一种新兴产业,以创造力为核心。个人或者团队把主体文化或文化因素以技术、创意和产业化的方式开发并营销知识产权。文化创意产业包括的内容很多,主要有广播影视、传媒、动漫、表演艺术、工艺与设计、音像、环境艺术、雕塑、广告装潢、视觉艺术、软件和计算机服务等方面。

(二) 文化创意产业的起源与发展

文化创意产业起源于20世纪三四十年代。"文化产业"这一概念由阿多诺和霍克海默1947年在《启蒙的辩证法》一书中首次正式使用。2004年,国家统计局发布的《文化及相关产业分类》,将"文化产业"的概念界定为:为社会公众提供文化、娱乐产品和服务的活动,以及与这些活动有关联的活动的集合。而创意产业的概念最早出现在1998年出台的《英国创意产业路径文件》中,该文件明确提出:"所谓创意产业,就是指那些从个人的创造力、技能和天分中获取发展动力的企业,以及那些通过对知识产权的开发可创造潜在财富和就业机会的活动。"创意产业的核心就是文化创意产业。

文化创意产业在各国定义不同,通过借鉴国外的文化创意产业分类,结合中国的标准,本文把中国的文化创意产业分为文化艺术、创意设计、传媒产业、软件及计算机服务和创意产业学院5类。其中文化艺术包括表演艺术和音乐创作,创意设计包括服装设计和广告设计,传媒产业包括出版、电视与广播等。

二、商业模式相关理论综述

著名的管理大师彼得·德鲁克说:当今企业的竞争,不是产品的竞争,而是商业模式的竞争。苹果公司上一任 CEO 史蒂夫·乔布斯(Steve Jobs)早就告诉业界:苹果电脑创造出的结合 iTunes 的新商业模式,才是苹果公司对业界最大的启示。商业模式创新,这个脱胎于 20 世纪末的管理学概念,是企业创造价值的核心逻辑,正在引导着企业寻找市场上未被发现的潜在需求,发挥比较优势为企业带来全新的收益模式。

(一) 商业模式创新的概念界定

"商业模式"的概念早在 20 世纪 50 年代就有人提出,但直到 20 世纪 90 年代才被广泛使用和传播,现已成为创业者和风险投资者常常用到的一个名词。商业创意可能演变为商业模式。

关于商业模式,国内外很多学者对其进行了不同的解释。如泰莫斯认为,商业模式是一个完整的产品、服务和信息流体系,它包括每个参与者在其中所起的作用,以及每一个参与者的潜在利益和相应的收益来源和方式。R.阿密特(R.Amit)等人认为商业模式是企业利用商业机会创造价值的交易内容、结构和治理架构。程三国认为商业模式是企业的价值主张,是企业创造价值的核心逻辑。看似有些区别,但他们的阐释都没有脱离"价值"这一核心概念或主张。他们都主张在进行商业模式的选择上,企业应关注其在市场上与用户、供应商及其他合作者的关系。

(二) 商业模式国内外理论研究

近些年来国内外出现了很多商业模式的相关理论研究。Malhotra(2000)认为,传统的商业模式是由事先分类的计划所驱动,从而保证运行的最优化和效率。在激烈的市场环境中,企业想要适应动态的发展,就必须进行商业模式的创新。Johnson(2008)把商业模式分成顾客价值命题、盈利模型、关键资源和关键过程四个要素,他认为企业的商业模式要进行创新可以通过这四个要素来实现。郭毅夫(2009)从文化创意产业的角度出发,挖掘出三条商业模式创新路径:基于价值链的商业模式创新、基于资源整合的商业模式创新和基于先进技术的商业模式创新。赵书坤(2011)以淘宝网商业模式创新系统为例,认为企业文化、公司战略、员工创造力、技术支持、竞争者行为、用户需求、外部环境对商业模式的创新都有正面的影响。

根据国内外现有的研究成果，我们可以发现，文化创意产业商业模式的创新研究还是一个比较空白的领域，并未成熟。在现实中，中国文化创意产业如何在激烈的市场竞争中获得优势，抵御国外文化产业带来的经营风险和冲击，都是亟待解决的问题，因此对中国文化创意产业商业模式创新的研究刻不容缓。

三、商业创新模式案例：浙江卫视《中国好声音》

2012年，有一档电视节目红遍大江南北，那就是《中国好声音》。其开播首期就达到1.477的收视率，9月30日的"巅峰时刻"更是创下了高达6.109的收视率奇迹。2013年《中国好声音》第二季开播后，虽然被《快乐男声》等节目分了一杯羹，但还是取得了不错的成绩。

与此同时，2012年《中国好声音》的广告价位也一路攀升。20天里，《中国好声音》的广告单价由开播时的每15秒15万元飙升到15秒36万元，"巅峰时刻"甚至达到116万元。《中国好声音》第一季不仅将浙江卫视推到了一个前所未有的高度，同时也为其带来了3亿元的广告收入。

《中国好声音》的成功，给我们呈现了中国文化产业商业模式的创新。作为一个成功的案例，它从客户定位、资源整合、盈利方式等几个方面都有深刻的体现。

商业模式创新一：卓越品级

《中国好声音》节目之所以取得巨大的成功，与其卓越的团队密切相关。在节目的制作上，各方面的团队都可以说是最专业和顶尖的，节目组的四位导师都是著名的音乐人。音响设计师曾经负责北京奥运会开幕式，录音师是专门为王菲录制音乐专辑的人才。此外，节目的视觉效果和舞美效果也是世界一流水平，甚至可以和《美国之声》《荷兰之声》相媲美。具体到每集节目上，《中国好声音》更是做到精益求精：场内共设置26个机位，要拍摄近 1000 小时的素材才能完成。每集时间不到 90 分钟，录制的平均时长却多达 12 个小时。录制现场的机位覆盖场内各个角落，所以无论是导师还是学员，他们的表情都能被单独捕捉，甚至学员家属的表情也能得到精彩呈现。

商业模式创新二：客户定位

首先，浙江卫视的《中国好声音》定位主要是两类人：一类是电视受众，另一类是广告主。其中，对于电视受众，浙江卫视的主张是"不拼爹，不以貌取人，只听声音决胜负"。浙江卫视的观众定位在 20 岁到 50 岁的人群。对于这部分观众来说，他们很反感"恶毒、拜金、富二代、炒作"等标签。而导师背对候选人，不看长相，不看家庭背景，只听声音，这无形之中就弘扬了一种公平、公正、公开的"三公"原则，以实力说话，更给社会注入一些真善美的正能量。节目已经超越了歌唱选秀本身，而上升到精神层面。当有的节目在崇尚"高富帅"或者追逐媚俗绯闻的时候，《中国好声音》却在通过四个白手起家的评委和年轻选手的积极互动影响着无数"80 后""90 后"乃至整个社会，告诫人们成功没有捷径可走，只有通过努力、激情和超群的实力去实现。反之，那些搞歪门邪道而获得名利的人，最终会被社会所唾弃。所以，从这个意义上来说，浙江卫视抓住了大部分观众的心理，也体现了当今社会大多数人的内心价值需求。

商业模式创新三：导师与节目"捆绑式"合作

与以往明星做节目按照场次计算报酬的方式不同，《中国好声音》的导师采取的是"技术入股，彩铃分红"的收入模式。导师与节目采取"紧密捆绑式"合作，以他们在节目中的参与作为投资，共同投资、共担风险、均分收益。与此同时，制作方还与中国移动进行了很好的合作，通过一些后期的开发来赚取长远的收益。如把学员的现场演唱制作成 MP3 甚至彩铃，供广大用户下载，这也是学员收入的来源之一。

商业模式创新四：制播分离

对于一种经营模式来说，资源和能力非常重要。一方面，《中国好声音》采取了制播分离的合作模式；另一方面，又突破了传统电视平台和节目制作公司之间"你制作我播出"的简单合作模式，而是采用了一种"紧密捆绑式的合作关系"：作为节目组的制作公司和节目的播出平台，灿星制作公司与浙江卫视共同投资、共担风险、均分收益。在前期投资上，他们共同购买版权。在运作过程中，灿星制作公司支付前期制作费用，包括设备成本、制作成本和导演组人力成本等，而浙江卫视负责审批、投入，包括转播、剪辑和户外广告成本等。

商业模式创新五：深挖产业链，延长节目生命力

除了传统的广告收入分成、征收版权费之外，《中国好声音》的电视台和制作方还深挖产业链，囊括选手的签约及签约后的商业演出等项目。通过选手们一系列的商业演出、演唱会、彩铃下载等活动，选秀选手们的生命力不但得以延长，《中国好声音》也建立了它的持续赢利长效机制。

四、中国文化创意产业的创新路径

通过对《中国好声音》的成功商业模式分析，我们可以挖掘出中国文化创意产业的一些创新路径，为其发展壮大提供一定的参考。

（一）优化价值链，突出增值环节

目前，中国文化创意产业还存在很多问题，比如节目内容趋同、商业模式较为单一等，存在这些问题根本的原因就在于文化创意产业的价值链较短且不充分，没有突出增值的环节。比如，中国电视传媒产业现在还采取的是单点式经营模式，只通过节目内容生产的上下游环节来实现价值增值，在增加成本的同时，资源没有得到有效的整合和利用。在这一点上，《中国好声音》给我们提供了一些借鉴和参考。所以中国的传统电视企业要优化企业的价值链，对资源进行充分的整合，形成电视、报刊、图书、网络等相结合的立体化运作，有效地实现价值增值，从而获得更多的利润，也扩大媒体的竞争力和影响力。

（二）以客户价值为导向

一个良好的商业运作模式应该以客户的价值为导向，时刻关注他们的消费需求，为顾客提供高附加值，从而赢得竞争优势。这点也可以从发达国家数字出版企业发展的经验中得到验证，如谷歌公司的商业运作模式是向整个网络开放搜索资源，得以提供更快速的服务性能，以满足顾客搜索网络资源的需求。亚马逊公司采取服务大众消费者的商业运作模式，通过打造服务大众消费者的数字出版内容平台来为顾客提供方便快捷的服务。文化创意产业应该以客户的需求为切入点，深入分析企业的核心资源和能力，然后选定目标市场，真正抓住客户心中的诉求，才能引起顾客的共鸣，为企业的产品买单。

（三）整合资源，优化管理

中国的文化创意产业大多以公关、广告起家，业务比较单一，容易导致市场饱和。因此，文化创意产业在精专基本业务的同时，也应该涉足行业中其他不同的业务，从而使企业更加壮大。同时，文化创意产业还可以开辟商业模式创新的新渠道，进行跨媒体和跨行业的交叉营销。传媒大亨默多克的新闻集团在这方面就做得非常好，集团的经营范围涉足传媒的各个领域，包括有线电视、报纸杂志、数字电视、电视节目制作、无线广播等。此外，企业也可以形成与投资集团合作的长效机制，多融入资金来做资本运营，这样一来可以保证企业拥有持续不断的资金链，二来取得资本运营的经验，对以后的长远发展也大有裨益。

（四）开拓海外市场

中国文化创意产业的发展除了立足国内，也应该积极地"走出去"。比如动画产业是中国最有前景的产业之一，中国的动画产量已经较为饱和，急需发行渠道的消化。这时候海外发行便是一个新的思路。把中国动画推向国际市场，不仅能够扩大中国文化创意产品在国际市场的份额，增强中华文化的国际影响力，同时也可以使海外版权的收益成为中国文化产业发展的一大盈利点。

中国文化历史悠久。中国文化创意产业国际化是检验其文化实力的试金石，也是自身发展的需要。中国文化创意产业只有"走出去"，去与国际化的对手竞争，才能不断发现自己的问题，持续改进，提升品牌的价值，彰显中国文化的整体实力和综合竞争力。

五、结论

商业模式的核心是价值创造的问题，所以商业模式的创新要立足于客户价值的实现，对文化创意产业的资源和能力进行有效整合，使其得以在市场竞争中脱颖而出。如何定位一项成功的商业模式创新管理，是对中国发展文化创意产业的一大挑战。同时，随着环境的不断变化，文化创意产业的战略架构也需要不断地进行调整和创新。在风云变幻的市场中，谁能进行商业模式的创新，谁就能抓住观众的目光，抓住机遇。所以，在激烈的竞争中，中国文化创意产业应当进行科学的市场分析，有计划地推进商业模式的创新，这样中国文化创意产业才能得到更加长远的发展。

参考文献

[1] 郭毅夫、李玉苾：《文化创意产业商业模式创新研究》，载《商业研究》，2009年第7期。

[2] 张其翔等：《商业模式研究理论综述》，载《商业时代》，2006年第30期。

[3] 沈建山：《〈中国好声音〉的模式创新》，载《管理学家》，2012年第10期。

本文发表于《首都经济贸易大学学报》，2014年第3期；作者：王关义、刘希

以 IT 吸收促进数字出版服务创新能力提升[*]

出版企业如何在数字化转型中提升服务创新能力进而塑造持久的核心竞争力，是亟待业界和学术界探索的关键问题。在 IT 吸收与服务创新能力的内涵分析的基础上，从 IT 吸收的视角对数字出版服务创新能力的提升途径进行了探索性分析。研究分析了 IT 吸收与服务创新能力的关系。提出数字出版服务创新能力提升的四个关键途径，选择适宜的主导技术、调整组织管理体系、加强联盟合作和资源互补及寻求政府政策支持。

随着信息技术（IT）的快速发展和广泛应用，全球出版业正在经历一场深刻的数字化转型，数字出版的新服务、新产品、新模式不断涌现，形成了网络图书、网络期刊等新业态。数字出版已成为我国新闻出版业"十二五"规划的战略重点和发展方向。《新闻出版业"十二五"时期发展规划》中明确提出，"发展以内容生产数字化、管理过程数字化、产品形态数字化、传播渠道网络化为主要特征，以网络出版、手机出版为主要代表的数字出版等新兴业态"；"以业态创新和服务创新为重点，加快新技术应用，大力发展数字出版等战略性新兴出版产业"。然而我国一些传统出版企业由于长期受惠于国家保护性政策，对信息技术的投入和积累非常少，缺乏创新的动力。即使一些企业意识到数字化转型的必要性，加大了信息技术的资金投入，但由于其技术内化机制存在弊端，结果仍是不尽如人

---

[*] 本文系北京印刷学院校级一般科研项目"IT 吸收对数字出版服务创新的影响研究"阶段性成果。

意。显然，我国数字出版发展中机遇和挑战并存。目前，业界和学术界普遍认识到要发展壮大数字出版，必须提升出版企业的服务创新能力，通过不断创新，满足市场的需求。因此，出版企业如何在数字化转型中提升服务创新能力进而塑造持久的核心竞争力，是亟待业界和学术界探索的关键问题。本文在 IT 吸收视角下，开展了对数字出版服务创新能力提升途径的研究。

一、IT 吸收与服务创新能力的内涵

（一）IT 吸收的内涵

自 20 世纪 80 年代中后期以来，随着 IT 技术不断融入企业价值链的各个环节，关于信息技术被组织采纳和吸收的研究日益引起国外学术界的关注。现有组织信息技术吸收研究可以分为因素研究和过程研究两种研究范式。过程研究侧重于考察组织吸纳信息技术的一系列行为活动，探讨信息技术是如何被组织吸纳的；因素研究侧重于考察是什么影响了信息技术的吸纳，通过识别影响组织信息技术吸纳的一系列因素，如技术特征、组织特征、环境特征等，分析这些因素对组织信息技术吸纳的影响。

自从罗杰斯（Rogers）的经典创新扩散理论应用于 IT 领域研究以来，该理论就在企业信息技术采纳因素研究中不断应用和改进。唐（Thong, 1999）等的研究表明拥有适合的领导、创新和组织特征的小企业更愿意接受信息技术。费希特（Fichman, 2004）等认为组织对信息技术的采纳行为将受到经典扩散变量、组织特性、IT 人员特征、管理支持和知识壁垒等变量的影响。马丁斯（Martins, 2008）等的实证研究发现公司规模、职员技能、技术能力和外包伙伴是企业 IT 扩散的关键因素。学术界虽然对企业信息技术采纳的各种影响方面进行了较为全面的分析，但现有的因素研究远非完美，在特定情境下需要进一步的补充完善。

此外，信息技术吸收的动态过程也引起了一些学者的兴趣。陈文波等（2006）通过半开放式访谈和查阅公司档案等方式对信息技术的吸收过程

进行了纵向研究。毕新华等（2007）基于创新扩散的 IS 实施过程，构建了 IT 吸收过程模型，并进行了实证研究。秦敏等（2008）以技术接受模型和期望证实理论为基础，提出了基于过程的信息系统采纳行为模型。钟跃康和陈福集（2009）结合组织变革活动，提出了组织信息技术接受过程模型，揭示了信息技术接受过程是个增量、迭代的非线性过程。

（二）服务创新能力的内涵

服务创新能力主要是企业在其服务方面对相关内容进行创新的能力，是提高服务绩效最根本的动力，也是企业核心竞争力的标志。以巴拉斯（Barras）为代表的众多学者将服务创新分解为服务产品和服务过程两个维度，揭示了服务创新来源于与企业内部和市场相关的产品和过程。本文也采用这一分类视角总结和分析数字出版服务创新能力的内涵。

过程创新能力主要考察外部服务流程和内部管理流程的改进能力。数字出版服务的创新也同样需要一个过程。员工的专业化率、服务信息及时准确性以及客户的需求满足程度等都在一定程度上制约着数字出版的创新活动，而这些正是企业过程创新能力的集中体现。

产品创新能力主要包括开发技能和新产品研发能力的测量。数字出版在最初出现时担任的是一种内容中介的角色，随着数字出版产业的不断发展，它逐渐成为内容生产和传播者的角色，实际上已经成为一种新的信息来源。产品创新能力涉及创新人员的素质、内部交流与合作能力、与客户的沟通能力等几个方面。

二、IT 吸收对服务创新能力的提升机理

（一）IT 吸收的影响因素

目前，中国出版企业正处在数字化转型的关键时期，经历了或正经历着独特的转型洗礼，这对企业新技术的采纳动机和决策行为会产生重大影响。近年来，以搜索引擎、移动终端、电子阅读器等为主的新技术日新月

异,新型阅读方式不断涌现。可以预见的是,数字出版发展过程中,构建适合自身发展的技术体系,加快转型,才能探索出一条与时俱进的成功之路。另外,随着新技术的快速涌现,许多企业在吸收 IT 技术方面可能需要采用连续和跳跃相统一的过程。出版企业能够通过新 IT 技术的吸收和内化,越过数字出版发展的某些自然发展阶段,从而站在新的技术平台上,参与新一轮的竞争。

借鉴技术—组织—环境(Technology-Organization-Environment)框架,可以将出版企业 IT 吸收的影响因素分为技术特征、组织特征、环境特征三方面。技术因素包括技术准备和技术需求两方面。技术准备指出版企业吸收数字内容管理、动画技术、无线传输等新技术而应具备的技术基础设施以及拥有相关知识和技能的专业人员。技术需求是指考察当前的技术需求在价值链中所处的位置,排列需求的优先级,该技术带来的价值很大程度上左右着该技术的采纳和吸收。组织因素指出版企业自身的规模与范围、组织结构等因素。规模化程度较高的出版企业具有丰富的信息资源和人力资源,也能为 IT 技术的吸收提供便利条件。而企业组织结构的专业化、正规化也将加强 IT 技术接受和扩散的程度。环境特征是指企业所处行业的竞争强度、政府政策、政府关系等因素。当所处行业的竞争强度越大,企业采用 IT 技术的欲望就会越强烈。随着数字化转型的升级,中国出版企业将面临日益激烈的市场竞争,这对 IT 技术的吸收也有积极作用。此外,政府在政策、资金等方面的有效支持也将促进企业的 IT 技术吸收。

(二) IT 吸收与服务创新能力的关系

一些研究肯定了 IT 技术对企业服务创新活动的促进作用。中国出版企业正处在数字化转型的关键时期,出版企业通过促进企业 IT 技术的吸收和内化,已经成为影响企业服务创新能力的重要因素。

企业通过 IT 技术不但可以提高组织内部操作流程效率,也可以提高服务流程可见性,并对服务流程进行设计或修改。在企业内部,信息技术的吸收可以提高服务的开发能力和管理效率,缩短产品设计时间,减少原型数目,降低成本,提高质量,促进项目成员之间的更好地合作、沟通和协调。在出版企业中，对新技术的启动能直接促进过程创新能力。比如对手机应用开发技术的引进，为客户提供便捷的手机阅读服务，也拓展企业在移动服务创新方面的能力。信息技术在企业内部的吸收和融合将直接体现在对客户需求信息的动态掌握能力、个性化服务能力方面。比如为了满足客户需求而设计的基于 Web 定制化电子书服务，以及满足娱乐需求的网络游戏等。

创新服务产品仍是数字出版发展中的一项核心任务，而 IT 技术的吸收也为生产和营销人员提供了更多机会和手段来创造新服务产品。利用信息技术的吸收和融合，让员工访问过往服务创新项目，从而使他们能够从以往的经验中学习并改进目前的服务策略，最终提供一些能更好地适应市场需求的新服务和产品，以帮助企业快速识别客户需求，与客户频繁互动，增强提供个性化产品和服务的能力。

三、从 IT 分析源头分析制定企业发展途径

出版企业在开展数字出版服务过程中，将受到企业 IT 吸收的影响，而 IT 吸收又受到不同因素的影响。因此，出版企业要善于从 IT 吸收的动力源头分析制定企业的发展对策以便推动数字出版服务创新，具体可包括以下四方面途径。

（一）选择适宜的主导技术

出版企业的主导技术决定了数字出版服务创新的实践与发展方向，在数字化转型过程中尤为重要。正确地选择适应企业自身优势的数字出版技术，对于企业的数字出版服务发展起到关键作用。如汉王科技在推出电纸书产品不到两年的时间里，就依靠自身技术资源优势成为全球销量第三、中国销量首位的电纸书厂商。但如果选择了不适应企业自身发展的技术，不但耗散企业资源，也将延误发展时机。在数字出版发展过程中，出版企业必须详细分析自身的独特背景和技术储备，并充分考虑用户的需求，正确把握核心主导技术，从而促进数字出版产品创新能力的提升。

（二）调整组织管理体系

要重视组织管理中的高层领导作用，高层无论对技术启动还是实际的使用和融合的支持均具有很强的影响作用。研究高层管理团队对 IT 技术的理解以及高层团队的创新个性对企业 IT 吸收有显著正向影响。出版企业的高层管理者对数字化建设起着关键的支持作用，如果能准确把握公司的经营战略，积极寻找适合的 IT 技术，并且分配足够资源，鼓励 IT 技术在企业内部发生扩散，就会促进企业内部 IT 技术的吸收，有利于过程创新能力的提升。此外，在数字出版发展初期，企业应调整组织结构和业务流程，设立专门的管理部门，积极引导 IT 技术的吸收，改善服务程序或规程，并最终转化为过程创新能力。

（三）加强联盟合作和资源互补

规模较小的企业会受到技术、人力、财力等资源的约束，形成数字出版发展的一大障碍。有数据表明，销售码洋较高的出版企业对数字化建设的投资力度要明显大于销售码洋较低的出版社，销售码洋在 5 亿元以上的出版企业，投资规模在 500 万元以上的比例为 66.67%。同时，企业应注意加强外部合作，实现技术资源互补，形成规模化发展模式，加强 IT 技术吸收的动力。例如，方正集团和上海张江集团宣布联合投资 2.85 亿元组建数字出版公司，合作项目包括移动阅读终端研发、图书门户运营以及数字复合出版技术项目。

（四）寻求政府政策支持

出版企业要善于研究政府政策，在 IT 战略上凸显政府政策导向，积极寻求政府的政策支持。如《新闻出版业"十二五"时期发展规划》中提出："大力扶持以手机为主要传播渠道和载体的动漫游戏出版产品的开发"；"积极发展民族网络游戏产业，鼓励扶持民族原创网络动漫产品的创作和研发"；"推动数字内容加工、存储、传输、阅读等技术和装备的研发与制造，发展电子阅读及有声阅读"。良好的产业政策将极大地推动传统出版企业的新技术吸收，但同时出版企业也应及时抓住发展机遇，加强与政府的联系与沟通。

四、结论与展望

本文研究了从IT吸收的源头探索数字出版服务创新能力的提升机理，指出企业IT技术吸收和内化将成为服务创新能力形成的有效途径，企业的技术准备和需求、高层支持、组织规模、组织架构以及外部的竞争压力和政府关系有利于推动出版企业IT的采纳与吸收。

中国出版企业正处在数字化转型的关键时期，对于由信息技术吸收内化对服务创新能力带来的影响，尤其需要按照科学的范式开展本土化的实证研究。未来的研究可以在本文分析框架的基础上，研究IT吸收过程与数字出版服务创新能力各维度的关系，确立相关研究假设，结合对实际企业定性访谈和实证数据结果，识别影响出版企业IT吸收的技术、组织和环境因素。在上述研究假设的基础上，构建IT吸收与数字出版服务创新能力关系模型。在统计分析的基础上，讨论出版企业如何促进IT内化吸收，从而培育和增强数字出版服务创新能力，从企业运作和政府政策层面提出相应的对策和建议。

参考文献

[1] Thong J Y L. An integrated model of information systems adoption in small businesses [J]. *Journal of Management Information Systems*, 15(4): 187-214.

[2] Fichman, R. C. Going Beyond the Dominant Paradigm for Information Technology Innovation Research: Emerging Concepts and Methods [J]. *Journal of the Associationfor Information Systems*, 2004, 5(8): 314-355.

[3] Matins F O M Oliveira T Determinants of Information Technology Diffusion: A Study at the Firm Level for Portugal [J]. *The Electronic Journal Informationsystem Evaluation*, 2008, 11(1): 27-34.

[4] 陈文波、黄丽华：《组织复杂信息技术吸收的探索性案例研究》，载《清华大学学报》（自然科学版），2006年第46卷第S1期，第902—908页。

[5] 毕新华、余翠玲：《信息技术吸纳能力及其机理要素研究》，载《情报科学》，2007年5月第25卷第5期，第648—654页。

[6] 秦敏、徐升华：《基于过程的信息系统采纳行为模型及实证研究》，载《情报学报》，2008年10月第27卷第5期，第733—739页。

[7] 钟跃康、陈福集：《组织信息技术接受过程分析框架研究》，载《情报杂志》，2009年第28卷第9期，第164—167页。

[8] Barras R.Towards a theory of innovation in services [J].*Research Policy*,1986,15(4):161-173.

[9] Xu S,Zhu K,Gibbs J.Global technology local Adoption:A cross-country Investigation of Internet Adoption by Companies in the United States and China [J].*Electronic Market*,2004,14(1):13-24.

[10] Chen J S,Tsou H T."Information Technology Adoption for Service Innovation Practices and Competitive Advantage:the Case of Financial Firms [J]. *Information Research*,12(3):314.

[11] Demirhan D,Jacob V,Raghunathan S.Information Technology Investment Strategies Under Declining Technology Cost [J].*Journal of Management Information Systems*,2006,22(3):321-350.

[12] 黄孝章、张志林、陈丹：《数字出版产业发展研究》，知识产权出版社2011年版。

本文发表于《中国出版》2013年第14期；作者：王关义、蒋骁

出版企业品牌塑造的支点选择

中国加入世界贸易组织后,随着外国出版公司的渗透和加入,出版业进入了品牌竞争的时代。中国出版业面对外国出版业的挑战,与狼共舞在所难免。自2005年以来,伴随着中国传媒业准入限制的逐步开放,出版市场面临的国际竞争压力越来越大,各出版企业面临着生存与发展的严峻考验,要长期生存、发展下去,就必须从长远的、战略的眼光来培育、发展自己的品牌,实施品牌战略,全面提高自身的可持续发展能力。

一、塑造品牌是出版企业持续发展的需要

著名市场营销专家菲利普·科特勒博士提出:"品牌是一种名称、术语、图案、标记、符号或它们的相互组合,用以识别某个消费者或某群消费者的产品或服务,并使之与竞争对手的产品或服务相区别。"品牌的组成可分为两部分,一是品牌名称,是指品牌中可用语言称呼的部分;二是品牌标志,是指品牌中可以被识别但不能用言语称呼的部分,如符号、设计、色别等。企业如将某品牌在政府有关主管部门注册登记之后,即成为"商标"。

图书也是一种产品——一种文化产品,生产目的是为了销售、传播,所以图书的含义可以从"品牌"的含义中引申出来:"图书品牌是指出版者(即出版社)的名称(即社名)、标志(如社徽)、术语(如社训)和图书书名,或其组合,其主要功能在于区别不同出版者的出版物或同一出

版者的不同出版物。"图书品牌的创立，不仅意味着图书产品本身的特性与品质，同时也把读者的倾向意识紧紧地与出版社拉在了一起，容易培养读者的忠诚度。出版社品牌是指一个出版企业的整体品牌形象，它是大量品牌出版物所促成的物质和精神积淀。图书品牌和出版社品牌，两者紧密联系、相互促进，图书品牌代表了一个出版社的特色和实力，是形成出版社品牌的基础，而出版社一旦成为名牌出版社，就会进一步带动和促进图书品牌的品牌效应。

目前，我国共有各类出版企业 573 家，但真正形成有品牌的出版社却为数不多。成熟而理智的挑选和购买行为，必须依托对品牌的识别和判断。因此，理智的图书市场，需要那些能够鲜明、系统、集中地体现出版企业品牌特色的图书，它不仅是一个现代出版的标志和品牌的象征，更是广大读者从整体上识别、理解、接受和把握出版文化的符号。从统计资料可知，人民文学出版社、商务印书馆等老牌出版社，在读者品牌认知度调查中名列前茅，与这些出版社一直以来坚持高品质图书路线的出版思想，实施品牌战略是分不开的。如作为"百年老社"的商务印书馆，建店以来"以开启民智、昌明教育为己任，竭力继承中华文化，积极传播海外新知"，犹如一位温和的、诲人不倦的知识老人，在当代读者的心中，更是以工具书的权威性、科学性和规范性著称。通过对全国规模最大的专业文学出版社——人民文学出版社的了解，读者所接受的是"系统性和系列化"的出版系统。可见品牌是一种文化、一种象征、一种不可抵挡的号召力。

品牌可以说是任何一个产品销售的利器，没有品牌的产品就没有生命力。品牌力决定着营销力，没有品牌的商品就没有营销的力量。对于出版业来说，读者就是上帝。读者的认知和现实消费，反映着图书、出版社在市场上的切实表现。2005 年北京地区销售码洋名列前茅的出版社，无一不是打造出自己品牌的出版社。品牌具有价值意义，强势品牌带来的巨大经济效益是惊人的。对于图书市场来说，品牌意味着竞争力；对读者来说，品牌就是质量承诺；对于出版者来说，品牌就是效益和生命。

正因为品牌有着如此大的作用,出版企业把塑造品牌作为自己的长远奋斗目标就不是偶然的了。任何一家出版企业都不想在图书市场上被别人吞并或淘汰,都想打拼出属于自己的一片天空。

二、出版企业品牌塑造的支点选择

塑造出版企业品牌是一项复杂的系统工程,是一个渐次推进、长期积累的过程,并不是随便想出一个选题计划就能出书的简单过程,也不是出几本质量上乘的图书就能实现的。所以,科学制订切实可行、方向明确、具有长远指导意义的塑造出版社品牌的发展战略是十分必要的。

(一)明确市场定位,凸显自我特色

加入 WTO 以后,出版社要想生存也要从市场上"找米下锅",现在市场上每年出版的书不计其数,要想在浩如大海的书市中引起读者的注意并激起他们的购买欲望,没有准确的市场定位,没有自己的特色是不可能做到的。一个出版社只能在某些方面形成竞争优势,而不可能在所有的领域都具有优势。所以,出版者首先要从本社的实际出发,对文化、出版、教育等领域进行全方位的审视和剖析,对准自己的文化与市场定位,找到自己立足发展的空间;其次,还要对图书出版的市场格局进行立体化的研讨,结合有效的市场点差,确定自己的发展方向,从而找到自己有能力开拓的疆域,出版自己标志性的出版物。如果全线出击,什么类型的书都做,就不可能做深做透,很难有精品产生出来,更没有品牌可言。例如,外语教学与研究出版社针对自身拥有的独特优势,在出版外语教材、外语工具书、外语教学参考书、外国原版读物和翻译读物、学术科研著作、外国人学习汉语用书及电子音像制品方面,成为目前国内出版外语语种最多、规模最大的外语出版基地,这是其他出版社望尘莫及,无法与其抗衡的。中国人民大学出版社长期致力于经管类图书著作、教材的出版,品位上乘,累计丰厚,影响也是非常之广泛。它们出版的经管类研究生核心课程系列教材,就颇得很多高校教师和学生的青睐。此外还有清华大学出

社的计算机类图书、中华书局的典籍类图书、金盾出版社的农业实用科技类图书等,都在读者心中显示出不可抗拒的力量,品牌形象深入人心,综观它们的成功,无一不是在图书市场上找准了自己的位置,凸显了自身的特色。

(二)树立精品意识,确保品牌质量

质量是维系出版社及其品牌的生命线。市场竞争说到底是质量竞争,以质量求生存、以质量求发展已成为共识。图书的质量包括许多方面,首先要注重图书的内容质量,可以从学术价值和读者需求两方面来分析。学术价值主要针对的是学术著作,目前在我国出版的学术著作中,良莠混杂现象严重,有些著作学术含量很低,这主要与出版社缺乏严格的学术评审制度有关。在图书市场上,占图书品种大多数的是面向读者的普及、消闲、实用生活类读物等。对这些读物,出版社要进行深入的读者需求分析,分析读者年龄、学历层次、阅读心理、购买力水平等,尽可能地赢得读者。

图书不仅要有内在质量,还必须对图书有全面的、整体的把握,再完善的品质也要有恰当的表现形式做载体,所以封面设计、版式、书脊的设计、用纸规格、装订形式等,也是精品及品牌的重要元素。既要有新颖、独到的设计风格,又要恰到好处地表现图书的主题及内容特色,给读者强烈的视觉冲击力。当前出版物质量不佳主要表现在选题重复、内容陈旧、文字错漏较多、印制粗糙、封面设计无鲜明特色等。平庸甚至粗糙的出版物很难为出版社的品牌战略增辉。

图书内在质量的优秀和外观质量的良好为品牌的确立奠定了基础;而长期坚持出版高质量的出版物,就可以成为名牌,为出版单位带来长久的、可观的社会效益和经济效益。反之,一次不经意的质量问题也可能使一个名牌轰然倒地,造成读者的不信任和市场的反感。这就要求我们出版人要像关爱自己的生命一样关注图书质量,认识到图书质量的好坏是关系到一个出版企业生死存亡的大问题,是出版企业的生命之所在,抓好从选题直至印装各个环节的管理和监督,才能为出版品牌的铸就打下基础。

(三) 开发整合作者资源和培养名牌编辑，发展规模效应

出版产业作为知识产业，它们之间的竞争在某种意义上也可以说是资源的竞争。谁更多地占有资源、拥有资源，谁就能在市场竞争中占有更主动的地位，拥有更大的优势。有效地开发作者资源和人力资源，在塑造图书品牌的过程中是很重要的。一方面，要开发整合作者资源，精心选择那些专业水平高、社会影响大、写作经验丰富且符合出版社策划意图的优秀作者，按照出版社的整体策划要求去创作优质作品。高水平的作者是高水平的出版物存在的基本前提。品牌图书需要品牌作者来支撑。品牌作者一般拥有较大的读者市场，并且具有连续创作能力来满足市场需求。作者的知名度对提升出版社的知名度往往有正面的作用。当然，建立一支强大的作者队伍不是一朝一夕的事，需要出版企业的长期经营和投资。另一方面，要在编辑队伍中培养名牌编辑，靠名牌编辑在读者、作者心目中的影响力来争得好书稿，争得市场，力争创出一种"使想出高质量图书的作者慕名前来投稿，使读者认自己的牌子买书"的效应来。作为出版社，如果在作者品牌和编辑品牌两方面形成了自己的优势，就应该不断扩展和延伸这种品牌优势，发展规模效应，直至形成自己的企业品牌。

(四) 加强宣传工作，扩大图书品牌的反响

在市场经济条件下，"酒好也怕巷子深"，所以出版企业应该适应市场形势的需要，不断改进自身的宣传方式和销售方式，有重点、有选择地进行宣传推广，使好的图书迅速深入人心，广泛占领图书市场，从而产生实实在在的品牌效应。1995年10月由外研社出版的《英汉词典》，是一部耗费了几十位专家教授十几年心血的不朽之作，但同类辞典充斥市场。为了占领市场，打开销路，外研社花费了100万元在电视、电台、报纸上广泛宣传，使这部定价128元的外语词典在10个月内销售10万册，取得骄人的成绩。需要注意的是，图书产品毕竟是精神产品，大部分图书消费者还是注重质量本身。不顾产品质量，盲目地搞广告"轰炸"，效果未必好。可行的途径是选择合适的广告媒

体，有针对性地进行广告宣传。

"罗马不是一天建成的。"品牌的树立绝非一朝一夕可以完成，它是出版企业长期积累的结果。在竞争激烈的今天，出版企业必须坚持理性思维，即立足自我，把握时代脉搏，锐意改革，认真实施品牌战略，培养、出版自己的品牌图书，才能在未来更加开放的出版市场上占有一席之地。

本文发表于《企业改革与管理》2008年第8期；作者：郑冬松、王关义

网络书店可挖掘潜在读者

超高的库存量可以毁掉一个行业。

先看第一组数据。目前,我国年出版图书品种数位居全球第一,是美国的一倍还多。从2005年到2015年,全国出版的图书品种数从22.25万种增至47.58万种。但是,高达100%的品种增长,只带动不到4%的销量增加,无效供给过量,引发高库存。

再看第二组数据。2015年,我国成年国民(18—70周岁)图书阅读率为58.4%,人均纸质图书阅读量仅为4.58本。而其他国家在人均阅读量方面的情况是:日本40本、韩国11本、法国20本、俄罗斯55本、以色列64本。

一方面是高库存,一方面是国内人均纸质图书阅读量下降,原因很简单:有效需求未得到充分满足,出版产品载体形态没有得到更好地结合。从供给侧具体分析原因,一是供给方缺乏内容创新,内容质量有待提升;二是供给方对消费者需求了解不足,潜在需求也没有充分挖掘。

尤其是挖掘潜在需求迫在眉睫。例如,在发行领域,人们大多看到网络书店的快速发展,甚至时有"网络书店抢占实体书店消费者"的观点出现,但没有注意到,网络书店的消费者中,有一部分正是由网络书店唤起阅读需求的消费者。对出版业来说,市场空间很大,潜在的消费者很多,关键是供给方能否通过市场研究发现并激发消费者的需求。

网络书店不会分走出版商的蛋糕,而可以共同做大这个蛋糕。图书能够实现数字化,这一特点使图书出版业与网络存在着天然的联系。网络有技术，图书出版业有物流。线上线下相互促进，将会很好地扩大阅读市场，促进国内读者形成多层次的阅读习惯。

目前，我国的全民阅读活动在全国范围开展已有 10 年。出版业要更加积极地以多种形式参与国民阅读活动中，推动国民形成多层次阅读需求，对出版产品载体形态确定等进行差异化市场营销，成为网络经济时代的大赢家。

本文发表于《人民日报》（海外版），2016 年 11 月 7 日第 11 版；作者：王关义、谢巍

第四部分
中国出版企业资本运营与绩效研究

  中国出版业转型一个重要的方面就是不少出版集团通过改制转变成参与市场竞争的主体,开始了上市和资本化运营。本部分研究的主题包括传统出版与新兴出版融合发展的财税政策研究、出版集团上市面临的内生矛盾研究、出版上市公司股权结构与绩效关系研究。具体建议有:(1) 出版上市公司应抓住国家文化产业大繁荣的战略机遇,积极推进股权结构改革,加快资源整合,提升其主营业务能力,实现股权结构改革后的综合治理功能;(2) 出版上市公司在股权改制过程中,应加大目标公司股权结构的优化,积极推进控制权部分转移,形成合理的股权结构,发挥大股东持股的利益趋同效应,同时重点关注其他大股东的制衡效应,以防范第一大股东对其他股东的利益侵占效应。

推动传统出版与新兴出版融合发展的财税政策研究*

随着数字技术的兴起，传统出版出现新的发展契机和发展方向，出版业的数字化转型逐步推动，国家也多次出台激励政策，鼓励传统出版和新兴出版融合发展。本文着重分析传统出版数字化转型中存在的问题，从政策层面提出了相关财税支持建议和对策，以期加快推动传统出版与新兴出版的融合发展。

一、我国传统出版和新兴出版融合发展的现状

随着媒介技术的进步，传统出版企业逐步寻求向新兴出版的转型升级，其中一个重要方向就是数字出版。从总体趋势来看，传统出版企业正逐步加快向新兴出版的转型，但是进程相对缓慢，产品有待进一步深化转型。具体表现如下。

（一）传统出版数字化产品收入在数字出版产业总收入中占比较低

传统出版数字化产品中，电子书虽占比份额较小，但增速最快，2013年较2006年收入增长了24倍；互联网期刊收入增长比较平稳，2013年较2006年收入增长了一倍；数字报纸总体上呈现增长态势，但在2013年出现下滑

---

* 本文系王关义教授主持的国家新闻出版广电总局重点课题"构建具有文化特色的现代出版企业制度研究"（课题立项编号为：2015-4-1）的研究成果。

(图1)。传统出版数字化产品虽呈现增长态势,但是在数字出版产业中仅占据很小比重。从2013年数据来看,互联网期刊、电子书、数字报纸三项总收入占比2.44%(图2),说明传统出版单位数字化转型升级还需继续深化。

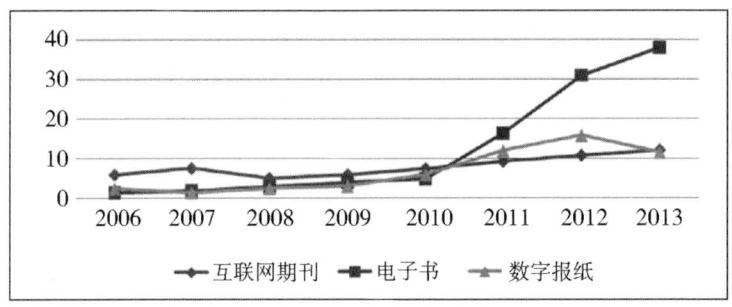

图1　2006—2013年传统出版产业数字化后收入情况（单位：亿元）

数据源于:《2013—2014数字出版产业发展年度报告》。

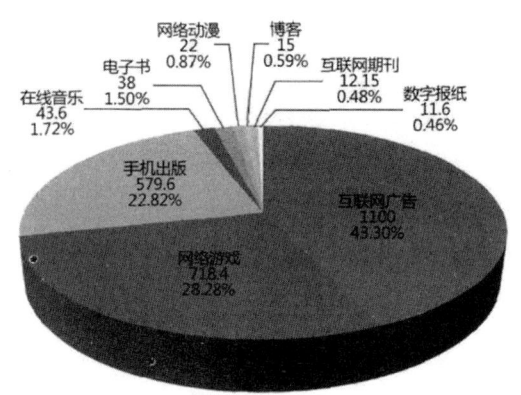

图2　2013年数字出版产业收入和占比情况（单位：亿元,%）

数据源于:《2013—2014数字出版产业发展年度报告》。

(二) 传统出版数字化产品和传统出版物之间存在巨大差距

根据互联网期刊、电子书和数字报纸三项总收入和传统纸质出版产品收入规模比较来看,纸质出版物收入为传统出版数字化产品收入的28倍(表1)。巨大差异的原因在于:一是新闻出版行业多年来从事的是内容生产,人才培养和资金投入集中在业务方面,对于技术研发紧迫感不强,缺乏高新技术研发和投入，将数字出版视为依附于传统出版产业的辅业；二是出版单位顾虑转型发展的风险，过于依赖政府扶持资金、政策和项目，缺乏主动探索。

表1 2013年传统出版数字化产品和纸质出版物收入对比（单位：亿元）

数字化出版物收入		纸质出版物收入		后者是前者的倍数
电子图书	38	图书	770.8	20
互联网期刊	12.15	期刊	222.0	18
数字报纸	11.6	报纸	776.7	66
合计	61.75	合计	1769.5	28

数据源于：《2013—2014数字出版产业发展年度报告》。

二、支持传统出版和新兴出版融合发展的财税政策及问题

为了推动传统出版向新兴出版转型升级，国家出台多项鼓励政策：2014年国家新闻出版广电总局和财政部联合下发《关于推动新闻出版业数字化转型升级的指导意见》（新广出发〔2014〕52号）强调对数字化转型升级等加大财政扶持力度，将新闻出版业数字化转型升级项目作为重大项目纳入中央文化产业发展专项资金扶持范围；2015年4月，国家新闻出版广电总局和财政部联合下发《关于推动传统出版和新兴出版融合发展的指导意见》，提出推动传统出版和新兴出版的六大重点任务，明确"加大财政政策支持力度"作为支持政策措施；2015年5月国家税务总局也发文《关于坚持依法治税更好服务经济发展的意见》，指出通过税收政策"积极支持新业态和新商业模式健康发展"。具体政策疏理如下。

（一）支持传统出版和新兴出版融合发展的财税政策

目前，我国已然出台了多项财政政策和税收政策支持新闻出版数字化转型、网络图书、网络报纸、网络期刊和电子出版物等新兴出版和传统出版的融合发展。

1. 财政政策。我国在 2013 年推出首批 70 家"数字出版转型示范单位"项目,包括 5 家出版集团、20 家图书出版单位、5 家报业集团、20 家报纸出版单位、20 家期刊出版单位。示范单位将优先获得国家和地方财政资金支持。但是 70 家示范单位占全部申报单位的 16.3%、全国出版单位的 0.56%,说明转型范围较小。

此外,文化产业专项资金支持项目中,从 2008 年到 2014 年,文化产业发展专项资金中支持新闻出版业 75.4 亿元,占 192 亿资金总量的 39.3%;项目数量是 1107 个,占 3300 多项目总数的 33.5%。2015 年文化产业发展专项资金重点支持内容之一还是新闻出版业数字化转型升级。从 2011 年到 2014 年,中央文化企业国有资本经营预算安排资金支持新闻出版业 19.78 亿元,占 30.6 亿资金总量的 64.6%。

2. 税收政策。税收政策主要集中支持网络图书、网络报纸、网络期刊和电子出版物的发展。具体见表 2。

表 2 传统出版数字化转型税收优惠一览表

产品形态	税种	规定
电子出版物	增值税	自 2000 年至 2010 年年底,电子出版物视同软件产品,对其增值税实际税负超过 3% 的部分实行即征即退政策
		2006 年起,电子出版物的增值税税率由 17% 下调至 13%
		2013 年 1 月 1 日至 2017 年 12 月 31 日,电子出版物在出版环节执行增值税先征后退 50%
从事经营网络图书、报纸、期刊和电子出版物的企业	增值税	出口电子出版物享受增值税出口退税政策
	进口关税	2009 年 1 月 1 日起,对为承担国家鼓励类文化产业项目而进口国内不能生产的自用设备及配套件、备件,免征进口关税
	企业所得税	对从事文化产业支撑技术等领域的文化企业,按规定认定为高新技术企业的,减按 15% 的税率征收企业所得税
		开发新技术、新产品、新工艺发生的研究开发费用加计扣除
		出版、发行企业处置库存呆滞出版物形成的损失,允许税前扣除

(二) 支持传统出版和新兴出版融合发展的财税政策存在的问题

以上支持政策对出版行业来说是发展利好信息,并实际助推了传统出版和新兴出版的融合,但是仔细分析发现存在一些问题。

1. 过于倚仗财政政策,且缺乏落实。从《关于推动新闻出版业数字化转型升级的指导意见》和《关于推动传统出版和新兴出版融合发展的指导意见》中可看出,相关保障措施都是强调财政支持政策,缺乏税收激励措施。直接的财政扶持虽然在短期内促进数字出版的转型,但是不具有长效机制和普惠效应,不能带动传统出版行业整体、自发的转型。获得资助的单位相对于没有获得资助的单位在市场竞争中占据优势。相反,如果增加税收激励政策,则可营造公平的竞争环境,并从数字出版转型中设备投资、产品销售增值税、研发费用扣除、企业所得税等多方面激发企业创新动力。

此外,数字出版的主管部门国家新闻出版广电总局非常重视该产业发展,连续发布多项产业文件,都提及给予财政、税收等支持,但是存在"只听楼梯响,不见人下来"的现象。如《关于推动新闻出版业数字化转型升级的指导意见》中提及"支持企业采购用于出版资源深度加工的设备及软件系统"。此项规定过于原则,缺乏细化、可行的实际支持举措。更为细化的财政、税收等支持政策依赖于各个政府部门的协同合作,这才是有效支持数字出版发展的关键。

2. 对电子出版物优惠力度不如纸质出版物。自 2000 年起,电子出版物一直比照软件产品享受优惠政策,并未将其归入出版物中。2009 年在《关于继续实行宣传文化增值税和营业税优惠政策的通知》中将电子出版物归入出版物中,但该文件中仅对图书、期刊、音像制品给予出版环节增值税先征后退 50% 政策,并未对电子出版物给予同等待遇。财税〔2013〕87 号文才明确电子出版物同图书、期刊同等待遇,在出版环节执行增值税先征后退 50%。从税收法规文件演变来看,电子出版物受重视程度增加,并明确相关税收优惠政策。但是财税〔2013〕87 号文中仅对图书批发、零售环节增值税给予 5 年免征期,而电子出版物中的电子图书却并未享有同等优惠待遇。

3. 电子出版物优惠政策没有考虑不同于纸质出版物的特点。增值税实务中采取销项税额—进项税额的方式征税，可抵扣进项大，企业增值税税负才较低。2006年起电子出版物增值税税率由17%下调至13%，在一定程度上减轻了电子出版物的税收负担，但是效果却不明显，原因在于电子出版物在成本构成上不同于纸质出版物有实物抵扣进项税的特殊性。以电子图书为例，其主要成本包括版权费用、制作成本（包括人工和设备成本）、销售成本、服务成本等。2013年营改增之前，以上成本中只有购进设备、购进存储介质抵扣进项税；电子出版改成网络出版后，存储介质也不需要了，可抵扣进项税项进一步减少；版权购买支出、人工费、推广支出、研发支出等主要成本无法抵扣进项税，导致电子图书的增值税实际税收负担较重。尽管我国早于2000年将电子出版物认定为软件产品，并对其比照软件产品执行增值税税收负担超过3%即征即退的优惠政策，但是国家对软件企业认定标准严格，实践中大部分电子出版物并未能真正享受到此项即征即退的税收优惠，电子出版物税负普遍偏重现状并未改变。2013年营改增后，著作权转让支出虽作为现代服务业按6%税率可抵扣进项税，但由于个人转让著作权免征增值税，导致出版社支付个人的稿费（或版税）无进项税可抵扣。基于此，即使电子出版物和纸质出版物享受同等税收优惠政策，不同的成本构成也导致电子出版物的实际增值税税负高于纸质出版物。

4. 税收优惠覆盖范围狭窄。从税收优惠政策看出，对传统出版和新兴出版融合发展的支持着力点限于传统出版的数字化产品（电子出版物）和经许可从事网络图书、网络报纸、网络期刊的企业。对传统出版设备及软件系统更新、投资建设新兴媒体以及传统出版和新兴出版共同投资等没有出台相关措施，无法推动传统出版和新兴出版全面融合发展。

三、支持传统出版和新兴出版融合发展的财税政策建议

以上政策的支持着力点在于传统出版的数字化产品和数字化转型升级。这虽然在一定程度上减轻了传统出版数字化产品的税收负担，激励了

传统出版数字化转型的动力,但还存在一些问题。

(一) 财政资金扶持传统出版的数字化平台建设

短期内,财政资金投入可以发挥杠杆和撬动作用,支持传统出版和新兴出版的加速融合。建议今后通过文化产业转型资金进行财政扶持的重点包括:其一,目前新兴出版物中存在优质内容匮乏、低俗内容充斥的现象,而支撑新兴出版物长期、可持续发展的底蕴是优质内容。我国五千年文明遗留下大量优质内容的文史资料,亟待开发、编辑、加工成数字产品。因此,建议下一步重点扶持历史文化瑰宝的数字化平台建设、内容开发项目,如 2014 年文化产业专项资金支持南京大学出版社有限公司的"民国历史文献数字化出版平台"建设。其二,继续重点扶持传统出版社数字化平台建设。由于财政资金有限,建议采取财政贴息等方式支持,重点发挥财政资金的杠杆作用,撬动社会资金进入传统出版转型建设中。

(二) 制订出版优秀数字化产品的税收政策

针对新兴出版物税负较传统出版物重的情况,建议对新兴出版物出台和传统出版物同等税收优惠政策,并根据新兴出版物特点,出台专门的税收减免措施。

1. 制订批发、零售环节电子出版物免征增值税政策。财税〔2013〕87 号文中仅对图书批发、零售环节增值税予以免征。目前电子出版物和传统的图书、报纸、期刊相比,其市场占有率非常低,为了扩大电子出版物的受众人群,建议对电子出版物中的电子图书、电子期刊和报纸比照财税〔2013〕87 号文给予 5 年免征批发、零售环节增值税的优惠政策,进一步降低电子出版物的价格,使其轻税负参与市场竞争,以价格优势抢占市场,进而从消费终端带动新闻出版产业的数字化转型进程。

2. 制订网络出版物增值税进项税抵扣和即征即退政策。考虑网络出版物进项税抵扣偏少、增值税税负较重的问题,为了鼓励出版企业将优质内容推送出来,营造良好的网络文学氛围,建议:(1) 电子出版物成本中,向作者支付的稿酬（或版税）体现的是对知识产权、人力投入的支出，2013年8月1日营改增后，由于个人转让著作权免征增值税无法取得抵扣凭证，但是这部分支出体现了对知识产权的尊重，建议比照农产品计算抵扣的方法，出版社可以将对个人支付的稿费（或版税）按6%计算抵扣增值税，增加增值税的抵扣项。（2）明确电子图书、互联网期刊、数字报纸等出版物增值税超3%即征即退政策。

（三）出台激励传统出版数字化转型设备及软件更新的税收政策

传统出版的硬件条件升级是传统出版和新兴出版融合发展的保障。建议出台相关税收优惠措施鼓励传统出版向新兴出版的升级改造。

1. 继续实行增值税退税款专款专用政策。在《关于继续执行宣传文化增值税和营业税优惠政策通知》（财税〔2009〕147号和财税〔2011〕92号）曾强调退还的增值税税款应专项用于技术研发、设备更新、新兴媒体的建设和重点出版物的引进开发。但此项规定并未在其延续性文件财税〔2013〕87号文中体现。从目前来看，部分出版企业过于依赖政策支持，缺乏发展的危机感，并不将退税资金谋发展、求转型。从促进传统出版企业数字化转型角度出发，建议出台相关监督举措保障退还税款专款专用于数字化转型设备或软件投资。

2. 出台数字出版专用设备（软件）投资额抵免企业所得税政策。在《关于推动新闻出版业数字化转型升级的指导意见》（新广出发〔2014〕52号）中提及"支持企业采购用于出版资源深度加工的设备及软件系统"。但对于如何支持并未有细化的落实性政策。如果仅凭财政资金划拨的支持方式，其惠及面仅限于获得财政资金的企业，而不能带动整个新闻出版行业自发性的数字化转型。建议将数字出版专用设备（软件）列入《环境保护专用设备企业所得税优惠目录》，购置此类专用设备可以按专用设备投资额的10%直接从企业所得税当年应纳税额中抵免，当年不足抵免的，可以在今后5个纳税年度结转抵免。此举可刺激其他未获得财政专项资金支持的出版企业自发进行数字化设备购置进而带动数字化转型。

(四) 出台传统出版和新兴出版共同经营减免企业所得税政策

为了支持传统出版和新兴出版的融合发展和共同经营，建议传统出版企业将税后利润用于数字出版平台建设、基地建设方面的投资，或利用股权投资方式投资于未上市的中小数字出版企业两年以上的，可以按照投资额的 70% 在投资当年或股权持有满两年当年抵扣该新闻出版企业的应纳税所得额；当年不足抵扣的，可以在以后年度结转抵扣。例如，2015 年 1 月 1 日某新闻出版集团和某互联网集团以股权投资方式各自出资 1000 万元共同投资成立某数字出版企业，股权持有至 2016 年 12 月 31 日，则这两个集团可以在 2016 年 12 月 31 日增加可抵扣应纳税所得额 700 万元，进而降低企业所得税税收负担。传统出版优势在于内容资源、编辑团队，新兴出版优势在于技术流程和运营平台，此项举措有利于双方各自发挥优势，共同打造数字出版企业，生产出优秀的数字出版产品。

参考文献

[1] 武云：《出版行业税收优惠政策的绩效研究》，载《财政监督》，2013 年第 3 期。

[2] 王关义、鲜跃琴：《我国出版业国际化转型现状、问题与对策》，载《中国出版》，2015 年第 8 期。

[3] 张立：《2013—2014 数字出版产业发展年度报告》，中国书籍出版社 2014 年版。

[4] 杨京钟：《税收政策视阈下的新闻出版产业激励研究》，载《出版发行研究》，2012 年第 8 期。

本文发表于《中国出版》2015 年第 17 期；作者：王关义、胥力伟

出版集团上市面临的内生矛盾探析*

目前已上市的多数传媒集团业绩表现乏善可陈，有的还弊案缠身。我们认为，这种状况源于中国出版业的特殊性，出版集团在寻求上市的过程中，不可避免地会遭遇到一些内生矛盾的困扰，包括宏观政策目标与微观企业目标的矛盾、内容管理与公司制运作的矛盾、上市公司的普遍要求与出版集团自身素质的矛盾等。正是这些矛盾影响了传媒的上市进程和业绩表现。

一、传媒企业上市，表现未至预期

尽管中国证监会2001年发布的新版《上市公司行业分类指引》中，已将包括报刊、图书出版等在内的传播与文化产业定为上市公司34个基本产业分类之一，且深圳证券交易所2001年就给出了传播与文化产业指数，但传媒上市之路却并不平坦，从1998年12月"电广传媒"在深圳上市至今，传媒上市的道路已走了近十年，可真正上市的传媒却还寥寥无几。从理论上说，传媒业因其固有的意识形态属性，且受益于其垄断行业的性质，传媒股应该有相对良好的表现，但令人困惑的是，目前已上市的几个传媒股中，多数业绩表现平平，且不同程度地出现了管理或机制问题，有的高层管理者还因经济问题而被捕。

---

* 本文系王关义教授主持的北京市教委人文社科规划重点项目的研究成果（项目编号：SZ200710015006）。

如"电广传媒"是第一个上市的传媒股,它两次募集资金 20 多亿元。但这些钱有相当部分被大股东湖南广电产业中心借走,而"电广传媒"自身却负债累累,最后不得不采取"以股抵债"的方式脱身,成为国内"以股抵债"的第一股,并因此受到专家和小股东的强烈抨击。

1999 年 7 月,以成都日报集团为投资主体的"博瑞传媒"借壳"四川电器"上市,总体发展相对平稳。但 2002 年 10 月,博瑞传媒向证监会提出再融资申请时,却未获批准。有关方面称:"主要原因是博瑞传媒未能充分披露公司业务的独立性和关联交易的公允性。"

2002 年 5 月,湖南出版集团出资 6000 万元收购了上市公司武汉诚成文化投资集团股份有限公司的股份,成为其相对控股方,实现连带上市,被认为是第一个涉足股市的出版集团,但八个月后它就将股权转手。不久"诚成文化"就发生了董事长出走的变故,该股股价急泻,跌幅近 10%,倘若湖南出版集团未能及时解套,陷入泥潭不可避免。

2004 年 12 月《北京青年报》掌控的"北青传媒"在香港成功上市。这个上市公司其实是北青报和其子报的广告、印刷等经营性资产的重组,是媒体把经营部门拆分上市的典型案例,也是出版集团上市的经验借鉴对象。但其在 2005 年却出现业绩滑坡,上半年利润陡降 99%。2005 年 10 月其三位高管又因经济问题被捕,股市急跌 20%,上市仅一年多,就陷入低谷。

2006 年 10 月以上海新华发行集团为主体的"新华传媒"以买壳"联华超市"的方式上市,被称为发行业第一股,目前发展相对平稳,其运作情况有待观察。

我们认为,以上传媒集团上市后之所以负面情况不断,有其外在原因,但其各种内生矛盾更值得关注和研究。

二、出版集团上市面临的若干内生矛盾

(一)内容管理与公司制运作之间的矛盾

1. 内容生产部分不能上市,内容和经营必须拆分。国家政策规定,出

版集团的编辑业务和经营业务应从机构设置上分开,经新闻出版总署批准,其经营部门可按现代企业制度的原则组建成有限责任公司或股份有限公司,吸纳国有企事业单位的资本,集团和有关出版单位的国有资本应不低于51%。经中宣部和新闻出版总署批准,试点发行集团可吸收国有资本、非国有资本和境外资本,集团国有资本应不低于51%,条件成熟时,可申请上市发行股票募集资金。

按以上规定,出版集团只能把经营部分拆分出来上市。内容和经营拆分后,不可避免地形成一个奇特的现象,即上市后的经营性公司的经营链条不完整,本质上甚至不是一个完整的企业。"北青传媒"就面临这样的问题。中银证券在其报告中称"北青传媒"是"一家没有厨房的餐厅",并给予该公司"跑输大市"的评级。有研究者指出,经营性资产上市后而核心业务并不在上市公司,则上市公司的发展将严重依赖出版集团,这样势必增加关联交易的可能性。

2. 内容部门对上市公司的控制与反控制。一方面,内容生产部门希望完全控制上市公司。内容生产位于上市公司的上游,而上市公司的绝大部分业务都来自于内容生产部门,饭碗在前者的手里。在这种情况下,内容部门会心安理得地大量占用上市公司的资金,实施绝对控制,让上市公司失去应有的独立地位。

另一方面,上市公司也意图控制内容生产。上市的经营公司也可能利用其对市场的控制,反过来操纵内容生产,从而导致内容生产的不安全。特别是当上市的经营公司足够强大后,可能会千方百计介入出版领域,去影响甚至左右出版集团的编辑出版方针,不排除有的上市公司甚至会变相地建立自己的编辑部门。出版领域已有这样的先例,许多从事发行工作的社会资本都在以各种方式介入编辑领域。从法理上讲,出版集团拆分经营性资产上市后,首先被做大做强的应该是这个经营性的上市公司;但出版集团争取经营性资产上市的目标,却是在寻求将整个集团做大做强,甚至主要目标是要把内容生产做大做强而非经营部分的上市公司。但经营性资产上市后,随着股权多元化的不断深入,上市公司的独立程度势必会不断提高,即使出版集团拥有上市公司的绝对控股权,上市公司也有可能会在一定程度上抵制出版集团对自身利益的损害,这对矛盾有可能会随着出版集团的进一步改革和发展而不断激化。

(二) 上市公司的客观要求与出版集团市场化不够的矛盾

1. 上市公司应该是现代企业制度健全、法人治理结构完善的独立的市场竞争主体。出版集团的上市工作必须遵守《公司法》和《证券法》。出版集团及其剥离出来的经营性资产都必须按照《公司法》的要求,待完成相关的公司制改造后才具备上市资格。而出版集团的融资活动,尤其是股权融资和债权融资,则必须遵守《证券法》的有关规定。

2. 出版集团运行机制先天不足,自身素质未达上市公司的严格要求。从目前出版集团的运行情况看,如果严格对照《公司法》或《证券法》的要求,真正符合上市资格的出版集团几乎找不到。首先,从管理体制上看,一些出版集团还存在着政企不分、政事不分、管办不分的问题。虽然经历了数年改革,出版集团还要依靠国家垄断政策和主办单位的扶持,本质上还未成为真正独立的市场竞争主体。其次,公司制运作机制不完善。目前许多准备上市的出版集团虽然完成了转企改制,搭起了公司制企业新的管理框架,经营性公司也建立了法人治理结构,但这些管理架构实质上并未真正运行起来,真正起作用的还是原先计划经济下的老机制,难以达到上市公司的要求。

3. 募集资金的占有权和使用权容易出现分离。理论上募集到的资金当然是上市公司的,但传媒业的特殊性却表明,上市公司的融资却极有可能到了内容生产部门,甚至是政府手里。"电广传媒"是一个很好的例子,其控股方湖南广电产业中心直接或间接占用了"电广传媒"的大量资金,而该产业中心则是湖南广电厅的下属单位。"电广传媒"实际上成了该产业中心借以上市的"壳",成为地方政府在股市抓钱的手。

这将使投资者遭遇更多股市风险。从上市公司的角度来看,本质上来讲它并不是上市的主体,上市的主体是这个公司背后的传媒集团,关联交易的可能性非常大,因此上市公司的利益更是难以得到保证。

（三）政府宏观目标与企业微观目标的矛盾

1. 政府宏观目标：优化出版资源配置，做大做强做优。要通过对现有出版资源的配置，辅以上市等各种融资方式迅速在国内形成一批优势出版企业，增强我国出版业的整体竞争力，以期有足够的竞争力参与国际出版业的竞争。

但在政府看来，上市只是出版业配置资源的手段之一，并不是所有的具备上市条件的出版企业都要上市。同时，上市的实质是用自己的权益换取资本，而这是否有利于做大做强则要视出版集团的具体情况而定。

2. 出版企业的微观目标之一：为融资而融资。对多数出版企业来说，融资成了上市的唯一目标，但对上市后企业整体发展目标缺乏周密规划。研究者发现，国外大型出版企业融资后，主要用于兼并、重组其他弱势出版企业，实现低成本扩张，用经济手段调整出版产业结构，迅速形成规模效应；而我国的出版业在融资后却主要用于出版社内部建设。

中国出版科学研究所"出版业融资问题"课题组在《我国出版单位融资问题研究》报告中指出，我国出版单位融资投向主要有三个方面：一是用于书刊出版，特别是用于大型套书、丛书、画册的出版；二是用于出版单位的基本建设，建办公楼、宿舍楼，或用于计算机管理系统的建设和更新升级等；三是用于实现多元化经营，将利润投向物业、旅游业等非出版领域。进行兼并、重组和大规模出版资源重新配置、实施低成本扩张的却极少。

3. 企业微观目标之二：通过上市促进政企分开。虽然政府和出版企业都强调上市是推进出版业改革的重要手段，但二者的着眼点却有很大不同。政府方面希望通过上市促出版企业的内部改革，提高出版企业自身的创新能力和工作效能。而出版企业则希望通过上市推进出版业的政企分开，在一定程度上摆脱政府在财务、人事等方面过多的干预。有出版集团老总撰文提出，要通过上市和股权多元化改革，建立起上市企业真正独立的法人地位和法人财产权，最终实现整个出版集团真正的经营独立。这些出版企业寄希望于股权多元化和上市后的一些规制，在法理层面上实现真正的法人独立。以上认识上的错位是由于各自不同的角色造成的，但可能造成政府与出版企业在上市过程中对一些具体问题的争议。我们认为，上市其实就是一种融资行为，要做大做强或推进出版业改革，需要各方系统的、共同的努力，这才是上市所获得的深层次的成果。

三、诸多矛盾源于中国出版业的特殊性

（一）出版业的意识形态属性定位

有学者指出，国家在出版业发展的指导原则上，强调其社会生产方式的双重属性，即经济基础属性和意识形态属性。这种双重属性成为出版业的基本属性，并对出版业的改革发展产生巨大影响。在这种双重属性原则的指导下，从经济属性出发，国家支持出版集团以某种合理的方式上市；但从意识形态属性出发，又强调内容生产不能上市。折中的结果就是将经营性资产剥离出来上市，由此导致了内容生产和上市公司运作上的矛盾。

（二）出版业体制的计划经济和行政管理特性不能完全消除

长期以来，我国对出版业特别是出版社，更偏重于强调其意识形态属性而非其经济基础属性，因而在出版管理体制中，出版社受到党和政府的严格管理，运行机制行政化，整个出版社管理体制具有浓厚的计划经济色彩。

我们认为，只要出版集团的意识形态属性定位是极其强大的，那么其计划管理和行政管理的特质就无法消除，这必然导致出版集团的市场竞争主体地位难以建立，其内部运行机制改革也不可能达到市场经济的要求。要达到一般上市公司的要求，将是非常困难的。

（三）出版业宏观管理目标的特殊性

出版业的双重属性特征，决定了这个行业必须追求社会效益与经济效

益的双重目标，并且党和政府始终强调，社会效益目标应当高于经济效益目标。因此，从政府管理的角度看，经济效益并不是其最终的管理目标，社会效益才是根本指标，经济效益必须建立在社会效益的基础上。

当部分出版集团转制为企业后，其对经济效益的追求不可避免地会有所强化，而一旦实现经营资产拆分上市后，上市公司就必须依靠市场规律运作。在这种情况下，国家的宏观管理目标与出版集团的微观目标就会产生更大的差距。

四、正确处理内生矛盾，稳妥推进出版集团上市

（一）完善和细化出版业上市的政策

首先，要制订符合中国实际的出版业融资政策。应根据传媒业上市过程中的内容与经营拆分的现实情况，制订专门的上市政策，在公司管理、财务机制等方面做一些特殊的规定，并与公司法和证券法相衔接，把一些原本要暗中操作的东西放在阳光下，以利于上市公司融资和投资者规避风险。

其次，严格出版集团上市的资格审查，控制上市数量。政府应结合出版业的特殊情况，对上市做出特殊的规定，如规定上市的出版企业集团必须保留一定比例的股票不得出售，以防止被非国有企业控股；还要防止出版企业集团不顾自身条件跟风上市。

最后，基于出版业的特殊情况，要努力完善上市的外部环境。如在资产评估阶段，出版业就与一般企业有所不同，需要有专业的资产评估体系。

（二）着眼企业的长远发展，出版集团应树立科学的上市目标

一些出版集团寻求上市的原因或是为了融资，或是为了获得更大自主经营空间，但一个总目标应是推进出版集团的长远发展，如果只是为了短期融资，没有长远的发展规划，上市就不会是一个最佳选择。其次，上市

只是发展的一个手段,如果现有资金充裕,或者能在政府的支持下进行低成本扩张,就不一定要争取上市。再次,上市虽然有助于出版集团的二次改制,但完全不顾出版业意识形态的特殊性而力求全面市场化的行为是有害的。要通过上市的某些市场化机制协调好政府与企业、出版与经营的关系。

(三) 出版业需要进一步深化内部改革

准备上市的出版集团要进一步加快改革步伐,适应上市公司的一般要求。要借助上市的时机,按《公司法》的要求对出版集团进行股份制改造,明晰产权,形成法人治理结构,把在国内外其他行业已运行多年且较成熟的现代企业管理制度引进来,增加企业管理的透明度和规范化,直接与国际接轨。要实现通过上市进行大规模的出版资源配置的目标,则整个出版业都要进行企业内部机制和宏观管理改革,以期造就一个相对成形的市场体系。这样,上市后的出版集团才能通过市场手段进行兼并、重组等工作,在优化我国出版业资源配置方面发挥关键作用。

参考文献

1. 邬书林:《中国出版业应当有更大的发展》,载《北京国际出版论坛》,2005 年第 5 期。

2. 秦艳梅:《中小企业融资选择和策略》,经济科学出版社 2005 年版。

3. 陈思明:《试析我国出版社体制改革的特殊性》,载《中国出版》,2006 年第 12 期。

4. 伍传平、张春瑾:《新闻出版业资本运作及其效应分析》,载《出版发行研究》,2003 年第 3 期。

5. 中国出版科学研究所"出版业融资问题"课题组:《我国出版单位融资问题研究》,载《出版发行研究》,2002 年第 11 期。

6.《中共中央办公厅、国务院办公厅关于转发〈中央宣传部、国家广电总局、新闻出版总署关于深化新闻出版广播影视业改革的若干意见〉的通知》(中办发〔2001〕17 号)。

7. 新闻出版总署：《关于规范新闻出版业融资活动的实施意见》，2002年6月1日。

8. 《新闻出版总署关于深化出版发行体制改革工作实施方案》，2006年7月3日。

本文发表于《出版发行研究》2007年第8期；作者：王关义、孙海宁

出版传媒类上市公司融资结构与经营绩效关系研究

根据出版传媒类 A 股上市公司 2006—2014 年公开披露的财务信息，采用多元线性回归法对出版传媒类上市公司融资结构与经营绩效的关系进行实证研究，结果表明：出版传媒类上市公司融资结构与经营绩效存在一定的关系，其中，内源融资和企业的经营绩效成正向相关，债权融资和企业的经营绩效成负向相关，而股权融资对经营绩效影响不显著。

一、引言与文献综述

（一）研究目的与意义

我国的经济不断发展，人们的物质水平也随之提高，自然而然对精神世界的憧憬和需求也越来越强烈。在这样的大环境下，国家紧跟时代发展，出台了一系列相关政策，推动文化体制改革。文化产业的转企改革取得了实质性的进展，目前国内已经组建了 100 多家出版集团并推动了 40 多家出版传媒类企业上市。上市之后，资金问题是制约企业发展的重要因素之一，本文研究出版传媒类上市公司的融资结构对经营绩效的影响，探究怎样以合理的结构进行融资，来促进企业经营绩效的增长，对出版传媒类上市公司的长远发展具有较强的指导意义。

(二) 国内外文献综述

关于融资结构和经营绩效的研究，国外起步较早，1958 年，美国经济学家莫迪利亚尼和米勒提出资本结构无关论（MM 定理），其核心理论是公司的市场价值不受其融资结构的影响。Masulis 指出，企业绩效与负债水平正相关的关系，在 0.23—0.45 之间的负债水平下，会对企业绩效造成影响。Sufi 于 2009 年研究证明，公司的发展与成长受内部融资的影响，两者成正向关系，但是公司对外借贷的能力的增加会使其减少。

国内关于融资结构与经营绩效关系的研究较晚，但也取得了一些成就。2004 年，王敏通过研究发现，债务融资对公司成长性没有显著影响。但债务融资率有一定的标准，达到这个标准时，企业的经营绩效又会最大。2009 年，方茂扬采用实证研究的方法，得出资产负债率对公司的经营绩效有负向影响的结论。2006 年，陈远志、梁彤缨通过对三个具有显著差异的行业的上市公司进行实证研究发现，融资结构对经营绩效的影响受行业特征因素的影响很大，这是每个行业具有不同的盈利驱动造成的。

综观国内外研究文献，企业融资结构的研究越来越多，得出的结论也不尽相同，而关于出版传媒类上市公司的研究则显得不足，因此，研究出版传媒类上市公司融资结构与经营绩效的关系就具有很重要的意义。

二、理论分析和研究假设

资本结构无关论于 1958 年被莫迪利亚尼和米勒第一次提出。其核心观点是，在一种理想情况下，没有税收而且信息完全对称，公司价值和融资结构没有必然联系。但这种假设在现实的市场环境中并不适合，于是他们在 1963 年对 MM 定理进行了修正，提出债务融资具有节税的作用，也就是说负债融资对企业的市场价值有正向作用。由此，本文提出假设一，出版传媒类上市公司债权融资对经营绩效有正向影响。

在 MM 理论基础上，新优序融资理论被提出，其认为公司内部融资优于外部融资，同时，负债具有节税效应，优于股权融资。所以，公司的融资顺序理论上依次为内部融资、债权融资、股权融资。由于交易成本不可避免地存在，公司会优先选择内部融资，这样可以避免股权融资带来的控制权稀释，同时也可以避免债权融资带来的债务风险。由此，本文提出假设二，出版传媒类上市公司内源融资与经营绩效成正相关。

股权融资会降低公司股权集中度，风险较高，所以在不得已的情况下才会选择股权融资。由此，本文提出假设三，出版传媒类上市公司股权融资对经营绩效有负向影响。

三、出版传媒类上市公司融资结构的描述性分析

（一）数据来源

为了保证研究的有效性，文本选取样本的标准有如下几条：首先，考虑到政治、经济以及文化的差异对股市的影响，本文只选取在沪深两市 A 股上市的公司；其次，由于中小板和创业板与主板的进入门槛与风险有一定的差异，剔除在中小板和创业板上市的公司；第三，由于 ST 类公司和 *ST 类公司的财务数据指标不具有代表性和可参考性，所以也不在考虑范围内。另外，将这些公司这几年中的残缺数据剔除掉。根据以上条件，本文在国泰君安 CSMAR 数据库（2012 年 2 月发布）行业分类中的文化、体育和娱乐业上市公司中筛选，剔除异常值后共选取 22 家出版传媒类上市公司 2006—2014 年的财务数据。统计分析软件选用 SPSS 及 Excel。

（二）指标选取

本文选取财务指标时，以代表性和以获得性为依据，选取总资产净利润率（ROA）为因变量，来表示经营绩效；自变量为债权融资率、股权融资率、内源融资率，控制变量为资产规模及资产负债率。具体指标及其含义（见表1）。

表 1 相关变量及其定义

变量类别	变量名称	变量定义
因变量	总资产净利润率（ROA）	净利润/资产平均总额
自变量		
债权融资率	商业信用融资率（CF）	（应付票据+应付账款+预收款项）/总资产
	短期银行信用率（SBF）	短期借款/总资产
	长期银行信用率（LBF）	长期借款/总资产
	债券融资率（BF）	应付债券/总资产
内源融资率	内源融资率（IFR）	（盈余公积+未分配利润+固定资产折旧）/总资产
股权融资率	股权融资率（EFR）	（股本+资本公积）/总资产
	资产负债率（DAR）	总负债/总资产
控制变量	资产规模（LNAS）	Ln 总资产

（三）样本基本情况和描述性统计

如表 2 所示，对所有变量样本的均值、标准差、方差、极大极小值进行统计分析，得出了以下结论：

（1）总资产净利润率均值为 0.012192，最大值为 0.254403，最小值为 -1.98768。说明出版传媒类上市公司的总资产净利润率差别很大，整体收益水平不高，反映出整个行业公司的经营绩效一般。

（2）商业信用融资率均值为 0.182366，长期银行信用率为 0.015472，短期银行信用率为 0.090703，在债权融资这一类中商业信用融资率所占比重相对较大，说明出版传媒类上市公司应付票据、应付账款及预收款项占比较大，而长期银行信用率均值很小，能取得长期贷款的公司很少，只有区区几家，说明银行长期商业贷款很难取得，短期银行信用率均值相对较大。说明比起长期来说银行更愿意为企业提供短期贷款，而债券融资率所占的比例只有很小的一部分。这与我国债券市场的环境有关，我国没有建立起关于上市公司的信用评级制度，债券发行条件比较严格。因此，债券融资率较低。

（3）整体来看，股权融资率占比很大，达到了 0.524887。其次是债权融资率，而内源融资率与前两种融资方式相比只占有很小的比例，主要原因是我国上市公司整体偏好利用股市筹集资金，出版传媒类上市公司也不例外。

表 2　样本描述性统计分析

	平均	标准差	方差	最小值	最大值
总资产净利润率	0.012192	0.184547	0.034058	-1.98768	0.254403
商业信用融资率	0.182366	0.098391	0.009681	0	0.502357
短期银行信用率	0.090703	0.123769	0.015319	0	0.455014
长期银行信用率	0.015472	0.039757	0.001581	0	0.256561
债券融资率	0.004057	0.019675	0.000387	0	0.145089
内源融资率	-0.08667	0.719773	0.518073	-4.97641	0.459134
股权融资率	0.248113	0.276535	0.076472	-1.3491	0.740469
资产负债率	0.439237	0.228816	0.052357	0.021593	1.273508
资产规模	21.12562	1.366008	1.865977	18.14703	23.54844

四、实证分析

（一）相关系数分析

对变量进行 Pearson 相关系数分析，得到表 3，可以看出，内源融资率、股权融资率，以及资产规模在 1% 的显著性水平下，与总资产净利润率成正相关关系，资产负债率在 1% 的显著性水平下与总资产净利润率成负相关关系，而商业信用融资率、短期银行信用率、长期银行信用率、债券融资率与总资产净利润率的相关性不是很显著。但在回归分析中，本文构建模型时将所有的自变量都加入进行进一步的分析，这样对真实数据的拟合程度更高。

表 3　自变量和因变量的相关系数

	CF	SBF	LBF	BF	IFR	EFR	DAR	LNAS
ROA	-0.098	-0.083	-0.030	0.049	0.615**	0.552**	-0.424**	0.350**

注：** 在 0.01 水平（双侧）上显著相关。

（二）回归分析

本文以 2006—2014 年出版传媒类 22 家上市公司 170 个样本为研究对象，采用多元回归分析法研究公司融资结构与经营绩效的关系。根据上述分析及指标构建以下模型：

$$ROA = \beta_1 {}^* CF + \beta_2 {}^* SBF + \beta_3 {}^* LBF + \beta_4 {}^* BF + \beta_5 {}^* IFR + \beta_6 {}^* EFR + \beta_7 {}^* DAR + \beta_8 {}^* LNAS + \varepsilon$$

其中，βi 表示解释变量的系数，ε 为残差。

对模型中的各解释变量进行逐步回归分析，表 4 中列出了本研究变量引入及剔除过程。在模型 1 中，最先引入内源融资率，接着又引入了商业信用融资率，建立模型 2；最终引入短期银行信用率，建立模型 3，过程中没有变量剔除，最新建立的模型中包括内源融资率、商业信用融资率、短期银行信用率这三个变量。

表 4 回归分析与检验数据

模型		非标准化系数		标准系数	T	Sig.	共线性统计量		已排除的变量	t	Sig.
		B	标准误差	试用版			容差	VIF			
1									CF	-2.272	0.024
									SBF	-1.99	0.048
									LBF	-1.207	0.229
									BF	0.069	0.945
									EFR	0.584	0.56
	（常量）	0.026	0.011		2.294	0.023			DAR	-1.538	0.126
	IFR	0.158	0.016	0.615	10.113	0	1	1	LNAS	-0.806	0.421
2									SBF	-2.063	0.041
									LBF	-1.597	0.112
									BF	0.043	0.965
	（常量）	0.073	0.023		3.101	0.002			EFR	-0.004	0.996
	IFR	0.16	0.015	0.624	10.36	0	0.996	1.004	DAR	-0.678	0.498
	CF	-0.257	0.113	-0.137	-2.272	0.024	0.996	1.004	LNAS	-0.293	0.77
3									LBF	-1.07	0.286
	（常量）	0.09	0.025		3.651	0			BF	0.049	0.961
	IFR	0.162	0.015	0.631	10.566	0	0.992	1.008	EFR	-1.309	0.192
	CF	-0.261	0.112	-0.139	-2.334	0.021	0.996	1.004	DAR	1.266	0.207
	SBF	-0.183	0.089	-0.123	-2.063	0.041	0.996	1.004	LNAS	-0.528	0.598

表 5 模型概述

模型	R	R 平方	调整后 R 平方	标准估计的误差	显著性 F 值变更	Durbin-Watson
1	.615a	0.378	0.375	0.145932	0	
2	.630b	0.397	0.39	0.144158477	0.024	
3	.642c	0.412	0.401	0.142773773	0.041	1.784

从表 5 中可以看出模型的拟合优度结果，对于多元线性模型，一般采用调整后 R 平方来判断模型的拟合优度，即线性方程对真实数据的拟合程度。模型 3 调整后 R 平方最高，为 0.401，高于模型 2 和模型 1 的调整后 R 平方值，说明模型 3 因变量总资产净利润率的变化中有 40.1% 能靠自变量来解释。逐步引入变量，模型的线性拟合程度越来越好，但是拟合程度仍然一般，这可能是因为还有其他的因素对经营绩效产生了影响，例如政策因素。数据之间一般由 Durbin-Watson 值来判断是否存在序列相关，一旦存在序列相关就说明是伪回归，不能正确反映自变量与因变量的关系。表 5 中 DW 值为 1.784，查表可知模型不存在序列相关问题，回归模型可靠。模型 3 的 Sig 值 0.041 小于 0.05，显著性检验通过，自变量能够对因变量产生显著影响。

表 4 给出了模型的回归系数，根据其建立回归模型如下：

$$ROA = 0.090 + 0.162 * IFR - 0.261 * CF - 0.183 * SBF$$

内源融资率的系数为 0.162，说明内源融资率对总资产净利润率有正向影响，内源融资率每升高 1%，总资产净利润率就升高 0.162%。而商业信用融资率与短期银行信用率对总资产净利润率都有负向影响。商业信用融资率每增加 1%，总资产净利润率就减少 0.261%；短期银行信用率增加 1%，总资产净利润率就减少 0.183%。从自变量内源融资率、商业信用融资率、短期银行信用率这三个变量的 T 检验可以看出，其所对应的 Sig 值都小于 0.05，显著性通过。三个自变量的 VIF 分别为 1.008、1.004、1.004，明显小于 5，容忍度较高，因此，不存在多重共线性现象。

五、结论及建议

本文通过对出版传媒类22家上市公司2006—2014年170个样本的研究得出以下结论：出版传媒类上市公司的融资结构中，内源融资率最小；其次是股权融资率；债权融资率最大。内源融资率占比较低，说明出版传媒类上市公司整体发展较慢，主要依靠于外部融资，企业没有足够的盈余公积及资产的累计折旧，所以，大量依靠于债权融资。在债权融资中，商业信用融资率最高，其次是短期银行信用率、长期银行信用率，最后是债券融资率。这样的结构缺乏一定的合理性，过于依赖商业信用融资会导致公司的信誉问题，而银行信用率过低说明银行对企业的融资缺乏支持。

商业信用融资率与短期银行信用率对总资产净利润率都有负向影响，说明债权融资与公司经营绩效负向相关，而假设1不成立。这可能是由于企业债权融资的结构不合理及过于依赖于债权融资导致的；内源融资率和总资产净利润率成正相关，说明内源融资对企业的经营绩效有正向影响，那么假设2成立；股权融资对经营绩效影响不显著，因此，假设3不成立。

本文通过研究提出以下建议：首先，要加强内源融资力度。国家应采取积极的政策予以支持，同时出版传媒类企业也要强化自我积累机制，改变观念，充分认识到内源融资的重要性和必要性；其次，要优化债权融资结构，充分发挥债权融资的节税和低成本优势，国家应该尽快建立债券发行机制，加快债券市场化建设步伐；最后，企业在考虑这几种融资渠道之外还可以考虑其他融资方式，例如金融政策扶持、税收优惠等，以提高企业的经营绩效。

参考文献

[1] MASULIS R The Effects of Capital Structure Change on Security Prices:A Study of Exchange Offers[J].*Journal of Financial Economics*,1980,8: 139-178.

[2] SUFI A.Bank Lines of Credit in Corporate Finance:AnEmpirical Anal-

ysis [J]. *Review of Financial Studies*, 2009(22): 1057-1088.

[3] 方茂扬：《房地产上市公司融资结构对公司绩效影响的实证分析》，载《武汉金融》，2009 年第 7 期。

[4] 孙永尧：《外部融资与经营业绩》，载《山西财经大学学报》，2006 年第 5 期。

本文发表于《北京印刷学院学报》2016 年第 3 期；作者：曹倩、王关义

出版上市公司股权结构与绩效关系实证分析

经过多年来的改革,中国新闻出版领域转企改制任务基本完成,新型市场主体地位初步确立,但内部经营管理机制还不完善,现代企业制度还没完全建立起来。基于巧范式研究中国出版上市会司股权结构与公司绩效的关系,为出版业的"二次改革"——出版企业内部经营机制的转换提供参考。实证分析发现出版上市公司在股权改制过程中,第一大股东持股比例在股权结构变化后第二年发挥显著作用,与目标公司绩效呈倒型关系,出版上市公司第二到第五大股东的持股比例却在下降,其他大股东的制衡效应并没有完全体现。

一、引 言

现代公司制下,公司治理围绕着两类代理问题展开,股东与经理人员之间的代理问题第一类代理问题和控股大股东与中小股东之间的代理问题第二类代理问题。自贝勒和密斯的经典文献《现代公司与私有产权》出版之后,研究焦点集中在内部管理者的行为和激励第一类代理问题,主要是为了缓解因两权分离所带来的效率损失,委托人必须对代理人实施监督和激励,股权结构的配置作为一种重要手段在这一阶段发挥主要作用,因为它对公司绩效产生一定的影响。之后,詹森和麦克林,将股东分为内部股东和外部股东,认为提高内部股东的持股比例能起到有效的激励作用,降低代理成本,从而提高公司绩效。

中国出版业进行现代化企业改制的时间比较晚，只是最近几年才从传统计划经济中的事业单位，转变为市场经济体制下的企业法人，完成"转企改制"的过程。在转企改制之后，股权相对集中，少数控股大股东利用手中的控制权侵占中小股东利益，进而获取超额收益。本文基于上述理论和现实，提出论文的研究主题中国出版上市公司治理的重点是第二类代理问题。文章实证研究中国出版上市公司股权结构与目标公司财富效应的关系。

二、研究假设

研究认为，公司合理的股权结构是保证公司绩效最大化的重要途径之一。第一大股东经常控制着上市公司，公司的重大战略决策以及高管人员任免都受第一大股东的控制。当大股东持股比例较低时，增大其持股比例，会激发大股东参与公司监督和管理的热情，进而提升公司的股票价值，结果表现为大股东持股比例与公司价值正相关。当大股东通过其高额持股对公司施加控制时，就有可能实施有利于自己但损害其他股东的资源转移活动——"隧道挖掘行为"，获取私有收益，结果表现为大股东的持股比例与公司价值负相关。基于此，本文提出假设出版上市公司控制权转移后第一大股东持股比例与公司绩效呈倒型关系。股东制衡反映了其他股东通过其持股比例在股东大会投票时对公司决策的影响力，对第一大股东进行制衡。例如第二至第五大股东，如果有较高持股比例，通过其主动参与公司经营活动，选举自己委托的董事或高管来监督、经营公司，进而减少公司的违规行为，最终提高上市公司的绩效。据此提出假设2；出版上市公司非控股大股东的持股比例越高，公司的绩效越好。

三、实证研究

（一）变量设计

因变量为公司绩效指标（ZF 表示），其评价方法主要有单一指标法和指标体系法。单一指标法主要用托宾 Q 值或者其他某一财务指标进行替代。由于指标间差异大导致单一指标法的研究结果不稳定。指标体系法是选取多个财务相关指标，构建指标体系，运用统计学中因子分析的方法计算综合指标。因此。本文选取衡量盈利能力、偿债能力、经营能力三方面的 4 个指标衡量公司绩效的变化。

自变量为公司股权结构，其包括第一大股东的控制指数和其他股东的制衡指数。第一大股东控制指数选取第一大股东持股比例和第一大股东持股比例的平方来衡量，其他股东制衡指数选用 Herfindahl 指数以及 CR 指数来衡量。在不排除合谋的情况下，控制指数、第一大股东持股比例与控制强度表现为正向关系。制衡指数的数值越大，表明股权集中度相对较低，其他大股东的制衡能力越强。具体指标如表 1 所示。

表 1　公司绩效、股权结构指标体系

指标类型		指标名称	计算方法
公司绩效指标	盈利能力	净资产收益率	净利润/净资产
		主营业务资产收益率	主营业务利润/总资产
	经营能力	净资产周转率	营业利润/期末净资产
	偿债能力	股东权益比率	期末净资产/期末总资产
股权结构指标	第一大股东控股指数	第一大股东持股比例 p_1	第一大股东持股数/总股数
		第一大股东持股比例平方 p_1^2	第一大股东持股比例的平方
	其他股东制衡指数	CR 指数 CR_{2-5}	第二位至第五位大股东持股比例之和
		herfindahl 指数 CR_{2-5}^2	第二位至第五位大股东持股比例的平方和

（二）样本选择

按照证监会的行业分类，以 2007—2011 年出版业上市公司为抽样框，共有 11 家出版上市公司，其中四家公司因财务报表数据不全，剔除出样本，故选取剩余 7 家公司作为研究样本。股权结构和财务数据主要来自相关上市公司的财务报告。

（三）因子分析

为构造衡量控制权转移后公司绩效的综合指标，对衡量公司绩效的 4

个指标进行因子分析。通过对这 4 个指标做主成分分析和相关性检验，结果显示，4 个指标的方向与预期完全一致。观察因子的方差贡献率，发现前两个因子的累计贡献率达到 89.124%，很好地衡量了公司绩效，如表 2、表 3 所示。其中第一个因子代表主营业务资产收益率和股东权益比率，第二个因子代表净资产收益率和总资产周转率。以每个因子的方差贡献率为权数，构建公司绩效指标的综合得分函数：$ZF = a_1 F_1 + a_2 F_2 = 0.6073 F_1 + 0.2839 F_2$。

利用出版上市公司绩效综合得分函数对股权转移前两年至股权转移后两年跨度共 5 年的公司绩效进行描述性统计，结果如表 5 所示。由表 5，股权转移后第一年、第二年目标公司绩效有明显改善，表明股权转移为目标公司带来了财富效应。

表 2　因子特征及方差贡献率

因子	特征值	方差贡献率%	累积方差贡献率%
1	2.429	60.730	60.730
2	1.136	28.394	89.124
3	0.327	8.177	97.301
4	0.108	2.699	100

表 3　旋转因子得分系数矩阵

	因子	
	F_1	F_2
净资产收效率	0.326	−0.208
主业务收效率	0.387	−0.086
股东权益比率	0.061	0.824
总资产周转率	0.417	0.359

表 4　样本公司股权指标变化表

	样本量	第一大股东持股比例 p_1	第一大股东持股比例平方 p_1^2	CR 指数 CR_{2-5}	herfindahl 指数 H_{2-5}
前两年	7	0.5682	0.3228	0.1167	0.0136

（续表）

	样本量	第一大股东 持股比例 p_1	第一大股东 持股比例平方 p_1^2	CR 指数 CR_{2-5}	herfindahl 指数 H_{2-5}
前一年	7	0.6213	0.3860	0.1125	0.0126
当年	7	0.6221	0.3870	0.1095	0.0120

表5　股权转移前两年至后两年公司绩效的描述性统计

	N	min	max	mean	Std.De
前两年	7	0.1248	0.4052	0.2789	0.0848
前一年	7	−0.0558	0.3790	0.2326	0.1573
当年	7	−0.1316	0.4067	0.2099	0.1965
后一年	7	0.2278	0.4112	0.3206	0.0608
后两年	7	0.1693	0.3926	0.3075	0.0703

（四）实证分析

为了进一步研究中国出版上市公司股权结构对目标公司绩效的影响，文章采用多因素回归模型进行分析。多因素回归基本模型如模型（1）和模型（2）所示。

$$ZF = \beta_0 + \beta_1 P_1 + \beta_2 P_1^2 + \beta_3 CR_{2-5} + \varepsilon \qquad \text{模型（1）}$$

$$ZF = \beta_0 + \beta_1 P_1 + \beta_2 CR_{2-5} + \beta_3 CR_{2-5}^2 + \varepsilon \qquad \text{模型（2）}$$

其中 β1 为系数，ε 为残值，其他变量含义同表1，回归结果如表6、表7所示。

表6　股权转移后第一年股权结构对公司绩效影响回归分析

	模型（1）		模型（2）	
	β 系数	Sig	β 系数	Sig
β_0	0.338	0.296	0.331	0.272
P_1	−0.442	0.557	−0.009	0.977
P_1^2	0.581	0.398		
CR_{2-5}	0.029	0.956	0.202	0.578
CR_{2-5}^2			−2.397	0.367

由表6，出版上市公司股权转移后第一年：

模型（1）的结果显示：大股东持股对目标公司绩效有显著影响，P_1 及 P_1^2 系数显著，P_1 系数为负体现了利益侵占效应，P_1^2 系数为正体现了利益趋同效应，两者系数相反表明第一大股东持股比例在股权转移后第一年对目标公司绩效的影响呈 U 型。模型（2）的结果显示：股东制衡变量对目标公司绩效有显著影响，CR_{2-5}，及 CR_{2-5}^2，系数显著。

表7 股权转移后第二年股权结构对公司绩效影响回归分析

	模型（1）		模型（2）	
	β系数	Sig	β系数	Sig
β_0	−0.278	0.333	−0.181	0.519
P_1	1.051	0.199	0.586	0.133
P_1^2	−0.490	0.426		
CR_{2-5}	1.003	0.103	0.761	0.103
CR_{2-5}^2			1.035	0.680

由表7，出版上市公司股权转移后第二年：

模型（1）的结果显示：与出版上市公司股权转移后第一年相比，大股东持股对目标公司绩效的影响开始显现，P_1 系数由负变正体现了趋同效应，P_1^2 系数由正变负体现了利益侵占效应，两者系数相反表明第一大股东持股比例对目标公司绩效的影响呈倒 U 型，验证了假设1，模型（2）的结果显示：CR_{2-5} 及 CR_{2-5}^2 的系数均为正，且均显著。但是由表4，其他出版上市公司其他大股东的持股比例却在下降，因此假设2未得到验证，表明其他大股东的制衡效应并没有完全体现。

四、结论及建议

（一）主要结论

1. 出版上市公司股权结构的改变为目标公司带来明显的财富效应，但需要过渡期。

2. 出版上市公司股权结构变化后第一年,第一大股东持股比例与目标公司绩效呈 U 型关系;其他股东对第一大股东的制衡效应明显,表现为倒 U 型关系。

3. 出版上市公司股权结构变化后第二年,第一大股东持股比例与目标公司绩效呈倒 U 型关系,与假设 1 相符;其他股东对第一大股东的制衡效应数据检验虽然显著,但是其他大股东的持股比例却在下降,这与假设 2 矛盾。

(二) 几点建议

1. 出版上市公司应抓住国家文化产业大繁荣的战略机遇,积极推进股权结构改革,加快资源整合,提升其主营业务能力,实现股权结构改革后的综合治理功能。

2. 出版上市公司在股权改制过程中,应加大目标公司股权结构的优化,积极推进控制权部分转移,形成合理的股权结构,发挥大股东持股的利益趋同效应,同时重点关注其他大股东的制衡效应,以防范第一大股东对其他股东的利益侵占效应。

参考文献

[1] 徐晓东、陈小悦:《第一大股东对公司治理、企业业绩的影响分析》,载《经济研究》,2003 年第 2 期。

[2] 李维安、李汉军:《股权结构、高管持股与公司绩效——来自民营上司公司的数据》,载《南开管理评论》,2003 年第 9 期。

本文发表于《首都经济贸易大学学报》2013 年第 2 期;作者:王关义、李俊明

从股市表现看上市出版企业存在的问题与对策

近年来，上市成为我国出版业融资的一条重要途径，国家明显加大了对出版企业上市的支持。本文选取了沪深A股市场的10家上市出版企业，以2011年1月至12月为研究期间，从市场预期、股价波动、成长性、获利能力以及偿债能力等方面与A股市场总体变动情况进行比较分析，对上市出版企业存在的问题及完善对策进行初步探讨。

随着我国出版管理体制改革的不断深入，出版业已由传统的出版事业向出版产业转变。经过转企改制后，一批出版企业开始上市。通过上市，不仅能够筹集到大量的发展资金，还能促使出版企业建立现代企业制度，实现出版业体制改革的最终目标。目前，中国出版传媒类上市公司已达49家，本文选取了10家上市出版企业，分别为新华传媒（600825）、天舟文化（300148）、皖新传媒（601801）、中文传媒（600373）、大地传媒（000719）、时代出版（600551）、长江传媒（600757）、出版传媒（601999）、凤凰传媒（601928）、中南传媒（601098），借助wind资讯、各公司年报和其他公开数据，笔者对出版业上市企业在A股市场中的表现进行了分析。

一、2011年我国上市出版企业的股市表现

（一）A股市场综述

2011年，在全球经济体总盘中，中国仍然是最具活力的经济体，IPO

数量和融资规模均居世界第一,但 A 股市场的表现却并没有与此同步。相关研究资料显示,2011 年,全国 A 股上市公司的数量增加了 279 家,新上市公司累计筹资 2825.07 亿元,虽然新股发行不断,但 A 股总市值却出现了大幅度下滑。截至 2011 年年底,A 股总市值为 214758.10 亿元,较 2010 年的 265422.59 亿元缩水了 19.09%,其中 A 股流通总市值为 164921.30 亿元,较上年缩水 14.60%。同时,2011 年深沪两市股指和平均市盈率均出现了暴跌。显然,2011 年的股市市场活跃率进一步降低,A 股市场持续低迷。

尽管面临的宏观经济环境基本相同,但由于所处行业的景气度差异甚大,不同行业的赢利能力参差不齐。2011 年,所有行业板块股价均普遍下跌。以表现最好的银行类板块为例,2011 全年下跌 2.82%,其次为酿酒食品和教育传媒板块,分别下跌 8.54% 和 18.77%,所有行业中有色金属板块跌幅最大,为 41.72%,绝大多数行业跌幅都超过市场平均水平(见图 1)。

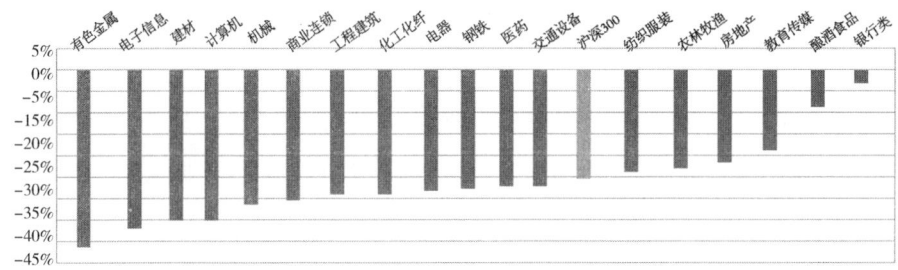

图 1　2011 年 A 股行业指数表现回顾

(二) 出版类股票的市场表现

近年来,国家对文化产业发展日益重视,改革和政策支持成为传播和文化产业类企业上市的主要推动力,越来越多的出版传媒类企业通过各种方式涌入 A 股市场中接受市场的考验。

1. 市场预期。市盈率、市净率和股价涨幅情况可以反映市场对企业的评价,从总体看来,投资者比较认可出版股的长期发展能力并寄予希望。同时,其所属的一级行业——传播与文化产业 2011 年的市场表现亦相对较好。

从市盈率水平来看（见表1），A股市场2011年平均市盈率为12.53%，上市出版企业平均市盈率约为A股市场市盈率的2倍，为26.43%。十大上市出版企业中，2011年平均市盈率最高的为天舟文化61.54%，最低的为中文传媒16.36%。这在一定程度上表明出版业上市企业呈现出良好的发展趋势，投资者较看好出版行业上市企业的增长潜力。市净率是企业的股票价格与每股净资产的比率，反映投资人对每元净资产所愿支付的价格，它是市场对公司的共同期望指标。因此，市净率越高说明市场对企业的未来越有信心。2011年，十家上市出版企业的平均市净率为3.16%，高于A股市场1.25%。出版企业的市净率明显高于A股平均水平，说明投资者普遍看好上市出版企业的发展前景。出版、传媒类企业较高的市净率也说明资本市场的价值发现功能和放大功能。

表1 2011年上市出版企业股市相关数据

	A股市场	传播与文化产业	上市出版企业	上市出版企业比传播与文化产业增减	上市出版企业比A股市场增减
市盈率	12.53	28.50	26.43	-2.07	15.97
市净率	1.91	3.33	3.16	-0.17	1.25
资产负债率（%）	85.70	30.30	30.91	0.61	-54.79
主营业务收入增长率（%）	23.17	13.55	26.82	13.27	3.65
每股收益（元）	0.53	0.39	0.41	0.02	-0.12

资料来源：和讯网和各上市出版企业年报，作者根据资料进行了整理。

在2011年个股股价涨幅前十名中，有两家是上市出版企业：浙报传媒（600633）和大地传媒（000791），排名第七和第八，涨幅分别为98.08%和94.74%。显然浙报传媒和大地传媒在2011年都得到了投资者的支持。出版业上市企业作为A股市场上的新秀，在艰难的市场大环境中仍有2支个股挤进2011年度个股股价涨幅前十名，实属不易。

2. 股价波动。从 2011 年股价变动数据看（见表 2），上市出版企业股价波动情况与 A 股市场大体一致，但又表现出行业自身的特点，个股股价涨跌与公司经营情况和市场行情均相关。2011 年，A 股指数在 4 月 18 日达到最高，为 3212.22 点，12 月 28 日跌到最低 2235.62 点。在 10 家上市出版企业中，有 5 家企业股价与 A 股涨势相当，股价在 4 月 18 日前后一段时间涨到年度最高；类似的，有 6 家上市出版企业随 A 股跌势，在 2011 年 12 月 29 日前后跌至年度最低价格。另有 4 家公司股价在 11 月份前后达到全年最高，主要原因是出版业受政府政策的影响明显。2011 年 10 月 15 日召开的党的十七届六中全会审议通过了《中共中央关于深化文化体制改革 推动社会主义文化大发展大繁荣若干重大问题的决定》，把推动我国文化产业发展提升到一个新的高度。十七届六中全会的召开给文化传媒类股票带来了一轮上涨高峰，国家政策支持让股民对其发展前景持乐观态度，相应带来了上市出版企业股价的攀高。

3. 成长性。主营业务收入增长率可以作为衡量一个企业产品生命周期、判断企业发展所处阶段的重要指标之一。一般来说，如果主营业务收入增长率超过 10%，说明公司产品处于成长期，将继续保持较好的增长势头，尚未面临产品更新的风险，属于成长型公司。如果主营业务收入增长率在 5%—10%，说明公司产品已经进入稳定期，但不久将进入衰退期，需要着手开发新产品。若该比率低于 5%，说明公司产品已进入衰退期，保持市场份额已经很困难，主营业务利润开始滑坡，如果没有已开发好的新产品，将步入衰落。2011 年，10 家上市出版企业主营业务收入增长率为 26.82%，均高于 A 股市场的 23.17% 和传播与文化产业的 13.55%（见表 1），说明出版业上市公司相对来说业务增长势头较好，具有较大的发展潜力。

2011 年出版业十大上市公司中有 6 家公司的主营业务收入增长率在 10% 以上，其中，中文传媒增长率排名第一，达到 127.21%。除大地传媒无数据之外，新华传媒的主营业务收入增长率最低，为 −9.33%，主要原因是受总体经济环境及媒体行业竞争加剧影响，报刊广告业务整体下滑明显。作为我国第一家经营性资产和采编业务资产实现整体上市的传媒企业，

表2　2011年10家上市出版企业股价波动情况一览表

证券简称	平均收盘价（元）	最高股价（元）	日期	最低股价（元）	日期
天舟文化（300148）	20.25	31.21	2011年12月13日	12.18	2011年6月24日
皖新传媒（601801）	13.30	16.21	2011年5月9日	10.31	2011年12月27日
中文传媒（600373）	17.34	24.56	2011年11月10日	13.00	2011年9月29日
大地传媒（000719）	15.38	17.70	2011年12月23日	13.40	2011年12月29日
新华传媒（600825）	7.26	8.86	2011年3月28日	5.49	2011年12月28日
时代出版（600551）	13.28	17.38	2011年3月25日	10.05	2011年8月9日
长江传媒（600757）	9.15	12.16	2011年3月29日	7.30	2011年12月29日
出版传媒（601999）	9.21	11.33	2011年3月24日	7.20	2011年9月29日
凤凰传媒（601928）	9.93	12.97	2011年11月30日	7.65	2011年12月28日
中南传媒（601098）	10.32	12.3	2011年1月20日	8.57	2011年12月28日

出版传媒 4.33% 的主营业务收入增长率表明其主营业务利润开始滑坡，开发新产品、保持原有行业优势成为其实现可持续发展的最大挑战。但综合来看，出版业十大上市企业的主营业务收入增长率都表明出版业仍然属于成长型行业。

4. 获利能力。从每股收益来看，2011 年上市出版企业的获利能力优于所属一级行业传播与文化产业，但达不到 A 股市场的平均水平。2011 年出版上市公司的平均每股收益为 0.41 元，比传播与文化产业高 0.02 元，低于 A 股市场 0.12 元（见表 1），其中，中文传媒每股收益最高为 0.85 元，出版传媒最低为 0.12 元。

在 2011 年股市低迷的大环境中，上市出版企业作为股市中的一支新兴力量表现相对较好，具有一定的发展潜力，但仍需进一步适应市场，不断提高自己的赢利能力和业绩，利用上市后获得的资金优势增强企业核心竞争力。

5. 偿债能力。资产负债率可以体现行业和个股的长期偿债能力。在资产负债率方面（见表 1），2011 年 A 股市场资产负债率为 85.70%，传播与文化产业为 30.30%，上市出版企业平均资产负债率为 30.91%，其中新华传媒以 53.58% 最高，最低为天舟文化的 8.53%。行业整体负债率水平较低，说明上市出版企业承担的风险较小，负债较少，偿债能力较好，但另一方面也说明出版业目前发展较为缓慢，企业利用外部资金较少。

二、我国上市出版企业普遍存在的问题

近年来，我国不断出台各种政策促进文化体制改革，支持文化产业进入市场，接受市场的检验。良好的宏观政策环境和技术的不断进步，使我国出版业进入了新一轮的发展高峰，有越来越多的出版企业已经或正在走向上市之路。目前，我国上市出版企业虽然在市场预期、成长性、获利能力和偿债能力等方面的表现均相对较好，发展前景良好，但仍存在一些不容忽视的问题。

(一) 过度依赖政府政策和资金支持，观念急需转变

政府是推动出版企业走向资本市场的重要力量，随着文化体制改革的不断深化，国家为出版企业上市提供了很多政策和资金方面的支持。从目前各地方政府的决策来看，上市被视为应对市场竞争、保护本地出版产业的有效方式。特别是当中央政府发出"推动十几家符合条件的出版发行企业上市"的积极信号后，各地便争先恐后地开展出版企业改制上市的竞赛。政府的支持无疑是出版企业上市的福音，但过于依赖政府政策则会适得其反。出版传媒近年来归属于上市公司股东的净利润开始下降，其中一个重要因素就是政府的扶持资金减少。同时，上市出版企业的股价也受政策影响明显。因此，上市出版企业应积极以市场为导向，利用改制后形成的优势，壮大和发展主业，培育持续发展的支撑点，而不能过分依赖政府政策和资金支持。

(二) 从上市出版企业主营业务来看，严重依赖教材教辅的出版和发行

在大部分出版业上市公司的图书出版模块里，教材教辅的收入都是重要组成部分。国信证券曾在其研究报告中指出，辽宁出版传媒处于一个增长缓慢的行业之中，内生性增长动能不足；就中长期而言，占公司收入和利润分别高达40%与70%以上的教材出版和发行业务，面临教材招投标改革下竞争加剧的挑战，不仅市场份额可能下滑，利润率也会趋薄。教材收入受政策影响明显，会使上市出版企业的持续赢利能力降低。

(三) 产业链急需完善

出版企业上市后在内部体制、机制创新上的"化学反应"，加速了市场化进程。利用资本市场的融资功能，加快了战略转型，积极创新业态和商业模式，打造产业链，探索"跨行业、跨地区、跨媒体"经营。上市虽然加速了出版企业转型和产业链的完善，但目前的现实是传统纸质媒体受到新媒体的严重冲击，而大部分出版企业的主营业务仍以传统出版为主，

转型压力大，持续赢利能力也受到挑战。上市出版企业中，主营业务收入增长率最高的中文传媒，近年在发行、印刷包装等环节拓展自己的产业链，实现了收入的不断增加。完善产业链成为各个上市出版企业急需解决的问题。

（四）普遍缺乏长期规划，忽视内部管理

上市对出版企业的管理能力提出了更高的要求，定期发布经营状况和财务状况报告，都增加了企业的经营管理压力。出版传媒和时代出版在上市之初，都经过了一段时间的快速发展，但近年的发展速度趋缓，甚至开始出现负增长，缺乏长期规划、管理科学化程度不高等是重要的原因。

（五）资金利用能力较差，存在盲目投资、重复建设现象

从资产负债率来看，上市出版公司的资产负债率较低，虽然说明其长期偿债能力较好，但亦表明其不能很好地利用外部资金拓展自身业务，实现资产扩张。同时，不少上市出版企业的投资方向分散，把上市募集来的资金投入与主营业务无关的产业，不仅未能提高赢利能力，也造成资源浪费。另外，还存在盲目投资和重复建设问题。在现阶段，这一现象出现最严重的领域是数字出版。虽然数字出版建设对出版企业的长期发展非常重要，但目前其赢利模式不清晰，单个的出版企业也不具备西方大型出版集团的技术和规模优势。所以说，将上市得到的大量发展资金投资于数字出版建设带有一定的盲目性，很容易成为低水平零利润的重复建设，造成资源浪费。就我国目前的情况来看，出版企业应努力向内容提供商转变。

三、我国上市出版企业应有的发展对策

（一）建立完善的现代企业制度

出版单位转企改制后，要逐步减少对政府的依赖，改变原来粗放的运行体制，建立符合企业运营规律的现代企业制度，这样才能使出版企业走

向市场，提高竞争力，这是出版企业能够得到资本市场认可的前提。也可以说，建立完善的现代企业制度是出版企业脱离计划经济、降低对政府保护的依赖、适应市场经济要求的一条有效路径。完善现代企业制度同时也要求上市出版企业必须制订合理的长远发展规划，逐步完善企业内部的各项管理制度，建立既熟知出版业务又精通金融和资本运作的复合型经营管理团队，通过特色发展和差异化经营培育企业的核心竞争力。

（二）做大做强出版主业，实现专业化与多元化协调发展

有些通过借壳上市的出版企业，目前仍然保留以前的部分业务，比如时代出版现在的主营业务中仍有化学制品制造业等业务。并且随着上市出版企业的不断发展，也有越来越多的企业开始将其业务延伸至不同的专业领域。从本质上来看，这是主业和副业的关系问题。多元化投资能够分担企业的投资风险，亦能够减轻上市出版企业对教材教辅出版的依赖，对完善产业链和实现战略化转型都有一定的促进作用。从全球出版业排名来看，排在前十名的出版强社，其业务范围普遍涉及多个领域，但同时都坚守核心品牌，围绕其核心业务实行业务并购和重组。以贝塔斯曼为例，尽管其业务范围涉及图书、工业、报纸、杂志、娱乐、电台电视、互联网和多媒体等多个行业。但它仍潜心于专业出版领域，主要营业收入仍来自图书产业。因此，对于我国上市出版企业来说，在利用部分资金拓展其他业务、实现多元化发展的同时，一定要围绕主营出版业务，做大做强出版主业。

（三）通过并购、联盟战略扩大企业经营规模

出版企业上市后获得大量发展资金，为实现企业的可持续发展提供了充裕的资金条件。并购、联盟等方式是进行资本扩张的有效手段，这点在全球出版业排名中也有体现。汤姆森、培生等上市出版企业能够在短期内实现巨大飞跃，无不通过并购、联盟等战略实现企业经营规模的扩大，增强企业的竞争实力和赢利能力。北方联合出版传媒股份有限公司与时代出版传媒股份有限公司也都在发展过程中不断地进行并购与联

盟，以期促进公司的进一步发展，这些成功经验值得上市出版企业学习和借鉴。

（四）由传统出版商向内容提供商转型

随着数字技术的不断发展，人们的阅读习惯和阅读行为正在发生深刻变化，传统出版深受冲击。我国上市出版企业的主营业务仍然停留在传统出版领域，且教材教辅类占大多数。虽然大部分企业已经意识到了数字出版业中存在重大商机，但由于传统出版社数据资源有限、渠道建设成本过大以及数字平台不兼容等原因，即使有强大的资金支持，传统出版企业也无法在数字领域取得较大成功。上市出版企业面临着一个重大转型，就是由传统出版商向内容提供商转型。上市出版企业要利用自己的资金优势和内容优势，与技术提供商联合，实现资源的优化配置，逐步实现由传统出版商向内容提供商的转型。

参考文献

[1] 朱宝琛：《证监会：2011年A股一增三降 市盈率暴跌"最可怕"》，http://business.sohu.com/20120117/n332399570.shtml。

[2] 唐溯：《我国出版上市公司绩效综合评价》，载《出版发行研究》，2010年第8期。

[3] 王关义、华宇虹：《中国出版业绩效评估研究》，中国财政经济出版社2010年版。

[4] 唐舰、张晓斌：《出版企业上市：走上考场》，载《编辑之友》，2008年第2期。

[5] 朱晓彦：《出版企业上市之路要走好哪几步》，载《编辑之友》，2008年第2期。

[6] 张美娟、张海莲：《关于我国出版上市企业发展的思考》，载《出版科学》，2008年第4期。

本文发表于《现代出版》2012年第5期；作者：王关义、张文琪

第五部分
中国出版行业人才培养研究

人才是推动产业发展的基石。当前，不少行业特色鲜明的高校纷纷向学科门类"大而全"的综合性大学转变，人才培养中存在的问题表现在：一是片面追求规模扩张，高校特色日趋蜕化，与行业的关系渐行渐远；二是学科专业设置盲目追求"大而全"，滞后于经济发展需求。克服如上问题的具体对策是：（1）要科学确定学校的办学定位，固守自身的传统特色和优势办学领域；（2）以市场需求为导向，围绕社会和行业需求，创设人才培养特区；（3）围绕学校办学特色和优势构建特色学科专业群，打造学科和专业品牌；（4）适应行业需求调整优化专业结构，强化特色专业建设，在培养行业专业人才方面形成自己的特色和优势；（5）探索多样化人才培养模式，制定科学合理的人才培养方案；（6）构建以"就业为龙头"的招生培养就业联动机制，培养过程要强化实践环节和对学生创新素养的培育。

本部分主要内容包括行业特色类高校人才培养的思路、高校建立招生培养就业联动机制研究、高校人才供求状况对高校人才培养的启示等方面。

论我国高等教育体制转型与发展支点的选择

综观世界各国经济社会发展的历史，可以清晰地看到，高等教育是民族素质提高和推动技术进步的基石，改革开放30多年以来，我国高等教育事业取得了显著的成绩和长足的进步，已成为名副其实的高等教育大国。如何实现由教育大国向教育强国转变，是政府相关部门和高等教育界应当共同关注和思考的问题。本文简要回顾并梳理了我国高等教育体制的转型和变革，从学校、学科、学术、学人和学子五个方面提出了重视内涵建设、提高教学质量若干战略支点构建的思路。

强国必先强教，高等教育是一个国家兴旺和民族振兴的战略性事业。从"科教兴国""百年大计，教育为本""教育是民族振兴的基石""优先发展教育事业，建设人力资源强国"再到最近提出的实现由"高等教育大国向高等教育强国"转变的思想，都反映了党中央加快高等教育事业发展的坚定信心。本文在简要回顾我国高等教育体制转型和变革的基础上，就如何提高高等学校教学质量，提高人才培养质量的关键环节和战略支点进行探讨。

一、我国高等教育体制实现了重大变革和转型

新中国成立以来尤其是改革开放30多年以来，伴随着社会主义市场经济体制改革的日益推进，我国高等教育事业通过体制转型和变革也取得了

长足的进步和发展，对国民经济增长和整个社会发育层面的提升以及人民生活质量的提高也起到巨大的支撑作用。目前，我国具有高等教育文化程度的人口已达 8200 万，实现了从人口大国向人力资源大国的转变。据最新资料，截至 2010 年 1 月，美国高等学校总数为 6459 所，在校的各类学生人数大约为 1600 万人。其中，公立高等学校 2099 所，在校学生大约为 1200 万人，占 75%；私立高等学校 4360 所，在校学生大约为 400 万人，占 25%。"我国目前共有 2600 多所高校，学生总规模达 2980 万人，每年毕业生 600 多万"，形成世界上规模最大的高等教育体系。"我国累计培养了 33.5 万博士、273.2 万硕士和 1830 万学士，分布在各行各业，成为领军人物和骨干力量。"我国高等教育已实现了由精英式教育向大众化教育的转变。这些变化，与高等教育体制变革和转型密切相关。

（一）本科管理体制进行了一系列改革

1. 高等学校办学体制实现了从国家计划一统局面向多种办学模式的转变。除国家出资创办的公立高校外，民办、股份制等办学模式相继出现，境外一些机构或个人也加入办学行列。

2. 在招生和录取环节，招生考试制度实现了由以往长期盛行的全国统一考试向区域性更加灵活的试题和自主招生方式的转变。全国高考试题统一的局面被打破，全国统一招生划线被部分高等学校试行自主招生与统考相结合的招生模式所替代。自 2003 年开始，开始了部分高校自主招生的试点，目前试点高校已达 80 所。几年来，有 3.9 万名学生获得自主选拔录取公示资格，实际录取 1.6 万名考生，占相关高校计划总数的 4.3%，自主招生成为高考的补充，这种方式"是有利于实现高等学校招生自主权的一种积极探索，同时，也有利于'一考定终身'的统一考试的不足，有利于选拔出更加具有创新潜质的、全面发展的、学科特长突出的优秀学生"。

3. 在培养方式上，实现了从学年制逐步向学分制的转变。教育主管部门对高等学校的管理更加科学，宏观方面的调控制度正在形成；在专业设置和招生计划、学科点设置等方面，高等院校的自主权得到了逐步扩大。很多高校的本科人才培养模式正悄然试点，多元化人才培养模式也在探索之中,"千校一面"的局面正逐渐改变。

4. 在就业环节,国家通过计划包揽毕业生分配的局面被打破。表现在两个方面:一是大学生自主择业;二是用人单位结合岗位需求进行自主招聘。以往计划经济条件下长期实行的由国家统招统分的模式完全被打破。

5. 在经费投入上,实现了单纯依靠国家计划拨款到吸收社会各方资金办学的转变。教育投入是教育事业科学发展的重要保证。三本以及民办高校的出现,就是对国家财政资金的有效弥补。在国家投入的教育经费紧张、办学经费投入不足的情况下,许多高校靠自筹资金和银行贷款来满足因扩招所必需的办学条件的改善,高校发展过程中"规模牵引、融资发展"的特征比较明显。整个"十一五"时期,全国财政教育支出累计达 4.45 万亿元,年均增长 22.4%,但仍满足不了教育事业发展对资金的需求,多种融资模式将长期并存。

(二)研究生管理体制方面进行了重大改革

1. 研究生招生方式发生了显著变化。传统的单一的全日制学术学位研究生培养的格局被打破,形成了全日制研究生、在职研究生以及专业学位研究生等多种方式并存的局面。

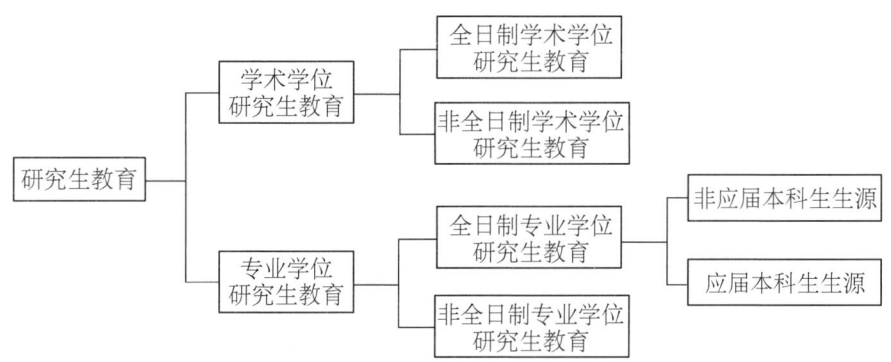

图 1 我国现行专业学位研究生招生方式

2. 在研究生培养模式上实现了新的变革,学位方式出现多样化。到 2010 年,"我国博士、硕士、学士授予单位已分别达到 347 所、697 所、700 余所,全国在学研究生已达 140.50 万人,其中博士生 24.6 万人"。从根本上改变了我国高等教育的层次结构,除学术型学位门类逐步齐全和完善外,以探索多样化招生选拔办法、重视和提高实践水平的专业学位研究生教育综合改革工程启动并取得显著成效。专业学位研究生制度自1991年建立以来,经过20年的发展,目前已基本形成以硕士学位为主,博士、硕士、学士三个学位层次并举的专业学位体系。目前,硕士专业学位类别总数达到38种,包括法律硕士、教育硕士、工商管理硕士等。2010年,硕士专业学位研究生占硕士生的比例,已从2008年的6%提高到25%,2011年,全国研究生报考人数达151万人,其中报考专业学位的考生达到30.5万人,占到报考总人数的20%以上,经教育部批准的开展专业学位研究生教育综合改革试点的学校已达到64所。有专家预测,"到2015年,专业学位研究生规模的比例将由现在的约30%增长到50%",我国将形成学术型研究生和学位型研究生各占半壁江山的总体格局。

(三) 高等教育实现了以国内为主向国内与国际并重的转变

自1977年恢复高考制度以来,在逐步恢复和完善我国高等教育管理体制的基础上,我国高等教育事业也按照小平同志"教育要面向国际"的要求,学习和借鉴发达国家的办学经验,加大对外开放的力度,高等教育国际化程度明显提高。招收国际留学生、派遣中国学生出国学习、中外合作办学等多种形式的外向型办学得到了空前发展。经济全球化的浪潮深刻地影响到高等教育事业,全球化所包含的国际性和开放性,正成为我国高等教育的重要特征。

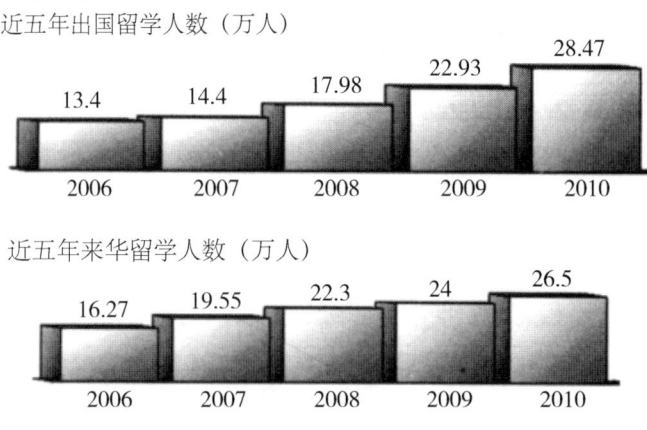

图2 "十一五"时期我国出国留学和来华留学人数变化情况

二、我国高等教育发展战略支点的选择

关于未来我国高等教育发展的思路,胡锦涛总书记在清华百年校庆讲话中强调,要把提高质量作为高等教育改革和发展的核心任务。温家宝总理在政府工作报告中明确提出:"要引导高中阶段学校和高等学校办出特色,提高教育质量,增强学生就业创业能力。"应该说,中央领导同志的讲话从战略全局的高度提出了我国高等教育改革和发展的战略思想,这就是提高质量、推进内涵式发展。如何落实这种思想,高等院校要遵循教学规律和学生成长规律,选择好若干支点进行点的突破。

(一) 培育积极向上的大学精神和校园文化

教学质量是高等学校的生命线。众所周知,高等学校的主要任务有三:即人才培养、科学研究和社会服务,其中人才培养是中心任务,是高校的生命线。教学工作始终是学校的中心工作,提高教学质量是一项永远没有终点的长跑运动。《大学》曰:"大学之道,在明明德,在亲民,在止于至善。"培养学生的知识和能力固然重要,但知识和能力达到一定水平后,思想比知识和能力更为重要。有知识、没有能力,不会做事或做不成事;但有知识、有能力而没有思想,不知去做啥事。大学精神是一种软性资源,对推进学校发展、突出学校特色、提升学校竞争力具有重大影响。自1953年美籍华人李政道、杨振宁获得诺贝尔奖50多年以来,该奖一直与中国科学家无缘,其中重要的原因在于中国大学的原始创新能力不足。尽管我们拥有不少高水平的院士、博导和教授,拥有大量高水平的重点实验室,也有大量的经费投入,但关键的因素在于缺乏创新的大学文化。缺乏一批务实、甘于寂寞、甘于坐冷板凳、不图虚名的创新精神和创新文化,浮躁与功利一直紧紧地笼罩在大学的周围。英国首相丘吉尔曾经说过,英国可以没有印度殖民地,但是不能没有莎士比亚。大学是先进文化传播与发展的主要源泉,要培养有文化、有思想的人才,因此,必须下大力气,培育积极向上的大学精神和校园文化。

(二) 按照系统观点，从学校、学科、学术、学人、学子五个支点构建

目前，我国高等教育正在实现由规模扩张向注重教学质量的转变，高校必须树立系统观念，从学校、学科、学术、学人和学子五个支点，构筑全方位、全过程、多层次和全员参与的教学质量大堤。

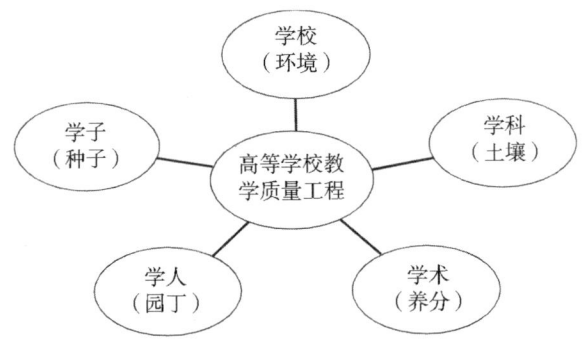

图 3　影响教学质量的五个关键环节

1. 在学校层面。①高校要更新教育观念，用观念统率教学改革和教育质量的提高。高校教育要牢固树立质量意识。高等学校的根本任务是培养高素质的人才，教学工作始终是学校的中心工作，要优先考虑教育资源对教学的配置；②重视校园环境建设，尤其要重视软环境文化氛围的营造。美国教育家伯顿·R.克拉克曾经说："一个强大的院校神话，是储备在院校士气库存中的资源。"大学精神环境这种无形的"场"对生活于其中的师生员工具有统领作用、巨大的凝聚力和感染力。大学环境是学校各项活动赖以存在和生成的物质条件和精神文化的总和，包括硬件环境和软环境，今后提高教学质量的重点是软环境建设，主要体现在生动活泼的学习环境、自由民主的学术环境和充满爱心的育人环境；③要遵循高等教育和科学管理的基本规律，精心编制教学质量保证体系"网络"，建立全员参与、质量至上、预防为主、全程监控的教学质量保障体系；④要加强教学工作制度建设，不断推进高校教学管理工作的制度化、规范化和科学化。为保证教学质量，要建立教学检查制度、教学督导制度、领导和教师听课制度、毕业生跟踪调查制度、教学质量奖评选制度等，各教学环节要基本

形成较为明确、具有可操作性的质量标准，并认真实施；⑤科学制订培养方案和教学计划。包括调查、讨论、设计、专家论证等阶段，这一阶段的各项工作的质量决定着课程设置和培养环节。如果这一过程工作质量不好，草草了事，就会给教学后续过程质量留下后遗症，不仅影响教学质量，而且影响学生的兴趣。因此，必须开展充分的前期调研，在调研的基础上，研究社会、产业发展和学生的需求，确定合理的培养方案。

2. 在学科层面。国家发展的根本动力是创新，创新的基础是人才，人才的主要源头是高校，而高校培养人才的平台就是学科，大力加强学科建设是人才培养的根本。①学科建设是提高教学质量的重要环节。没有一流的学科，就没有一流的大学，要抓好重点专业建设，强化学科和专业优势，集中资源，力争有所突破。可采取"有限目标，重点突破"的思路，聚集优势学科的力量，集体攻关，形成优势学科，争取以局部和个别优势学科的超常规发展带动学校学科建设；②学科建设是高校为国家创新发展提供不竭动力的源泉。学科研究力量的布局和调整必须突出自身的优势，凸显办学定位和特色。要根据社会和自身条件制定各学科专业的培养目标，满足和适应社会和市场的需求；③学科建设必须符合社会经济发展的需要。目前，学科、专业的划分越来越细、越来越多，要逐渐由知识本位转向社会本位或应用本位，毕业生的就业率或满意就业率成为政府、社会、学生家长评价一所学校的首要标准。

3. 在学术层面。①学术研究必须围绕基础理论的前沿问题和产业发展的需要展开。学校的核心竞争能力的提高，拔尖人才是核心，高水平教师是关键，学术成就是标志；②科学研究要与教学相结合。最好的大学教学和研究是探索知识这一整体同等重要的成分。正确处理教学和科研的关系，提高教师的科研水平。每一位教师都要强化科研意识，要有做科研的危机感和紧迫感。德国哲学家雅斯贝尔斯说："最好的研究者，才是最优秀的教师，只有这样的教师才能带领人们接触真正的求知过程，乃至于科学精神。"要鼓励教师强化科研意识、培养科研能力，不断地向学生传授新的知识，同时以创新能力影响、带动学生；③要提高学术成果的转化率。最大限度地减少学术研究领域的浪费，学术研究必须重视质量，切忌过分重视数量而忽视质量的现象。

4. 在学人方面。国家的希望在教育，教育的希望在教师，保证教学质量的关键也在教师。哈佛大学前校长科南特说："大学的荣誉不在于它的校舍和人数，而在于它一代又一代教师的质量。"高水平教师队伍是提高高等教育质量的关键。①要提高教师的学术水平和国际交流能力，提倡教授、副教授必须讲授本科课程，加强本科基础课教学，建立主讲教师制和主辅讲教师制。要充分发挥老教师的"传、帮、带"作用，开展老教师对年青教师的"一帮一"活动；②要加强师德建设。教师要把主要精力投入到人才培养和教学工作中，自觉做到课前认真备课、课堂教学严谨和课后辅导答疑。要加强对教师的管理，对于工作态度不端正、投入不足、教学质量差的教师要从严要求，该处罚的处罚，该淘汰的淘汰，逐步建立健全优秀教师表彰机制和相应的淘汰机制，全面提高教师队伍的素质；③教师要成为学生学习的指导者和促进者。要将传授新知识和将知识转换为实践能力的培养，作为提升教学质量的重要内容；④教师队伍是大学提高质量的根本所在。实践证明，教师知识结构的复合度、知识转换的能力集，不同学科专业教师形成的知识共同体所产生的思维启迪与脑力碰撞，有利于实现教学方法与教学模式的创新，学校要创造专业教师与工程师、金融师和企业家团队交融的环境，提升教师实践能力，形成多元化、多层次、多领域知识和技能的复合型教师队伍。

5. 在学子方面。①要重视大学生创业精神和能力的培育。知识来源于实践，能力来自于实践。实践教学环节对于培养学生的实践能力和创新能力尤其重要，对于大学生成长也至为关键。据相关专家的研究，美国大学生创业率达20%，而中国大学生仅为1%。"十二五"时期应届毕业生年平均将达近700万人，加上中职毕业生，总人数将达到1000万人。加强创业教育培训，鼓励扶持大学生创业，是缓解大学生就业压力的良方。高校人才培养的全过程要紧跟社会需求风向标，加强对大学生创业的教育和培训，设立创业基金扶持大学生创业，加快大学生创业孵化基地建设，倡导产学研结合，积极拓展校企之间的合作，并建立稳定的合作关系，特别是要形成支持与鼓励大学生创业的相关政策与社会氛围；②改革人才培养模式，实行"3+1"或"1+2+1"人才培养模式。针对目前普遍存在的"大四现象"（校园里找不到大四学生），除少数考研之外，其余大部分忙于找工作，奔波于各种招聘会、各种辅导班，或准备出国。结合国外的经验，建议对那些应用类专业试行在学制不变的情况下，前三年在学校学习，最后一年让学生走出校门，走向工厂和社会，由工厂和社会相关单位完成后续在职教育，延伸人才培养链条，学校"蓄水"，企业"养鱼"，把大学的教育功能部分地延伸到条件相对较好的工厂，促进产学研合作；③要重视创新人才的培养。要以提高大学生创新精神与实践能力为目标，积极推进大学人才培养模式的改革和创新。一要创新教学模式，重视对学生创新思维的培养；二要营造鼓励创新的校园环境，课堂教学、学习、学术环境应当宽松，培养创新思维，活跃学术氛围，激发大学生创新的潜能；三是制订鼓励创新的相关政策。通过举办多种形式的科技文化节、大学生创新创业大赛、发明创造奖、大学生科研计划、创新人才培训班等活动，激励创新，激发大学生的创新意识和创新热情，提高他们参与创新的主动性和积极性。

参考文献

[1] 陈骏：《高等教育，亟待增强吸引力》，载《光明日报》，2011年3月9日。

[2] 刘延东：《新中国教育史上的重要里程碑》，载《人民日报》，2011年3月25日。

[3] 纪宝成：《高等教育，尚需越过"两座山"》，载《光明日报》，2011年3月13日。

[4] 赵娥娜：《专业学位研究生——摆脱"山寨"之名擎起半壁江山》，载《人民日报》，2011年2月18日。

[5] 徐仲安：《大学可持续发展四个突破口》，载《光明日报》，2010年11月12日。

本文发表于《国家教育行政学院学报》2011年第6期；作者：王关义

人才供求状况对高校人才培养的启示

供求关系状况是衡量一个国家或地区资源配置科学化水平的重要标尺。本文立足我国高校毕业生供给与需求现状，从分析二者平衡关系入手，寻找问题，结合深化教育领域综合改革的总要求，从改革高校管理体制、弱化高校行政色彩、高校要以市场需求为风向标、实现办学理念的根本转变、实现人才培养由重知识传授向知识与能力提升并重转变等方面提出高校人才培养的若干思路。

当前，大学生供给和需求状况严重失衡，大学生就业难已成为社会的热点和难点问题。如何解决这一顽疾？促进大学毕业生无障碍就业和自由流动，优化高素质人才配置机制，提高人才资源配置效率，促进经济增长，增加就业出路，提供就业保障等都不失为实现供求平衡目标的有效措施。但从高校内部来讲，更新人才培养理念，转换人才培养模式，更好地满足社会对人才的需求则是缓解这一问题的重要举措。

一、供求关系失衡是我国高校人才培养中面临的突出问题

供给和需求是经济学家始终关注的主题，也是经济社会发展中一对重要的数量关系。当一种要素或资源的供给和需求达到平衡状态时，表明其配置处于最佳的均衡状态，也是一种理想状态。当供给大于需求时，则会

出现供给过剩，会造成要素或资源的浪费；反之，当供给小于需求时，则会出现供不应求的状况，表明社会需求没有得到有效的满足。不可否认，在大学生"就业难"的现实中，也不排除有不少"待就业"者存在"有业不就"的现象，但就业难这一现象并未因此而改变。在现实生活中，供求平衡的状况是非常罕见的，不平衡却是经常的和大量的，因此，如何实现供求平衡不仅是经济学家长期研究的课题，而且也是政府制定相关调控政策的重要依据。我国大学毕业生供求状况主要表现：

1. 从绝对指标来看，供给量超过需求总量，导致供求比例关系严重失衡。从高校招生规模来看，由于社会经济快速发展对人才资源的急需，加之人民群众对高等教育事业的热切期盼，人才培养的速度和规模难以适应当时社会的迫切需求，高等教育的供求矛盾极为突出。1999年，国务院做出了加快高等教育发展、扩大高校招生规模的重大决策，当年普通高校招生总人数达到153万人，招生增幅达到42%。此后，我国高校扩招每年都以40万人以上的速度递增，全国高校招生人数和在校生人数呈绝对增长态势，大学新生从扩招前1998年的108万人，激升至2008年的600万人，2013年的645万人。从毕业生数量来看，2013年，全国高校毕业生规模达到700万人，2014年达到727万人。高等教育在校学生数从1998年的643万人上升至2013年的2412万人，15年间增长了4倍。从研究生层面来看，1983—1986年，全国每年招收研究生只有2万—3万人，而目前的招生规模全日制的每年都在45万—50万人，博士生每年也有3万—5万人，2013年研究生在校数高达172万人。我国高等教育发展规模先后超过俄罗斯、印度、美国，成为世界第一。

招生规模急剧扩大，毕业生供给数量远远超过了社会对其的有效需求量，出现了大学毕业生就业难的局面，供求状况失衡。根据北京大学教育经济研究所2013年6月对全国高校毕业生就业状况进行的问卷调查：从总体情况来看，毕业生毕业时"已确定单位"的比例仅为43.5%，"升学"与"出国/出境"的比例合计为16.8%，总体上毕业生毕业时的"落实率"只有71.9%，就业非常困难。

2. 从相对指标来看，高等教育招生增加速度远远超过了国民经济增长速度。第一，我国经济增长率一直高位运行，但仍然赶不上高等教育招生增长速度。自1978年改革开放以来，我国GDP平均增长速度一直处于一个比较高的区间，年均增长速度在7%—10%。但从高等教育发展情况来看，高校招生规模扩张的速度远远超过了国民经济的增长速度。从高校毕业生人数增长情况看：2002年，全国普通高校毕业生为145万人，比上年增长27.2%；2003年为212万人，同比增长46.2%；2004年为280万人，同比增长32.1%；2005年为338万人，同比增长20.7%；2006年为413万人，同比增长22.2%。从2002年到2006年高校毕业生人数增长了235%。第二，社会经济发展对人才需求的增长速度远远低于人才供给的增长速度。经济学原理表明，劳动力市场的均衡就业量主要由需求和供给两方面力量决定，同时还受到劳动力市场运行有效性的影响。一般而言，劳动力的需求和经济增长有密切的正相关关系，美国经济学家阿瑟·奥肯于20世纪60年代提出了著名的奥肯定律，即实际GDP的变动与失业率的变动之间存在着负相关关系。相关专家的研究表明，由于技术进步、产业结构的变动等因素导致我国就业弹性连年不断下降，经济增长对就业的拉动作用在减弱，GDP每增长一个百分点仅拉动就业率增长0.1个百分点。因此，在整个劳动力市场有效需求不足的大背景下，高校毕业生供给数量的大幅增长必然导致供求关系失衡。第三，经济社会发育程度对高素质人才的需求总量低于供给数量。从经济社会发育程度来看，尽管我国通过改革开放30多年的发展，在经济总量上一跃成为仅次于美国的全球第二大经济体，但人均经济指标仍处于比较落后的位置，经济增长的区域分布、行业分布以及社会对人才的需求结构也极不平衡，社会发育程度较低，对高素质人才的需求远不如对低端技能型人才的需求旺盛，现实中出现的"大学生就业难"和"民工荒""保姆荒"就是对这一判断的有力佐证，反映了我国就业结构的失衡之弊。

3. 国外留学人才的大量回流，加大了人才供给方的总量。近年来，我国经济社会持续健康发展，为留学人员回国施展才华提供了广阔舞台，加之国家采取了一系列吸引留学人员回国工作、为国服务的政策措施，一大批优秀留学人才回国创新创业。相关研究资料表明，我国留学人员呈现出加速回国的态势，2013年我国海归人数达30多万人，近6年回国发展的人数总量超过110万人，是前30年回国人数的约3倍，年均递增36%。另据专家预测，未来5年，我国将迎来回国人数比出国人数多的历史拐点，从世界最大的人才流出国，转变为世界最主要的人才回流国。

4. 人才供求出现结构性失衡。2014年2月16日光明网以《研究生20年扩招11倍，学历越高就业越难》为题报道了研究生供过于求的现象。研究生就业难，甚至超过了本科生，传统的"学历高工作好"的观念正在动摇。人力资源机构麦可思与某网站教育频道合作的2013届毕业生流向调查显示，从2012年10月29日至2013年4月10日，被调查的2013届硕士毕业生签约率为26%，低于本科毕业生（35%）和高职高专毕业生（32%）的比例。毕业研究生表示："现在研究生太多了，以前的优越感荡然无存。现在单位更看重个人能力，而不是只看学历了。"从总体上讲，招聘单位注重的是员工的技术操作能力而不单单是学历的高低。在分析研究生就业难问题原因时，教育专家熊丙奇指出："1994年，我国研究生招生规模仅4.7万多人，如今已超过每年60万人，20年间，研究生扩招疯涨了11倍，甚至超过了本科生。2008年金融危机时，许多高校为了增加本科生的就业率，纷纷提高了研究生招生规模。久而久之，不少本科生也开始用上这一招，因就业难而选择考研，把考研作为就业'避风港'，延缓两三年就业。其实，眼下的研究生就业难，正是考研热所带来的就业压力的释放。凡此种种，最终增加了研究生的就业难度，硕士生供给也出现'产能过剩'现象。"

二、高校毕业生供求关系失衡现象产生的危害

毋庸置疑，我国高等教育招生规模的扩大，为更多的青年人提供了接受高等教育的机会，不仅促进了教育公平，改进了个人职业发展潜力，而且还从整体上促进了我国人力资源开发水平的提升。笔者认为，从宏观角度看，我国尚处于实现经济可持续发展的关键阶段，经济增长的势头还比较强劲，因此对高素质人才的需求还会继续上升。目前，我国社会经济发

展中确实存在着两难现象：一方面企业和人才招聘困难，整个社会范围内出现人才短缺，尤其是工程技术人才和经营管理人才，大范围存在着"民工荒"；另一方面却是大量的大学毕业生找不到工作，呈现出矛盾的两极，其主要危害：

1. 人才培养与社会需求严重脱节，人才供给满足不了国民经济和社会发展的需要。在能力结构上，大学毕业生的就业能力并不是基于职业路径的需要进行建构与培养，难以满足人力资源市场的需求。随着我国经济体制改革的深入和劳动力市场的结构性变化，用人单位的需求模式发生了显著变化。用人单位的劳动力需求行为在劳动力市场上通过价格机制选用合适的人才。例如，IBM中国区对大学生的基本素质要求有：一是服务意识，能不能从客户的角度去出发、去思考；二是创新和解决实际问题的能力；三是与人沟通的能力；四是团队合作的精神以及职业操守和商业道德。而这些能力在高校的培养方案中很难看到，不少高校还在延续着传统的应试式人才培养模式，重理论知识、轻实践能力和综合素质的培养。

2. 高校功能没有得到充分而有效的发挥。人才培养、科学研究、服务社会和文化传承创新是高校的基本功能。但是，不少大学更是热衷于向社会展示科研等硬实力，而在凝练大学文化、传播大学精神方面重视不够。大量高校毕业生找不到工作造成培养的人才大量积压找不到出口，不能有效发挥人才对经济社会发展的促进作用，使得高校人才培养的价值和服务社会的功能大大减退。

3. 造成人力资源和国家财政资金的浪费。第一，就国家层面来看。人才的成长和培养是需要花费资金的。教育部、国家统计局、财政部发布的全国教育经费统计公告显示，2012年国家财政性教育经费支出2.2万亿元，占到GDP的4.28%。在全国教育经费总投入中，财政性教育经费所占的比重超过80%。但扩招也带来了高校办学资源的全面紧张，每年约有30%的毕业生面临就业窘境，形成人力资源的浪费。第二，就学校方面来看。在培养过程中耗费了大量的人力和财力资源，人才的培养过程需要学校提供必要的教学资源和生活条件，而这些均需要财力和人力方面的保障，毕业生是学校向社会提供的"产品"，他们一旦找不到工作，就类似于工厂生产的产品没卖出去、没有销路，必然形成库存和积压，形成资源的浪费。第三，就家庭层面看。一名大学生从幼儿园到大学毕业，不仅花费了家长巨额的资金成本，而且花费了他们的心血，望子成龙是中国人祖祖辈辈的期盼和文化积淀，而一旦毕业生找不到工作，不仅对家庭构成巨大的压力，而且对本人也会产生巨大的打击和负面影响。第四，就社会层面来看。大量毕业生失业游离在社会上，对社会安全稳定也会产生一定的影响。

三、供求失衡状况对高校人才培养的启示

在研究经济领域供求平衡关系时，有专家认为供求平衡永远都是暂时的、相对的，而不平衡却是永远的、绝对的，中国人民大学重阳金融研究院高级研究员刘志勤认为："不平衡"是推动经济发展的原动力。原因在于任何经济体的高速或低速发展都是在解决"不平衡"中得以实现。供求的不平衡、各行业之间的不平衡、城乡之间的不平衡、贫富之间的不平衡、技术和现实的不平衡，都是激发生产力、刺激创新的动力。中国等"后发达"国家在过去30年中，正是由于不断发现和解决众多的"不平衡"，才使得经济持续高速发展。高校人才供求失衡现象应引起全社会高度重视，对于高校人才培养来说，必须系统改革现有的人才培养模式，使人才的培养和供给适应社会经济发展对人才的需求，达到供求关系的动态平衡。

1. 改革高校管理体制，提高科学化专业化办学水平。社会主义市场经济的发展，对高校人才培养提出了全新的要求，而当前高校教育的人才培养模式却仍停留于计划经济时代，对就业市场的需求变化反应不敏感。具体表现在：一方面，高校学科设置、专业课程设置不科学，专业结构调整滞后，使毕业生所学习的专业知识与市场需求产生结构错位；另一方面，伴随着近几年来的高校扩招，高校的行政性合并和综合化趋势更为明显，高校定位不清，学科结构趋同严重，专业化分工程度大大降低，严重偏离了市场对人才的需求。因此，我国高等教育人才培养在计划经济形成的供

给导向型还未能向适应市场经济的需求导向型转变,当前高校毕业生就业难则充分暴露出了超前的经济体制改革与滞后的教育体制改革之间的矛盾。

2. 实现办学理念的根本转变。《中共中央关于全面深化改革若干重大问题的决定》中提出,要充分发挥市场在资源配置中的决定性作用。高校应以市场需求为风向标,坚持以需定培的人才培养理念,要成为社会创新人才成长体系、科学技术创新体系和社会思想文化创新体系的结合体,要将就业能力的市场内涵转化为教学创新行动。在教学模式创新行动方面,以强化通识教育为目的的通识型教学、以需求驱动的实践基地建设为标志的实践型教学、以强调研究方法为内容的研究型教学、以拓宽国际视野为目标的国际型教学、以培养就业能力与学习能力为内容的能力型教学、以强化学生的参与和投入为目标的参与型教学等都是可行的选择模式,要通过教学创新,培养更加适应市场需求的大学毕业生。在专业设置、培养方案制订过程中,要发挥行业企业作用,把企业的评价特别是毕业生就业状况作为衡量办学质量的一项重要指标。大学要寻求建立与用人单位之间的伙伴关系,理解社会需求,并将其转换传递给各个具体的教学和研究部门,然后这些部门再基于社会的需求创新课程、创新专业甚至于创新大学。高校要强化对外部市场的反应速度和能力,增强大学人才培养的质量,增强大学的投入和产出的效率,极大地提升大学生的就业能力,以消除大学生劳动力市场上的结构性失业问题。

3. 以学生为中心,实现教学方式由重知识传授向与能力培养并重转变。育人理念要从传统的知识传授变为知识、能力和人格养成三位一体,真正实现立德树人的目标。在教的方面,教师要从关注知识传授转变到关注学生成长上,教学的关注点应放在大学生能力发展上;在学的方面,一定要发挥大学生的主体作用,由被动学习转变为主动学习。在教学方式上,要从灌输式转为启发、自主、互动、合作、探究式学习。要关注学生的内心成长,关注学科与生活的联系、课堂与社会的联系、知识学习与动手实践的联系、大学校园生活与社会经济活动之间的联系。学校既培养合格公民,又培养理想远大、基础扎实、能力突出的优秀学生。

4. 构建科学的课程体系，改革评价方式。第一，课程结构要实现由单一课程向多元课程的转型。切实把课程建设转到德育为先、能力为重、全面发展的总体目标上来。高考科目减少，实行学业水平考试，课程结构必然要调整，高中课程要适应新要求，满足学生充分发展和高校选拔合格新生的需要。第二，评价方式要实现由单一评价向多元评价的转变。评价既要体现国家和学校的共性要求，又要体现学生个性发展的要求；既要有教师和学校评价，又要有自我评价和他人评价，包括学生评价和社会评价；既要有学科学业评价，又要有社会实践评价。学校要借助现代技术手段，实现实时记录，诚信反映，适时反馈，真正让学生增强自主发展、自我规划、不断进步的能力。

5. 要建立一支高素质的教师队伍，这是提高教育质量的保障。第一，要重视教学带头人和教学团队的建设。要提倡教授、副教授必须讲授本科课程，加强本科基础课教学，建立主讲教师制和主辅讲教师制；要开展教学名师评选活动，通过名师的示范作用，促进教师间互相学习，互相交流，提高教学水平；要充分发挥老教师的"传、帮、带"作用，深入开展老教师对年轻教师的"一帮一"活动，教育引导青年教师树立高尚的师德、优良的教风、严谨的治学态度、高度的责任心和敬业精神；全面提高教育质量要有一批"铁将军把关"，培养出高校自己的大师；要培养一支有共同理念的教学管理团队，要从系主任或专业负责人的培养抓起，要选用那些学术水平高、教学效果好的人担任这些职务。第二，提高教师的学术素养。要强调和鼓励教师培养和形成出色的教学能力，适时更新知识结构，学校要开辟多种渠道，进行教师在职培养，拓宽教师知识面，提高其学术素养。第三，提升教师社会实践能力。在当今社会，不管教师职前培养的质量有多高，也不能期望教师具备应对整个职业生涯中全部挑战的能力。因此，高校要为教师提供继续专业发展的机会，维持高标准教学，保持一支高素质教师队伍。

6. 要加强对学生创新精神和实践能力的培养。党的十八届三中全会报告指出："高等学校要增强学生社会责任感、创新精神、实践能力的培养。"知识来源于实践，能力来自于实践。实践教学环节对于培养学生的实践能力和创新能力尤其重要，对于大学生成长也至关重要。高校人才培养要紧跟社会需求，加强对学生创业的教育和培训。要倡导产学研结合，积极拓展校企之间、校际之间、高校与科研单位之间的合作，建立稳定的合作关系。要创新教学模式，重视对学生创新思维的培养，并抓好如下环节：培育创新理念；创新教学模式；营造相应的校园环境；丰富校园文化活动。

参考文献

[1] 北京大学教育经济研究所：《大学生就业调查：2013年大学生就业状况究竟怎样》，载《光明日报》，2014年1月28日。

[2] 张炳强：《学历越高　就业越难》，载《新民晚报》，2014年2月15日。

[3] 盛若蔚、赵兵：《留学人员呈加速回流态势：2013创新高达30多万》，载《人民日报》，2014年2月21日。

[4] 刘志勤：《"不平衡"是发展原动力》，载《环球时报》，2014年2月13日。

[5] 《研究生20年扩招11倍　学历越高就业越难》，光明网，2014年2月16日。

[6] 孟晓犁：《我在哈佛当统计系主任》，载《解放日报》，2012年5月25日。

[7] 杜玉波：《关于创新人才培养的几个问题》，载《光明日报》，2012年8月29日。

本文发表于《北京教育（高教）》2014年第10期；作者：王关义

关于构建高校教学质量保障体系与实施系统的思考

教学是高校的中心工作与基础任务，人才培养的质量与水平则是高校的生命线。为实现党的十八大报告提出的"推动高等教育内涵式发展""着力提高教育质量"的要求，高校要遵守"以人为本""全面质量管理"的教育管理理念，从目标、投入、过程、效果、机制五方面构建"要素—环节—节点"三层次教学质量保障体系，并建立配套的决策、指挥、条件支持与保证、质量控制与反馈、调整与改进系统五个子系统，切实提高高校的教育教学质量。

高校具有教学、科研、社会服务、文化传承四方面功能，其中，高校的根本性、基础性任务是开展教学工作，培养社会所需的合格人才，因此人才培养的质量与水平是衡量一所高校的生命线。党的十八大报告对高等教育事业提出了新目标、新要求，丰富了中国特色社会主义教育理论体系，确立了新的历史时期内高等教育改革与发展的方向，即"推动高等教育内涵式发展""着力提高教育质量，培养学生社会责任感、创新精神、实践能力""努力办好人民满意的教育"，明确指出当前发展高等教育事业的核心不是量的扩张，而是质的提升。《国家中长期教育改革和发展规划纲要（2010—2020年）》也明确提出，要"全面提高高等教育质量""全面实施高校本科教学质量与教学改革工程。严格教学管理，健全教学质量保障体系"。为实现全面提高教育教学质量这一战略目标，高校要牢固确立人才培养的中心地位，树立科学的高等教育发展观，坚持稳定规模、优化结构、强化特色、注重创新，走以质量提升为核心的内涵式发展道路，同时要建立有效的校内教学质量监测和调控机制，建立健全学校本科教学质量保障体系。

一、构建高校教学质量保障体系的必要性

教学质量是高校生存和发展的生命线，构建科学合理的教学质量保障体系，营造良好的人才成长环境，是提升人才培养质量的根基所在。教学质量保障体系构建作为一项全方位、全程性的系统工程，需要高校全方位关注人才培养的各个阶段、各个环节，对人才培养过程与实施活动开展持续性、结构化、系统性的监督与控制，全面诊断、评价、完善教学过程，构建一个互相协调、稳定高效的质量管理系统。需要高校结合学校办学定位和人才培养目标，针对人才培养全过程，分析教学质量生成过程，寻找保障、提升教学质量的关键控制点，并为之不断改进，从而不断提高教学效果，提升教学质量，培养优秀人才。

在这个过程中，高校应当遵循高等教育教学的内在规律，依据"全面质量管理"的管理理念和"以人为本"的教育理念，科学监控影响学校教学质量的各个环节，通过对影响教学质量相关因素的系统分析，运用系统工程学的原理，秉持"以人为本，全员参与，保障到位，实时调控，持续改进"的原则，构建制度化、标准化和规范化的教学质量保障体系。

二、高校教学质量保障体系的要素

依据全面质量管理理念，高校内部教学质量保障体系是个综合性的内容，包括目标保障、投入保障、过程保障、效果保障、机制保障五方面要素。其中，目标是教学质量的宏观方向指引，投入是教学质量的必备物质条件，过程是教学质量的基础支撑平台，效果是教学质量的客观评价依据，机制是教学质量的运行内在动力。这五方面要素涵盖了教学

质量的各个方面，贯穿了教学质量的各个环节，相互促进，相辅相成，缺一不可。

（一）目标保障层面

在当前的就业市场中，用人单位对人才知识结构与技能的需求往往是动态的。因此，如何根据市场与用人单位需求适时调整教学内容和培养目标，做到学校教育与社会需求同步接轨，为用人单位输送合格人才，是学校的立足之本。目标保障的实施路径在于通过对毕业生质量跟踪调查结果和对市场上人才需求的预测，及时调整专业设置、优化专业结构，科学制订人才培养方案与教学大纲，紧跟甚至超前于市场开设相应课程，同时实时、动态监督其实施过程与实施效果。

（二）投入保障层面

人才培养是关乎国家长远发展的一项战略性事业，教育要摆在优先发展的战略地位，高校要提升教育教学与人才培养质量，就需要加强对教育教学各方面的投入，包括硬性的物质基础（如教学场所、实验室、图书馆、教学网络、校舍）和软性的文化建设（优质教师资源引进与培养、良好校园文化的培育与熏陶），这些投入都需要一定的资金保障。在这方面，除国家固定的财政拨款外，各高校应当根据人才成长的规律和办学软硬件条件建设需要，从自身创收收入中列出专项资金，用于教学与人才培养环境的建设与改善。

（三）过程保障层面

教学过程的管理、监控与完善，是教学质量保障体系的构建实体与应用对象。高校的教学质量保障体系主要包括对教学过程和质量的评价，涉及过程管理与过程监控两个方面，包括：教学常规检查（如日常教学检查、每学期的期初、期中、期末教学质量全面检查等）；教研室活动；学生意见反馈；教学经验交流与讲课比赛；实验、实训环节等。目前，高校教学过程管理与监控"多注重课堂教学环节、教师教学活动环节、专业知识考核评价,而忽视课堂、教师、教学传统教学三要素之外的内容(如课外实践过程、学生自主学习情况、学生道德素质与实践创新能力等)",存在一定的问题与弊端,需要加以优化完善。当前社会紧缺的是创新型、复合型人才,而非单一的理论学习能手,高校应加强对学生课外实践创新过程的考核与监控,提升学生的综合素质能力。

(四)效果保障层面

效果评价是测量教学各环节实施过程质量、提升教学质量的重要参考依据。效果保障是教学质量的综合反馈环节,是教学质量保障体系不可缺少的一环。效果评价涉及两个方面:一是针对于教师的教学工作开展评估,如培养方案设计、专业设置、课程体系、教材内容、课堂教学质量、教学资源使用效率、毕业设计质量等多个方面。二是针对于学生自身的学习效果开展评估,包括自身知识技能、身体素质、实践创新、综合能力、就业能力等多个方面。这两方面的评价可以是学生评教、教师评学,师生之间相互评价,也需要学校、社会、家庭等师生之外的第三方进行教与学两方面效果的客观诊断。

(五)机制保障层面

机制是教学质量的内在催生动力,好的教育教学体制机制能够激励教师专心开展好教学工作,能够鼓励学生自主用心学习。教学质量的机制保障包括教学检查制度、教师准入制度、听课制度、教师考核制度、信息反馈制度、考教分离制度、教学事故认定处理制度、毕业生跟踪调查制度等多个环节。从内在逻辑关系来看,这些涉及教学过程的多项规章制度,不是孤立存在、简单叠加的,而是体制内的各项制度之间相互联系、相互促进、相互完善,通过彼此之间多向性的作用纽带,共同作用于教学过程,保障质量的提升。

三、高校教学质量保障体系的配套系统

健全高校的教学质量保障体系,提升教学质量与人才培养水平,对于

学校的长远发展有着至关重要的意义，而教学质量保障体系构建需要有相应配套的实施系统加以支撑才能有效运转。配套实施主要由决策系统、指挥系统、条件支持与保证系统、质量控制与反馈系统、调整与改进系统五个子系统构成。这五个子系统之间既有一定的相对独立性，又存在一定的相互影响，涵盖与贯穿了教学活动的全过程与各环节（见图1）。

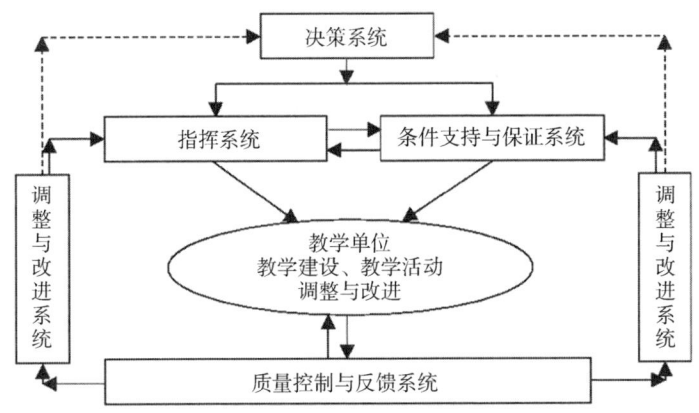

图1　高校内部教学质量保障体系实施系统逻辑关系图

（一）决策系统

教学决策系统主要由教育部有关的教育教学章程、学校教育教学发展规划等构成。这一系统的运行须遵循高等教育教学的内在规律，通过科学分析社会需求变化及学校的发展状况，研究确立学校的中长期发展战略，明确学校的办学目标、发展定位、人才培养目标和人才培养规格等核心问题。同时研究制定学校的年度工作要点，突出教学工作的中心地位。此系统的执行主体为学校党政领导班子。

（二）指挥系统

教学指挥系统主要由学校教育教学工作计划、教学管理规章流程、教师教学工作制度和大学生行为规范组成。这一系统应贯彻执行学校的教学政策，在授权范围内制定有关教学管理的规章制度，计划和组织实施教学活动和质量管理活动，分析影响教学质量的主要环节，明确各主要环节的质量标准和目标。此系统的执行主体为教务处、学生处。

(三) 条件支持与保证系统

条件支持与保证系统主要由学科专业建设、师资队伍建设、校园文化建设等规划以及保证教学工作的有关章程组成。这一系统应通过积极引进和培养干部、学科带头人及师资队伍，制定和落实教学单位工作目标责任制度和人事岗位聘任制度，确保干部和教师全身心投入教学工作。同时，应定期召开职能部门协调会，分析实现教学目标所需条件，调整和改进教学投入力度，积极提供必要的人、财、物支持，确保教学投入的第一地位。此系统的执行主体为有关职能部门及教辅单位。

(四) 质量控制与反馈系统

质量控制与反馈系统主要由教学工作评估制度、教学管理工作检查制度、教学条件效率信息和社会声誉信息反馈制度组成。这一系统应通过对教学建设及运行工作进行调研、检查、评估，实现教学活动及教学管理工作过程的实时监控；收集实时监控信息，综合测算、分析和研究影响教学质量的主要问题，并及时反馈信息给职能部门和教学单位。此系统的执行主体为教务处、学生处及有关职能部门。

(五) 调整与改进系统

调整与改进系统是依据检查与评估反馈信息，通过对教学活动和学科建设中的问题的分析，及时调整工作实施方案，不断提高教学质量。此系统的执行主体为教务处、学生处、有关职能部门、教学单位。

上述五个系统的核心环节是"质量控制与反馈系统"，可围绕此子系统构建"配套实施系统的运行流程"（见图2）。实施系统的运行流程具备三方面特征：一是以人才培养目标和质量标准为起点和总体反馈调整点，不断提高教育教学质量，形成大闭环；二是以教学工作为中心，全面管理与保障，全方位信息收集，测算与分析诊断，定期调整组织管理与投入，形成中闭环；三是以具体性的教学建设活动为中心，实时监测、评价与改进，持续提高教学质量，形成小闭环。

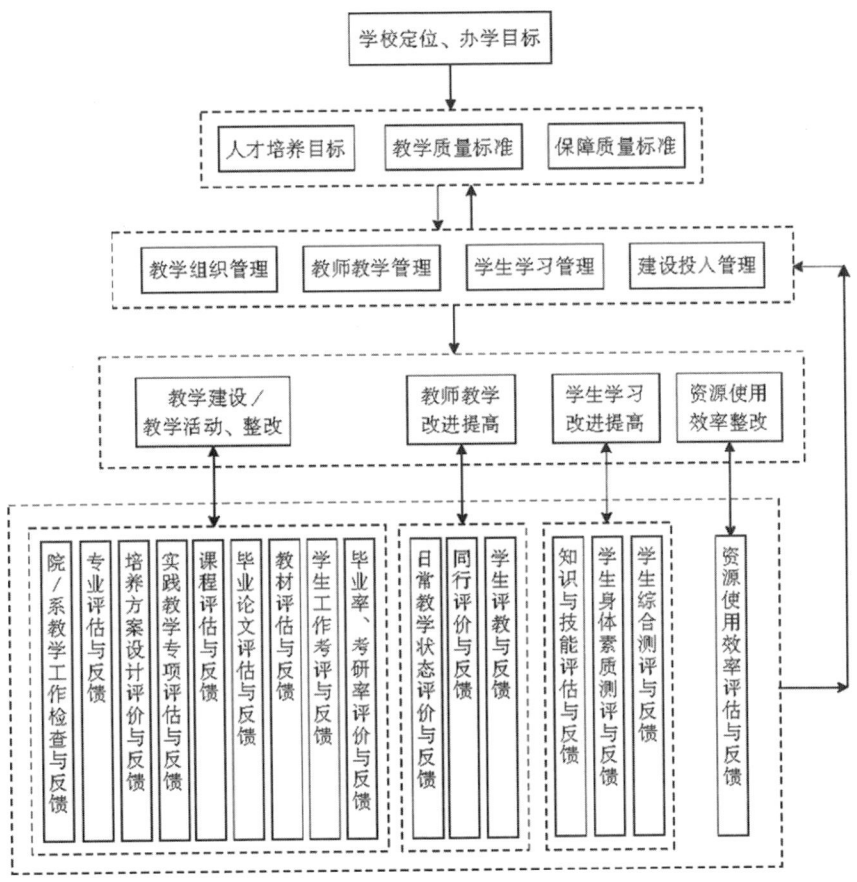

图 2　实施系统运行流程图

四、对提升高校教学质量的思考与建议

（一）以市场需求为导向，转变人才培养理念

高校应以市场需求为风向标，坚持"以需定培"的人才培养理念，要成为社会创新人才的成长体系、科学技术创新体系和社会思想文化的创新体系的结合体，将就业市场的人才需求与能力素质要求转化为教学创新活动。在教学模式创新行动方面，以强化通识教育为目的的通识型教学、以强调研究方法为内容的研究型教学、以需求驱动为核心的实践型教学、以

培养就业能力与学习能力为内容的能力型教学、以强化学生的参与和投入为目标的参与型教学、以拓宽国际视野为目标的国际型教学等都是可行的选择模式。在专业设置、培养方案制订过程中，要发挥行业企业的参考性作用，将用人单位对高校的社会评价，尤其是毕业生就业状况、工作能力评价作为衡量高校培养人才的一项重要指标。因此，要加强校企合作，高校要寻求建立与用人单位之间的伙伴关系，理解社会需求，并将其转换传递给各个具体的教学和研究部门，然后这些部门再基于社会的需求创新课程、创新专业甚至于创新大学。高校要以敏锐的市场反应能力时刻捕捉社会有用的人才培养需求信息，做到学校教育与社会需求同步，从而保障所培养的人才能够符合社会所需，人尽其用。

（二）以综合素质为目标，构建全方位的课程体系、多元化的评价方式

当前，随着高校毕业生数量的不断增长，大学生就业市场竞争日益激烈，用人单位对毕业生的综合素质要求日渐凸显，高校应及时调整教育理念与人才培养规格，注重学生知识技能、实践创新、品德修养等多方面的综合素质能力培养。一是课程体系体现综合性。要将基础学科知识、实践技能训练、价值观培养三个方面有机结合，改变以往片面强调学科知识的教育教学观念，形成有利于人才综合素质培养的科学课程体系。课程体系中所设计的课程门类、所传授的知识与技能，既要考虑到学生的基础学科知识、专业学科知识，也要充分培养学生的动手实践能力、自主学习思考的能力以及终身学习更新的能力。二是课程结构体现多元化。要实现由单一课程向多元课程的转型，切实把课程建设提升到德育为先、能力为重、全面发展的培养目标上来。三是评价方式体现多样性，注重过程性评价。在评价方式方面，要实现由单一评价向多元评价的转变。评价既要体现国家和学校的共性要求，又要体现学生个性化发展的要求，既要有教师和学校评价，又要有自我评价和社会评价。在评价重点选择上，要由传统的结果评价转向对教学活动过程的评价。

（三）以课堂教学为抓手，加强对教学过程的管理和监控

一是完善和落实领导听课制度。学校、学院各级领导都要定期或不定期深入课堂听课，以便及时掌握教学一线的信息，把好教学质量关。二是建立和完善专家督导制度。校、院两级均应聘请一些教学经验丰富的教学名师、离退休老教师、教学基本功大赛获奖者等责任心强的各类教师组成教学督导组，定期或不定期随堂听课或其他教学督导工作，并提出相应的改进建议，建立日常管理、定点管理和定期管理相结合的管理机制。三是建立和完善教学同行评议制度。教师之间应形成一种相互学习、交流、竞争、提高的氛围，每个教师都须有一定的听课工作量。四是建立和完善学生评教和教师评学制度。重视搜集学生对教师教学工作的意见和建议，督促教师改进教学方式方法，提高教学技能，促进教学相长。

（四）以队伍建设为根基，建立优秀的教学与管理队伍

高校教学过程的顺利、高效开展，教学质量的有效提升，不仅需要一支优秀的教师队伍，而且还需要一支高水平的教学管理队伍。具体来说：一是要重视教学带头人和教学团队的建设。全面提高教育质量要有一批"铁将军把关"，培养出高校自己的大师。要鼓励教授、副教授等学术能力强的师资力量多进一线、下课堂，讲授本科生课程，加强教授、副教授系列的本科基础课教学，建立主讲教师制和主辅讲教师制；要开展教学名师评选活动，通过名师的示范作用，促进教师间互相学习交流，提高教学水平；要充分发挥老教师的"传、帮、带"作用，深入开展老教师对年轻教师的"一帮一"活动，教育引导青年教师树立高尚的师德、优良的教风、严谨的治学态度、高度的责任心和敬业精神；要提高教师整体的学术素养水平与社会实践能力，强调和鼓励教师及时更新教学理念、知识结构、实践技能要求，形成出色的教学能力；学校要开辟多种渠道，开展教师在职培养、进修访学等活动，拓宽教师知识面，提高其学术素养与社会实践教学能力。二是要建设一支高水平的教学管理队伍。教学质量保障体系的建立和运行，离不开一支高效的教学管理队伍，这是规范教学管理、提高教

学质量的重要保证。高校要从系主任或专业负责人的培养抓起，培养一支有共同理念的教学管理团队。一方面要强化教学管理人员质量管理意识和敬业精神。教学管理人员在日常工作中要牢固树立"服务意识"和"质量管理意识"，严格管理、热情服务，讲求"规范、科学、效率"。另一方面要强化教学管理人员的业务学习与培训，不断提高教学管理人员的业务素质、业务能力和管理水平。要有计划地、经常性地开展学习，使教学管理人员能够及时了解相关的国家政策与方针，更好地把握高校发展方向与决策，并内化成自己的行动，能够适时修订、完善各项规章制度，推动教学管理的规范化和科学化建设。同时，管理人员要积极参与教学管理科研和教改研究工作，通过参与教改课题，不断提高自身的理论水平，思考和探索不断变革的新形势下的高等教育管理模式，成为优秀的教育管理者。

参考文献

[1] 《十八大报告辅导读本》，人民出版社2012年版。

[2] 《教育规划纲要辅导读本》，教育科学出版社2010年版。

[3] 《教育部关于全面提高高等教育质量的若干意见》，见http://www.moe.gov.cn/publicfiles/business/htmlfiles/moe/A08_zcwj/201204/xxgk_134370.html，2012-3-16。

[4] 《教育部关于普通高等学校本科教学评估工作的意见》，见http://www.pgzx.edu.cn/modules/wenjianhuibian_d.jsp?id=725，2011-11-27。

[5] 戚业国：《高校内部本科教学质量保障体系建设的理论框架》，载《江苏高教》，2009年第2期。

[6] 魏红、钟秉林：《我国高校内部质量保障体系的现状分析与未来展望——基于96所高校内部质量保障体系文本的研究》，载《高等工程教育研究》，2009年第6期。

本文发表于《国家教育行政学院学报》2015年第2期；作者：王关义、赵贤淑

关于高校内涵发展构筑教育质量大堤的思考

高等教育是国家兴旺和民族振兴的先导性事业，提高教育质量一直是我国高等教育发展和改革的一大难题。正基于此，党的十八大报告中提出了"推动高等教育内涵式发展""深化教育领域综合改革，着力提高教育质量"的要求，如何贯彻和落实这一精神是我国高等教育未来发展的主题。本文认为，高校必须树立系统观念，从学校、学科、学术、学人和学子五个环节，构筑全方位、全过程、多层次和全员参与的教育质量大堤，通过提高教育质量实现内涵发展。

一、提高高等教育质量是一项永远没有终点的长跑运动

教育的首要功能在于人类文明知识和价值观念的育成和教化。综观世界各国发展的历史，可以看到，任何强大的民族和强大国家都不是天生的，而是靠后天教育出来的。当今社会，"强国必先强教"已成为发达国家成功经验的总结和共识。尽管目前教育界把大学划分为研究型、研究教学型、教学研究型、教学型这种金字塔式的高等学校分类体系，但作者认为，不论哪种类型的高校，其首要功能仍然是人才培养，高等学校四大功能中最核心的任务也是人才培养，人才培养的质量是高校赖以生存的"命根子"，提高教育质量对于高等学校来说是一项永远没有终点的长跑运动。近年来，随着人民群众生活水平的进一步提高，对高等教育的办学质量提

出更高的要求并寄予殷切希望,原来的"大学选人"已经变成现在的"人选大学"。因此,高校只有通过提高人才培养的质量,按照社会需求培养高素质应用型人才,才能更好地满足广大学子和社会经济发展对人才的需求。

提高高等教育质量是解决我国高等教育发展中面临现实问题的主要途径,是应对国际范围内高等教育竞争的重要举措。综观人类社会发展史,可以看到,形形色色的竞争,归根到底都是人才的竞争。当前,我国高等教育发展中面临一系列问题。

考生人数持续减少。根据教育部公布的统计数据,自 2009 年全国高考报名人数首次下降以来,这一指标已连续 4 年呈现下降趋势。自 2009 年至 2012 年,全国应届高中毕业生放弃高考的总人数已经超过 300 万人,接近 4 年报考总人数的一成。而在高考报名人数连年下降的同时,全国高校的录取人数和录取率却持续提升,从 2008 年的近 600 万增长到 2012 年的 688.8 万人,全国高校招生的录取率 2012 年达到 72.3%,有些省市已经超过 85%,逼近 90%。若仍按 2012 年的报名录取情况发展,高考录取率有望在 5 年内达到 100%。量的发展必然引发对高等教育质量新的要求。

出国留学人数逐年增加。自 2009 年以来出国留学人员连续 4 年增速超过 20%。"据社会科学文献出版社发布的《国际人才蓝皮书:中国留学发展报告》显示,2011 年,中国出国留学人数达 33.97 万人,占全球总数的 14%,居世界第一位。这一年我国有近 16 万人到美国留学,美国的国际学生中每 5 人就有一名中国学生,日本的国际学生中也有 60% 是中国人。根据教育部 2010 年统计,高中留学生已经占到中国留学生总数的 22%。这样的态势,使中国大学面临着日益加剧的全球性竞争。"[①] 生源的持续下降以及国际范围竞争的加剧,对我国高校产生巨大的压力,而解决这一问题的最佳途径就是提高高等教育人才培养质量。

提高高等教育质量是为国家建设事业培养优秀人才、提升国家综合实力的重要途径。教育与国民素质息息相关,国民素质上不去,经济建设不可能有真正意义上的成功,经济建设即便开始起飞,也会因人的因素缺乏

---

① 王庆环等:《全球竞争中,大学应有的风范》,载《光明日报》,2013 年 2 月 6 日。

后劲而被拉下马来。高等学校只有培养出高素质的毕业生和负责的公民，他们才能融入人类活动的各个领域。1998年发表的《世界高等教育宣言——为了21世纪：视野与行动》和《高等教育变革与发展的优先行动框架》指出：高等教育根本使命是促进社会的可持续发展和进步。近年来，由于政府的高度重视和财政上的巨额投入，我国高等教育事业有了长足的进展，尤其在办学规模方面超常规增长，但在人才培养质量方面与国外发达国家相比还存在差距。构筑教育质量大堤，提高高等教育质量，是全面提升人才培养质量的关键，也是实现内涵发展的重要途径。

二、高校实现内涵发展构筑教育质量大堤的保障体系

目前，我国高校所处的社会环境要求其从根本上提高教育质量。而要提高教育质量，必须构筑坚实的教育质量大堤。笔者认为，高校教育质量大堤的构筑是一项系统工程，应当树立系统观念，从"学校、学科、学术、学人、学子"五个支点入手。

（一）在学校层面

高校要牢固树立质量意识，要注重内涵导向，健全教育质量保障体系。

1. 科学确定办学定位。科学合理的定位是高等学校办出特色的基础。不管高校是什么类型，处在什么层次，对高校办学质量和水平的衡量，不是比规模、比大楼、比论文，更重要的是比内涵、比特色、比贡献。清华大学史静寰教授在对国内39所大学"使命"的文本分析发现，将人才培养作为根本任务的高校只占五分之一，将追求真理、探求高深学问作为第一使命的大学几乎没有。因此，学校发展规划的制订，必须考虑学校类型定位、办学层次定位和人才培养目标定位，必须明确学校的首要任务是人才培养，关乎人才培养质量的教学工作是学校的中心工作。

2. 彻底转变教育教学理念。毋庸置疑，高等学校存在的社会价值就在于培养一批具有科学精神和科学素养的人才，通过他们的才能与价值观念

的释放推动人类社会的进步和文明进程。高校的价值要通过其毕业生来体现，因此，必须把作为提高人才培养质量手段的教育质量放在首位，要牢固树立"严师出高徒""名师出高徒"等教育理念，让每一个受教育者都得到一定质量规格的培育，通过向社会输送高素质人才推动社会的发展和进步。在教育教学过程中，在注重理论知识培养的同时，更要重视实践训练。对那些应用性强的专业人才的培养，要多一些实践，少一些理论，多一些工场，少一些教室。人才培养既要考虑国家和社会的长远和现实需要，同时也不能忽视学生的兴趣和意愿。

3. 全力推动制度创新。对于高校来说，选择什么样的办学模式和管理体制并没有一个统一的模版，高校要根据自身的办学实际和目标定位建立一套灵活的办学模式，如学科建设、专业设置、学籍管理、专业转换制度、选课制度、跨校听课、校际之间学分互认等。许多专家认为，我国高校现有的办学模式和教学方法必须改革，要从灌输式教学法转向启发式、开放式教学；要从学生个人学习，转向提倡团队合作学习。在教学管理制度建设方面，制定科学的培养方案和教学方案，推进教学管理工作的制度化、规范化和科学化，促使学生"自由"发展，并严格保证毕业生质量。

（二）在学科层面

学科建设在高校提高教育质量的过程中居于战略性地位，没有一流的学科，就不会有一流的大学。

1. 要突出特色和优势学科。每个高校都有自己的特色学科，这种特色是长期积累的结果，是整个学校的办学优势所在。高校可通过凝练学科方向，调整学科结构，坚持重点特色学科优先发展，差异化定位，发挥优势特色学科的引领示范作用，培育其他学科的竞争优势。以特色学科带动人才培养质量的提高。

2. 学科建设必须符合社会经济发展的需要，以社会对人才的有效需求为风向标。要积极建设符合社会经济发展需要的学科。目前，学科划分越来越细，高校要根据社会需求和自身条件制定、优化各学科的培养目标，以满足和适应社会和就业市场的需求，提高毕业生的就业率。

3. 稳定专业数量。结合社会对各类人才的需求、自身所服务的领域以及办学优势和历史积淀，在控制专业数量的基础上，坚持有所为有所不为的思想，把那些真正能够体现自身特色和优势的专业办成精品或王牌专业，倾斜式扶持，坚持扶优、扶特、扶强、扶需，真正实现内涵式发展，在提高质量上下功夫。

（三）在学术方面

高校核心竞争力的提高，学术成就是标志。

1. 高校的学术研究要围绕理论前沿问题和产业发展的急需展开。学术研究是富有创造性、探索性和积累性的活动，是高校成就的主要标志。因此，要提高学术研究成果质量，就需要围绕理论前沿问题和产业发展的需要展开。

2. 学术研究与教学相结合。高校要处理好教学和科研的关系，在提高教师学术水平的同时，要不断地传授学生新知识，把前沿的学术研究成果及时带入课堂，传授给学生，丰富课堂教学的内容，提高学生的创新能力和实践能力。建设高水平大学，必须强化科研意识，高校科研是提高办学水平、提高师资水平和人才培养质量的重要保障。德国哲学家雅斯贝尔斯说："最好的研究者，才是最优秀的教师，只有这样的教师才能带领人们接触真正的求知过程，乃至于科学精神。积极鼓励全体教师强化科研意识、培养科研能力，不断地向学生传授新的知识，同时以创新能力影响、带动学生。"只有这样才能提高教育质量。

3. 提高学术成果转化率。目前国内高校科研成果的转化率较低，高校要积极探索学术成果转化的途径，加大校企联合科研力度，提升高校学术成果的转化率，减少学术研究领域的资源浪费，为经济社会发展服务。

（四）在学人方面

一流的大学必须具备强大的师资，这不仅体现在学术研究上，也体现在教学层面。教师是高校提高教育质量的保证。

1. 要建立一支高素质的教师队伍，这是提高教育质量的保障。国家的希望在教育,教育的希望在教师,保证教育质量的关键也在教师。要重视教学带头人和教学团队的建设,提高教师的学术水平和国际交流能力,提倡教授、副教授必须讲授本科课程,加强本科基础课教学,建立主讲教师制和主辅讲教师制;要开展教学名师评选活动,通过名师的示范作用,促进教师间互相学习,互相交流,提高教学水平;要充分发挥老教师的"传、帮、带"作用,深入开展老教师对青年教师的"一帮一"活动,教育引导青年教师树立高尚的师德、优良的教风、严谨的治学态度、高度的责任心和敬业精神;高校要建立优秀教师表彰机制和相应的淘汰机制,对于那些教学态度认真、教学方法得当、教学效果优秀的名教师、名教授,要大力表彰,而对于那些教学效果实在很差的教师,最好的办法就是让他们"下课"。"要从系主任或专业负责人的培养抓起,要选用那些学术水平高、教学效果好的人担任这些职务。如果学术不好的话,就不能树立威信,说话的分量也就有限。"

2. 提高教师的学术素养。俗话说"名师出高徒",只有知识渊博的教师,才能培养出优秀的学生。因此,高校要强调和鼓励教师培养和形成一流的学术研究和出色的教学能力。随着新知识新理论的不断产生,高校教师面临着繁重的知识结构调整和知识更新任务。为此,学校要开辟多种渠道,进行教师在职培养,拓宽教师知识面,提高其学术素养。

3. 要加强师德建设。古往今来,许多教育家、学者都把"为人师表"作为教师最基本的行为准则。孔子云:"其身正,不令而行,其身不正,虽令不从。"哈佛大学前校长科南特曾说,大学的荣誉在于它一代一代教师的质量,特别强调了出色教师对大学的作用。教师只有以身作则,行胜于言,才能成为学生的楷模。师德修养是判断一个教师是否合格的重要标准,一流的教师除了具有较高的学术素养外,还要具备较高的职业道德水平。高校要进一步强化教师的世界观、人生观和价值观教育。

(五)在学子方面

大学到底要培养什么样的人?怎么样去衡量所培养的人?不论问题多么复杂和多元,但受教育的主体应该是学生。因此,唯有真正将教育的重心放到对学生的培养上,高校才真正找到了其生存的根本。

1. 必须坚持以学生为中心。哈佛大学哈佛学院前院长哈瑞·刘易斯在《失去灵魂的卓越——哈佛是如何忘记教育宗旨的》中写道:当前很多顶尖研究型大学正为追求卓越地位展开空前的竞争,而在这一过程中,大学忘记了更重要的教育学生的任务。传统的学生观把学生定位为知识的接受者,更多地关注知识的接受度。后来市场化观念引入之后,把学生定位在教育服务的消费者,关注学生对教育的满意度,包括学生评教都是属于这一类。但是现代的教育观,要把学生更多地定位在独立自主的学习者,走向成熟的劳动者,所以,对学生的关注,不仅是学习,还有毕业、就业、生涯选择和发展,这些都是现代大学必须特别关注的非常重要的理念。高校必须一切从学生的实际出发,一切为了学生的成长。

2. 改革人才培养模式。针对目前普遍存在的"大四现象"(校园里找不到大四学生的身影,除少数考研之外,其余大部分忙于找工作,奔波于各种招聘会、各种辅导班,或准备考研)。结合国外的经验,对那些应用性强的专业,试行在学制不变的情况下,实行"3+1"人才培养模式,即前三年在学校学习,最后一年让学生走出校门,走向工厂,走向社会,由工厂和社会相关单位完成后续在职教育,延伸人才培养链条,把大学的教育功能部分地延伸到条件相对较好的工厂,延伸到社会,实行"订单式"培养,把企业的需求当作大学的第一车间。

3. 要加强对学生创新精神和实践能力的培养。"创新人才培养不足确实是我国高等教育的突出问题。尤其是现在我国正处在转变经济发展方式、建设创新型国家的关键时期,经济社会发展对创新人才的需求越来越迫切,全社会对高校创新人才培养的关注度越来越高。"高等教育持续发展的重点是提高质量,提高教育质量的重点在于培养创新人才。知识来源于实践,能力来自于实践。实践教学环节对于培养学生的实践能力和创新能力尤其重要,对于大学生成长也至为关键。近年来,随着大学生就业形势的日益严峻,毕业生就业率和就业满意度成为衡量高校教育质量的重要指标,高校人才培养要紧跟社会需求,加强对学生创业的教育和培训。要倡导产学研结合,积极拓展校企之间、校际之间、高校与科研单位之间的合作，建立稳定的合作关系。要创新教学模式，重视对学生创新思维的培养。应抓好如下环节：一是培育创新理念。人没有幻想是不行的，人类如果没有幻想过像鸟儿一样飞翔，就不可能有飞机的发明产生，更不可能登上月球，因此要在大学阶段培育创新理念；二是创新教学模式。各类教学活动，必须从单一的课堂教学扩大到学生自学、社会实践和科研活动中去。有证据表明，"所有对学生产生深远影响的重要的具体事件，有4/5发生在课堂外"。学生在参加课外活动中激发了创新精神，强化了实践能力。因此，既重视课堂教学，更重视课外实践；三是营造相应的校园环境。科技创新能力的形成是一个过程，需要一定的环境，积极塑造有利于创新的环境就能激发大学生创新的潜能。宽松的课堂教学和学术环境有益于学生培养自身的创新思维；伟大的学术成就有时候就是争执的结果，高校要创建容许广大师生发出不同声音的宽松环境，鼓励学生创作、创新、成功；四是丰富校园文化活动，学校应积极组织各种形式的科技节、文化节、艺术节、知识竞赛等活动，使学生逐渐认识和掌握科学技术方面的知识，学习和积累创新的知识，开拓创新的视野。

参考文献

[1] 朱振国、李玉兰：《看看今年高考有哪些变化?》，载《光明日报》，2011年6月6日。

[2] 袁贵仁：《坚定不移走中国特色社会主义教育发展道路》，载《求是》，2012年第12期。

[3] 王南、何青：《4年300余万人放弃高考》，载《法制晚报》，2012年6月6日。

[4] 孟晓犁：《我在哈佛当系主任》，载《解放日报》，2012年5月25日。

[5] 赵婀娜、刘岱：《清华大学尝试课程创新教改突破，还需大空间》，载《人民日报》，2013年1月18日。

[6] 荆兆勋：《内涵建设，重在转型》，载《中国教育报》，2013年1月7日。

[7] 孔国庆：《培养"能解决问题"的大学生》，载《光明日报》，2013年2月23日。

[8] 王庆环：《全球竞争中，大学应有的风范》，载《光明日报》，2013年2月6日。

本文发表于《北京印刷学院学报》2013年第5期；作者：王关义

我国行业特色类高校人才培养思路探析

新中国成立之后,基于国民经济各行业发展对专业人才的需求,我国建设了一批适应行业发展需要的高等学校。这些行业特色鲜明的高校成为我国高等教育事业的重要组成部分,对于满足行业发展对人才的急需、支撑行业的发展产生了积极作用。但随着环境的变迁和办学定位、办学规模和办学内涵的逐步变化,不少行业特色鲜明的高校纷纷向学科门类"大而全"的综合性大学转变,也有不少高校通过更名等方式,向"大而全"的方向急速迈进,办学边界日趋模糊,办学特色日渐褪色,与行业的关系渐行渐远。如何围绕行业需要培养适用人才成为产业发展向高校提出的一大问题。围绕国家建设一流高校、一流学科的总体部署,立足于行业特色类高校发展中出现的问题,从紧贴行业需求设立人才培养特区,以市场需求为导向培养适用型人才,建立招生、培养、就业联动机制等方面进行了探索和思考。

一、我国行业特色类高校人才培养中存在的问题

建国以后尤其是改革开放38年以来,我国高等教育事业取得了长足的发展,基本实现了由精英教育向大众化教育的转型。截至2014年年底,我国拥有高等学校2824所,数量仅次于美国,位列全球第二,在校大学生3559万人,位居世界第一,高等教育毛入学率达到37.5%。伴随着高等教

育规模的扩张，就一些行业特色类高校来看，产生了不少问题，远远不能适应行业发展对人才的需要。

一是片面追求规模扩张，高校特色日趋蜕化。在我国高等教育转入内涵发展的新阶段，不少行业特色类高校依然沿袭外延式发展的传统模式，过分关注发展过程中的学科门类齐全，一味扩大规模（包括学生规模、校园占地规模、学科专业数量、师资规模等）、多办专业、更改校名，热衷于向综合性多科性大学的方向转变，盲目攀高或求全求大，专科升本科，学院升大学，学校学科专业门类日益齐全，长期形成的办学特色日趋蜕化。已有的大学评价机制中的"一刀切"，导致部分行业特色类高校始终处于劣势，盲目向综合性大学看齐，人才培养"趋同化"现象严重。统计资料显示，自2008年3月至2013年5月，全国共有257所高等院校获得教育部批准而更名，占到目前全国高校总数的10.35%。全国约有百所高等专科学校升为本科院校。办学理念的模糊和学科门类的扩张，导致不同类型、不同层次的大学拥挤在相似或相同的学科专业领域，形成同质化竞争。不少行业特色类高校忽视自身办学过程中长期形成的特色和优势，与行业对专业人才的需求渐行渐远，人才培养不能满足行业发展的急需，造成"千校一面"的局面。

二是学科专业设置盲目追求"大而全"，滞后于经济发展需求。不少行业类高校忽视行业特点和自身办学特色，对行业发展与专门人才的需求缺乏科学的研判，普遍存在着培养与需求、理论与实践结合不够紧密的现象，什么热就上什么，别人有什么自己就开什么而缺乏特色。专业设置没有充分调研，急于完成"规模扩张"，追求专业数量的大而全，盲目设置新的本科专业并扩大招生规模，不能完全对接产业与适应社会经济转型发展，不少行业类高校的人才培养定位、专业设置、培养方案、课程设置对行业和企业的岗位需求考虑较少。有的沿袭重"理论"轻"实践"、重"科学"轻"技术"的观念，不合理的专业指向，不仅背离了行业的需要，而且也与多数学生的学习目标和就业方向难以吻合，这导致了行业类高校向综合性大学扩张，长期形成的特色和优势逐渐丧失。根据教育部的统计数据，全国高校2014年新增1681个本科专业，新增开设10个以上专业的高校超过了30所，其中，物联网工程有54所高校，而目前全国已开设物联网工程专业的高校已达250所之多。开设翻译有44所高校，工程造价、酒店管理有39所高校，而这10个专业占了整个新增专业的22.42%。另据《人民日报》报道，在2015年度高校本科专业申报中，共有61所高校在一年内申报设立7个以上新专业。由此导致师资、设备等教育资源不足，人才培养定位与行业和企业的需求严重脱节。

三是人才供求结构失衡，就业难现象蔓延。就目前高校毕业生的就业现状来看，结构性矛盾依然很突出。2013年全国高校毕业生高达699万人，2014年高校毕业生达727万人，2015年毕业生人数突破749万人，就业形势严峻，尤其在专业结构性矛盾即专业和就业方向方面的问题很突出。当前的现实情况是：一方面毕业生就业难，另一方面却是大量企业出现"用工荒"现象，企业发展最为需要的技能型、应用型、复合型人才紧缺。高校人才培养中的招生、培养、就业三个环节之间脱节，人才供求结构严重失衡。

高校人才培养体系对经济社会的变化反应滞后，高校"同质化"现象严重，一些行业背景非常鲜明的高校在片面追求学科和学术水平的氛围中渐渐远离行业发展和历史积淀。产生如上问题的深层次原因，归根结底是学校缺乏科学定位。

二、我国行业特色类高校人才培养的思路

毋庸置疑，人才培养的质量是高等学校的生命线。人才培养既要引领社会先进文化和价值观走向，又要满足社会经济发展对人才的需求，为社会发展服务。行业特色类高校人才培养既要适应行业发展的需求，又要遵循人才需求和供求动态平衡的原理，围绕行业发展需求变化，适时调整专业设置和人才培养方向。具体对策如下：

第一，要科学确定学校的办学定位，固守自身的传统特色和优势办学领域。随着我国高等教育改革的深入和生源的逐年减少，高校之间的竞争不可避免。比较优势原理表明，不论一个国家发展水平如何，都存在着比

较优势,都可以通过参与国际分工而获益并实现经济发展。借用比较优势的研究方法,不难得出这样一个结论,一所行业高校,即便其办学水平落后,仍有可能围绕行业需求,通过差异化竞争创造出能够体现其特色的比较优势,进而赢得竞争优势。与那些综合性大学相比,行业特色类高校更容易在竞争中形成独特的比较优势,采取差异化的办学思路,服务行业发展,通过满足行业发展对人才的需求来体现自身的价值,由特而强,特色取胜。高校的特色就是一所高校集独特的办学理念、办学定位等而形成的有别于其他大学的特点。办学定位的确定,既要考虑自身的能力和条件,还要依据服务的层次,满足行业发展对专业人才的需求。因此,行业特色类高校要集中力量建设好与学校办学定位和办学特色相匹配的学科专业群,在自身所长的领域寻求发展和突破,紧扣学校定位,坚持"有所为,有所不为"的思路,致力于学校特色建设。

第二,围绕社会和行业需求创设人才培养特区。高校的人才培养要牢固树立服务社会、服务行业的理念。与基础教育相比,高等教育与产业、行业乃至经济社会之间的关系更为直接和紧密,因此,高校尤其是行业特色类高校应准确把握人才市场的需求变化,并做出适时适当的反应。2007年,教育部和财政部联合发布《关于实施高等学校本科教学质量与教学改革工程的意见》,提出重点建设500个左右实验教学示范中心,推进高校在教学内容等方面进行人才培养模式的综合改革,当年就有220个人才培养模式创新实验区获得批准。包括行业类高校在内的不少学校在探索创新人才培养方面进行了很多有益的尝试。北京印刷学院围绕新闻出版行业发展对专业人才的需求开办"毕昇班""韬奋班"和"雅昌班"等。景德镇陶瓷学院围绕陶瓷行业产业链需求,构建专业集群,打造高水平优势特色专业,按照专业、职业、企业、产业、行业"五位一体"的总体布局,构建多元化的人才培养体系,走出一条人才培养、科学研究的特色道路。武汉纺织大学围绕纺织产业链优化和调整专业,围绕"纺织"办专业,围绕"纺织"课改,提出"专业嵌入产业链,产业哺育专业群"的发展思路,办出特色,成功摸索出了一套将专业嵌入纺织产业链的特色育人模式。这些行业特色鲜明的高校结合自身的办学传统和优势,探索多样化的培养途径，取得了积极的成效。这些成功的经验证明，行业特色类高校的人才培养只要围绕行业需求导向，设立人才培养特区，强化实践教学环节，创新人才培养模式，就能从根本上改变原有学校教育与社会需求脱节的局面，彻底克服"千校一面"现象，提高人才培养的质量。

第三，学科专业设置及优化要以行业发展变化对人才的需求为风向标。坚持市场需求导向的原则，将专业设置与经济转型升级紧密绑定，真正实现以服务为宗旨，以就业为导向，紧跟市场需求发展变化，做好增量、盘活存量、主动减量，做好专业建设的"加减法"，建立专业动态调整机制，从源头上让专业扎根于产业升级、服务于行业发展，促进市场需求和人才供给的良性互动。行业特色类高校比较优势的构建必须从学科、专业、学生、师资等要素优势着手，使学科专业结构与行业发展需要相适应。

一是围绕学校办学特色和优势构建特色学科专业群。学科专业特色是大学特色的核心。在办学的历史进程中，每一所大学往往都会形成数量有限的优势学科，特色学科的形成常常来源于优势学科的凝练与提升。行业特色类高校的学科专业建设不是由某一因素决定的，而是由市场需求、政府需求和社会需求等共同决定的。高校要办出特色，就要彰显自身的学科专业优势，立足于这些特色和优势，打造学科和专业品牌。哈佛大学的肯尼迪政府管理学院、耶鲁大学的戏剧学院、加州理工的地球科学院等特色学院凭借以特取胜的战略，在全球独占鳌头。

二是适应行业需求调整优化专业结构。从人才培养角度来看，行业特色高校从它成立的那天起就打下了深深的行业烙印，要围绕行业需求变化，优化专业结构，强化特色专业建设，在培养行业专业人才方面形成自己的特色和优势。高校的专业设置要对社会职业需求的变化做出及时响应，跨学科设置专业，培养复合型人才就成为一种必然的趋势。如动漫、社会工作、工业设计等，都是明显的复合型。再如编辑出版学专业，不仅要掌握新闻知识和编辑技巧，而且要掌握网络技术、摄影技术等。高校要根据行业发展动向，在新专业培育上，重点要考虑行业发展前沿所需的专业人才，力争做到"人无我有"，并努力建设成为学校的王牌和龙头专业，以这些优势专业为龙头构建紧密对接产业链的专业群，积极推进专业设置与产业需求对接，课程内容与行业标准对接，教学过程与生产过程对接，把学科优势和人才优势转化为专业优势，不断提高服务行业发展的能力。

三是科学制订培养方案。要根据行业企业等用人单位的需求，优化人才培养方案。培养方案应符合学校人才培养定位。专业人才培养目标与课程设置应由行业企业等用人单位和高校的专家共同研判。培养方案的制订要充分听取行业和企业的意见，要对用人单位的人才需求情况开展充分调研，才能构建专业核心课程模块。

四是构建以"就业为龙头"的招生培养就业联动机制。高校要深入开展市场调研和科学预测，掌握行业需求的变化趋势，把学校人才培养计划纳入行业发展规划，并将其作为调整专业设置、制订招生计划和人才培养方案的重要依据。要邀请用人单位或企业全方位参与高校人才培养工作，共同研究人才培养方案，设置专业的方向和模块，拟订每个方向和模块的培养人数和招生规模，及时更新和调整人才培养方案和教学内容，同时在培养过程中引入企业力量，在校内或企业内共同建立专业实习实训基地，加强实习和实践环节，促进人才培养和行业发展的无缝对接。建立招生培养就业联动长效机制，将专业招生的计划完成率、报到率、就业率和就业对口率作为专业设置与调整、招生计划分配的主要依据。招生培养就业联动机制的构建，要以行业需求为中心，建立社会需求与招生专业、人才培养和学生就业之间的内在关联体系，以招生促培养、以培养促就业、以就业促招生，缩小社会需要与人才培养之间的差距。

五是人才培养过程要强化实践环节和对学生创新素养的培育。行业特色类高校在培养学生基本素质与能力的同时，要加强对行业实践能力的培养，在教学过程中重视学生创新精神和能力的培养，特别是要采取多种形式，帮助学生走向社会、走向企业，在与行业发展需求紧密结合中探索人才培养模式的改革，多一些实践环节，少一些教室或讲授。在校企联合培养人才方面，可尝试"1+2+1""2+2""3+1"等灵活多样的人才培养模式，面向企业需求，为企业量身打造专门人才。

当今中国高等教育的状况是：在人才培养这条轨道上，不同层次、不同类型、不同定位、不同特色的高校呈现出"百舸争流、千帆竞发"的态势。笔者认为，与那些综合性大学相比，行业特色类高校在专业、学科建设、人才培养等方面更容易创出世界一流，在国际高等教育竞争的大舞台上也照样能够赢得尊重和掌声。

参考文献

[1] 张幼文：《改革开放：使中国在世界发展竞争中赢得比较优势》，载《求是》，2015年第6期。

[2] 何根海：《应用型本科院校文科人才培养探析》，载《国家教育行政学院学报》，2014年第9期。

[3] 马陆亭：《大学生要在学校收获什么》，载《中国教育报》，2016年2月22日。

[4] 曾德生、李明文：《"陶瓷黄埔"以瓷为媒叩问转型之路》，载《中国教育报》，2016年2月22日。

[5] 储召生：《三问"地方高校转型"》，载《中国教育报》，2014年12月15日。

[6] 赵继：《明确定位发挥优势积极推动协同创新》，载《中国教育报》，2014年12月15日。

[7] 李长治：《该用什么衡量高校就业质量》，载《光明日报》，2015年2月25日。

[8] 李祖超、黄文彬：《一流学科：一流大学的加速器》，载《光明日报》，2016年2月2日。

[9] 王树国：《瞄准社会发展需求重构大学形态》，载《光明日报》，2016年1月26日。

[10] 沈满洪：《彰显大学办学特色的三个层次》，载《中国教育报》，2015年12月14日。

[11] 夏静、侯庆：《武汉纺织大学：行业立校特色育人》，载《光明日报》，2015年9月23日。

本文发表于《国家教育行政学院学报》2016年第4期；作者：王关义

中国印刷业发展的人才瓶颈及相关思考

印刷术作为中华民族的四大发明之一，长期以来一直受到国家的保护，限制外企独资办厂。但加入 WTO 以来，外资快速渗入，对我国印刷业产生了强烈的冲击。我国印刷业的特点，既是劳动力密集型的产业，又是高新技术密集型的行业；既是传统工业产业，又是信息产业的重要组成部分。在经济全球化、信息化的环境中，作为信息传媒产业之一的印刷行业，将向更加多元化、快速化的方向发展，从生产"物"，转变为传播信息为主的产业。

当前，世界印刷业发展迅速。据美国 NPES（全美印刷、出版和纸品加工技术供应商协会）下属的印刷行业市场信息及调研机构（PIRMIR）相关组织估计，2005 年全球印刷产业产值大约为 5860 亿美元，2006 年预计增长 6%左右。其中，北美地区占整个世界市场的 1/3 强，达到 1980 亿美元，中国的印刷产业成为紧随美国和日本之后的第三大市场，领先于德国和英国。目前，中国内地拥有印刷企业约 17 万多家，从业人员 300 多万人，2005 年产值约 3300 亿元。从印刷业总量来看，我国已位居世界前列，属于印刷大国，但还不是印刷强国。主要表现在人均出版物消费和人均印刷品占有量相对落后。内地人均出版物消费约为 35 美元，而德国是 300 美元；人均印刷品年消费量为 10 美元—13 美元，而日本为 470 美元，美国为 316 美元；内地人均年纸张消费量为 26 公斤—27 公斤，而日本和美国分别为 240 公斤和 340 公斤。伴随中国经济的蓬勃发展，必将促进信息和文化产品的需求，其巨大的市场潜力成为世界各国竞相追逐的目标。

面对世界印刷业迅猛发展的形势，中国印刷业要想稳定国内市场，在竞争中制胜，必须持续保持较快的发展势头。然而，中国印刷产业发展却受到诸多因素的制约。其中，最突出的是人才的制约。目前国内印刷企业技术力量薄弱，人才匮乏，企业管理水准同国外相比差距较大，已形成了约束发展的瓶颈。

一是技术人才方面的约束。中国尽管是印刷术的故乡，但在20世纪80年代以前，印前系统从原稿设计到照相制版等，基本上是靠手工和半手工操作，设计效果差，制版周期长，成为印刷工艺流程中的薄弱环节。近20年来，许多印刷企业在普遍采用电子分色机制版、电子雕刻凹版的基础上，进一步采用高端联网、整页拼版和彩色桌面系统DTP，一些企业还引进了直接制版技术CTP、无胶卷凹印制版技术等先进技术与装备，淘汰了铅排，彻底告别了"铅与火"，迎来了"光与电"，使设计制版做到图文并茂，提高了制版质量，缩短了制版周期，降低了制版成本。但在技术人才的支撑方面却明显落后，专业技术人才的供给满足不了印刷业大发展的需要，国内培养印刷技术本科层次人才的高校数量少，严重制约着印刷业的发展。

二是管理人才方面的约束。科学管理的重点是持久性地保护好各种资源，包括技术力、资金力、销售力、情报力等内容，要强化资源意识，促使企业从劳动密集型转化为知识密集型。目前，我国印刷企业绝大多数是中小型企业，并以民营和私营企业居多。这些企业的老板多数仍直接参与企业的经营管理，他们既是企业的所有者，又是企业的经营者。不少企业虽然制定了相当完备的规章制度，试图通过体系来约束员工，以达到管理的目的，但由于老板亲自管理，常常自觉或不自觉地把自己的决定凌驾于制度之上，造成管理失范和随意性。

此外，还有管理体制方面的约束。由体制造成管理水准低下也严重制约国内印刷业的发展。由于本文篇幅所限，不拟对此方面展开阐述。

总之，由于受人才、技术、管理等方面因素的制约，我国印刷业生产效率特别是全员劳动生产率与国外相比差距较大。据统计，我国成规模的印刷企业的全员劳动生产率平均为8.5万元，而同期日本东京印刷业人均全员劳动生产率折合人民币为196万元，大日本印刷公司的全员劳动生产率折合人民币为646万元，日本凸版公司为647.6万元、共同印刷公司为320万元、图书印刷公司为367万元。台湾地区印刷企业的全员劳动生产率折合人民币也在100万元左右。这些都远远高于我国内地印刷企业。

印刷业是古老而又年轻的行业，一方面随着我国国民经济高速发展，对印刷品的需求会不断增长，印刷业市场呈现供需两旺的好势头；另一方面随着服务业的崛起，尤其是中介业、出版业、广告设计等传播媒体的兴起，使印刷业发展的空间极为广阔。决定印刷业能否持续发展的关键在于人才，成也在人，败也在人，人才培养已成为现代印刷企业长远发展的关键因素，印刷业的长远发展需要一大批专业人才的支撑。为此，特提出如下关于印刷专业人才培养的思路。

一、培养专门的印刷技术人才

印刷实用技术是知识和经验的有机结合，印刷精品的产生不仅要靠先进的设备，更要靠有丰富经验的人才。印刷企业生产加工中仍保留着劳动密集型的部分，相当程度上依赖于员工的技术和技能水准。印刷业的竞争环境本来就复杂多变，当竞争激烈买方市场占上风时，就要物色年轻的、创造力旺盛的人才，加强企业对经营环境发生变化的对应力。未来印刷行业的发展方向和重点是"印前数字、网络化；印刷多色、高效化；印后多样、自动化；器材高质、系列化"。在课程设置方面，要设置讲授印刷技术的印刷工艺学、印刷设备、印刷流程、印刷材料等技术方面的课程。

（一）CTP技术人才

CTP技术成熟于20世纪90年代中期，它是集精密机械、光电技术、数码成像技术、计算器软件技术、新型版材技术于一体的全自动化综合生产系统。现在全世界已有40余种CTP系统出台，美国100家大型企业中，半数以上已采用CTP，日本只有10%的大中企业用它，中国已引进了160多台。CTP直接制版技术的逐步推进应用，带动了数字化印刷技术的发展与应用，由报业首先应用的 CTP 技术现在已扩大到商业印刷、书刊印刷领域。近年来，胶印逐步代替了凸印，同时，为了满足国内外市场对复合软包装和各种纸盒类包装的需要，塑料凹印和纸凹印发展迅猛，到现在为止全国已从瑞士、意大利、日本、韩国以及台湾地区引进了 400 多条高速多色凹印生产线和 160 多条高速多色柔印生产线。此外，丝网印刷、激光全息印刷、不干胶印刷、曲面印刷、喷墨印刷、胶凸合印、珠光印刷、大面积烫金、非金属蚀刻印刷、磨砂印刷名人字画、仿真复制、限量制作技术等也有较快的发展，印刷方式基本实现了由单一的印刷方式向门类齐全的多种印刷方式的转变，其中凸版印刷在整个印刷中的比重已由 20 世纪 80 年代初的 70% 左右下降为 30%，而胶印印刷则上升到 37.5%，凹印已占 17%，柔印占 2.5%，其他印刷占 9%（包括丝网、曲面印刷等）。

（二）数码印刷技术人才

随着数码时代的到来，印刷业也不可避免地迈入数码时代，CTP、网络出版的出现已成为数码时代的前奏。如何更好地掌握这些技术，让这些技术能够充分发挥出它们的威力，从而使厂商获得最佳的经济效益，将成为印刷业关心的一个话题。

（三）有关计算机信息方面的人才

印刷业目前正在渐渐地由制造服务业转换为信息产业，印刷业的设备也均以自动化、计算机化的方式，突飞猛进地改造创新，印刷业的顾客对印刷品的要求也愈来愈严格，对于电子化、计算机化、信息化的生产系统应有使用及研发的能力。计算机技术、数字技术和网络技术在传统印刷业的广泛应用，已经使"印前、印刷、印后"的整个传统加工过程产生了全新的技术创新和根本性的改变。全新的彩色桌面系统、直接制版技术、直接印刷技术、数字打样和印刷系统、数字化工作流程、一体化解决方案、跨媒体出版技术、远程网络打样印刷和出版系统、印刷电子商务、标准化的跨平台文件格式与开放式文件数据交换环境，以及各种计算机控制的印前、印刷、印后设备等迅速发展和使用。所有这些，使印刷领域和时间产生空前的延伸和扩展，印刷效率和产品质量极大提高。如互联网、多媒体、动画、音乐编曲与制作、电子出版、电子商务、数据库等课程，而且又加强了有关设计、摄影等艺术相关学科，以期培养出综合性的印刷技术人才，更好地适应印刷业的变革与发展。

二、着力培养复合型的人才

企业管理的提高，技术的进步，质量的保证，产品的开发，都离不开人才的开发，全面提高企业素质更离不开人才。据有关资料显示，我国近1/3亏损企业中80%是因为内部管理或工人操作技术不到位所致，每年因此造成事故所带来的经济损失就高达千亿元。许多企业尝到了培养人才、选好人才的甜头，普遍认识到"谁拥有人才，谁就拥有明天"的新理念。因此，在人才培养专业课程的设置上，除技术性的课程外，还要设置一批管理学课程，包括印刷质量管理（其重点在质量上，包括通常意义上的印刷品，诸如套准、色彩等实物质量的管理，还包括交货时间、服务水平等抽象的质量）、印刷工艺管理（其重点在时间上）、印刷成本管理（其重点在成本上）、印刷物市场营销（其重点在市场调查和开拓方面）等。

中国加入WTO以后，海峡两岸可以充分发挥各自的优势，以促进两岸印刷出版的合作。台湾的印刷企业可以凭借其先进的管理技术、一流的高科技设备、人才和印刷品质等方面形成的优势，配合内地廉价的人力物力，加大投资，占领一部分内地市场。特别是内地的传媒信息业尚处于起步阶段，未来的市场潜力巨大。内地企业也可以合资等方式与台湾印刷企业合作，在技术管理方面相互交流，共同提高，实现双赢。所以，台湾印刷界可在内地找到不少机会。同时，如能加强两岸院校之间的交流与合作，这又无疑可以为今后整个大中华印刷业的腾飞奠定坚实的基础。

本文发表于《企业改革与管理》2007年第4期；作者：王关义

本科招生、培养、就业联动机制研究*

——以北京印刷学院人才培养为例

招生、培养、就业是高校人才培养的三个环节，实现招生、培养、就业联动是高校的重要课题。本文介绍了北京印刷学院联动机制建立的背景和综合指标的应用，从以市场需求为导向，科学设置招生专业、创新人才培养模式、建立健全就业服务体系等方面阐述了学校实现招生、培养、就业联动机制的途径和保障机制。

招生、培养、就业是高校人才培养的三个环节，构建招生、培养、就业三位一体的联动机制，实现人才供给和需求的动态平衡已成为高校适应国家经济社会发展需要和促进教育教学改革的重要工作，也成为衡量高校办学质量的重要指标。通过这三个杠杆的调控，使高校的教育资源配置与市场直接对接，实现资源利用效益的最大化，这是高校改革尤其是行业高校培养应用型人才的改革趋向。

一、招生、培养、就业联动机制的建立

招生、培养、就业三者之间相互影响、相互制约。生源的优劣直接影响到人才培养质量的高低，人才培养质量的高低又影响到学生的就业率，

---

* 本文系 2014 年北京市教委重点教改项目"行业特色高校设立人才培养特区与建立招生、培养、就业联动长效机制研究"的研究成果，课题编号为：2014-lh05。

就业率的高低反过来又影响到学校生源质量和学校的声誉。北京印刷学院积极推进招生、培养、就业联动机制建设，进一步加大就业质量对学生培养质量和招生计划的指导作用，以人才培养质量促就业，以就业促招生，提升学校的综合竞争力。

（一）量化指标

设立由"专业招生录取志愿率、专业净转学生比率、专业学业警示学生比率、专业初次就业率"四个指标构成的综合监测指标体系，作为联动机制的量化指标，四个指标加权求和得到综合指标，以更好地反映专业招生和就业的真实状况，科学调控招生规模。具体计算公式为：综合指标（%）=专业招生录取第一志愿率×权重－（专业净转学生比率×权重+专业学业警示学生比率×权重）+专业初次就业率×权重。其中：专业净转学生比率=该专业转出学生所占比率－该专业转入学生所占比率；若该专业中有来自民族地区的学生，如上环节的四个指标计算专业人数时给予扣除。

（二）综合指标的应用

每年对所有纳入招生计划的专业进行招生、培养、就业工作的评估，对招生志愿不足、转出比例高、就业率低、社会需求趋于饱和、综合评价位于当年招生排名后三位的专业要给予亮黄牌警示，连续两年黄牌警示没有好转的采取亮红牌停招，同时整合相关教学资源，进行专业重组或申办新专业。

受黄牌警示的专业次年综合指标未排在最后三名的，原则上应给予摘牌。摘牌当年安排招生计划时有扩招需求的专业，学校予以倾斜。若该专业学科背景差，且该专业的培养规模已压缩至最小自然班，当年即红牌停招，第二年是否恢复招生，可由学院根据该专业的实际情况，向学校申请。若该专业有很好的学科背景，具有较强的师资队伍，且本年度招生规模较大的，可暂不实施红牌停招，将第二次黄牌警示，并大幅度缩减招生计划，减幅达30%以上直至最小规模（30人自然班）。对连续两年被黄牌警示的专业，第三年仍未达摘牌条件的，不论其专业所依附的学科背景、师资队伍如何，一律红牌停招。被红牌停招的专业，以后需要恢复招生的，可由学院根据该专业的实际情况，向学校提出整改报告和恢复招生的申请，学校组织专家进行论证，达到恢复招生条件的，可恢复招生，但招生计划安排不能大于30人。

二、实现招生、培养、就业联动机制的途径及保障机制

（一）紧跟市场需求，科学设置专业

高校在设置和调整本科专业时，应坚持与社会经济发展对人才的需求相一致，与市场需求相吻合，科学合理地设置招生专业。不能适应社会发展的专业或专业方向应及时给予更新、调整或停招，同时适时增加社会发展急需的新专业，吸引优秀生源。

2015年，北京印刷学院本科专业总数达到28个，涵盖工学、文学、管理学、艺术学4大学科门类14个专业类，其中包含4个数字化专业及网络与新媒体、摄影等新兴专业，整体专业布局日趋合理，结构不断优化。同时，在编辑出版学、英语、包装工程、印刷工程、市场营销、财务管理等专业设置辅修专业。为了进一步扩大影响，吸引更多优质生源，学校于2012年年底启动了一本招生的申请工作。截至2015年，学校已在北京、河北、吉林、安徽、河南等16个省市全部或部分专业获批一本招生。2014年，学校共录取本科新生1457名，一志愿报考人数为1359人，所占比例为93.27%，同比增长8%。在文科专业招生的24个省市中，录取平均分高出一本线的省份有16个，在理科专业招生的29个省市中，录取平均分在一本线10分左右的省份有16个，生源质量有较大提升。

（二）不断创新人才培养模式，提高人才培养质量

第一，加强专业建设，制订明确的专业建设规划。专业建设是高校教育教学质量提升的关键和核心，是高校生存和发展的生命线。专业建设包含人才培养方案、课程建设与改革、实践（实验）教学建设、教学团队建

设、教学条件与设施保障、教学管理及监控机制、人才培养质量和社会影响等。

自2006年本科教学水平评估以来，学校始终贯彻"以评促建、评建结合"的方针，专业建设取得了显著成效。国家级教学成果奖、国家级规划教材、国家级教学团队、国家级实验教学示范中心等一系列教学成果取得突破，极大地促进了教师参加教学改革与研究的积极性；数字艺术教学实践中心、印刷工程综合训练中心2个市级实践教学示范中心顺利通过验收，数字艺术教学实践中心申报国家级实践教学示范中心并获批。5个工科专业将陆续参与国际工程教育专业认证。2015年，学校已完成2个国家级特色专业、2个北京市特色专业、5个校级特色专业及其他11个本科专业的评估工作。目前，学校正在全面总结近年来专业建设的成绩和薄弱环节，制订科学完整的专业建设规划指南，以期更好地规范专业建设，指导各个专业良性发展，平衡专业之间的差距，提高专业核心竞争力。

第二，探索多样化人才培养模式，制订科学合理的人才培养方案。本科人才培养方案是专业建设的核心内容，是高校实现人才培养目标，开展人才培养工作的总体设计和规划安排，是保证教育教学水平和人才培养质量的重要指导性文件；是安排教学任务、实施教学过程、监控教学运行、评价教学质量等的依据。因此，高校应根据党和国家的教育方针、高等教育的发展现状和趋势、社会发展需求，结合学校办学优势和特色，不断优化人才培养体系，制订科学合理的本科人才培养方案，提高人才培养质量。

学校于2007年、2011年对人才培养方案进行了较大改动，各专业毕业学分由200学分降至180学分。2015年，学校又启动并完成了人才培养方案的全面修订，坚持"三个十"的思路，即每个专业培养方案的制订至少要调研国外10所高校、国内10所高校的同类专业的培养方案并进行对比分析后学习借鉴，同时还要调研行业10家骨干企业对人才的需求意向，邀请这些企业的工程技术专家和管理专家参与培养方案的修订。专业课程体系的构建采取"1+2+1"模式，前期按学科大类实行通识教育和学科基础教育，后期进行宽口径的专业教育和个性化的选择性教育。继续推进课程体系改革，优化课程体系结构，避免课程的交叉与重复，适当减少必修学分，增加选修学分，完善实践教学体系，增加综合性、设计性试验。同时，为了充分发挥学生个性，鼓励学生的多样化、个性化发展，积极探索创新教学模式，学校相继开设了"毕昇卓越工程师""机械卓越工程师""韬奋实验班"等，分别制订相应的人才培养方案和管理制度，取得了较好的教学效果。2015年，学校再次对本科人才培养方案进行修订。本次修订进一步突出了课程体系的优化和课程内容的整合，明确了卓越化和国际化人才培养的标准。选修课体系增设校本特色课程"印刷概论""出版概论""艺术概论"和"大学语文"。积极推动与其他高校的专业群建设，启动实施与北京交通大学、中国传媒大学、中央财经大学等高校联合培养本科生模式。通过设立"中美联合培养国际班"、外培计划，不断拓展国际合作交流项目，探索国际化人才培养的新路径。2014年，学校共派出85名在校学生赴境外进行短期交流和联合培养，双向交流总人数达到94人，比2013年增长16.3%，在规模、数量、质量上都有很大提升。

第三，以市场需求为导向，不断深化教育教学改革。学校始终重视并大力支持教师进行教学改革与课程建设，自2001年起已立项资助教师市级教改项目24项，校级教学改革与课程建设项目900余项。教改成果丰硕，获得国家级教学成果奖1项，市级教学成果奖13项，校级教学成果奖71项。制定实施《课程评估方案》，开展课程评估工作，目前已有市级精品课程5门，校级精品课程100余门。实施大学生研究计划创新实践项目，近两年国家级创新创业训练计划项目、北京市本科生科学研究计划项目、校级大学生研究计划项目资助总金额达200余万元，学生科研水平和研究能力显著提高。实施大学生创新教育行动计划，学科竞赛成绩显著，2014年共获得省部级及以上奖项近300人次。加强实践教学建设，大力开展校企合作，聘请校外专家、企业专家到校讲授实践教学内容，部分课程或实践教学放在校外实践基地进行。目前，学校已经建立1个国家级大学生校外实践教育基地、1个市级示范性校内创新实践基地、2个市级校外人才培养基地和150多家校外实践基地。这些基地不仅给学生提供了实习实践活动，也为青年教师认识行业、走进企业建立了平台。

第四，建立人性化的学籍管理制度，提升人才培养质量。学籍管理是高校教学管理的重要组成部分，是保障教学质量的重要环节。随着社会经济发展及高等教育内涵发展的需要，以及学校专业建设及改革，原有的学籍管理制度已经不能适应现行的教学管理需要，急需修订和完善。高校应建立灵活的、人性化的学籍管理制度，强化学生的主体地位，突出学生个性化发展，充分发挥学生在学习过程中的主动性、积极性，激活学生的创造力，从而达到培养高素质的、符合社会发展需要的人才的目的。

为了充分利用教育资源，提高人才培养质量和办学效益，适应社会发展需要，学校于2014年对现行《本科生学籍管理规定》及附属文件《考试违纪行为认定及处理办法》《关于体育教育的有关规定》进行了修订。为充分调动和发挥学生的学习积极性，满足学生兴趣和自身发展的需要，促进专业发展和提升人才培养质量，同时为了规范转专业工作，制定了《北京印刷学院本科生转专业管理办法（试行）》（简称《办法》）规范了转专业工作。《办法》规定学生在校期间可有两次转专业机会，扩大了学生对专业的自主选择权，同时对各教学单位的操作程序和课程学分认定进行明确规定，充分体现了"以学生为本"的教育理念，将有利于促进学生的个性发展。

（三）以市场需求为风向标，建立健全就业服务体系

据教育部统计，2015年全国高校毕业生总数为749万，比2014年增加22万，就业形势严峻，大学生就业难已经成为全社会普遍关心的问题。高校在大学生就业工作中起着举足轻重的作用，大学生就业好坏也直接影响到学校的生存和发展。因此，高校应坚持以市场需求为导向，建立健全就业服务体系，不断创新就业工作思路，积极拓展就业渠道，创造更多的就业机会，提高大学生就业率和就业质量。

为有效解决毕业生就业难题，学校建立了"校领导主抓、就业中心统筹、院系落实、全员参与"的就业工作格局，全面落实就业工作"一把手"工程，为就业工作的顺利开展提供组织保障。以提升就业质量为重点，以优化就业服务为手段，以拓宽就业渠道为保证，以学生思想教育工

作为抓手，形成了"就业管理、市场开拓、职业指导、信息服务、创业教育"五位一体的工作模式。2014年10月31日，共有1350名2010级本科毕业生落实了去向，初次就业率为96.70%。

培养出适应社会发展需要的高质量人才是学校各个培养环节共同努力的结果，而招生、培养、就业是关键所在。做好招生工作是保证生源质量，科学合理的人才培养模式是人才培养的关键，良好的就业是对人才培养质量的检验。为推动招生、培养、就业联动机制的顺利实施，今后学校将继续推动专业结构调整，建立专业预警制度，加强和规范专业建设，深化教学改革，继续探索人才培养新模式，加强对学生职业规划、专业认识等方面的指导，加强学生创新创业教育，提升学生就业能力，形成招生、培养、就业的良性循环。

参考文献

[1] 王英、万庆生、韩文灏：《高校招生、培养、就业联动机制的探索和实践》，载《东北农业大学学报》（社会科学版），2013年第6期。

[2] 青岛理工大学：《以提高人才培养质量为目标，探索大学创新创业与充分就业相融合的工作新路》，载《大学生就业杂志》，2013年第2期。

[3] 黄兆信：《用科学发展观构建高校招生培养与就业联动改革体系》，载《高等工程教育研究》，2006年第1期。

[4] 蓝维鼎：《高校学籍管理改革创新要"以人为本"》，载《教书育人》，2010年第9期。

本文发表于《北京教育（高教）》2015年第11期；作者：王关义、魏荷凤

参考文献

1. 王晓晖：《推动文化产业成为国民经济支柱性产业》，载《求是》，2015年第3期。

2. 郭建宁：《建设社会主义文化强国》，载《前线》，2015年第12期。

1. 张晓明、秦蓁：《文化与科技融合的八大趋势》，载《光明日报》，2017年2月11日。

2. 陆娅楠：《2016年全国规模以上文化企业营收增长7.5%》，载《人民日报》，2017年2月7日。

3. 魏鹏举：《让趋势变成现实》，载《光明日报》，2017年1月7日。

4. 张玉玲：《2017年中国文化产业发展趋势》，载《光明日报》，2017年1月7日。

5. 王坤宁、李婧璇：《北京市全民阅读数据：北京人均纸质书阅读量10.88本》，载《中国新闻出版广电报》，2016年10月31日。

6. 左志红：《数读"十二五"出版业》，载《中国新闻出版广电报》，2016年9月12日。

7. 李慧：《在"软指标"上发力》，载《光明日报》，2016年9月8日。

8. 鲁元珍：《3.97%的含金量——2015年及2016年上半年文化产业亮点解析》，载《光明日报》，2016年9月8日。

9. 尹琨：《2015年全国新闻出版业基本情况发布》，载《中国新闻出版广电报》，2016年9月1日。

10. 王希：《2015年我国文化及相关产业增加值同比增长11%》，载《中国新闻出版广电报》，2016年8月31日。

11. 温源：《如何看待文化消费的需求景气》，载《光明日报》，2016年8月18日。

12. 刘坤：《文化消费"喜"与"忧"——2016年上半年我国文化消费市场大观》，载《光明日报》，2016年8月18日。

13. 鲁元珍：《文化产业：增速放缓背后有亮点》，载《光明日报》，2016年8月11日。

14. 吴娜：《数字出版成为产业主要增长极》，载《光明日报》，2016年8月9日。

15. 刘蓓蓓：《新闻出版产业营收破2.1万亿元》，载《中国新闻出版广电报》，2016年8月9日。

16. 张贺：《2015年我国新闻出版营业收入突破2.1万亿元 数字出版成主要增长极》，载《人民日报》，2016年8月9日。

17. 尹琨：《合作共赢 绘制数字出版发展蓝图》，载《中国新闻出版广电报》，2016年7月28日。

18. 尹琨：《2015年我国数字出版年收入增长30%》，载《中国新闻出版广电报》，2016年7月20日。

19. 李慧、刘坤：《文化产品供给：巨额缺口如何补齐》，载《光明日报》，2016年6月16日。

20. 李景端：《出版业"去产能"，不能等》，载《光明日报》，2016年6月14日。

21. 赖名芳：《版权产业对经济发展贡献不容小觑》，载《中国新闻出版广电报》，2016年6月2日。

22. 刘坤、严红枫：《青罗裙带展新蒲——喜迎G20看杭州之变》，载《光明日报》，2016年5月27日。

23. 李慧、严圣禾：《"四大效应"探寻文化产业蓝海——第十二届深圳文博会亮点和脉络解析》，载《光明日报》，2016年5月12日。

24. 陈寂：《"科技+互联网"助力文化产业"粤军"崛起》，载《新华每日电讯》，2016年5月11日。

25. 田园：《书中自有强国之路——德国全民阅读扫描》，载《光明日报》，2016年4月30日。

26. 中国新闻出版研究院：《2014年中国版权产业的经济贡献（报告摘要）》，载《中国新闻出版广电报》，2016年4月28日。

27. 杜羽、侯力：《统计数据中的全民阅读——中国新闻出版研究院院长魏玉山谈全国国民阅读调查》，载《光明日报》，2016年4月23日。

28. 李婧璇：《我国成年国民图书阅读率为58.4%》，载《中国新闻出版广电报》，2016年4月19日。

29. 李慧：《厚积薄发正当时》，载，《光明日报》，2016年4月7日。

30. 鲁元珍：《"十三五"：各地文化产业如何布局》，载《光明日报》，2016年4月7日。

31. 冯蕾、严红枫、王远方：《文创产业引领美丽蝶变》，载《光明日报》，2016年4月7日。

32. 魏玉山：《新闻出版业应保持多大增速?》，载《中国新闻出版广电报》，2016年4月7日。

33. 王慧敏、方敏：《杭州产业转型焕生机》，载《人民日报》，2016年4月7日。

34. 李慧、刘坤：《文化产业如何成支柱——解读"十三五"规划纲要文化产业发展亮点》，载《光明日报》，2016年3月24日。

35. 刘坤：《掌上文化消费能有多大市场?》，载《光明日报》，2016年3月3日。

36. 童之磊：《文化产业要释放"双创"新动能》，载《光明日报》，2016年2月1日。

37. 慎海雄：《用创新精神推动文化繁荣发展》，载《人民日报》，2016年1月29日。

38. 张来明、赵昌文：《以创新引领产业转型升级》，载《光明日报》，2016年1月27日。

39. 鲁元珍：《文化产业：供给侧改革将带来什么》，载《光明日报》，

2016年1月21日。

40. 李苑：《我国版权产业发展健康》，载《光明日报》，2016年1月16日。

41. 张玉玲、鲁元珍：《文化产业如何创新发展——从"2015中国文化产业年度人物"30位候选人看文化产业发展》，载《光明日报》，2016年1月7日。

42. 柳斌杰：《出版产业要成为文化产业的核心力量》，载《中国新闻出版广电报》，2016年1月7日。

43. 赖名芳：《我国版权产业对国民经济贡献率增至7.27%》，载《中国新闻出版广电报》，2016年1月5日。

44. 李慧：《迈向社会主义文化强国——十八大以来文化建设和文化体制改革综述》，载《光明日报》，2016年1月5日。

45. 魏芳：《走出去：国际舞台讲好中国故事》，载《中国新闻出版广电报》，2015年12月29日。

46. 张玉玲、鲁元珍：《"文化+"蓄势发力——2015年中国文化产业发展报告》，载《光明日报》，2015年12月29日。

47. 温源：《2015年文化产业关键词》，载《光明日报》，2015年12月29日。

48. 王飚：《2015年数字出版：收官之年亮点频现》，载《中国新闻出版广电报》，2015年12月24日。

49. 高书生：《冲刺支柱性产业，文化产业短板在哪儿》，载《光明日报》，2015年12月17日。

50. 鲁元珍：《国外文化产业发展面面观》，载《光明日报》，2015年12月17日。

51. 赵自芳、严红枫：《以文创产业促经济转型升级——访杭州市委常委、宣传部长翁卫军》，载《光明日报》，2015年11月26日。

52. 尹琨：《数字出版业：从"滩涂"进入"蓝海"》，载《中国新闻出版广电报》，2015年11月24日。

53. 郭永辉：《"文化+"与文化产业的崛起》，载《光明日报》，2015

年 11 月 23 日。

54. 章红雨：《新闻出版对文化强国建设作用凸显》，载《中国新闻出版广电报》，2015 年 11 月 16 日。

55. 金元浦：《文化产业成为重要经济增长点》，载《人民日报》，2015 年 11 月 1 日。

56. 迟福林：《以转型改革加快"十三五"服务型经济发展》，载《光明日报》，2015 年 10 月 28 日。

57. 张玉玲：《文化产业：中国经济新亮点》，载《光明日报》，2015 年 10 月 15 日。

58. 美英法三国出版业面面观：《中国新闻出版广电报》，2015 年 9 月 14 日。

59. 杨君：《提升消费原动力新闻观察员》，载《光明日报》，2015 年 9 月 10 日。

60. 温源：《文惠卡能给文化消费市场带来啥》，载《光明日报》，2015 年 9 月 10 日。

61. 张沪平：《"互联网+"助力出版发行业三大转变》，载《中国新闻出版广电报》，2015 年 8 月 3 日。

62. 袁舒婕编译：《全球纸媒发展能力或被低估》，载《中国新闻出版广电报》，2015 年 7 月 21 日。

63. 金得利编译：《国际出版业：转型和并购成主旋律——解读 2015 年〈全球出版企业排名报告〉》，载《中国新闻出版广电报》，2015 年 7 月 20 日。

64. 杨亮：《如何突破文化消费瓶颈》，载《光明日报》，2015 年 6 月 25 日。

65. 中央文化企业国有资产监督管理领导小组办公室：《十年见证文化产业腾飞——我国文化产业 10 年发展对比分析报告》，载《光明日报》，2015 年 2 月 12 日。

66. 李慧：《做文化强国的主力军》，载《光明日报》，2015 年 1 月 15 日。

67. 李娜、刘国亮：《打破传统产业升级的路径依赖》，载《人民日报》，2014年12月25日。

68. 国家新闻出版广电总局：《深化新闻出版体制改革实施方案》，2014年10月11日。

后 记

在书写本后记之前,先将其主题定名为"虚心学习,勤于思考,以学者的责任心为中国出版业体制改革和发展献计献策——学习、探索与创新"。

一、成长与学习:步入经济管理理论的殿堂

我自1981年考入兰州大学经济系步入高等教育的殿堂至今已有36个年头了。学习和工作的经历是1981年考入兰州大学经济系经济管理专业学习,游入经济学和管理学的知识海洋;1985年本科毕业即直接考入该校企业管理专业攻读硕士学位研究生,成为该校历史上首届管理学专业招收的研究生,师从当时的经济系主任许宗望教授,系统学习和研读经济学理论和管理学理论,其中在学习经济学理论时曾有幸聆听我国西方经济学科主要奠基人、著名经济学家、萨缪尔逊《经济学》(第10版)和凯恩斯《就业、利息和货币通论》的翻译者、中国人民大学高鸿业教授系统讲授的《经济学原理》课程。通过对马克思主义政治经济学理论和西方经济学理论的系统学习,为我以后从事经济管理理论方面的教学和研究工作打下了坚实的理论基础,这些管理理论或多或少也成为自1994年开始走上处级领导岗位的我从事管理工作的指导,因此,我由衷地为大学时代对理论知识的勤奋学习而感到高兴,也亲身体会到理论对实践的重要价值。

1988年6月,我研究生毕业获得经济学硕士学位,留校开始从事教学科研工作,1993年3月因教学科研业绩优秀被学校破格晋升为副教授,同

年被共青团中央和国家教委选拔为优秀青年教育工作者公派赴日本留学访问，1994年回国后担任企业管理和区域经济学专业的研究生导师，并被任命为该校西北开发综合研究所常务副所长。1998年正式调入汕头大学工作，担任经济管理学系主任，2000年评为教授，当年又以总分第一的优异成绩考入西北农林科技大学攻读管理学博士学位，当时的校长是曾经担任党和国家领导人的全国政协副主席的陈宗兴（时为陕西省副省长、西北农林科技大学校长），我的博士毕业证和管理学博士学位证书上均盖有他的印章，时常引为自豪。2003年，作为优秀人才，我被北京市教委引进北京印刷学院工作至今。回顾30多年的求学、教学和科研工作经历，我要特别感谢我的两位导师许宗望教授、王忠贤教授，他们严谨治学、精益求精、谦虚而和蔼可亲的育人态度体现了新中国一代学术大师的形象和大家风范，他们的学问、为人、师德都使我引以为范，两位导师的教诲使我终生受益。

二、学习与探索：攀登出版研究的学术阶梯

和众多出生于20世纪60年代的同龄人一样，我和出版结缘可以说从幼儿时期就已开始，那些形态各异、妙趣横生的连环画、小人书在我幼小的心灵里留下了美好的记忆，其中像小兵张嘎、王二小、草原英雄小姐妹、铁人王进喜、雷锋等英雄人物成为我以及我们这一代人终生学习的楷模。求学时代开始后，多年所用的教材也都是出版人辛勤劳动的结晶，不过这只是脑海里对出版保留的一点肤浅而美好的记忆而已，当时并不知道出版是什么，现在回过头来才感觉有一些挥之不去的痕迹和回味。

对我来讲，认识出版、学习出版始于20世纪80年代初期，那时，我所求学的大学经济系为大学生和研究生创办了《经济学习》这样一本内部刊物，作为校文学社的积极分子，我自然成为该刊物热心的读者和作者，开始了投稿、编辑、校对等工作，先后发表了几篇译文和学习体会，对刊物上刊登的学长和其他同学的论作我都一一拜读，认真思考，领悟其中的哲理，由于当时中国整个社会处于短缺时代，出版物则更为短缺，因此对

知识的渴求基本上能够达到如饥似渴的程度。1987年读研究生期间，通过在一家中型国有企业——兰州美高皮鞋厂长达半年的实习和实践，总结该厂的探索和创新，我写的一篇论文《应用价值工程，降低皮鞋成本》被国内著名管理杂志《价值工程》录用，当收到编辑部寄来的用稿通知时，那种激动和兴奋的心情至今仍记忆犹新。1992年，我主编的第一本书《国有企业资产评估》由兰州大学出版社正式出版发行，此后，又在教学工作之余，在出版社做兼职专业编辑工作，时断时续，先后陆陆续续出版了50多部专著和教材，发表了260多篇学术论文，与出版社的编辑、校对、封面设计、总编以及社长有了更多更深的接触，对出版工作也有了更深刻的认识和理解。1994年，受兰州大学出版社的邀请，作为责任编辑，有幸和李永莲老师共同编辑由北京大学陈为民教授撰写的《现代日本企业》一书，通过对编辑活动的全程体验，对编辑校对过程所用的符号、字号、字体、版式、开本、印张、一校、二校、三校、核红、发排等具体出版流程和编辑技巧有了亲身的学习和体验，一大袋木制字拓和不同颜料的印泥等使我终生难忘。

真正系统而深入地思考出版、研究中国出版业体制改革和发展问题是从2003年作为北京市引进的优秀人才调入北京印刷学院工作后开始的。北京印刷学院是一所原属国家新闻出版总署直属直管的行业特色非常鲜明的高校，尤以出版和印刷人才的培养而著称，被誉为中国印刷出版行业的"黄埔军校"。由于受环境的影响，此后思考问题、申报课题、开展科学研究等活动自觉不自觉更多地以印刷和出版为对象，对我国以及国外发达国家的出版业有了更多的了解和认识，自2003年起，先后担任原出版传播与管理学院副院长、院长职务，又曾兼任北京出版产业与文化研究基地主任，工作中和原国家新闻出版总署、高等教育出版社、外研社、机械工业出版社、商务印书馆、清华大学出版社、经济管理出版社、中国财政经济出版社等一批著名出版社有了长期而深入的友好合作。2004年起，我有幸参与了国家新闻出版总署两项重大课题的研究工作，即"中国新闻出版业绩效考核指标体系研究"和"中国新闻出版业信用体系建设研究"，前后持续2年多的时间，期间召开了多次有出版社、发行、杂志、行业协会、商务部、中国出版科学研究院、著名大学学者和出版业界资深人士参加的座谈会，走访了许多著名的出版社和杂志社，也开始招收培养出版产业研究方向的硕士研究生，边干出版边学出版，对出版的兴趣日益浓厚，也积累了大量的研究资料，先后承担了包括科技部国家软科学基金重大项目、国家新闻出版广电总局重点项目和北京市社科规划项目等在内的多项有关出版业改革和发展的课题，发表了60余篇关于出版研究的论文，出版了30多部专题研究出版业体制机制改革和出版产业发展方面的书籍，培养了40多位涉及出版产业、传媒经济管理、企业管理、出版硕士、会计硕士等专业方向的包括博士后、博士和硕士研究生，对中国出版业体制改革和发展方面的问题形成了自己专门的研究领域和研究特色。

三、探索与创新：梳理与总结

比较系统的总结和回顾不仅需要充裕的时间，更需要重新梳理和归置，而这对承担繁忙而杂乱的教学科研任务和行政工作的我来讲，确实是一件非常勉强的事。但系统地回顾和梳理自己学习和思考出版业体制改革与发展的研究成果，既是延伸理论研究视野、拓展研究领域的需要，也是今后培养硕士生、博士生和博士后等青年出版专业人才的需要，以自己成长和学习的经历教育和引导青年人树立正确的价值观、人生观和勤于思考的良好习惯是大有裨益的。基于此种考虑，利用难得的休息时间，对我的学术历程和研究出版的心得进行粗糙的梳理，权当滥竽充数，请教于学界各位专家和朋友。

《中国出版业体制改革与发展研究》一书共包括五大部分，全书真实地再现了2003年以来我及研究团队尤其是我的研究生学习出版知识，立足中国出版业现实，思考和探索中国出版业体制改革和发展的心得体会，其中一些曾公开发表，也有部分文章未曾公开发表。主要内容涉及中国出版业体制改革研究、中国出版业转型研究、中国出版产业发展研究、中国出版企业资本运营与绩效研究、中国出版行业人才培养研究等诸多领域。我和我的博士后芦世玲博士及硕士生折沛薇花费了一年多的时间对自己学术研究成果进行了详细的回忆和梳理，对部分内容进行了修改和充实，部分数据资料进行了更新，力图使该书的内容更加符合时代发展的特征。

第一部分主题为"中国出版业体制改革研究"。 体制改革是牵引中国出版业发展的"火车头"，改革开放30多年以来，与社会主义市场经济体制改革的总体目标相一致，我国出版管理体制也进行了一系列重大改革，体制机制改革取得重大突破，社会主义市场经济体制建立并逐步得以完善。近年来，先后承担了"中国出版业体制改革与管理科学化研究"（北京拔尖创新人才支持项目：项目编号：PXM2007-014223-044631）、"中国出版业转型升级战略研究"（科技部国家软科学基金重大项目，项目编号：2013GXS2B013）等重要课题的研究任务，先后发表了多篇关于出版业发展与体制改革方面的论文，出版了《无形资产评估与版权贸易》（2007）、《中国出版业体制改革研究》（2008）、《北京建设国际出版产业中心优势及对策》（2008）、《中国出版业改革：理论思考与探索》（2009）、《中国出版业管理科学化案例研究》（2009）、《出版教育与研究：传承与创新》（2008）、《出版教育与研究：融合与发展》（2009）、《中国出版业绩效评估研究》（2009）、《出版管理：教学论》（2010）、《出版管理：科研论》（2010）、《中国出版业发展若干问题研究》（2012）等30多部书籍。

本部分主要收录了近年来我在探讨中国出版业体制和机制改革方面发表的文章，包括《出版领域的"双轨制"应该尽早结束》（王关义、孙海宁；2006）、《从新制度经济学角度看我国出版业体制改革的动力及特征》（王关义、王莞朕；2012）、《大学出版社体制改革的难点与思路》（舒宜文、王关义；2009）、《对中国出版业体制改革的思考》（王关义；2007）、《论我国出版产业发展中的信用制度创新》（于文、王关义；2005）、《试析我国出版产业现状与体制创新》（王关义、王丽芳；2005）、《中国出版社绩效考核评价指标体系探讨》（王关义；2009）、《中国出版业改革思路探析》（王关义；2005）、《出版社企业化将无法回避》（王关义；2005）、《多元利益角逐下的出版社改革》（王关义、孙海宁；2006）、《对体制转换与出版强国建设的宏观思考》（王关义；2011）、《我国出版业供给侧结构改革思路》（王关义、谢巍；2017）。这一系列论文主要涉及中国出版业体制创新与机制改革、出版社企业化改革、大学出版社体制改革、图书退货、出版集团上市、中国出版业转型与出版强国建设、出版业供给侧结构改革等方面的内容，对改革开放30多年以来我国出版业改革发展的历程回顾，对中国出版业取得的成绩进行了较为系统的总结，对出版业发展的现状进行了客观分析与评估，对出版业发展中面临的问题进行了剖析，对出版产业体制改革及诸多发展问题从理论角度进行了深入的思考和应答，提出了推动出版管理体制改革的若干建议和对策。现在看来，文中不少提法和观点不仅提出时间较早，而且被实践证明是有预见性的思考和探索，对推动中国出版业体制机制改革起到积极的导引作用。

1. **中国出版业体制创新的研究**。改革开放39年以来，伴随着中国宏观经济体制改革的推进，社会主义市场经济体制的框架已基本建立起来并在逐步完善，中国出版业体制改革的步伐也在逐步加快。近年来，我国出版业的生存环境发生了巨大的变化。知识经济时代的中国出版业，不仅仅具有文化范畴的特性，同时也兼备经济方面的属性，是一种文化和经济融合的产业，出版业的体制创新必须在如下方面推进：要树立科学的发展观，推动出版业的整体创新，以科技创新带动出版业发展，加快出版业市场化的步伐，探讨科学的出版社企业化改革模式，适当放宽出版社的市场准入条件，让出版业的市场竞争更加充分。

2. **中国出版业体制改革的研究**。分析了我国出版业体制改革发展的深层次动力因素，提出制度变迁的过程归根结底是行为主体的成本与收益从不平衡到平衡的过程。具体来说，出版业体制改革是社会环境变化和技术变迁的必然结果，是行为主体获得外部利润的内在要求，同时也是技术变迁的必然结果；其次，总结归纳了我国出版业体制改革的主要特点，认为我国的出版业体制改革很明显地表现出以政府为主导的强制性制度变迁特征，同时其改革过程又是渐进式的增量改革，此外，以明晰产权、建立现代企业制度为目标也是我国出版业体制改革的特征之一。

3. **中国出版社企业化改革研究**。中国的出版社从它成立之日起就受到国家政策的保护，不仅业外无法介入，就是业内分工也十分清楚。不同的出版社由不同的部门掌管。这些经过审批成立的文化事业单位，除非因犯了政治错误或者严重违规违纪被撤销关门之外，基本没有因为经济困难、经营不善而破产倒闭的，许多出版社在政策的保护下，惰性和依赖心理日趋严重，因此，必须按照社会主义市场经济发展的要求进行相应的改变，以企业经营管理的方式来运作，实现自主经营、自我发展、自负盈亏，推进出版社的企业化改革，具体思路为：首先要消除思想障碍。出版物的经营必须也只能是市场化的，出版物都要经过市场供读者选择，取得读者的认可，必须自觉遵循市场需求变化的客观规律，调查市场，预测市场动态，分析市场需求，以市场为依托，靠市场求发展；其次，切实转变政府职能，实行政企分开、政事分开；最后，出版社的产权改革将不可回避。通过产权结构的调整，使企业和员工真正能以社会法人的资格依法享有投资者的权利，依法承担应有的投资经营风险和社会责任，依法获取应有的投资经营利润和收益。

4. **中国出版业体制转换与出版强国建设研究**。与社会主义市场经济体制改革的趋向相一致，作为意识形态重要组成部分的我国出版业也经历着艰难而有成效的转型，部分出版集团转企改制后上市，更是对出版产业属性和出版单位企业性质的强化。结合我国出版业体制变革的实际，深入分析了出版业的战略转型。自2003年开始，长期被视为意识形态领域的我国出版业以"政企分开、政事分开、政资分开、管办分离"为突破口的体制改革也拉开了序幕。出版体制转换具体表现为：出版业经历了从传统的计划经济体制向市场经济体制的转型；通过转企改制，出版单位实现了投融资体制的重大转变；大多数出版单位实现了从传统的外延式发展向内涵式发展的转型；逐渐从主要面向国内市场的封闭经营模式向面向国内、国际两个市场的开放经营模式转型。实现建设新闻出版强国的目标的具体思路如下：适应世界范围内出版业发展的新趋势，努力提升出版业从业人员的基本素养和专业素质；面对数字技术对传统出版构成巨大威胁的现实，推动传统出版产业素质升级；进行出版管理体制机制方面的创新，为出版企业健康发展创造良好的制度环境和市场环境；建立健全出版业融资体系建设，提高资本运营和管理水平。

5. **出版业供给侧结构改革研究**。目前，国内普遍出现供给与需求不匹配的现象：消费者对某类产品需求量大但没有得到有效的满足，从我国出版业供求现状来看，一方面，无效供给过量，图书生产与读者需求脱节，图书库存积压严重；另一方面，有效需求未得到充分满足，图书出版绝对量较大，而人均书籍消费水平低。我国出版业存在供求结构性失衡的现象，究其原因，主要在于以下三个方面：一是供给方的内容质量有待提升；二是供给方对消费者需求了解不充分，潜在需求也没有充分挖掘；三是供给方在培养消费者阅读习惯方面作为不够。针对出版业存在的问题，对出版业供给侧改革的建议如下：一是政府部门制订政策，支持出版业供给侧改革实践；二是提升全民阅读意识，培养阅读习惯；三是改善出版业供给侧结构，满足消费者需求。

第二部分主题为"中国出版业转型研究"。在这方面，先后出版了《中国出版业转型升级战略研究报告》（2016）、《中国出版业素质升级研究报告》（2016）等专著。本部分收录了相关研究发表的10篇论文，具体为：《中国出版业战略转型及产业素质升级的思路》（王关义；2010）、《我国出版业计划色彩依然浓厚、财税扶持政策不配套——我国出版产业转型与素质现状调查研究专报》（王关义、吴杰羡；2016）、《面临转型 迎接挑战》（王关义、于文、胡延斌；2005）、《转型环境下出版资源的重构与管理》（王关义、芦世玲；2013）、《我国出版业市场化转型分析与思考》（王关义、顾萱；2014）、《国际化背景下的中国出版业改革思路》（冯琳、王关义；2004）、《日本出版业发展现状及特点》（唐骁亮、王关义；2007）、《我国出版业国际化转型现状、问题与对策》（王关义、鲜跃琴；2015）、《运用波特的集群"钻石"模型浅析中国出版业国际竞争力》（孙宇、王关义；2007）、《我国出版业国际化转型的几种模式》（王关义、鲜跃琴；2015）。随着市场经济体制和国际化进程的日益加快，中国出版业市场化、国际化发展的态势日趋明显，应对激烈的国际竞争是中国出版业直面的问题。

1. **中国出版业战略转型研究。**通过30多年持续不断体制和机制改革，中国出版业逐步摆脱了传统计划经济环境下的发展模式，无论是经营性出版单位转企改制还是出版事业单位内部的机制改革，中国出版业正在经历由成长期向成熟期的跨越，发展的动力也逐渐从投资驱动转向消费需求市场拉动，发展方式逐步从数量规模型走向质量效益型，出版物市场已从总体上的"短缺状态"向"短缺"与"过剩"状况并存的结构性趋向转变，出版物品种日益丰富，出书品种和出版码洋持续增长，以出版业为核心的文化产业对 GDP 增长的贡献率以及对国民经济增长的促进作用日益明显，中国出版业在改革和体制转换中逐步实现战略性转型，主要表现在如下六个方面：（1）出版业正经历从传统计划经济体制向市场经济体制的转型；（2）出版业由传统的出版事业向出版产业化方向转型；（3）出版单位从单一媒体形态向多种媒体形态演进；（4）出版业从传统的劳动密集型、知识密集型产业向现代知识和资本密集型的数字出版转型；（5）出版业逐渐从主要面向国内市场转型为面向国内、国际两个市场；（6）出版业由以往的国家垄断逐步向市场调控方向转变。

2. **中国出版业市场化转型研究**。与社会主义市场经济体制改革的趋向相一致，作为文化产业重要组成部分的我国出版业也经历着由传统的计划体制向适应社会主义市场经济体制要求的市场化转型。出版业的现实情况是：市场经济体制转型不够，出版业市场化程度较低，公有制垄断出版市场，行政部门过度干预，市场观念淡薄，相关市场体系尚未形成，监管体制不够健全。文章分析了目前我国出版业市场化转型的进程：（1）出版业市场化改革符合我国社会主义宏观经济走向。我国出版业的市场化转型，是出版业由计划经济体制下国家权力主导的封闭或半封闭的行业格局，朝着与市场经济接轨、依靠市场机制调节、开放的行业格局转型，是顺应我国社会主义宏观经济改革走向的深层次变革；（2）我国出版业发展中计划行政的色彩依然浓厚，要进一步推动出版业市场化转型；（3）加快我国出版业市场化进程的思路：一是出版单位应规范现代企业制度；二是完善出版企业的准入准出机制；三是政府职能部门实行由微观管理转向宏观调控。

3. **中国出版业国际化转型研究**。在全球化浪潮的冲击下，各国文化相互碰撞交融，国际化转型成为我国出版业融入全球化的现实选择。由于语言、文化等方面的差异，我国出版业在国际市场上的影响力并不大，在国际化转型过程中还存在很多问题，加快我国出版业国际化转型的对策：（1）加强出版经营管理；（2）大力发展版权代理业；（3）加强出版工作者的培养；（4）重视外向型图书策划工作。目前我国出版业国际化转型有以下四种基本模式：（1）图书商品贸易模式；（2）版权贸易模式；（3）国际合作出版模式；（3）海外投资模式。

第三部分主题为"中国出版产业发展研究"。在这方面，先后出版了《中国出版业发展若干问题研究》（2012）等专著，发表了一系列论文，对如何推动中国出版业可持续发展问题进行了系统研究。本部分收录了已发表的15篇研究论文，主要论文题目为：《数字技术环境中出版产业素质升级对策》（王关义、梁明月；2013）、《图书退货的原因及对策》（王关义、杨永龙；2005）、《我国书报刊印刷业"拐点期"的发展趋势与对策》（王关义、孙海宁；2007）、《中国出版业发展：现状趋势与变革》（王关义；2010）、《书报刊印刷业的发展拐点》（王关义、孙海宁；2007）、《构建出版管理学的探讨》（高海涛、王关义；2009）、《诚信何以缺失？——再谈解决出版业信用危机的途径》（王关义、张志成；2008）、《着力提高文化软实力是国家发展的重大战略》（王关义；2016）、《传统出版与新兴出版融合发展机制探讨》（王梓薇、王关义、蒋艳枫；2015）、《原地待命还是突破前进？——印刷企业如何实现长久发展》（刘飞、王关义；2014）、《经济危机环境中我国出版业逆势上扬的原因及对策》（王关义、韩冰曦；2010）、《中国文化创意产业商业模式创新的路径选择》（王关义、刘希；2014）、《以IT吸收促进数字出版服务创新能力提升》（王关义、蒋骁；2013）、《出版企业品牌塑造的支点选择》（郑冬松、王关义；2008）、《网络书店可挖掘潜在读者》（王关义、谢巍；2016）。

1. 中国出版产业素质升级对策研究。新闻出版业建设的目标是要尽快实现由出版大国向出版强国的转变，基于这一宏伟目标，立足出版产业市场化、现代化、国际化和数字化的宏观背景，面对出版业发展的实际，迫切需要探询推动中国出版产业素质升级的对策。具体包括：（1）在人力资本方面，适应世界范围内出版业发展的新趋势，努力提升出版业从业人员的基本素质和专业素质；（2）在出版技术方面，面对数字技术对传统出版构成巨大威胁的现实,推动传统出版产业升级;(3)在宏观管理方面,要尽快实现管理的科学化。政府职能部门必须加快出版管理体制机制方面的创新,加快培育文化市场主体,为出版企业健康发展创造良好的制度环境和市场环境。逐步形成统一开放、竞争有序、健康繁荣的新闻出版大市场体系。

2. **传统出版与新兴出版融合发展机制研究**。我国传统出版与新兴出版融合是典型的产业融合现象。传统出版与新兴出版融合发展机制的制约因素有:一是传统出版主体与客体的特殊性削弱了融合发展的现实紧迫性;二是融合的体制与制度不完善制约融合的深度。传统出版与新兴出版融合发展机制保障策略:(1)推动转制出版单位成为合格的市场主体,并加强传统出版高层融合的理念。对多数出版单位,要按照采编、经营两分开的设计,抓紧对经营部分进行企业化改造,按市场规则推动出版融合项目;(2)建立适应传统出版与新兴出版融合发展的体制与制度,立稳融合发展根基。

3. **中国出版业信用体系建设方面的研究**。发表了《企业解困需要信用制度的创新》(1997)、《市场经济条件下的信用与企业长寿》(2002)、《构建社会主义新经济伦理的对策思考》(2003)、《论我国出版产业发展中的信用制度创新》(2005)、《诚信何以缺失——再谈解决出版业信用危机的途径》(2006)等多篇论文,参与主持了国家新闻出版总署"中国新闻出版业信用体系建设研究"课题(2004)的研究工作,关于中国出版业信用缺失的原因:一是信息不对称和人的机会主义倾向,而深层诱因是信用制度的缺位;二是生产方式的转轨导致中国出版业原有信用制度的失效。要解决当前出版业的信用缺失现象必须进行信用制度创新:(1)建立、健全新闻出版信用法律体系,规范信用主体行为;(2)建立高效运行的新闻出版信用监督与管理体系,强化社会信用监督机制;(3)促进新闻出版业守信受益和失信惩戒等机制的建立;(4)建立新闻出版行业信用信息数据库和信用服务平台;(5)充分发挥行业协会和信用中介机构在新闻出版信用体系建设中的作用;(6)引导和培育新闻出版信用市场的发育,促进新闻出版业信用服务的市场化运作;(7)建立和完善新闻出版信用培训教育体系。

4. 关于北京建设国际出版产业中心的研究。主持并完成了"北京建设国际出版产业中心优势和对策研究"课题(北京市人文社科规划重点项目,项目编号:07BaJG139;北京市教委人文社科规划重点项目,项目编号:SZ200710015006),发表了多篇论文。基于北京出版产业发展已经形成的坚实基础、优越的发展环境以及政府提出的人文北京建设的总体要求等因素,本课题提出要把北京建设成为国际出版产业中心的目标。北京建成国际出版产业中心,具有较为明显的优势:(1)北京建设国际出版产业中心必须确立科学的指导思想,主要有"打造品牌"的战略思想、"走出去"的战略思想和"人才兴业"的战略思想等;(2)北京建设国际出版产业中心要从改革政府对出版的宏观管理,提高北京版权贸易竞争力,培养北京出版业国际品牌,提升出版技术平台,构建合理有效的出版产业链和价值链,加强对外合作和国际出版交流等方面系统施策。

第四部分主题为"中国出版企业资本运营与绩效研究"。本部分收录了研究论文6篇,具体为:《推动传统出版与新兴出版融合发展的财税政策研究》(王关义、胥力伟;2015)、《出版集团上市面临的内生矛盾探析》(王关义、孙海宁;2007)、《出版传媒类上市公司融资结构与经营绩效的关系研究》(曹倩、王关义;2016)、《出版上市公司股权结构与绩效关系实证分析》(王关义、李俊明;2013)、《从股市表现看上市出版企业存在的问题与对策》(王关义、张文琪;2012)、《我国出版传媒类上市公司资本运营绩效研究》(王关义、曹倩;2016)。

1. 传统出版与新兴出版融合发展财税政策研究。在产业融合理论视角下,我国传统出版与新兴出版融合的类型、阶段与目标得以清晰呈现,制约融合发展机制的因素主要有:(1)传统出版主体与客体的特殊性削弱了融合发展的现实紧迫性。我国传统出版单位多数是事业单位企业化管理性质并向企业转制,出版物主要用来满足消费者的精神需求。正因出版业的特殊性,政府对传统主流媒体实行与商业媒体不同的"双重管理标准",使传统主流媒体不能像商业媒体那样,成为真正的市场主体。国家对传统出版给予了过多的政策保护,使出版推动融合的紧迫感降低,新兴出版的战斗力,使其与新兴出版深度融合的紧迫性不强;(2)融合的体制与制度不完善制约融合的深度。关于传统出版与新兴出版融合发展机制的保障策略具体为：（1）推动转制出版单位成为合格的市场主体，并加强传统出版高层融合的理念；（2）建立适应传统出版与新兴出版融合发展的体制与制度，立稳融合发展根基。

2. **中国出版集团上市面临的内生矛盾研究**。我国出版集团在寻求上市的过程中，不可避免地会遭遇到一些内生矛盾的困扰，包括：（1）内容管理与公司制运作的矛盾；（2）上市公司的客观要求与出版集团市场化不够的矛盾；（3）政府宏观目标与企业微观目标的矛盾。关于如何正确处理内生矛盾，稳妥推进出版集团上市问题，文章提出了具体对策：（1）完善和细化出版业上市的政策；（2）要着眼企业的长远发展，出版集团应树立科学的上市目标；（3）出版业需要进一步深化内部改革。

3. **中国出版上市公司股权结构与绩效关系研究**。论文采用实证研究方法研究了中国出版上市公司股权结构与目标公司财富效应的关系，通过实证分析发现出版上市公司在股权改制过程中，第一大股东持股比例在股权结构变化后第二年发挥显著作用，与目标公司绩效呈倒 U 型关系，出版上市公司第二到第五大股东的持股比例却在下降，其他大股东的制衡效应并没有完全体现。主要结论为：（1）出版上市公司股权结构的改变为目标公司带来明显的财富效应；（2）出版上市公司股权结构变化后第一年，第一大股东持股比例与目标公司绩效呈 U 型关系；其他股东对第一大股东的制衡效应明显，表现为倒 U 型关系；（3）出版上市公司股权结构变化后第二年，第一大股东持股比例与目标公司绩效呈倒 U 型关系；其他股东对第一大股东的制衡效应数据检验虽然显著，但是其持股比例却在下降。具体建议有：（1）出版上市公司应抓住国家文化产业大繁荣的战略机遇，积极推进股权结构改革，加快资源整合，提升其主营业务能力；（2）出版上市公司在股权改制过程中，应加大目标公司股权结构的优化，积极推进控制权的部分转移，形成合理的股权结构，同时重点关注其他大股东的制衡效应，以防范第一大股东对其他股东的利益侵占。

第五部分主题为"**中国出版行业人才培养研究**"。在这方面，承担了北京市教育委员会重点教学改革立项"行业特色类高校设立人才培养特区与建立招生培养就业联动长效机制研究"（项目编号：2014-1H05），在中国财政经济出版社出版了《行业特色类高校人才培养模式改革与探索》(2016)。本部分收录了7篇已发表的论文，具体为：《论我国高等教育体制转型与发展支点的选择》（王关义；2011）、《人才供求状况对高校人才培养的启示》（王关义；2014）、《我国行业特色类高校人才培养思路探析》（王关义；2016）、《中国印刷业发展的人才瓶颈及相关思考》（王关义；2008）、《高校本科招生培养就业联动机制研究——以北京印刷学院人才培养为例》（王关义；2015）、《关于构建高校教学质量保障体系与实施系统的思考》（王关义；2015）、《关于高校内涵发展构筑教育质量大堤的思考》（王关义；2013）。主要观点为：

1. **行业特色类高校人才培养的思路**。我国行业特色鲜明的高校对于满足行业发展对人才的急需、支撑行业的发展产生了积极作用。但随着环境的变迁和办学定位、办学规模和办学内涵的逐步变化，不少行业特色鲜明的高校在人才培养中存在的问题表现在逐渐显现：一是片面追求规模扩张，高校特色日趋蜕化，与行业的关系渐行渐远；二是学科专业设置盲目追求"大而全"，滞后于社会经济发展需求。具体对策如下：（1）要科学确定学校的办学定位，固守自身的传统特色和优势办学领域；（2）围绕社会和行业需求创设人才培养特区；（3）围绕学校办学特色和优势构建特色学科专业群。高校要办出特色，就要彰显自身的学科专业优势，立足于这些特色和优势，打造学科和专业品牌；（4）适应行业需求调整优化专业结构。要围绕行业需求变化，优化专业结构，强化特色专业建设，高校的专业设置要对社会职业需求的变化做出及时响应；（5）科学制订培养方案；（6）构建以"就业为龙头"的招生培养就业联动机制；（7）人才培养过程要强化实践环节和对学生创新素养的培育。

2. **关于招生培养就业联动机制**。招生、培养、就业是高校人才培养的三个环节，三者之间相互影响、相互制约。生源的优劣直接影响到人才培养质量的高低，人才培养质量的高低又影响到学生的就业率，就业率的高低反过来又影响到学校生源质量和学校的声誉。近年来，北京印刷学院积极推进招生、培养、就业联动机制建设，进一步加大就业质量对学生培养质量和招生计划的指导作用，以人才培养质量促就业，以就业促招生，提升学校的综合竞争力。学校采取的主要措施包括：(1) 紧跟市场需求，科学设置专业；(2) 不断创新人才培养模式，提高人才培养质量：一是加强专业建设，制订明确的专业建设规划；二是探索多样化人才培养模式，制订科学合理的人才培养方案；三是以市场需求为导向，不断深化教育教学改革；四是建立人性化的学籍管理制度，提升人才培养质量；(3) 以市场需求为风向标，建立健全就业服务体系。

3. 高校人才供求状况对高校人才培养的启示。当前，大学生供求关系失衡是我国高校人才培养中面临的突出问题，大学生就业难已成为社会的热点和难点问题。(1) 我国大学毕业生供求状况主要表现：一是从绝对指标来看，供给量超过需求总量，导致供求比例关系严重失衡；二是从相对指标来看，高等教育招生增加速度远远超过了国民经济增长速度；三是国外留学人才的大量回流，加大了人才供给方的总量；四是人才供求出现结构性失衡；(2) 高校毕业生供求关系失衡现象产生的危害表现在：一是人才培养与社会需求严重脱节，人才供给满足不了国民经济和社会发展的需要；二是高校功能没有得到充分而有效的发挥；三是造成人力资源和国家财政资金的浪费；(3) 供求失衡状况对高校人才培养有如下启示：一是改革高校管理体制，提高科学化专业化办学水平；二是实现办学理念的根本转变；三是以学生为中心，实现教学方式由重知识传授向与能力提升并重转变；四是构建科学的课程体系，改革评价方式；五是要建立一支高素质的教师队伍；六是要加强对学生创新精神和实践能力的培养。

《中国出版业体制改革与发展研究》一书作者除我之外，还有我指导的硕士生、博士生、博士后以及同事，有的文章发表时也署上他们的名字。具体名单为：芦世玲、谢巍、赵贤淑、蒋骁、魏荷凤、鲜跃琴、曹倩、杨帆、杨永龙、胡延斌、于文、连勇、唐晓亮、孙宇、郑冬松、舒宜文、曹萍、王莞朕、范肖妮、张蓉、李俊明、张文琪、刘晓敏、刘希、顾萱、方信、梁明月、孙海宁等。其中，芦世玲博士是我在中国传媒大学联合培养的博士，毕业后又进入北京印刷学院博士后工作站，在开展博士后期间对本书中涉及的论文进行了全面检索、汇编和整理，本书责任编辑王丽芳对于本书的出版做了细致而辛苦的编辑和文案工作。如上这些青年学生、学者思维敏捷，思想活跃，在指导或与他们合作研究的过程中我也学到了许多新的东西，在该书出版之际，谨向他们表示谢意。

为本书提供课题调研资料的还有季中华社长、沈志渔总编、王文斌社长、张延扬社长、毛建新总经理、车中华总经理以及其他研究生。在过去从事企业改革研究中以及本书写作中给我大力支持的除导师王忠贤教授外，还有一批和我紧密合作十几年的教学科研团队成员，特别是李治堂教授、刘益教授、王海云教授、刘寿先副教授、王亮副教授、付海燕副教授、何志勇副教授、蒋骁副教授、刘硕博士等，他们为相关课题的研究付出了大量心血。

在此，特向上述各位领导、老师、同仁和研究生表示衷心的感谢！

在研究和写作过程中，本书及相关论文参阅了大量相关研究文献，吸收和引用了同行部分研究成果，这里对这些文献的作者一并表示衷心感谢。书中疏漏和不足之处恳请各位专家和读者批评指正。衷心希望本书的出版能够为政府相关职能部门制订推动我国出版业体制改革和促进出版产业发展的相关政策产生启发和借鉴之效。

王关义

2017 年 3 月 16 日

附 录

（一）个人学术档案

王关义：1963年生，陕西富平人，管理学博士，教授，博士生导师。北京市拔尖创新人才、北京市教学名师、北京市长城学者、北京高校育人标兵、北京市优秀教学团队带头人，首届北京新闻出版行业领军人才，全国新闻出版行业领军人才，北京市优秀教学团队带头人、首都教育先锋集体带头人、北京市精品课程负责人，主要研究与教学领域为管理学（工商管理）、经济学（产业经济学、区域经济学）、传媒经济与管理。

先后在《新华文摘》《人民日报》《光明日报》《经济要参》《经济管理》《改革内参》《数量经济技术经济研究》《中国改革》《企业管理》《中国行政管理》《科技与出版》等刊物上发表学术论文200余篇。在高等教育出版社、清华大学出版社、经济管理出版社、中国财政经济出版社等著名出版社出版《国际财务管理》《现代企业管理》《财务管理》《现代印刷企业管理》《现代组织管理》《生产管理》《运营管理的革命》《中国出版业体制改革研究》等专著和教材50多部，所编著的《生产管理》（第二版）、《现代企业管理》（第二版）分别两次荣获北京市精品教材奖，所编著的《现代企业管理》（第三版）由清华大学出版社出版，该书获得第八届全国高校出版社优秀畅销书一等奖，并被评为教育部"十二五"规划本科国家级规划教材，领衔所主讲的"现代企业管理"课程被评为北京市精品课程，所带领的工商管理基础平台课团队被评为北京市优秀教学团队。

并获得北京市教育工会授予的"首都教育先锋先进集体"荣誉称号。主持和承担国家社科规划项目、国家教委留学回国人员科研启动项目、科技部国家软科学重大项目、国家新闻出版广电总局重点项目、北京市哲学社会科学规划项目、北京市教委人文社科规划重点项目等国家及省部级科研项目20余项。先后获得国家星火奖三等奖、甘肃省委省政府授予的哲学社会科学最高奖二等奖、兴陇奖三等奖、国家级教学成果二等奖、北京市教学成果一等奖、北京市哲学社会科学优秀成果二等奖等国家及省部级奖励多项,曾被广东省人民政府授予"南粤教书育人优秀教师"荣誉称号,曾被广东省社科联评为优秀哲学社会科学工作者。曾被国家教委和共青团中央公派赴日本留学访问,先后多次赴瑞士、德国、法国、美国以及香港和台湾地区多所著名高校考察访问。个人的先进事迹先后被《科技日报》2007年1月24日给予专门报道,先后接受中央电视台"焦点访谈"(2004年)、北京电视台(2008年)、《中国新闻出版报》(2009年)、《国家精品课程网》(2009年)等媒体的采访和报道,先后被《管理观察》《生产力研究》等杂志选为封面人物给予介绍。

社会兼职有:中国企业管理研究会常务副理事长、副会长、全国高等学校出版专业教学指导委员会常务副主任委员、教育部全国新闻传播人才教育培养专家委员会委员、教育部全国新闻出版职业教育教学指导委员会委员、首都企业发展与改革研究会副会长、中国印刷技术协会管理委员会副主任委员、中国印刷技术协会应用系统分会副理事长、北京文化安全研究基地首席专家、《印刷工业》《文化软实力》《北京印刷学院学报》等多种杂志编委。

(二) 主持的科研项目 (20项)

1. 1992—1995年:国家社科规划项目:中国工业技术进步的现状、问题与对策。

2. 1995—1999年:国家教委留学回国人员科研启动项目:中日企业管理模式的比较研究。

3. 1995—1997年:甘肃省计委、甘肃省科委软科学项目:甘肃省能源产业政策研究。

4. 1996—1998 年：甘肃省科委软科学研究项目：甘肃省无形资产评估研究。

5. 1996—1998 年：甘肃省科委软科学研究项目：我国企业组织目标模式研究。

6. 1993—1995 年：甘肃省计委项目：企业组织管理研究。

7. 1996—1997 年：兰州市人民政府重点委托项目：兰州商贸中心建设：理论、战略与对策。

8. 2000—2002 年：广东省教育厅人文社科规划项目：广东三大经济特区可持续发展战略研究。

9. 2001—2003 年：国家科技部软科学研究项目：中国五大经济特区发展战略与对策研究。

10. 2004—2006 年：国家新闻出版总署重点项目：中国出版业绩效评估指标体系研究。

11. 2005—2006 年：国家新闻出版总署重点项目：中国新闻出版行业信用体系建设研究。

12. 2005—2007 年：北京市教委人文社科规划面上项目：无形资产评估理论与实证研究。

13. 2006—2007 年：北京市委组织部优秀人才项目：现代组织管理研究。

14. 2004—2006 年：北京市教委引进人才项目：中国印刷行业管理科学化研究。

15. 2007—2010 年：北京市拔尖创新人才项目：中国出版业体制改革与管理科学化研究。

16. 2007—2009 年：北京市社科规划项目，北京市教委重点项目：北京建设国际出版产业中心优势与对策研究。

17. 2010—2013 年：中国科学技术协会重点调研项目：企业科技工作者职业技能提升需求调研。

18. 2014—2016 年：北京市长城学者项目：中国出版业体制改革与转

型研究。

19. 2013—2016 年：国家软科学重大项目：中国出版业转型与升级战略研究。

20. 2014—2016 年：北京高等学校教育教学改革重点项目：行业特色类高校设立人才培养特区与建立招生培养就业联动长效机制研究。

21. 2015—2016 年：国家新闻出版广电总局重大招标项目：构建具有文化特色的现代出版企业制度研究。

(三) 出版领域研究的相关专著（30 部）

1. 王关义主编：《北京印刷学院出版传播与管理学院教学科研论文集》，北京艺术与科学电子出版社 2005 年 12 月版。

2. 王关义等编：《现代印刷企业管理》，经济管理出版社 2005 年 8 月版。

3. 王关义主编：《出版教育理论与实践论文集》，北京艺术与科学电子出版社 2006 年 12 月版。

4. 王关义等编：《无形资产与版权贸易》，北京艺术与科学电子出版社 2007 年 1 月版。

5. 王关义、李治堂主编：《出版教育理论探索与创新论文集》，北京艺术与科学电子出版社 2007 年 12 月版。

6. 王关义、陈丹等编：《北京建设国际出版产业中心优势和对策》，中国财政经济出版社 2008 年 6 月版。

7. 王关义等编：《中国出版业体制改革研究》，中国财政经济出版社 2008 年 8 月版。

8. 王关义、李治堂主编：《出版教育与研究：传承与创新》，印刷工业出版社 2008 年 12 月版。

9. 王关义：《中国出版业改革：理论思考与探索》，中国财政经济出版社 2009 年 6 月版。

10. 王关义、李治堂主编：《出版教育与研究：融合与发展》，印刷工业出版社 2009 年 12 月版。

11. 王关义等编：《中国出版业管理科学化案例研究》，经济管理出版社 2009 年 1 月版。

12. 王关义、李治堂主编：《出版管理科研论》，中央编译出版社 2010 年 6 月版。

13. 王关义、李治堂主编：《出版管理教学论》，中央编译出版社 2010 年 6 月版。

14. 王关义、华宇虹等：《中国出版业绩效评估研究》，中国财政经济出版社 2010 年 9 月版。

15. 王关义、李治堂、刘益等编：《现代印刷企业管理》（第二版），经济管理出版社 2011 年 4 月版。

16. 王关义、李治堂主编：《信息时代的传媒经济与管理》，经济管理出版社 2011 年 12 月版。

17. 王关义：《中国出版业发展若干问题研究》，中国财政经济出版社 2012 年 8 月版。

18. 王关义、李治堂主编：《传媒管理论道之：企业—流程—员工》，经济管理出版社 2014 年 3 月版。

19. 王关义、李治堂主编：《传媒管理论道之：创新—战略—绩效》，经济管理出版社 2014 年 3 月版。

20. 王关义主编：《特色与发展：北京印刷学院教学改革与研究论文集》，北京艺术与科学电子出版社 2014 年 5 月版。

21. 王关义、齐元胜主编：《面向印刷行业应用型人才培养实践教学篇》，北京艺术与科学电子出版社 2014 年 6 月版。

22. 刘益、王关义、田志虹主编：《北京文化安全研究报告 2015》，中国政法大学出版社 2015 年 12 月版。

23. 王关义、李治堂、刘益等编：《现代印刷企业管理》（第三版），经济管理出版社 2016 年 3 月版。

24. 王关义等：《中国出版业转型升级战略研究报告》，中国财政经济出版社 2016 年 6 月版。

25. 王关义等：《中国出版业素质升级研究报告》，中国财政经济出版社 2016 年 10 月版。

26. 王关义等：《行业特色类高校人才培养模式改革与探索》，中国财政经济出版社 2016 年 11 月版。

27. 王关义、李治堂、何玉柱主编：《传媒产业发展研究：管理、战略、模式》，人民邮电出版社 2016 年 12 月版。

28. 王关义、李治堂、何玉柱主编：《传媒产业发展研究：转型、创新、营销》，人民邮电出版社 2016 年 12 月版。

29. 王关义、刘寿先等：《构建具有文化特色的现代出版企业制度研究》，中国财政经济出版社 2017 年 8 月版。

30. 王关义：《中国出版业体制改革与发展研究》，中央编译出版社 2017 年 8 月版。

（四）重要获奖（22 项）

1. 1993 年：主研的"甘肃省星火计划发展战略与对策"获得"国家星火奖"三等奖。

2. 1995 年：获甘肃省教育厅科技进步二等奖。

3. 1995 年：编著的《国有企业资产评估》获得甘肃省委省政府授予的哲学社会科学最高奖二等奖。

4. 1996 年：独立编著的《现代财务管理原理与技法》获中国西北西南九省区优秀教育图书三等奖。

5. 1997 年：论文《中国西部地区经济发展优劣势分析及战略支点的选择》获甘肃省委省人民政府授予的哲学社会科学"兴陇奖"三等奖。

6. 2001 年：获广东省人民政府授予的《南粤教书育人优秀教师》荣誉称号。

6. 2001 年：被广东省社科联授予广东省哲学社会科学优秀工作者称号。

7. 2005 年：编著的《生产管理》（第二版）获"北京市精品教材奖"。

8. 2007 年：被评为北京市拔尖创新人才。

9. 2008 年：领衔编著的《现代企业管理》（第二版）获北京市精品教材奖。

10. 2008 年：所带领的"工商管理基础平台课教学团队"被评为北京市优秀教学团队。

11. 2009 年：所带领的"工商管理基础平台课教学团队"被北京市教育工会授予"首都教育先锋先进集体"荣誉称号。

12. 2010 年：领衔主讲的课程"现代企业管理"被评为北京市精品课程。

13. 2010 年：获得北京市第六届"教学名师奖"。

14. 2010 年：被北京市委教育工委授予北京高校"育人标兵"。

15. 2011 年：被评为首届北京市新闻出版行业"领军人才"。

16. 2012 年：获得北京市大兴区人民政府授予的科技进步二等奖。

17. 2012 年：国家新闻出版广电总局授予第三届全国印刷行业职业技能大赛"特别贡献组织工作者"。

18. 2012 年：北京市人民政府授予北京市级教学成果一等奖。

19. 2013 年：被国家新闻出版广电总局授予全国新闻出版行业领军人才。

20. 2014 年：所编著的《现代企业管理》（第三版）荣获"十二五"普通高等教育本科国家级规划教材。

21. 2014 年：教育部授予国家级教学成果奖二等奖：面向行业，构建四位一体的印刷出版创新人才培养模式。

22. 2014 年：中共北京市委、北京市人民政府授予哲学社会科学优秀成果二等奖。